现代公文写作一本通

《现代公文写作一本通》编写组◎编

20种党政机关公文写作　简单明了

49种企事业单位文稿撰写　不再发愁

即学即会、随查随用的案头**必备宝典**

中国经济出版社

图书在版编目（CIP）数据

现代公文写作一本通/《现代公文写作一本通》编写组编.
— 北京：中国税务出版社，2021.11（2022.1重印）
ISBN 978 – 7 – 5678 – 1060 – 0

Ⅰ.①现… Ⅱ.①现… Ⅲ.①公文 – 写作 – 教材
Ⅳ.①H152.3

中国版本图书馆 CIP 数据核字（2021）第 183024 号

书　　名：	现代公文写作一本通	
作　　者：	《现代公文写作一本通》编写组　编	
责任编辑：	庞　博　赵泽蕙	
责任校对：	姚浩晴	
技术设计：	刘冬珂	
出版发行：	中国税务出版社	

　　　　　北京市丰台区广安路 9 号国投财富广场 1 号楼 11 层
　　　　　邮政编码：100055
　　　　　网址：https://www.taxation.cn
　　　　　投稿：https://www.taxation.cn/qt/zztg
　　　　　发行中心电话：(010) 83362083/85/86
　　　　　传真：(010) 83362047/48/49

经　　销：	各地新华书店	
印　　刷：	保定市中画美凯印刷有限公司	
规　　格：	787 毫米×1092 毫米　1/16	
印　　张：	27	
字　　数：	496000 字	
版　　次：	2021 年 11 月第 1 版　2022 年 1 月第 2 次印刷	
书　　号：	ISBN 978 – 7 – 5678 – 1060 – 0	
定　　价：	85.00 元	

不断提高写作能力
（代序）

写作是一门学问，也是一种能力。人应具有两种基本能力：办事能力和办文能力。办事能力即社会实践，是执行力；办文能力即知识表达，是谋智力。严格来说，人类文明起源于文字，文字的普及和推广即为文化。自古以来，识文断字、撰写文章，都是文化人之事。当今时代，由于人们文化程度的普遍提高，会写文章的人越来越多，但仍有优劣之分、高下之别。要追求其中的优和高，就需要不断学习、不断提高。

关于写作目的。写作的目的在于知识、思想和文化的传播与交流，在于推动人类社会的文明和进步。因此，端正写作动机和目的，是谈论写作问题的第一要义。中国古人所说的"文以载道、以文化人"，就包括了这种含义。毛泽东的《愚公移山》《为人民服务》《纪念白求恩》等不朽之作，产生于抗日战争时期，已成为中国共产党人和中华民族的重要思想引领和精神支柱。追求科学和真理，弘扬优秀文化和高尚情操，是写作者任何时候都不可背离的宗旨。

关于写作内容。这里所说的内容，主要是从学科门类角度划分的。例如政治、经济、文化、军事等。不同的内容，具有不同的专业知识体系。要写出好的文章，应当结合自己的专业知识背景或学术积累，发挥各自不同的学识优势。当今社会，知识爆炸、信息海量，每个人的知识和研究能力是有限的，唯有专注和专业，才能写得好、作得优。

关于写作方法。这里的写作方法，主要从文稿的体裁方面划分。不同的文章体裁，写作方法差别很大。比如，搞文学创作的同志，要着重学习文学艺术作品形象思维的写作方法；搞学术研究的同志，要着重学习学术论文抽象思维的写作方法；从事机关工作的同志，要着重学习机关公文规范严谨的写作方法。本书侧重于公文的写作问题，有更为详尽的细分，需要读者深入细致地去品味和把握。

《现代公文写作一本通》编写组的同志们在党政机关工作多年，多数是税务系统的"笔杆子"，起草过大量机关工作文稿，具有丰富的机关公文写作实际体验，故可使本书言之有理、言之有物、言之有用。大家利用日常工作之余，勤于思考，笔耕不辍，难能可贵。

由于水平有限，本书疏漏之处难免，敬请读者批评指正。

《现代公文写作一本通》编写组
2021 年 10 月

目　录

第一编

公文概述

第一章　公　文

第一节　公文的概念

一、公文的定义及内涵

所谓公文，是公务文书的简称，是法定机关与组织在公务活动中，按照规范的体式，经过一定程序，形成和使用的具有法定效用的书面材料。在不同的历史时期公文有不同的定义，就近代来看，在1928年国民政府发布的《公文程式条例》中提出："凡称公文者，谓处理公务之文书"。就现代来看，在1982年全国高等教育自学考试指导委员会编写的公文写作教材中明确："公文，即公务文书，是国家机关及其他社会组织在行使职权和实施管理过程中形成的具有法定效用与规范格式的文件材料，是办理公务的重要工具。"2012年4月，中共中央办公厅、国务院办公厅联合发布的《党政机关公文处理工作条例》中给党政机关公文下的定义是："党政机关公文是党政机关实施领导、履行职责、处理公务的具有特定效力和规范体式的文书，是传达贯彻党和国家的方针政策，公布法规和规章，指导、布置和商洽工作，请示和答复问题，报告、通报和交流情况等的重要工具。"由此可见，公文有狭义和广义之分。狭义的公文指《党政机关公文处理工作条例》规定的公文；广义的公文则涵盖了全部通用公文和专用公文。通用公文，是指党政机关、社会团体、企事业单位等普遍使用的公文；专用公文，是指在一定的业务范围内，按照特定需要而专门使用的公文。专用公文具有较强的专业特点，如外交公文、司法公文、军事公文等。

二、公文载体的历史沿革

公文是随着文字的出现、社会生产的发展与国家（部落）的形成而逐步产生的，是人类由个体信息阶段进入社会信息阶段，出现了"官方信息"需要后的产物。我国古代公文，历史悠久，典籍丰富，从信息记述传递和保存的方式方法来看，大致可分为八个阶段：①结绳刻契记事与象形文字。约在公元前17世纪夏代以前，其时还属于原始公社（仰韶文化）社会前后，还未出现甲骨文。②甲骨文。甲骨文是距今3000多年前殷王室后期利用龟甲、兽骨进行占卜的记事文字，有不少以王室活动为中心的官方文书，如战争、祭祖、气象、财产分配等，其结构完整，有事由、情况、办法及占卜时间、"起草"人姓名，已具备公文雏形。③金文。我国石器时代结束，进入"青铜时代"，经历了夏、商、周、春秋几个不同时期，到了战国又进入"铁器时代"，在这漫长时期中的金文具有公文的特征。如西周著名的《毛公鼎》，铭文497字，记载了周宣王诰诫和褒赏臣下毛公之事。④简册。简牍指竹、木片，集一束简牍用麻绳、丝绳或牛皮筋串连起来叫"简编成册"，可以记载较多的信息，如20世纪90年代出土的《云梦秦简》等。在纸张未普遍流行前，简册是公文记述传递的最主要形式。⑤缣帛。即丝织品，春秋战国时已有，秦汉时大量使用，这时的公文已经是用笔书写，并能舒卷，便于保存及传递，逐步取代了简册。⑥石刻。已知最早的石鼓文，石刻比较笨重，不利于传递，但保存较久，多用于"周知性"公文。⑦纸介质。我国在西汉末年已能造纸，东晋末太尉桓玄下令："古者无纸故用简，今诸用简者，宜以黄纸代之"，公文开始用纸书写。纸质公文的出现是一大进步，纸既方便、低廉，又可写较长文章，还产生了公文的折叠、卷轴、骑缝、修改等制度。⑧电子介质。现代多采用数字代码记录文字、图形、数据、图像等各种信息，通过电子计算机、网络、通信等设备记载传递、保存的公文。

三、公文的文种演变

古代公文的种类、文体，由于历朝历代体制不同，变化频繁，难以准确概述。大体上周王朝时出现了"典""谟""誓""命""训""诰"等下行文。春秋战国时又出现了"檄移""盟书"等。秦汉时期对公文名称、种类、用途、体式、行文手续均有严格规定，下行文主要有"制书""诏书""策书""戒书"等；上行文主要有"章""表""奏""议"等。此后历代都有"启""笺""牒""符""贴""咨""呈"等上行文，反映了地方机构日益庞大。到了清末开始出现电报文书。

辛亥革命后，南京临时政府颁布了第一个公文程式条例，废除了几千年来封建王朝使用的"制、诏、敕、题、奏、表、笺"等公文名目，明令规定采用"令、咨、呈、示、状"五种公文名称，并指明用途，这使公文向简化、适用方面前进了一大步。1914—1928年，公文程式共经过5次修改，通用法定文种比较简明，基本继承了南京临时政府的传统，文种分为"令、训令、指令、布告、呈、报告、函、通知、批"9种。

抗日战争时期，陕甘宁边区政府将新公文规定为两类：一类为主要公文，一类为辅助公文。主要公文有5种：命令、布告、批答、公函、呈文；辅助公文也有5种：指示信、报告、快邮代电、签条、通知。

解放战争时期的公文文种及其使用范围进一步科学化。华北人民政府1949年2月颁布的《公文处理暂行办法（草案）》，规定的公文文种有12

种，分别为令、训令、指令、指示、决定、布告、通知、通报、状、批复、函、呈。

新中国成立后，党和国家先后 10 次制定和发布有关公文处理方面的法规和规章，都对公文文种作出了十分明确的规定。具体包括：

1. 1951 年 9 月 29 日由中央人民政府政务院发布的《公文处理暂行办法》，将公文文种规定为 7 类 12 种，包括：报告、签报；命令；指示；批复；通知、通报；布告、通告、公告；公函、便函。

2. 1957 年 10 月 8 日由国务院秘书厅发布的《关于对公文名称和体式问题的几点意见》，对公文文种虽仍规定为 7 类 12 种，但具体文种名称作了较大调整，包括：命令、令；指示；报告、请示；批复、批示；通知、通报；通告、布告；函。

3. 1964 年 2 月由国务院办公厅发布的《公文处理试行办法》，将公文种类规定为 10 类 12 种，包括：命令（令）；指示；批复、答复；批转；通知；通报；报告；请示；布告、通告；函。

4. 1981 年 2 月 27 日由国务院办公厅发布的《国家行政机关公文处理暂行办法》（以下简称《暂行办法》），将公文种类规定为 9 类 15 种，包括：命令、令、指令；决定、决议；指示；布告、公告、通告；通知；通报；报告、请示；批复；函。

5. 1987 年 2 月 18 日由国务院办公厅发布的《国家行政机关公文处理办法》（以下简称《处理办法》），在原《暂行办法》的基础上，将公文种类规定为 10 类 15 种，包括：命令（令）、指令；决定、决议；指示；布告、公告、通告；通知；通报；报告、请示；批复；函；会议纪要。

6. 1989 年 4 月 25 日由中共中央办公厅发布的《中国共产党各级领导机关文件处理条例（试行）》，对党的机关公文种类规定为 13 种，包括：公报；决议；决定；指示；条例；规定；通知；通报；请示；报告；批复；会议纪要；函。

7. 1993 年 11 月 21 日由国务院办公厅发布的《国家行政机关公文处理办法》，对 1987 年的《处理办法》进行了较大修订，将公义种类确定为 12 类 13 种，即命令（令）；议案；决定；指示；公告、通告；通知；通报；报告；请示；批复；函；会议纪要。

8. 1996 年 5 月 3 日由中共中央办公厅发布了修订后的《中国共产党机关公文处理条例》，将公文种类规定为 14 种，包括：决议；决定；指示；意见；通知；通报；公报；报告；请示；批复；条例；规定；函；会议纪要。

9. 2000 年 8 月 24 日国务院发布了《国家行政机关公文处理办法》（国发〔2000〕23 号），对 1993 年的《处理办法》进行了修订，将公文种类确定为 13 种，包括：命令（令）、决定、公告、通告、通知、通报、议案、报告、请示、批复、意见、函、会议纪要。

10. 现行使用的公文，分三类：一是 2012 年 4 月中共中央办公厅、国务院办公厅印发的《党政机关公文处理工作条例》，将党政机关公文文种合并统一为 15 种，分别是决议、决定、命令（令）、公报、公告、通告、意见、通知、通报、报告、请示、批复、议案、函、纪要。二是 2001 年 11 月 16 日国务院公布的《行政法规制定程序条例》规定，行政法规的名称一般称"条例"，也可以称"法规"或"办法"。2001 年 11 月 16 日国务院公布的《规章制定程序条例》规定，国务院部门和地方政府的规章名称一般称："规定""办法"，但不得称"条例"。该文件在 2017 年 12 月 22 日由国务院进行了修订，自 2018 年 3 月 1 日起施行。因此，国家行政机关系统使用的法规、规章类公文有条例、规定、办法 3 种。三是 2012 年 5 月 26 日中共中央印发、2019 年 8 月 30 日修订的《中国共产党党内法规制定条例》规定，党内法规的名称为党章、准则、条例、规则、规定、办法、细则。其中，条例、规定、办法 3 个文种与国务院规定的相同外，还有 4 个是党内使用，即党章、准则、规则、细则等。为了便于读者理解，本书将公文分为法定公文和非法定公文两类。凡在《党政机关公文处理条例》《规章制定程序条例》和《中国共产党党内法规制定条例》中明确的公文文种，均定义为法定公文；凡是三个条例中没有明确的其他常用文种，均定义为非法定公文。

总之，现行的通用公文法定文种应为 22 种。非法定公文，如总结、计划、调查报告、大事记、守则等，根据使用情况种类繁多，不在此进行赘述。

四、公文的相关概念

在日常的公文管理中，人们除了经常使用公文外，还经常使用文书、文件。有必要对文书、公文、文件三个概念的由来和演变做一简要的探究。

"文书"一词最早见于西汉贾谊著《新书·过秦》："禁文书而酷刑法，先诈力而后仁义。"这里的"文书"泛指古代的文籍图册。"文书"作为公务文书的含义始于东汉，班固在《汉书·刑法志》中写道："文书盈于几阁，典者不能遍睹。"这里"文书"，就是指公务文书。文书除指公务文书外，还包括私务文书，即个人、家庭或家族因处理私事而形成的文书，如书函、契约、日记、遗嘱等。古往今来，公务文书和私务文书是同时发展、相辅相成的。由此可见，文书的外延较大，涵盖了所有公务和私务活动中形成的具有一定体式的文字材料。

"公文"一词的出现晚于"文书"，大致是在三国以后。晋人陈寿《三国志·赵俨传》："辄白曹公，公文下郡，绵绢悉以还民"，这里的"公文"，显然是公务文书的统称。由此看出，公文同文书是种与属的关系，前者是后者的组成部分。从这个意义上讲，公文是公务文书的简称。

"文件"一词出现更晚，大致在清朝末期。宣统三年（1911 年）五月，清朝颁布了《内阁属官官制》，规定设承宣厅，其职责之一就是掌管"本阁公牍文件"。古代，公文又称"公牍"，这里将"公牍"与"文件"放在一起，两者之间的关系可以理解为并列或包含的关系。如果将文件、公文与文书相比较，它们的外延最大的是文书、公文次之、文件再次之，形成文书＞公文＞文件的依次包含关系，如图 1-1 所示。

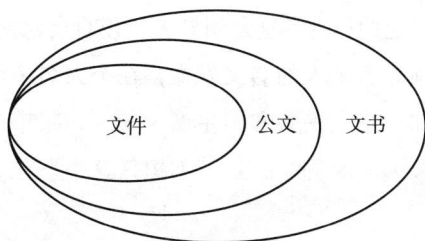

图 1-1　文件、公文、文书的关系

第二节　公文的特点

公文，是在机关公务活动中形成的，是各级机关与组织行使法定职权、实施有效管理的重要工具。它的基本特征是"公"，就是指国家的、集体的、公众的，其写作就是代表公众的写作主体，将公务活动的相关信息用语言文字传递给特定的公众或写作受体。其特点主要表现在以下五个方面。

一、公文有法定的作者

公文不是谁都可以任意制发的，公文是由法定的作者制成和发布的。这是公文区别于图书、情报资料、通讯报道以及一般文章作品的一个主要特点。所谓法定的作者，就是指依据宪法和其他有关法律、章程、决定成立的，并能以自己的名义行使法定的职能权利和担负一定的责任义务的机关、组织或代表机关组织的领导人。在我国，各级党政机关、社会团体、企事业单位，只要是依据宪法和其他有关的法律、条例的规定并经过一定的审批程序建立和存在的，它们都是法定的作者，它们都有独立对外行文的资格。如各级党的组织、人民代表大会、人民政府及其部门是根据《中国共产党章程》《中华人民共和国宪法》以及有关的《中华人民共和国组织法》建立的。在《章程》《宪法》和《组织法》中规定了这些机关的职能以及这些机关制定和发布公文的权限。

"法定的作者"指的是发文的名义。也就是说，公文主要是以机关的名义或机关的某一部门的名义制发的。例如，国务院文件、省人民政府文件，是以机关的名义制发的；某省人事厅办公室文件、某县县委组织部文件是以机关的某一个部门的名义制发的；工会、共青团、妇联的文件是以社会团体的名义制发的；工厂、学校、科研单位的文件是以企事业单位的名义制发的。这些能在自己的职权范围内制发文件的机关、部门或单位，统称为"行文单位"。

机关的发文有时也用领导人或机关首长的名义。如中华人民共和国主席令、国务院总理令以及机关首长对所属工作人员的任免令等。用领导人作为发文的名义，并不是以其个人的名义出现，而是代表其所在机关的身份来发文的，也是法定的作者。这是领导人行使自己法定职权的一种表现。必须说明的是，以领导者个人的名义发文，在个人名字前面都必须冠以机关的名称与职务。如中华人民共和国主席×××，某市中级人民法院院长×××，某大学校长×××等。一旦其不担任这一职位，也就失去了该法定作者的地位。

二、公文有法定的权威

公文既然是党政机关、社会团体、企事业单位为了传递意图、办理公务、记载工作活动而制发的，这就必然要赋予公文以机关喉舌的地位。也就是说，公文可以代表机关发言，代表制发机关的法定权威。因此，公文也就成为各级机关、组织开展工作的可靠依据。比如，中共中央文件，就代表党的中央委员会这一党的最高领导机关的权威，传达的是党中央的意见。通过党中央文件的制发，传达了党的路线、方针和政策，作为我国各地区、各系统、各部门工作的依据和准绳。譬如，国务院是全国最高行政机关，它所制定和颁发的文件，代表中央人民政府的职能和职权范围，具有行政领导和行政指挥的权威等。这种法定的权威性，也叫作法规的强制力。如国家高级领导机关发布的命令、法令、法规等，是通过一定的立法程序产生的，是要强制执行的，违犯了是要依法予以行政制裁或移送司法机关追究其法律责任的。

三、公文有规范的体式

公文在形式和格式上具有规范性，这是公文区别于图书、情报资料、通讯报道等一般作品的显著特点。由于公文是党和国家具体领导和管理政务的工具，是机关的喉舌，代表制发机关的法定权威。所以，制发公文是一件极其严肃的，具有重要政治意义的工作。为了维护公文的法定性、权威性与严肃性，便于进行公文处理，在党和国家有关部门发布的关于公文处理的一系列规范性文件中，对公文的体式作出了统一的规定，提出了统一的要求。各级党政机关、社会团体、企事业单位都应当按照规定的体式（包括文体、格式和版面形式）制发公文，不能随心所欲。

四、公文有特定的效用

公文的特定效用是指公文的现实效用，是公文制发机关的法定地位所赋予的。从每一份具体的文件来说，都有它本身的特定的现实效用，代表它的制发机关所赋予的法定效力和作用。比如，党政领导机关所发出的每一项指示，每一项决定，要求所属机关认真贯彻、坚决执行，即使是一份通知，同样要求地方收文机关阅知和办理；下级机关的一份报告、一份请示也同样要求上级领导机关阅知和批复等。公文所具有的特定效用是有一定时效性的。任何公文都不是永远有效的。一旦它们的现行使命完成，那些对日后工作有查考利用价值的文件就将转化为档案进行保存，对此后的工作仍然起着查考凭证作用。

五、公文有严格的处理程序

公文的制发和办理都必须经过严格的处理程序。如公文的制发，一般应经过起草、核稿、签发的程序。只有经过机关领导人签发的文稿才能印刷、用印和传递。对收文的办理，一般应包括签收、登记、分办、批办、承办、催办等程序；任何人不能违反公文办理程序擅自处理。唯其如此，才能维护公文的严肃性、才能实现机关公文管理的科学化、规范化、制度化，提高机关工作效率。

第三节　公文的分类

由于公文所反映的社会现象是极其纷繁复杂的，为了保证机关公文处理工作有序、高效地进行，就必须从分析和研究机关公文的性质、特点和作用入手，对机关在日常工作中所使用的公文进行科学分类。这是人们认识公文这一事物并探究其科学规律的一种有效方法。常见的、基本的公文分类，主要是从公文的来源、行文关系、使用范围、性质与作用等方面来划分的。

一、按照公文的来源划分

一般来说，按照公文的来源，可将机关公文分为三类：对外公文、收来公文和内部公文。

1. 对外公文，简称发文。是指本机关拟制的向外单位发出的公文，它是作为传达本机关意图，发往需要与之联系的针对机关的公文。如自然资源部向国务院发出的《关于加强森林防火工作的报告》，就是自然资源部的对外公文，是发文。而国务院则是这份发文的针对机关。

2. 收来公文，简称收文。是指由外机关拟制的，作为传达其自身机关意图，发送到本机关（或部门）的公文。如自然资源部向国务院发出的报告，对国务院来说就是收来公文。又如上级机关发来的指示、通知，下级机关送来的报告、请示，同级机关或不相隶属机关送来的公函等，都是本机关的收文。

3. 内部公文，机关内部使用的公文。比如，机关内部的规章制度、会议记录、工作计划、工作总结以及内部的通知、通报等。在机关文书工作中，为了加强公文管理，一般由文书部门或指定专人对机关的对外公文、收来公文和内部公文分别进行登记。需要说明的是，在实际工作中，对某一份具体的公文来说，这样划分又不是绝对的，有时会发生交错或互相转化的情况，这是由公文的复杂性所决定的。例如，主要用于机关内部使用的规章制度、年度计划、工作总结等，有时也要报送上级机关备案或发给下级机关参阅，或与其他机关交流；有时收到上级机关的意见、通知有需要转发给下级机关贯彻执行。这样，内部公文和收来公文在一定条件下就又转化成对外公文了。

二、按照公文的行文关系划分

行文关系是指发文机关同收文机关之间的公文往来关系。这种关系是根据机关的组织体系、领导关系和职权范围确定的。从一个单位的对外公文来说，可以按照它们的行文关系和公文的去向，划分为上行文、平行文和下行文三类。

1. 上行文。上行文是指下级机关、下级业务部门向其所属的上级领导机关和上级业务主管部门所发出的公文，是自下而上的行文，故称上行文。比如，国务院各部、委，各省、自治区、直辖市人民政府向国务院报送的工作报告和请示；各省、自治区、直辖市有关委、办、厅（局）向国务院有关部、委所报送的工作报告和请示，就是上行文。一般来说，上行文是下级机关向上级领导机关、下级业务部门向上级业务主管部门汇报工作、请示问题、请求给予领导和业务指导的公文。

2. 平行文。平行文是指同级机关或者不相隶属的，没有领导与指导关系的机关之间的一种行文。比如，中共中央各个部委之间，国务院的各个部、委、局之间，各个省委、省人民政府之间，各个县委、县人民政府之间，都是平级平行机关。再如，省军区和省人民政府之间，没有领导、指导关系，是不相隶属的机关。上述这些机关之间，在相互联系或协商工作时，一般都适宜于使用函来行文，即平行文。

3. 下行文。下行文就是指上级领导机关对所属的下级机关的一种行文。比如，党中央给各个省、自治区、直辖市党委，国务院给各省、自治区、直辖市人民政府的文件就是下行文，党中央、国务院有关部、委、办给各省、自治区、直辖市党委，政府对口的有关部、委、办、厅（局）所发的公文，也是下行文。下行文一般包括指示、决定、意见、通知、批复等。下行文是上级机关对下级机关、上级业务主管部门对下级业务部门实施领导与业务指导的重要工具。一些面向群众的公告、通告、通知等公文，也属于下行文。

三、按照公文的秘密程度和阅读范围划分

按照公文的内容是否涉及党和国家秘密，涉及秘密的程度，以及发文机关对公文所限定的阅读范围，可将公文划分为秘密公文、普通公文和公布公文。

1. 秘密公文。秘密公文是指内容涉及党和国家秘密，需要控制知密范围和知密对象的公文。《中华人民共和国保守国家秘密法》第九条规定，国家秘密的密级分为"绝密""机密""秘密"三级。《党政机关公文处理工作条例》第九条第二款也明确规定，公文应当根据涉密程度分别标注"绝密""机密""秘密"和保密期限，涉密公文还应当标注份号。文件的密级越高，传送、阅读和保管的要求也就越严。公文的保密要求不是一成不变的，密件的内容随着时间的推移和形势的发展，其秘密的性质也会发生变化。所以公文的保密要求应当有时间限制，经过一定的时间，应按有关规定对"绝密""机密""秘密"文件进行清理，该降密的应作降密处理，该解密的则予以解密。

2. 普通公文。普通公文并非无密可保，可供任何人阅览。机关、组织的决议、工作计划、总结，对工作人员的处理决定、通报等，这类普通公文阅读的范围比较宽。但一般说来，只限于本机关或本组织内部，不对外公布，即不向社会公布，不向国外传播。

3. 公布公文。公布公文是向人民群众和国内外公开发布的公文。比如公告、通告、公报，法律、法令，中央领导同志的某些重要讲话、报告等，通常都可以采用广播、电视播放、报刊登载，公开张贴或口头传达等方式进行公布。

四、按照公文制发机关的性质划分

按照公文制发机关的性质可将公文分为法律、法规公文，行政公文和党的公文。

1. 法律、法规公文。法律、法规公文是指由中央和地方各级权力机关、行政机关所制发的法律、法令和行政法规与规章。一般分为以下三种：

（1）法律公文。法律公文在我国是由行使最高立法权的机关——全国人民代表大会或其常委会按照立法程序制定的。如《宪法》《中华人民共和国刑法》等。

（2）法令公文。法令公文是指根据宪法的有关规定所制发的一种公文，

通常是以中华人民共和国主席或国务院总理的名义发布的。如公布法律的命令以及宣布施行重大强制性行政措施时发布的命令等。

（3）行政法规与规章公文。行政法规是国务院为领导和管理国家各项行政工作，根据宪法和法律及有关规定制定的政治、经济、教育、科技、文化、外事等各类法规的总称。这里所说的行政法规与规章公文，除国务院制定的行政法规外，还包括地方性法规，部门规章和地方人民政府规章。行政法规与规章公文是为具体贯彻执行法律、法令和行政法规，对于行政措施、行政制度和活动规则所制定的有关条例、规定、办法。凡法律、行政法规、地方性法规、自治条例和单行条例的制定、修改和废止以及国务院部门规章和地方政府规章的制定、修改和废止应依照《中华人民共和国立法法》的有关规定执行。

2. 行政公文。行政公文主要是指国家行政机关在日常公务活动中所形成和使用的公文。具有行政指挥、领导指导和公务联系的作用。例如政府机关、行政管理机关比较普遍使用的请示、报告、通知、意见等。

3. 党的公文。党的公文是指由中国共产党的机关、组织形成和使用的公文，反映党的领导、党的工作和党的建设等活动。其中，只限定在党的组织和党员中间阅读和传达的公文，又叫党内公文。

五、按照公文内容的性质与作用划分

按照公文内容的性质与作用，可以将公文分为规范性公文、领导指导性公文、公布性公文、陈述呈请性公文、会议公文、其他公文等。

1. 规范性公文。规范性公文是指由机关、组织、社会团体依据法律、行政法规及组织章程制定的，要求其成员在工作、活动等方面严格遵守的行为规范。它是一种兼有政策性和规定性的公文，有较强的规范性和强制性。如章程、准则、规则、细则、命令、条例、规定、办法等。

2. 领导指导性公文。领导指导性公文是指上级领导机关对下级机关或群众发出的用以领导和指导工作的公文。它需要下级机关单位和有关人员认真学习和贯彻执行，是下级单位决策和进行工作活动的依据。如决定、决议、通知、通报、批复等。

3. 公布性公文。公布性公文是指机关单位发布的需要周知或遵守的公文。如公告、公报、通告等。

4. 陈述呈请性公文。陈述呈请性公文是下级机关向上级机关汇报工作、反映情况、请示问题时所使用的陈述性、请求性公文。这类公文主要有请示、报告等。

5. 会议公文。会议公文是指各类机关、组织用以记载公务活动以备查考的公文，如议案、纪要等。

6. 其他公文。除上述五种公文外，对主要问题提出解决和处理办法，

各机关单位之间联系工作、通报情况的公文。如意见、函等。

六、其他公文分类

常见的公文分类还有：按照公文的缓急程度，可分为急件和平件，急件又可分为特急件和加急件；按照公文的使用范围，可分为通用公文、专用公文和技术公文；按照公文的发送目的，可分为主送件、抄送件和批转件、转发件；按照公文的处理要求，可以分为需办公文（办件）和参阅公文（阅件）等。

第四节　公文的作用

公文是办理公务的凭证和依据，这是其最基本的作用。从微观现实和具体情况看，公文在社会管理和公务活动中，主要发挥着以下作用。

一、组织指挥作用

任何社会、任何时代，公文都在这方面发挥着重要作用。我国古代公文的训、诰、制、诏等就承担着君告其民、实现统治者意志的功能。现代，各级国家行政机关也经常通过制发公文来部署工作，传达决策，以实现对下级机关和人民群众的组织领导。为推动经济和社会发展，需要对未来的行动和各种资源包括劳动力、土地、资本等的供给与使用进行筹划，这就需要研究制定全国的、地方的以及相关部门的长期规划、年度计划、短期安排等文件，以指挥本组织去实现阶段性目标。

二、规范控制作用

公文具有行为规范作用，这是公文本身所具有的强烈政治性与法定的权威性等特点赋予的，这种行为规范作用又称之为法规约束作用。国家的各种法规和规章都是以公文的形式制定和发布的。这些规范性公文一经发布，便成为全社会的行为规范，无论社会组织或个人都应当依照执行，不可违反。它对于维护正常的社会秩序、安定社会生活、保障人民的合法权益有着极其重要的作用。必须指出的是，规范性公文的行为规范作用与社会道德规范不同，违反社会公德将受到舆论的谴责，而公文的行为规范作用是带有强制性的，国家以强制手段来保证它的权威，谁违反了法律、法规或规章，就要受到法律制裁和行政处罚。

三、信息传递作用

公文是传递信息的重要渠道。党和政府的上下左右机关之间，其决策、方针、设想和意图等政务信息，常常是通过公文的传递而取得。例如，各级党政领导同志的工作活动情况，各地的突发事件，社会动态、经济走势等信息的收集、传递和处理，工作情况的汇报，上级决策、指示的下达，下级贯彻落实上级指示的经验总结和问题报告等都离不开公文这一工具。上级领导机关通过批阅下级机关送来的报告、请示、调查报告以及简报、汇报材料等，就能及时掌握下级机关的信息动态，为上级机关指导工作、解决问题以及进行各项决策提供了客观依据。下级机关通过阅读上级机关的决议、通报、通知等公文，就能及时掌握从上级机关传来的动态信息，根据这些动态信息，下级机关就可以及时开展工作和完成规定的任务。至于平级和不相隶属机关之间相互使用的"函"等公文，更多是用于直接沟通信息，处理和解决问题。上下左右机关靠公文传递的信息做相应调整，从而保证各级机关的工作正常、有序、高效运转。

四、公务联系作用

各机关单位在处理日常事务工作中，经常要与上下左右相关的机关单位进行联系。进入新时代，各机关单位之间的横向联系日趋频繁。机关公文的协调联络作用就显得越来越重要，越来越广泛。一个机关的工作活动，不是孤立进行的，有时要向领导机关报告情况、请示问题；有时要与同级机关进行商洽、询问、回答或交流情况；有时要与有关企业、部门或单位签订合同、协议等。公文在同一系统的上下级机关之间、平级机关之间，都能够起到沟通情况，商洽工作、协调关系、处理问题的公务联系作用。

五、凭证记载作用

公文是机关公务活动的文字记录。一般来说，绝大多数公文在传递意图、联系公务的同时，也具有一定意义上的凭据作用。这是因为，既然每一份公文都反映了制发机关的意图，那么，对受文机关来说，就可将公文作为安排工作、处理问题的依据。有些公文，则具有比较明显的凭证作用。如经过当事人双方共同签订的协议书、合同等公文，它的凭证作用是作为证实签约双方曾经许诺应承担的责任和义务的依据，谁违反了协议和合同的条款，就要追究谁的责任。可以说，形成这类公文的目的，就是为了作文字凭证的。还有一些公文具有明显的记载作用。例如会议记录、电话记录、机关大事记、值班日记等，它们都是机关活动的真实记录，具有记载作用，可以供日后利用查考。公文不仅在机关的现行工作中具有凭据记载作用，同时，对于过去的事情，它又成为各级机关公务活动的历史记录，是机关史料的积累，是解决矛盾、澄清是非的凭证，也是若干年后编史修志的重要依据。

六、宣传教育作用

古代公文的诰、谕、教、诏等文种就具有这方面的功能。中共中央每次举行重要会议后，都要发布会议"公告"，面向国内外，讲明开会宗旨，宣告会议成果，号召干部群众学习落实，起到明显的宣传教育作用。

思考题：

1. 公文有哪些特点？
2. 公文发展经历了哪几个历史阶段？
3. 公文的具体作用有哪些？

第二章　公文写作

公文写作是任何国家机关、社会组织从事管理活动的要务，自古以来就有"经国之大业，不朽之盛事"之称，是从事各种公务活动的基本功。尤其是近现代公文在国家治理中的重要作用更加被重视，特别是新中国成立以来，1949 年 4 月毛泽东起草的《高级领导机关对下级应加强文电指示》强调了高级领导机关用文电指导工作的必要性：就高级领导机关来说，对于制定政策和执行政策的工作方法，"主要地是依靠写电报，发通令，而不是依靠开干部会，不是依靠口讲。"党的十一届三中全会以后，中共中央于 1981 年 5 月发布了《关于各级领导干部要亲自动手起草重要文件，不要一切由秘书代劳的指示》。党的十八届四中全会提出全面依法治国的战略思维以来，根据最新修订的《宪法》关于"实行以法治国，建设社会主义法治国家"的要求，从中央到地方以至每个基层单位，都要通过建立健全各种法规、规章、制度来进行管理，形成一个法制体系，真正实现从"人治"到"法治"的转变。党的十八大以后，中共中央出台了"八项规定"，提出要精简文件简报，切实改进文风，没有实质内容、可发可不发的文件、简报一律不发。党的十九大之后，中央又出台了八项规定实施细则，对作风文风建设提出了更高更细的要求。

第一节　公文写作的文风

公文写作倡导"短、实、新"文风。习近平同志在《文风体现作风》（2005 年 8 月 19 日）一文中指出："在一定意义上文风也体现作风，改进作风必须改进文风。现在存在一种很不好的文风，喜欢写长公文，讲长话，但是思想内涵却匮乏得很，就像毛主席所批评的那样，像'懒婆娘的裹脚'。要把那些又长又臭的懒婆娘的裹脚，扔到垃圾桶里去，其实诀窍很简单，可用郑板桥的对联概括为'删繁就简三秋树，领异标新二月花'。就是要开门见山、直截了当、讲完即止，用尽可能少的篇幅，把问题说清、说深、说透，表达出丰富而深刻的思想内容。当前，最要反对的是空话连篇、言之无物的八股文，那种'穿靴戴帽'、空泛议论、堆砌材料、空话连篇、套话成串、'大而全''小而全'等弊病，都要防止和克服。当然，我们提倡短文、短话，并不是说凡是长文就一定不好。有些重要的内容，有些深刻的道理，该强调的还是要强调。总的原则是，当长则长，当短则短，倡导短风，狠刹长风。"①

一、短

短，即短文，既要简，又要精。古往今来，"文贵其简"，举凡微言大义、美文名篇往往是短小精悍、言简意赅。如毛泽东的"一定要根治海河""向雷锋同志学习"，可谓言简意赅，字字珠玑。1978 年党的十一届三中全会的主题报告，全文几千字，却抉择了中国的前途命运，是改革开放的动员令和宣言书。新中国成立初期，"中共中央一支笔"胡乔木同志写过一篇《短些，再短些》的文章，要求文章要短小精悍，要写短句、短节、短文。

1. 短句。写公文时要尽量多用短句，少使用结构复杂的长句；多用正装句，少用倒装句。如党的十八大、十九大报告就采用了大量短句的表述形式。

2. 短节。即一个章节内只说明一个问题，紧紧围绕这个中心组织材料。

3. 短文。就是可写可不写的内容，尽量不写，可要可不要的句子尽量不要，尽可能地减少无用的字数。

清代刘大櫆在《论文偶记》中指出："文贵简。凡文，笔老则简，意真则简，辞切则简，理当则简，味淡则简，气蕴则简，品贵则简，神远而含藏不尽则简。故简为文章尽境。"

要像鲁迅那样，文章写好后认真修改，尽可能地把那些无用的字词句都删去，毫不怜惜。

庄子曰："凫胫虽短，续之则忧。"凫是野鸭子，腿虽然很短，但这是自然天性，不要嫌它短，给它接长，那就很忧愁。同时，他又说："鹤胫虽长，断之则悲。"仙鹤的腿虽然很长，但也不要给它砍掉一截，那样就很悲伤。做这些事，自以为聪明，实际上是可悲可忧的。

短与长是相对的，要因地制宜，量体裁衣，详略得当。详略是一切文学艺术工作者通用的手法，就像工笔画家的意念、戏剧里边的亮相与过场一样，该详的要详，该略的要略。荀子曰："久则论略，近则论详，略则举大，详则举小"，毛宗岗对《三国演义》的评语是："《三国》一书，有近山浓抹，远树轻描之妙。画家之法，于山与树之近者，则浓之重之；于山与树之远者，则轻之淡之。"公文写作也应如此。

因而在公文写作中，必须做到七详七略，即：重则详，轻则略；新则详，旧则略；实者详，虚者略；近者详，远者略；特点详，一般略；点者详，面者略；未知详，已知略。

二、实

实，即真实，真实是公文的生命。实，首先要真，真情实感；其次要

---

① 习近平《之江新语》浙江人民出版社 2007 年版。

平，平实质朴；最后要理论联系实际，要管用，不搞假大空。

我国自古以来提倡"文以载道，以文化人"，认为"道非文不著，文非道不生""言之无文，行而不远"。主张"为文尚质"，立言之要，在于有物；要"尚质抑淫"，以适用为本。刘勰的《文心雕龙》指出，"文不雕饰，而辞切事明"。王充在《论衡》中指出："世俗所患，患言事增其实；著文垂辞，辞出溢其真，称美过其善，进恶没其罪。"清代况周颐在《蕙风词话》中说，"真字是词骨，情真景真，所作必佳，且易脱稿"。实话和真理都不可能也没有必要写得太长。没有那么多话可讲，又要拉长篇幅，必然要抄报纸、套文件、上网下载，说一些大话、空话、套话、废话甚至假话。一般说来，公文长了容易空，就可能把仅有的一点思想火花淹没掉。毛泽东说："长而空不好，短而空就好吗？也不好。我们应当禁绝一切空话。"

那么如何才能做到写实，要把握好三个方面：一是构成公文的六要素（时间、地点、人物、事件、原因、结果）要真实。二是忠诚于客观事实，不能运用逻辑推理、主观猜测、想象等。三是引用的资料、引语、数字要准确。

三、新

新，即要有新思维、有新理念。公文写作不仅要形式新、文字新，更要内容新、思想新，语言文字和表达方式也要新。思维有创新、实践有创新，写公文才能有新意。陆放翁曰："文章切忌参死句"。

"文章合为时而著"。写公文也是如此，要增强针对性，掌握规律性，富有时代性。一要善于观察事物的发展变化，捕捉新鲜事物、新的情况。二要善于选择利用材料的角度，要有特色。三要善于使用比较的手法，这可以说是公文成功的一大法宝。简单来说，比较可分为纵比和横比。纵比：同一项事物或工作，不同时期、不同阶段、不同时点上的情况进行比较。横比：同一项事物或工作，在不同地区、部门、单位之间的比较。

短、实、新是相互联系的，用生动的语言表达真情实感不会太长。长、空、假是相互关联的，篇幅过长的公文很难做到实和新。

第二节　公文写作的章法

公文写作的章法是公文从无到有的整个历程。公文从无到有的创制过程，也是创新章法的过程。实现公文从无到有的创新过程，要经历以下三个阶段。

一、分析

所谓分析，就是对事物，由总到分、化整为零，分别加以研究。分析包括定量分析和定性分析，全面分析和重点分析，纵向分析和横向分析等。

那么，如何进行分析？必须要做到三个善于。

1. 善于分类。

分类就是把一些纷繁复杂的事物或现象分门别类，分别加以研究、寻找、探索有规律的东西，分类时要做到全面、深入、准确、灵活。

（1）全面。就是尽可能使分类的内容与事物的本来面貌相符合。如全年税收的工作总结要注意八个方面的内容。①组织收入；②服务经济社会发展；③依法治税；④征收管理；⑤科技信息化；⑥党建工作；⑦队伍建设；⑧其他方面（如本年度内发生的重大事件）等。

（2）深入。分类有一级分类和多级分类，也就是说根据事物的实际情况和写作意图，进行选择，以利于深入说明、深刻分析。实践证明，分类级数越少，越容易看出事物全貌；分类级数越多，越能够反映事物的本质属性。譬如，对税务机构的分类：××省有19个省辖市局，198个县（市）区局，1225个基层税务分局（所）等。又如，税收征管的科学化、精细化管理就可分几个层次：重点税源的管理、重点税种的管理、重点行业的管理、零散税收的管理、农村税收的管理等。

（3）准确。即分类的标准要一致，既可以事物表象，也可以事物本质为标准，但同一类型的事物分类要用同一标准，只有标准一致才能使分出的各部分之间具有相互关系，不然就会失去说服力。

（4）灵活。强调分类一致性的同时，还可以根据需要，从不同角度，依照不同特点进行分类。例如，对干部队伍现状的调查，就既可根据年龄、文化程度分类，也可以根据政治面貌、工龄、职务等分类。

2. 善于纵剖和横断。

纵剖就是按照事物发展的过程，分成若干阶段，或从事物发生、发展、结果的时间顺序，或从事物的表层入手，由表及里，由浅入深，层层分析。横断则是横向分析，是对同一层次的各种相互影响的因素和相互关系，从不同的侧面，逐一考察和分析。

比如，一份加强房屋租赁业税收秩序整顿情况的总结，用纵剖的方法来写：第一部分，分析形势，认清意义；第二部分，加强领导，宣传发动；第三部分，制定方案，统筹规划；第四部分，分步实施，稳中推进；第五部分，总结经验，整改建制。采用横断的方法来写：第一部分，领导重视，通力合作，制定周密计划；第二部分，广泛宣传，舆论引导，提高纳税意识；第三部分，突出重点，抓好典型，以点带面全面推开；第四部分，依法征收，严格政策，整顿工作成效显著；第五部分，综合治理，整改建制，全面规范税收秩序。

不难看出，采用纵剖方法写出的总结侧重于反映工作的进程、做法和成绩。采用横断写出的总结则侧重探索工作的经验和规律。两者的侧重点不同，作用和意图不一样，效果也不同，在具体工作中两种方法可以交叉使用。

3. 善于定性和定量分析相结合。

任何事物都是质和量的统一。分析也分为定性分析与定量分析，定性分析是对事物各种因素及其性质作出断定和分析；定量分析是对事物各种因素及其相互之间的数量关系加以判定和分析。比如，税务部门对组织税收收入的分析，如果只有定性分析，会显得空洞，说服力不强；如果只有定量分析会显得枯燥无味，甚至使人感到模糊不清。只有将两种分析有机结合起来，才会更准确、更深刻生动地说明事物的性质。

二、整合

这里的整合就是将分析过的对象或现象的各个部分、各个属性联结组合成一个统一的整体，使看起来零星、分散、杂乱无章的事物，成为相互联系的有机体。那么，如何去整合：

1. 要学会"借"。所谓借，即借助、借鉴。善借者有力，善借者有为，善借者生慧。居里夫人有句名言："我之所以比别人看得远一些是因为我站在巨人的肩膀上。"古今中外许多科学家、数学家、天文学家都是善借的典范，一个精明的写作者也可以说是一个会借善借的高手。这里给大家推荐一篇领导讲话通稿：

领导讲话通稿

同志们：

今天，我们在这里召开的××会议，我认为十分必要，这对于××工作的开展，具有十分重要的意义。对于刚才××同志的讲话，我认为讲得非常好，非常深刻。希望在座的同志们，认真领会，深刻理解。回去后，要传达××同志的讲话精神，并认真落实，真抓实干，推动××工作的顺利开展，努力开创××工作新局面。下面我讲几点意见：

一、提高认识，充分领会××工作的重要性和必要性

目前，××工作从全国来看……从全省来看……从我们系统来看……从我们单位来看……因此，要充分领会××工作的重大意义，各级要加大力度，达成共识，形成上下"齐抓共管"的局面，使××工作更上新台阶。

二、扎实有效，要把××工作落到实处

目前，个别单位搞形式主义，开开会、学学文件、讲空话、讲大话、讲套话，这是不行的。对××工作，要真抓实干，重在落实。各级领导要把××工作，列入重要议事日程，认真部署，狠抓落实，创造必要的物质条件和舆论环境，扎扎实实推动××工作的开展，要抓出实效，抓出成绩。

三、加强领导，做好组织协调

各级领导要加强协调工作，要把上下、左右、方方面面、各个环节有机结合起来，步调一致地推进××工作的开展。

四、勇于创新，探索××工作规律

××工作与我们社会生活的每一个领域都密切相关，如何适应经济社会发展的要求，希望大家认真思考，积极探索，创新发展的新途径。

五、参与××工作的同志，要有自豪感和责任感

对于××工作，上级是非常重视的，各级组织都投入了大量的人力、物力、财力。承担××工作的同志们，肩负着组织的殷切期望，要增强使命感和荣誉感，脚踏实地、同心同德，在各自的岗位上奋发有为，增光添彩！

2. 要坚持"四个度"：即"高度、广度、深度、速度"。

（1）高度：要站在上级精神、全局的高度，来思考问题和撰写公文。

（2）广度：要在全面理解上级精神，充分占有资料，准确把握方针政策，切实了解基层情况的基础上，从国际、国内、省内、市内、县内的政治、经济、社会、生态、文化的形势出发，写出的东西才有针对性，有说服力。

（3）深度：要既有深层次的思考，理论上的阐述，又有潜在风险的分析，基层实践的印证。对于前瞻性、预测性的问题，论述要慎重，用语要缓和。

（4）速度：要快，要按时或提前完成撰写任务。

三、构思

围绕主题布局谋篇。中心思想是贯穿全文的灵魂，《文心雕龙》讲"纬定而经正，理定而辞畅"，撰写公文要做到"身在兵位，胸为帅谋"。

1. 选配好材料。人们常说"胸中有情况，手中有典型，才能推动工作"，写公文也要选好典型材料。一是选择与主题有关的材料。二是选择来自于基层真实的材料。三是选用新颖的材料。四是选择具有代表性和典型意义的材料，揭示事物的本质。

2. 安排好结构。好的内容也要有好的载体和表现形式。①结构不是外在的东西，是对内容的轻重缓急、主次分明的安排，讲究逻辑、推理、演绎和过渡的顺理成章。②结构的模式有篇段合一式、分段式、分条分项式等。③把握好结构组成。譬如先进经验的交流材料，可以概括为三段论：第一部分是开头（因由），介绍背景、目的、意义；第二部分是主体，突出具体措施、方法、手段、效果；第三部分是结尾，讲体会，提要求，指出下一步努力方向。

3. 运用好手法。叙述：要把握好"何人、何时、何地、何事、何因、何果"六要素。议论：要注重运用概念、判断、推理的形式来揭示事物本质，要有鲜明的论点、科学的论据、严密的论证过程。说明：对事物的性质、特征、本质进行分类、列举、比较、说明等。

4. 推敲好语言。语言是人与人之间沟通思想、交流感情、传递信息、表达意图的载体。运用语言是一门艺术，运用好可以达到形象鲜明、幽默风趣、朴实通俗，使公文念起来朗朗上口，听起来声声入耳的效果，具有极强的感染力。公文写作要用自己语言、形象语言、群众语言：一是真挚朴实，让收受者感到实在、质朴、平易。二是有理有据，也尽可能地生动。三是庄重严肃，不能轻浮。四是用语规范，符合语法规则，使用规范化的语言。

从事办公室工作的同志，要"出得了主意，理得顺关系，拿得起笔杆，受得了委屈，讲得透道理，守得住秘密，耐得住寂寞"，这些话很通俗，但内涵丰富，要求非常高，需要每一个人长期的修炼。

例文：

××活动方案通稿

开头部分：根据××精神，为此××决定，开展以××为主要内容的××教育实践活动。

第一部分：开展教育活动的重要性和必要性。

第二部分：指导思想和目标要求。目标要求：（一）提高党员素质。（二）加强基层组织。（三）服务人民群众。（四）促进各项工作。

第三部分：指导原则。（一）坚持理论联系实际，务求实效。（二）坚持正面教育为主，认真开展批评与自我批评。（三）坚持发扬党内民主，走群众路线。（四）坚持领导干部带头，发挥表率作用。（五）坚持区别情况，分类指导。

第四部分：总体安排和方法步骤。分三个阶段进行。第一阶段：学习动员。……第二阶段：分析评议。……第三阶段：整改提高。……

第五部分：加强组织领导。（一）建立领导责任制。……（二）建立联系点制度。……（三）建立督查制度。……（四）建立监督评价制度。

第三节　公文写作能力的提升

公文写作是一门学问，也是一种艺术。要写好、写优、写出高层次，必须要有素质能力、文字功底和文学修养。要想做到妙笔生花，必须要注重综合素质和素能的积累。

一、勤学

要求知，勤奋学习，提升能力。学以修身，学以增智，学以陶情，学以致用。公文写作尤其如此，人们常说天下好书多读不完，但最忌懒惰，勤则天下无难事。要长期孜孜不倦，锲而不舍地学，精益求精地学。孔子曰："默而识之，学而不厌，诲人不倦，何有于我哉？"意思是看到和听到什么就默默记在心里，努力学习不满足，教育别人不疲倦，这些事我做到了多少呢？说明学习也要持之以恒、久久为功。

在强调勤奋的同时，还要注意学习的方式、方法，要掌握一套适合成年人学习的方法，一是要掌握系统学习法，就是要全面系统地学习、内在联系地学习。二是要强调聚焦学习法，突出重点，学急需、急用的知识。三是要广泛学习法，就是要广泛涉猎古今中外各类知识，丰富自身内涵和修养。

二、多思

韩愈《进学解》中讲"业精于勤，荒于嬉；行成于思，毁于随"，就是教育人们在治学和进行思想品德修养的时候，要勤勉奋进，善于思考，不能贪图安逸，随心所欲。

治理国家，领导事业，撰写公文更是如此。关于思考与勤奋，陶行知曾说过："人身两大宝，双手和大脑，用脑不用手，就要被赶走，用手不用脑，饭都吃不饱，手脑双并用，才能站稳脚。"公文写作也不例外。公文对于一个单位来说也是一个重大任务、重要工作。因而要善于领会意图，集思广益，集中智慧，绝对不是简单的文字游戏，要有新观点，新思路，推动新工作。任何东西都有一定规律，要学会开动大脑探寻规律。

三、善积

"书到用时方恨少"，聪明的人善于积累。因此，既要读书，又要思考，还要实践，知识靠读书积累，思想靠思考积累，经验靠实践积累，做到了三个方面的有机统一，才能学有所获，增长才干，提高能力，成为撰写公文、推动工作的行家里手。

积累要讲究技巧。一是自身积累，分门别类；二是借助"外脑"，自觉持续地积累。主要来源是：上级文件、本级情况、报刊公文（新华社社论、中央政治局常委以上领导人的讲话）。计算机归类、储存、摘录，学、用、练三位一体，不断提高。

1. 建立资料库。边学边思，边用边练。①拓片式。做好五张卡片，即摘要卡片，忠实原著；提要卡片，提纲挈领；剪报卡片，原作原著；缩印卡片，保持全貌；随感卡片，及时记录。②笔记式。专用笔记本，对"亮点"进行记录。③备忘录式。随时记录。④背记式。对诗词、对联、成语典故，必须背记下来。⑤批注式。眉批、横批、竖批、夹批、纵批。

2. 科学分类。党委系统：中央、省委、市委、县委；政府系统：国务院、省政府、市政府、县政府；社会门类：党建引领、政治理论、经济社会、思想文化、医疗卫生、环境保护、扶贫攻坚；税务部门：组织收入、税收征管、税收法制、科技信息化、队伍建设、廉政建设等。逐卷装订，加注目录、主题、检索。

3. 积累资料的艺术。一是确定收集范围，要有明确的目的和方向。二是选择有用的东西。三是记录功成名就的人物感想，工作启示等。四是要持之以恒，养成习惯。五是资料要准确，来源出处要严加甄别。

四、苦练

孟子曰："故天将降大任于斯人也，必先苦其心智，劳其筋骨，饿其体肤，空乏其身，行拂乱其所为，所以动心忍性，曾益其所不能。"实践出真知，要经常动笔写一写，练一练，才会熟能生巧。

五、写作阶段

1. 粗知章法阶段。公文章法结构，大体可归纳为五个方面，即：主题（灵魂）、结构（骨骼）、材料（血肉）、语言（皮肤）、格式（外装）。基本要求是：主题鲜明、结构严谨、材料得当、语言丰富、格式合理。

2. 驾驭章法阶段。观点与材料统一，大观点与小材料的和谐一致。

3. 跳出章法阶段，浑圆贯通。主题鲜明、自有观点、新颖精辟、简洁有力。

清代国学大师王国维形象地说，做学问要经历三个阶段，第一阶段：昨夜西风凋碧树，独上高楼，望尽天涯路；第二阶段：衣带渐宽终不悔，为伊消得人憔悴；第三阶段：蓦然回首，那人却在灯火阑珊处。就是首先要登高望远，视野开阔，然后消神劳形，刻苦奋发，如此才可能有所顿悟，求得真知。

六、撰写步骤

1. 领受任务。（领导交办、工作计划、安排、规划等）要抓住要义，明确目标，领会意图，突出主题。

2. 搜集材料。俗话讲"巧妇难为无米之炊"，写作公文就必须全面、全方位充分占有数据信息（包括机关科室，基层单位、有关部门等）。就像要建设一个工程，即使有再好的图纸，没有建筑材料，也无法建成高楼大厦，所以搜集材料非常重要。

3. 调查研究。要做到贴近实际、贴近生活、贴近群众。坚持人往基层走，经验到基层找，典型到基层抓。真正把写公文的各项准备工作做细做实。湖南洞庭湖畔岳阳楼上："四面湖山归眼底，万家忧乐到心头。"《吕氏春秋》："有道之士，贵以近知远，以今知古，以所见知所不见"，窥一斑而知全豹，做到见微知著。

4. 拟写通稿。一个成形的材料，一般要求语言表述准确严密、观点鲜明、条理清晰、内容充实、结构严谨、文字精练、文风端正。

5. 协调修改。（领导修改、机关各处室修改、基层单位修改）①分析法。对于正确、中肯的意见，及时吸纳，对不能吸收的作出解释。②归并法。对各个单位提出的意见建议，不同之中取其相同，求同存异。③分类法。分管领导意见为准，部门意见为准。④回避法。对一时难以搞清楚的问题，暂时回避。

6. 报请领导审定，定稿签发。

七、注意问题

1. 防止事无巨细。就是说叙述过程，记流水账。在防止这方面的问题上，毛泽东的讲话可以说是个典范，他的讲话简明通俗，深入浅出，善于把深奥复杂的道理用最普通的话语讲得明白透彻，生动精彩、引人入胜，幽默诙谐、充满情趣，在谈笑中讽喻丑恶，在妙趣横生中表达自己的观点和主张，达到了炉火纯青的地步。

2. 防止老一套。一篇公文没有"兴奋点"，道理、办法、措施没有"闪光点"，就不是一篇好的公文，要树立生动活泼、新鲜有力的马克思主义学风和文风。

3. 防止骄傲自满。要广纳众言，善作善改。相传唐代贾岛初次参加科举考试，住在京城。一天他在驴背上想到两句诗："鸟宿池边树，僧敲月下门。"又想用"推"字，炼之未定，便在驴背上吟咏，伸出手来做推敲的姿势，看到他这样的人都很惊讶。当时韩愈作代理京城地方的长官，正带着车马出巡，贾岛不知不觉地走到韩愈仪仗的第三节，还在不停地做着手势，就被左右侍从推到韩愈面前。贾岛如实地回答出所得的诗句，不知用"推"还是"敲"字，无法确定，所以思想离开了眼前的事物，不知道要回避。韩愈停下马思考了好一会儿，对贾岛说："用'敲'字好。"于是两个人并排骑着驴回家，一同议论作诗的方法，互相舍不得离开，韩愈因此与贾岛结下了深厚的友谊，这便是"推敲"的典故。公文写作也要虚心修改，推敲用词，精益求精。

思考题：

1. 公文写作前，如何才能分析透彻？

2. 公文写作中，怎样巧于综合？

3. 公文写作要注意防止哪些倾向？

第三章 公 文 应 用

第一节 公文的文种选择

一、公文文种及功能

撰写公文，首先要正确使用文种，类似普通写作中的文章体裁。关于公文文种，新中国成立以来，国家行政机关公文文种和党的机关公文文种都多次分别作出规定。现行使用的是 2012 年 4 月，中共中央办公厅、国务院办公厅联合印发的《党政机关公文处理工作条例》规定的 15 种公文，其主要特点是实现了公文文种由以前的党政分开到党政合一，推进了党政机关公文处理工作的科学化、制度化、规范化。这些公文文种及功能分别是：

1. 决议：适用于会议讨论通过的重大决策事项。

2. 决定：适用于对重要事项作出决策和部署、奖惩有关单位和人员、变更或者撤销下级机关不适当的决定事项。

3. 命令（令）：适用于公布行政法规和规章（如主席令）、宣布施行重大强制性措施（如主席宣布战争状态）、批准授予和晋升衔级（授予军衔）、嘉奖有关单位和人员（这些人员一定要有特别大的功勋）。

4. 公报：适用于公布重要决定或者重大事项。它有两个重要特点：一是新闻性；二是非常详细、具体。

5. 公告：适用于向国内外宣布重要事项或者法定事项。

6. 通告：适用于在一定范围内公布应当遵守或者周知的事项。注意：与公告相比，通告范围小，是在一定的范围内，而且专业性较强。与通知相比，通告不强调执行性。

7. 意见：适用于对重要问题提出见解和处理办法。

8. 通知：适用于发布、传达要求下级机关执行和有关单位周知或者执行的事项，批转、转发公文。不仅要让人知道，而且还要去执行，强调执行性。

9. 通报：适用于表彰先进、批评错误、传达重要精神和告知重要情况。主要是树立典型，既可以是好的典型，也可以是坏的典型。注意：事前通知、事后通报。

10. 报告：适用于向上级机关汇报工作、反映情况，回复上级机关的询问。事前、事中、事后都可以。

11. 请示：适用于向上级机关请求指示、批准。只能是事前行文，必须一文一事。

12. 批复：适用于答复下级机关请示事项。它是一种被动行文。

13. 议案：适用于各级人民政府按照法律程序向同级人民代表大会或者人民代表大会常务委员会提请审议事项。它是上行文，因为各级人民政府要对各级人民代表大会和常务委员会负责。

14. 函：适用于不相隶属机关之间商洽工作、询问和答复问题、请求批准和答复审批事项。隶属是指对该机关有领导和监督的关系。

15. 纪要：适用于记载会议主要情况和议定事项。

二、公文文种的选择和使用原则

机关的行文，必须从实际需要出发，根据本机关的职权范围，所处的地位与发文的目的，正确的选择使用文种，不能滥用。早在 1957 年 10 月，国务院秘书厅《关于公文文种和体式问题的几点意见（稿）》中就指出："不同的公文文种，反映着不同的目的和要求，也反映着行文机关之间的关系和发文机关的权限范围。划清各种公文文种的使用界限，正确地使用公文文种，对于做好公文处理工作，具有重要意义。"也就是说，一份公文的文种并不是随意确定的，它是根据发文机关的权限、发文机关和收文机关之间的关系以及发文的具体目的和要求而确定的。只有熟知公文法规中规定的每个公文文种的使用范围和使用原则，才能正确地把握和使用公文。

1. 文种选择要符合行文的目的。

凡文章都有主题或中心思想，公文是实用性很强的特殊文章，它既然是文章，自然也有主题或中心思想。公文的主题或中心思想常被称为主旨。公文的主旨更强调"意在笔先"，受行文目的制约，常常根据法定作者预先从现实的公文活动中萌发、形成的写作意图、目的，来确定什么样的主旨，选择什么样的文种。《党政机关公文处理工作条例》对法定公文文种使用范围作出了具体规定，为选择文种提供了"对号入座"的依据和规范。

2. 文种选择要符合法定作者的权限。

由于法定作者拥有的职权不同，决定了他对公文文种的使用权限不同。发文机关必须依照法定权限和职能制发公文，正确使用公文文种，不能混用或乱用文种。在通用法定公文文种中，命令（令）、议案、条例、公告、公报等文种在使用时尤其要注意发文机关的权限。命令（令），就国家机关系统而言，只有国家主席、国务院及其所属部委、地方各级人民政府才有权使用；就党的机关系统而言，除军事领导机关外，一般不得单独使用。议案，只适用于各级人民政府和其他有议案提出权的机构或人民代表，向同级人民代表大会或常务委员会提请审议事项时使用。条例，在党的机关系统，只有中央组织规范党的组织工作、活动和党员行为时才使用；在国家机关系统，只有全国人大常委会、国务院，省、自治区、直辖市和民族自治地方的人民代表大会及其常务委员会在制定法律、法规时才能使用。公报，使用层级也是比较高的，它主要用于中共中央机关公开发布重要决定或重大事件，也用于两个或两个以上国家的政府、政党发布会谈的成果，以及国家行政机关发布国民经济和社会发展的情况。公告，一般用于省以上国家权力机关、行政机关或政府有关职能部门，以及新华社经授权向国内外宣布重要事项或法定事项。以上文种都具有特殊的权限和适用范围，必须慎重加以选择，如果无视法定权限去认识使用公文文种，就很可能越权行文，造成行文混乱。

3. 文种选择要符合行文主体与受体之间的关系。

发文机关选择文种，不仅要弄清自身的权限范围，还要弄清与受文机关之间是上下级关系还是平行关系或不相隶属的关系，从而决定选择什么文种。比如，"请示"与"请求批准函"都有"请求批准"的职能，但是"请示"只能用于具有直接隶属关系的上下级机关之间，属于上行文；"请求批准函"则用于平行或不相隶属机关请求批准某一事项。

以上公文文种使用的三个原则是一般的基本遵循。在拟制公文、选择文种时，往往出现选这个文种也可、那个文种也行的"两可"现象。这就需要从公文反映的内容上进行全面的分析和判断，正确选择使用文种，真正发挥文种在公文服从与服务于公共管理活动中应有的实际效用。

第二节　公文的行文规则

行文规则，是制发、办理公文中必须遵循的基本准则。《党政机关公文处理工作条例》第四章规定的行文规则共五条，主要是从行文原则、行文方向和行文要求三个方面确立了党政机关公文的行文规则。实际工作中必须严格遵守和执行，以利于提高行文效用，把握行文权限，规范行文体式。

一、坚持行文原则，提高行文效用

"行文应当确有必要，讲求实效，注重针对性和可操作性。"（《党政机关公文处理工作条例》第十三条）这是行文的基本原则，也是行文的出发点。公文是办理公务的工具，但不是唯一的工具，行文应首先认真考虑是否必要。凡是不应该发和可发可不发的公文，一律不发；不应当转发和可不转发的公文，一律不转；应当由党政职能部门行文的，不得升格由党委、政府行文；能用电话、面谈等方式解决问题的一律不行文。从而做到少而精，严格控制发文数量和范围，摒弃繁文缛节，让各级党委、政府从"文山会海"中解脱出来。另一方面，即使需要以行文推动某项公务活动时，也要追求实实在在的效果，注重行文的针对性和操作性，杜绝无的放矢、假大空、不解决任何问题的行文。

二、明确行文方向，把握行文权限

行文方向和行文权限主要从以下四个方面掌握。

1. 明确隶属关系和职权范围。《党政机关公文处理工作条例》第十四条规定："行文关系根据隶属关系和职权范围确定。一般不得越级行文，特殊情况需要越级行文的，应当同时抄送被越过的机关。"这是处理行文关系和如何行文的一个总原则。

隶属关系，主要是指行政隶属关系。要向某一个机关行文，必须搞清楚和行文机关是上下级关系或平行关系。对于业务性强的行政系统，也要注意业务指导关系，明确了这一点就便于确定文种。下级机关向上级机关行文，一般用"请示""报告"等；不相隶属机关之间互相行文，一般用"函"。对需要周知或共同执行的事项，也可以使用"通告""通知""通报"等；上级机关向下级机关行文，一般用"命令（令）""决定""通告""通知""通报""批复""意见"等。

职权范围。就是公文内容、事项是不是行文机关和授文机关职权和职责范围内的事宜。《党政机关公文处理工作条例》依据行文的隶属关系和职权范围，对行文的方向和权限都做出了明确规定。

2. 按照划定的范围行文。

（1）"党委、政府的部门在各自职权范围内可以向下级党委、政府的相关部门行文。"（《党政机关公文处理工作条例》第十六条）

（2）"党委、政府的办公厅（室）根据本级党委、政府授权，可以向下级党委、政府行文，其他部门和单位不得向下级党委、政府发布指令性公文或者公文中向下级党委、政府提出指令性要求。"（《党政机关公文处理工作条例》第十六条）

（3）"上级机关向受双重领导的下级机关行文，必要时抄送该下级机关的另一上级机关。"（《党政机关公文处理工作条例》第十六条）

（4）"党委、政府的部门依据职权可以相互行文。"（《党政机关公文处理工作条例》第十七条）

3. 严格遵守限制条件。"部门内设机构除办公厅（室）外不得对外正式行文。"（《党政机关公文处理工作条例》第十七条）现行的各类各级机关部门的内设机构千差万别，名称也不一样，但都设置了办公机构（办公厅或办公室），可以代表机关对外行文。

4. 掌握联合行文的要求。"同级党政机关、党政机关与其他同级机关必要时可以联合行文。属于党委、政府各自职权范围内的工作，不得联合行文。"（《党政机关公文处理工作条例》第十七条）

三、严格行文要求，规范行文体式

《党政机关公文处理工作条例》在"行文规则"中，从行文纪律到行文体式都做出了明确规定。特别是对上行文做出了严格的规定。

1. "涉及多个部门职权范围内的事务，部门之间未协商一致的，不得向下行文；擅自行文的，上级机关应当责令其纠正或者撤销。"（《党政机关公文处理工作条例》第十六条）这些规定主要是解决和防止政出多门的问题。"除上级机关负责人直接交办事项外，不得以本机关名义向上级机关负责人报送公文，不得以本机关负责人名义向上级机关报送公文。"（《党政机关公文处理工作条例》第十五条）这一条含义深刻，不仅是公文处理中的纪律，而且对于保证领导机关决策的科学化、民主化具有重要意义。也能够保证领导同志抓大事，抓主要问题。

2. 对上行文的体式要从严把关。主要是向上级行"请示""报告"时，"请示"应当一文一事；一般只写一个主送机关，需要同时送其他机关的，应当用抄送形式，但不得抄送其下级机关。

"报告"不得夹带请示事项。《党政机关公文处理工作条例》在第二章"公文种类"中明确规定了"请示"与"报告"的作用。"报告"适用于向上级机关汇报工作、反映情况、回复上级机关的询问；"请示"适用于向上级机关请求指示、批准，在制发公文中要根据行文目的来确定。概括地讲"报告"与"请示"的不同主要表现在三个方面：一是发文机关对上级机关的要求不同。"报告"是为了让上级知道情况，而"请示"是为了让上级对下级机关的请求作出答复或批准。二是发文的时间不同。"报告"一般是在事后，即在某项工作任务完成之后，或上级机关明确要求答复有关问题时制发。而"请示"则多在事前或事中制发。三是正文中的结束语不同。"报告"一般使用"特此报告，请阅知。"或"专此报告，请周知。"等语。而"请示"则多用"特此请示，望予批准。"或"专此请示，请予批复。"等语。

第三节 公文的格式

从古到今，撰写公文都要讲究格式。所谓公文格式，是指公文的规格、式样。它包括公文的书面格式、用纸格式、排版印制格式等。公文格式是公文的外观形式，是区别于其他文体的标志。公文格式的规范化、标准化，有利于显示公文的权威、功能和一定的行为关系，便于公文的撰拟、办理、管理、立卷归档和利用，因此正确把握公文格式，对于公文写作和处理具有重要意义。

新中国成立后，党和国家机关在创立现代公文体系的过程中，十分注意规范公文格式。根据客观公务活动发展的需要，公文格式发展经过 1956

年和 1988 年两次大的嬗变，2012 年由国家质量监督检验检疫总局、国家标准化管理委员会，根据《党政机关公文处理工作条例》的有关规定联合发布了《党政机关公文格式》（GB/T 9704—2012，附录二）（以下简称《公文格式》）国家标准，代替了以前党政不一的公文格式，在基本稳定原来格式的基础上有所调整，通过对过去格式取长补短，实现了党政公文格式的统一。

现行的《公文格式》规定了机关公文通用格式，主要内容有：①纸张要求，包括公文用纸的主要技术指标，公文用纸幅面尺寸，版面、页边与版心尺寸等；②排版和印制要求，包括排版的字号规格、印刷装订和图文颜色要求等；③书面格式要求，包括公文格式的构成要素、排列顺序和标识规则；④公文中的表格、标点符号、计量和数字等要求；⑤公文式样，包括公文用纸、页边及版心尺寸、式样，公文的首页与末页版式、联合行文公文首页与末页版式，以及信函、命令（令）的版式等。在公文撰写中，公文的书面格式最为要紧，也是最容易出现错误的地方。公文的书面格式，又分为一般格式和特定格式。

一、公文的一般书面格式

公文版心一般格式的各要素划分为版头、主体和版记三部分。置于公文首页红色分隔线以上的各要素统称版头；置于公文首页红色分割线（不含）以下至公文末页首条分隔线（不含）之间的各要素统称主体；置于公文末页首条分隔线和末条分隔线之间的各要素统称版记。在公文版心以外有"页码"，在高层机关的公文版心外还设置有"二维条码"。

1. 版头部分。由份号、密级和保密期限、紧急程度、发文机关标志、发文字号、签发人 6 个项目依次组成，位于公文首页上端。

（1）份号。《党政机关公文处理工作条例》规定凡是"涉密公文应当标注份号"。就是将同一文稿印制若干份时，按每份公文的顺序编号。有了顺序编号，在登记、分送和清退涉密文件时便于对号核对，防止文件的丢失和失密。其标注方法：用 6 位阿拉伯数字顶格标识在文件版心左上角第一行，数字不是六位数时相应地用"0"补齐，如"编号：001122"。

（2）密级和保密期限。根据国家《保密法》和公文的涉密程度，分别用绝密、机密、秘密三个级别表示。其标识位置在版心左上角顶格第二行，秘密等级和保密期限之间用"★"号隔开。保密期限的确定，应当按照国家《保密法》规定："除另有规定外，绝密级不超过三十年，机密级不超过二十年，秘密级不超过十年。"

（3）紧急程度。即对公文送达和办理的时限要求。对紧急公文，《党政机关公文处理工作条例》规定："根据紧急程度，紧急公文应当分别标注'特急''加急'"。对紧急电报，应分别标明"特提""特急""加急""平急"。其标识的位置，在版心左上角；如需要同时标注份号、密级和保密期限、紧急程度、则按份号、密级和保密期限、紧急程度的顺序自上而下分别排列。

（4）发文机关标志。它是发文机关用来制发正式文件使用的有固定版式的识别标志。发文机关标志用大字居中套红印在文件首页上端，给人以庄严醒目之感，通称"红头文件"。发文机关标志由发文机关全称或者规范化简称加"文件"二字组成。如《中共中央文件》《国务院文件》，属于简称加"文件"二字组成；《福建省人民政府文件》，属于全称的形式。关于字体和字号，《公文格式》要求，发文机关标志"推荐使用小标宋字体，颜色为红色，以醒目、美观、庄重为原则"。

联合行文时，发文机关标志可用主办机关名称，如中共中央、国务院联合行文，用的是《中共中央文件》名称；也可以并用联署机关名称，如机关联署，主办机关名称应排列在最上，如有"文件"二字，应当置于发文机关名称右侧，上下居中；如联署机关过多，必须保证公文首页显示正文。

（5）发文字号。发文字号是发文机关的代号，为处理、检索、引用公文提供方便。它由发文机关代字、年份、发文顺序号组成。发文机关代字要使用能反映机关特征的两三个字；年份、序号用阿拉伯数码标识；年份应写全称，用六角号"〔 〕"括入；序号不编虚位（即1不编为001），不加"第"字。如国发〔2018〕10号，代表2018年国务院发文第10号。发文字号位于发文机关标志下空两行位置。联合行文，只标主办机关的发文字号。

（6）签发人。凡上行公文，应标注"签发人：×××"。上行公文的签发人，是指发文机关的主要负责人或主持工作的负责人，副职或者非领导职务人不能作为签发人。为了显示公文要素在载体上排列的对称美，上行文的发文字号在"发文机关标志"下面居左空一字编排、签发人姓名居右空一字编排。联合行文签发人是多个，签发人姓名按发文机关的排列顺序从左到右、自上而下依次均匀排列，一般每行排两个姓名，回行时与上一行第一个签发人姓名对齐，最后一个签发人姓名应与发文字号处在同一行。

2. 主体部分。这部分由公文标题、主送机关、正文、附件说明、发文机关署名、成文日期、印章、附注、附件9个项目依次组成。

（1）标题。由发文机关、事由和文种组成。它简要概括了公文的中心内容，为阅读公文提示方向，为收发、登记、管理、使用公文提供检索标志。公文标题是以文种为中心词，以发文机关、事由为限定修饰成分的偏正词组。事由部分则用介词"关于……的"作文种的定语。公文标题位于红色分隔线下空两行位置。它可分为一行或多行居中排版；回行时，要注意词义完整，排列对称，长短适宜，间隔恰当。

撰拟公文标题还要注意几点：一是标题一般应标明发文机关，标注机关全称或规范化简称，不能随意省略。在联合行文时，如果联署机关过多，如4个（含）以上，发文机关才可以省略。二是要准确概括公文的事由，不能随意将事由省略。只有事情简单，如通知开个例会，公布作息时间等的变动时，可在标题中省略事由，但省略事由后不能仅剩下文种作为标题，而必须保留发文机关。拟写标题的事由要能够准确简明地概括公文的中心内容，防止发生费解的、含糊的，甚至相反的歧义。三是标题中的介词不能缺少，使用要规范。有的公文标题在发文机关之后缺少中介词"关于……的"去联结事由，文句不通；有的则重复使用介词，在"关于"之后加"在""对"等字，文句不畅。四是要准确的标明文种，不得随意省略文种或修饰文种。省略文种只有一种特殊的情况，如《××市委关于转发××省委加强廉政建设的通知的通知》，显得累赘，可以简化为《××市委转发××省委关于加强廉政建设的通知》，简化后没有损害原意。此外，现行的法定文种都是由一个单词组成，如通知、决定、报告等，在使用时不应将其修饰为偏正词组，如"审查报告""情况报告"等。

（2）主送机关。即公文的主要受理机关，应当使用机关全称、规范化简称或者同类机关统称。其标识方法，在标题下空一行，左侧顶格书写，如主送机关多需要回行时仍需顶格，最后一个机关名称后标全角冒号。如主送机关名称过多导致公文首页不能显示正文时，应将主送机关名称移至版记部分。什么样的公文、由谁来受理，才能主送谁，不能随意。如"请示"，只能标注一个主送机关，即直接的上级机关。对机关的规范化简称和统称，要由上级机关加以明确，发文时不得自行编造，以免造成混乱。

（3）正文。即公文的主体部分，用来表达行文主旨所需要的全部内容。公文首页应显示正文，编排于主送机关名称下一行，每自然段左空两字，回行顶格。数字、年份不应回行。

（4）附件说明。指公文附件的顺序号和名称。附件，包括名单、图表、统计资料和文件材料等。公文附件是公文正文内容的组成部分，同正文一样具有同等效力。公文如有附件，在正文下空一行、左空两字标识"附件"，后标全角冒号和附件名称。附件如有两件或者两件以上，用阿拉伯数字标明序号，如"附件：1.××××××"。附件名称后不加标点符号；附件名称过长需要回行时，回行左侧顶端应与上一行附件名称对齐。

（5）发文机关署名。署发文机关全称或者规范化简称。这是证实公文法定作者和公文法定效力的标志。公文一般以机关名义署名，议案、命令（令）等文种由机关负责人署名，并写明职务。加盖印章的公文中，单一机关行文时，发文机关署名一般在成文日期之上，以成文日期为准居中编排。不加盖公章的公文，单一机关行文时，在正文（或附件说明）下空一行右空两字编排，在发文机关署名下一行编排成文日期，首字比发文机关署名首字右移两字，如成文日期长于发文机关署名，应当使成文日期右空两字编排，并相应增加发文机关署名右空字数。联合行文时，应先编排主办机关署名，其余发文机关署名依次向下编排。

（6）成文日期。指公文形成的时间，这是公文生效的时间标志，若无专门说明，公文即从成文时间起生效。成文时间的确定，通常以发文机关负责人签发文件的日期为准；凡是须经法定会议通过方能生效的公文，以会议通过的日期为准；联合行文以最后签发机关负责人签发的日期为准；电报以发出日期为准。不能将公文成稿日期或付印日期误标为成文日期。成文日期必须以阿拉伯数字标明完整的年、月、日，如"2020 年 3 月 8日"，年不能简写，月、日不编虚位，不能写成"20 年 03 月 08 日"。成文日期一般右空四字编排。

（7）印章。这是证明公文作者和公文法定效力的重要依据。《党政机关公文处理工作条例》要求所有公文都应当有"发文机关署名"，并规定："公文中有发文机关署名的，应当加盖发文机关印章，并与署名机关相符。有特定发文机关标志的普发性公文和电报可以不加盖公章。"

加盖公章的公文单一机关行文时，印章端正、居中下压发文机关署名和成文日期，使发文机关署名和成文日期居印章中心偏下位置，印章顶端应当上距正文（或附件说明）一行之内。联合行文时，一般将各发文机关署名按照发文机关顺序排列在相应位置，并将印章——对应、端正、居中下压发文机关署名，最后一个印章端正、居中下压发文机关署名和成文日期，印章之间排列整齐、互不相交或相切，每排印章两端不得超出版心，首排印章顶端应当上距正文（或附件说明）一行之内。

单一机关制发的公文加盖签发人签名章时，在正文（或附件说明）下空两行右空四字加盖签发人签名章，签名章左空两字标注签发人职务，以签名章为准上下居中编排。在签发人签名章下空一行右空四字编排成文日期。联合行文时，应当先编排主办机关签发人职务、签名章，其余机关签发人职务、签名章依次向下编排，与主办机关签发人职务、签名章上下对齐；每行只编排一个机关的签发人职务、签名章，签发人职务应当标注全称。

此外，还要注意，同一页面上，由于篇幅有限，生效标识与正文相分离时，有些单位在印章（或发文机关署名）处的左上方第一行书写"（此页无正文）"，这是与公文格式标准要求不相符的。在公文排版后所剩下的空白处不能容下印章时，应采取调整行距、字距的措施加以解决，务必使印章（或发文机关署名）与正文处于同一页面，不得采取标识"此页无正文"的方法解决。

（8）附注。用于需要说明的其他事项。居左空两字加圆括号标识在成文日期的下一行。通常用它标明文件的发布层次和印发传达范围。如"（此件发至县团级）""（此件公开发布）"等。

（9）附件。《党政机关公文处理工作条例》新增了这个项目，规定附件是"公文正文的说明、补充或者参考资料。"附件应另面编排，并在版记之前，与公文正文一起装订；如附件与正文不能一起装订，应当在附件版心左上角第一行顶格编排公文的发文字号，并在其后标注"附件"二字，有序号时注明序号。

值得注意的是，批转、转发、印发类公文，被批转、转发、印发的内容不按照附件处理，在公文正文中，不加附件说明，直接另面编排，附件中首页也不标注"附件"二字。

3. 版记部分。由抄送机关、印发机关和印发日期 3 个项目依次组成。

（1）抄送机关。除主送机关外需要执行或者知晓公文内容的其他机关，属于抄送对象。其名称应当使用机关全称、规范化简称，或者同类型机关统称。抄送机关编排在公文最后一页的下方位置，左右各空一字，"抄送"二字后全角冒号，冒号后标注抄送机关名称。抄送机关的顺序按照机关性质和隶属关系来确定，先上级机关，再平级机关，后下级机关。抄送范围要严格根据工作需要和保密要求确定，不能滥抄、错抄或漏抄。如需要把主送机关移至版记中，应将其编排于抄送机关之上一行位置，编排方法同抄送机关；如只有主送机关、没有抄送机关，将"抄送"二字改为"主送"即可。

（2）印发机关和印发日期。指公文的送印机关和送印日期，又称印刷版记，是对公文印发情况的说明。位于抄送机关之下一行位置，印发机关左空一字，印发日期右空一字，年、月、日用阿拉伯数字标全，后加"印发"二字。

4. 页码。这是位于版心之外的公文文本顺序号，其标注方法与一般的书刊不一样。《党政机关公文处理工作条例》第一次将页码列入公文的构成要素，它有助于防止伪造公文，并为查阅、统计、检索、印制和装订公文提供便利条件。公文页码编排在公文版心边缘之下，数字左右各划一条一字线。公文的版记页前有空白页的，空白页与版记页均不编排页码；公文的附件与正文一起装订时，页码应当连续编排。

5. 二维条码。中共中央办公厅和国务院办公厅从 2006 年开始在全国推广使用"二维条码"。"二维条码"是一种在水平与垂直方向的二维空间存储信息的条码，其存储量大、保密性好、抗损性强，可以在没有联网的环境下实现电子信息的传递，将其引进到公文管理中，对提高公文管理的科学化和现代化水平有着重要意义。《机关公文二维条码使用规范》要求，条码宽 50mm，高大于 10mm、小于 25mm，可容纳 350 字节（175 个汉字）；条码数据分必选项目（包括发文字号或日期、秘密等级、紧急程度、公文成文日期或刊物编印日期、条码制作单位、条码制作日期)、可选项目（包括公文种类或刊物名称、主送单位、标题、发布层次、自定义字段）；条码位于公文最后一页的版心右下角，如公文带有版记，则印制在版记下方右侧。

二、公文的特定书面格式

现行通用法定公文，除上述一般的通用格式外，还有几项与少量文种相联系的特定格式。

1. 信函格式。信函格式按《公文格式》标准要求，其书面构成的标识同一般的格式不同。一是发文机关标志。用发文机关全称或者规范化简称，推荐使用红色小标宋字体，位于版心上方，居中排布。联合行文时，使用主办机关标志。二是红色分隔线。在发文机关下 4mm 处印一条红色双线（上粗下细），距下页边 20mm 处印一条红色双线（上细下粗），两条线长均为 170mm，以版心为准，上下居中排布。三是涉密公文需要标注序号、密级和保密期限时，应顶格居版心左边缘依次编排在第一条红线下；如需同时标注紧急程度，则将其编排在密级和保密期限的下一行。四是发文字号顶格居版心右边缘排在第一条红线之下。五是标题居中编排，与其上最后一个要素相距两行。六是首页不显示页码，由第 2 页开始标注。只有两页的信函式公文，第 2 页可以不显示页码。七是在版记部分不加印发机关和印发日期、分隔线。

2. 命令（令）格式。命令（令）格式按照《公文格式》标注要求，特点如下：一是发文机关标志由发文机关全称加"命令"或"令"组成，居中排布，推荐使用小标宋字体。二是令号在发文机关标志下空两行居中编排，令号不采取一般标注方法，而标注为"第×号"；字号一般也不是按年编，而是以命令签发人的任期为基准，跨年度编流水号，或者以该组织系统发布命令的数序连续编号。三是令号和正文之间无红色分割线，令号下空两行编排正文。四是正文下空两行、右空四字加盖签发人"签名章"，签名章左空两字标注签发人职务（用全称）；联合发布的命令或令，应先编排主办机关签发人的职务、签名章，其余机关签发人职务、签名章依次向下排列。签名章一般用红色。五是在签发人签名章下空一行、右空两字标注"成文日期"。

3. 纪要格式。主要特点：一是纪要标志由"××××纪要"组成，推荐使用红色小标宋体字，位于版心上端，居中排布。二是正文位于纪要标志正下方。三是正文（或附件说明）下空一行左空两字依次标注出席人、请假人和列席人名单。同时，纪要格式可以根据实际需要，变通处理。

4. 决定格式。在《公文格式》中没有此项规定，但是在实际工作中会遇到。凡普发性的"决定"，标题必须包含"三要素"，即发文机关、事由和文种。在标题的下一行正中为"题注"，标注成文日期，用圆括号括住；在法定会议上通过的决定标注会议名称及通过日期，亦用圆括号括住。正文之前不写主送机关，正文之后不再署发文机关，需要时可在"附注"的位置标明行为层次即可。除决定外，普发性的决议和告示性的公告、通告等不标注主送机关的公文，也可以采用这种格式。

第四节 公文的语体特征

语体在修辞学上的使用有两个意思：一是指语体文，即白话文，与文言文相对；二是语言的功能风格，它是人们在不同的社会生活领域内进行交际时，由于不同的语言环境所形成的一系列使用语言材料特点的综合，通常所说的语体，主要是后者。语体可分为说话语体和书面语体两大类，后者又具体分为科学语体、艺术语体、政论语体和事务语体。公文语体是事务语体的分体之一，它是人们在公务活动中形成并使用的。

一、公文的语体特征

现代公文在特定的功能目的、政治作用和历史文化等主客观因素构成的语境制约下形成了具有稳定性和统一性的语体特征。公文语体以实用为目的，这就决定了它的语体风格以准确、简洁、庄重和规范为特征。

1. 真实而准确。公文是为了直接解决实际问题而写作的，因此其内容必须真实，即清楚确实，同客观实际相符合。目前一些公文的通病是照抄、照转、照套，假话、空话、套话，这不单纯是语言的表达问题，而是文风问题、作风问题。一切从实际出发，理论联系实际，实事求是，在实践中检验真理和发展真理是马克思主义最重要的理论品质，也是马克思主义文风的根本要求。公文所需要的是真实的具体情况，应当进行广泛、周密的调查研究，在此基础上形成解决问题的意见和办法，这样才能赋予公文真实感。

如果说"真实"要求有真实可靠的内容，那么"准确"则要求使用恰当的语言形式去表达内容，是公文语言风格的第一要义。准确使用语言，要求用词组句必须精确、贴切，符合语法和逻辑规则，做到文实相符。准确地使用语言，要善于辨别语义，以准确的词语表达相应的思想内容。现代汉语的词汇中多义词、同义词、近义词很多，在使用时要注意选择单一意明确的词语，尽量不用附加意义的词语；要仔细斟酌，区分同义词、近义词的细微差别。根据表达的要求选用最贴切的词。准确地使用语言，人名、地名、数字、引文以及标点符号都要反复核实，做到准确无误，有时一字之差、一个标点符号之误会酿成大错，历史上这样的教训很多。

2. 明快而精练。这是公文实用性功能的体现，是提高依文办事效率的基本要求。叶圣陶曾经指出："公文不一定是好文章，可是必须写得一清二楚，十分明确，句稳词妥，通体通顺，让人家不折不扣地了解你说的是什么。"还说："为了节省看公文的人的精力和时间，公文就该尽可能写得简而得要。"

如何达到公文语言的明快而精练呢？一是要围绕主旨，删繁就简。行文要开门见山，直书不曲，不绕弯、不重复、不絮叨，使语言达到"一字值千金"的境界。对于那些无须重复的老话、没有用场的套话及脱离实际的空话，理所应当删去；对于破坏正常的语言结构，又使表达啰唆费解的多余成分，毫不吝惜地删掉。二是要善于遣词炼句，取其精要。尽量用概括性强的词和词组，句子长短结合、以短为主，句子的结构紧凑，不松散。概括性越强的词语，其反映事物的属概念的外延越大，涵盖的种概念越多。在不需要强调某种具体事物时，就用属概念，而不用去罗列种概念，这样就能收到"遇繁就简"的效果。短的或结构紧凑的句子，读起来顺畅，理解起来容易，也能产生明快简洁的效果。三是要旗帜鲜明，语气恳切。公文不论是向下作指示，还是向上报告工作，都要做到旗帜鲜明，语气恳切。拥护什么、反对什么，表扬什么、批评什么，应当怎样、不应当怎样，文中观点要明确，是非要清楚，表达要中肯，切忌似是而非。

3. 朴实而庄重。领导机关通过公文发出的指令，要求所管辖的地区或工作领域必须听从、执行，所以公文语言应当庄重、严肃。下级向上级报告情况、请示问题、提出建议，同样必须庄重，不得有溢美不实之词。但庄重严肃不是保持一副铁面孔，让人望而生畏，而是要使语言既朴实又庄重。所谓朴实，就是要讲普通话，不用方言土语；用通俗的白话文，不用晦涩难懂的文言文；用书面语，不用随意乱造的新名词。总之，公文的权威性和严肃性的内容，要通过朴实而庄重的语言形式去表达，才能收到深入浅出、通俗易懂的效果。

朴实而庄重的语言风格多是通过陈述句和祈使句表现出来的。陈述句是直接说明事物情况的，用标准的政策、法律专用语和公文的习惯用语，以及富有生命力的古语，也能显出公文语言的庄重、严肃。

4. 得体而规范。所谓得体就是公文语言的运用要符合公文体裁的要求。公文体是文体的一大类别，它可划分为通用公文体与专用公文体。通用公文体包括法定文种和非法定文种。我们在使用这些文种写作时，不仅要受通用文种共有的语境的制约，而且还要受不同行文方向和文种的特殊语境约束。不同的特殊语境，使公文语言的表述语气、用词也不尽相同。总的来讲，在用字遣词上，上行文要注意谦逊诚挚，下行文要注意严肃肯定，平行文要注意平和尊重，防止越权越位，立言"失体"。

公文的规范是公文得体的上位概念。它指公文语言的运用，不仅要符合每个文种的语境要求，而且要符合整个公文文种、公文格式、行文关系、公文结构的共同的规范要求。当然，任何书面语体都要有规范的特点，但公文作为一种管理公务的工具，其规范达到了"化"的程度，这是其他书面语体所不及的。这些规范要求大多纳入相关的公文法规，是"法定使成"，而其他书面语体的规范多属于"约定俗成"。

二、公文的语言表达方式

对于公文来说，所用的表达方式，主要是叙述、议论、说明三种。在一篇公文中，三种表达方式，常常融为一体，综合运用。

（一）叙述

1. 叙述的含义和叙述的人称。

叙述就是对人物的行动或事件的发展变化过程所作的叙说和交代。其最为本质的特征是叙述的表达对象是动态过程。一个静止不动的事物，我们可以描写它，可以说明它，却不能叙述它。

在公文中，叙述运用得十分普遍。决议中提供的事实论据，报告中对事件前因后果的汇报，通报中对先进事迹或错误事实的交代，调查报告和总结中对事件和现象的转达，都要使用叙述。

叙述一个事件，必须选择一个观察点或立足点，必须有一个确定的身份和叙事口吻，叙述才能有条不紊。这个观察点、立足点，或者叙述者的身份和叙事口吻，通常叫作叙述人称。

叙述人称有两种，分别是第一人称和第三人称。第一人称叙述就是以作者本人或作者所代表的群体（"我"或"我们"）的口吻叙述。第三人称叙述，叙述者隐匿了自身，读者看不出是谁在观察、谁在叙述。观察者似乎无处不在，叙述者似乎无所不知。这种叙述被人称为"全知叙事"。在公文中，这两种叙述人称都被广泛采用。报告、请示、总结用的是第一人称叙述，下行公文、调查报告大多用第三人称叙述。

2. 叙述的类型。

（1）按照详略程度的不同，叙述可分为概叙和详叙两种类型。

①概叙。粗略简练、只介绍事件的梗概，其特点是篇幅不长，语言简明，事实完整，但缺少细节。下面就是一段概叙：

2020年1月4日，学校党委召开由中层领导干部、专家学者、优秀中青年教师和离退休职工代表参加的调研会，全面征集对学校党政工作和班子成员的意见和建议。到会代表77人，收回调研表74份。参加调研的同志以对学校工作高度负责的精神，结合学校的工作实际和个人的切身感受，对学校近年来各项工作取得的积极进展和党政班子的工作给予了充分肯定，同时也对学校工作中存在的问题提出了许多中肯的、建设性的意见和建议。

②详叙。就是详细叙述，它所叙述的不只是事件的梗概，还有较多的细节。其特点是详尽具体、篇幅较长。例如，11月3日晚上9时，王××

在工地宿舍里插上电炉下面条，被班长李××看到。李××警告说，工地规定不准私自使用电炉，要王××注意，并要他用完后拔掉电源，但没有当即制止王××的行为。王××刚下完面条，就有人邀请他一同去看电影。王××在没有切断电炉电源的情况下就离开了宿舍。10 时 30 分左右，电路因负载过大开始自燃，并引着了周围的易燃物质，酿成了火灾。

（2）按照叙述的时间次序的不同，叙述可以分为顺叙、倒叙、插叙、分叙四种类型。

①顺叙。顺叙就是按照事件发生的时间顺序叙述，先发生的先说，后发生的后说。这是叙述中最常见、最基本的叙述方式，也是最原始的叙述方式。人类的祖先在刚刚学会叙事时，就只会这样进行叙述。顺叙的优点是线索清楚，层次分明，合乎人们认识事物的习惯，便于掌握也便于理解。但是，也有一些缺点：容易平铺直叙、记流水账、呆板、平淡、缺乏新鲜感。

公文中的叙述，只求事实清楚、完整，不求新鲜、生动，所以大部分叙述都是顺叙。

②倒叙。是把事件的结局或事件发展的某一个阶段提到前面先行叙述，然后再按时间顺序叙述事件的全过程，这样的叙述就是倒叙。倒叙的优点是能突出结果，造成悬念，引人入胜。缺点是有违自然形态，把握不好就成了故弄玄虚。

倒叙在文学作品中运用广泛，在公文中极少见到。我们认识它的目的并不是要在公文写作实践中运用它，而是为了防止因它的出现，给公文的文体本性造成损伤。

③插叙。复杂的事件往往是事件牵起事件，此物引出彼物。把所有的内容都贯穿在一条线索上有条不紊地进行叙述，有时是非常困难的。常常不得不中断原来的线索，插入另一个事件。这种中断对主要事件的叙述而插入另一段相关事实的叙述，就是插叙。插入的相关内容完毕后，一般还要回到原来中断的地方继续叙述下去。

公文中的叙述，只交代主要事件的基本情况，线索单纯，不像文学作品那样刻意追求情节的复杂多变，因此对插叙运用得很少。

④分叙。对同一时间内发生在不同地方或单位的事件，采用"花开两朵，各表一枝"的方法，分别先后进行叙述，这种叙述方式就是分叙。

分叙在公文中用得不多，但当用时，也不可不用。例如，表彰性通报在叙述不同单位在事件中的积极作用时，就有可能用到分叙。

3. 叙述的要求。

（1）要素完备。叙述有六个要素：时间、地点、人物、事件、原因、结果。其中事件是最主要的，事件涉及人物的行动，没有人物的事件是没有的。事件发生的时间和地点如果不清楚，读者就无法认识和评价这一事件的意义。原因和结果，是事件的组成部分。这些要素，在叙述中不得无故缺席。

实际写作过程中，对这些要素的把握可以有一定的灵活性。譬如时间这一要素，必要时可表达得十分精确：×月×日×时×分；有时也可以比较模糊，如："最近""入冬以来"等。地点也是这样，既可以具体到某单位，也可以模糊地说"在××地区"，总之，根据具体情况而定。

（2）线索清楚。叙述时，作者的思路需要有一个依附，使事实材料能够纵向次第展开不至于零乱，这就是线索。所依附的，可以是时间，可以是空间，可以是贯穿事件首尾的某一物体，也可以是作者赖以分别认识事物的标准。在公文中，以时间为线索的叙述比较常见。

在叙事性文体中，线索有时不止一条，还有主次、明暗之分。公文中叙述的线索，不像叙事文体那样复杂，一般只有一条，而且绝没有暗线之说，比较容易掌握。

（3）详略得当。前面介绍了概叙与详叙，已经涉及详略问题。但详和略都是相对而言的，在公文写作中，只明白概叙和详叙仍不能完全解决详略问题。详，详到何种程度？略，略到什么地步？不可能提出一个一成不变的标准。在实际写作中，这是一个不得不面对，而且比较棘手的问题，应该提醒大家注意。总体来看，出于公文文体本性的需要，在事实完整清楚的前提下，尽量简略。

（二）议论

1. 议论的含义和作用。

议论就是对某一事件或问题发表见解，表明观点和态度，并以充分的材料证明自己观点的正确性。这种表达方式在议论文中运用很多，在公文中也有大量运用。

议论的目的一是表明观点，二是说服读者。对于一篇文章而言，议论可以使其鲜明、深刻，具有较强的哲理性和理论深度，提高议论能力比提高叙述水平相对更难。

2. 议论的要素。

议论有三个要素：论点、论据、论证。在公文中，这三个要素一般都要齐备。

（1）论点。论点就是作者对某事物或问题所持的观点、见解、态度。相对于论据和论证而言，论点占据着主导地位，它是论据所证明的对象。

论点分为中心论点和分论点。中心论点就是议论性文章的主题，分论点则是各个层次的中心意思以及各个自然段的段旨。中心论点和分论点之间，是纲与目的关系。分论点是中心论点的从属论点、下位论点，各个分论点是从不同角度证明中心论点的。

公文中的论点跟文学作品中的主题或意蕴有很大差别。文学作品中的主题或意蕴并不直接说出，而公文中的论点都要明确说出。文学作品中的主题或意蕴有时是在作者不自觉的情况下传达出来的，由作者的知觉予以把握。公文中的论点对于作者来说都是自觉的理性认识。

（2）论据。论据就是用来证明论点的根据，也就是议论中所使用的材料。如果只有论点而没有论据，就是不完整的议论。离开了论据的证明和支持，论点无法成立，也说服不了读者。所以，论据是议论的基础。

论据分为事实论据和理论论据。事实论据是指人物、事件、统计数字等，理论论据是指公理、公式、格言成语、名人名言等。

（3）论证。论证是用论据证明论点的方法和过程。简单地说，论证就是用论据有效地证明论点，或者说，就是揭示论点与论据之间的逻辑联系。

在一个完整的议论过程中，论点是核心，它是论据和论证的对象；论据是基础，它解决用什么去证明的问题；论证则是论点和论据之间的桥梁，实现了整个证明的过程。

由于论据不会自动去证明论点，二者之间的关系必须靠揭示内在的逻辑联系才能真正建立起来，所以，论证就显得十分重要。论证有较强的技巧性，有一些基本的方法，需要通过学习实践来掌握。

3. 论证的基本方法。

（1）树立一个正确观点的议论，叫作立论。立论常用的方法有：

①例证法。例证法就是通过列举事实来证明论点的方法。由于人们最相信的就是眼前的事实，因此有"事实胜于雄辩"的说法，所以这是一种最容易被读者接受、最有说服力的方法，也是议论中采用最多的论证方法。

②引证法。引证法是运用理论论据时采用的一种论证方法。所引用的，大多是公认的真理、名言、警句，具有一定的权威性，因此也有很强的说服力。在议论性文章中常见引用马列主义经典语录、孔孟老庄以及西方哲人名言的情况，都属于这种论证方法。

③对比法。对比法就是把两个特征相反的事物或者一个事物截然不同的两个侧面加以比较和对照，目的是使那些彼此不同的性质和特点显现得更加鲜明突出。在公文写作中运用对比，便于肯定先进，否定落后，发扬成绩，纠正错误。

④类比法。类比法是将性质特点相近的事物放在一起比较，从而达到准确认识事物的目的。把一些规模、条件彼此相似的单位、企业进行比较的方法，在公文写作中运用得比较普遍。

⑤因果推论法。由原因推导结果，或者反过来由结果推导原因的论证方法，就是因果推论法。有些原因必然会导致某种结果，某些结果出现后，我们也不难推出其产生的原因。

（2）批驳一个错误观点的论证，叫驳论。以上所说的那些用于立论的方法，也都可以用于驳论。除此之外，驳论还有自己的一些方法。这跟议论三要素有密切的关系，分别是：

①反驳论点。就是运用以上方法，直接证明所反驳的论点是错误的。在反驳论点时，较多采用的是例证、引证、因果推论等具体方法。

②反驳论据。不直接反驳对方的论点，而是指出对方赖以产生论点的论据不可靠。论据不能成立，它所支持的论点自然不攻自破。

③反驳论证。这种方法也不直接反驳论点，而是寻找对方论证过程中的逻辑漏洞，从而指出对方的推理不能成立。譬如指出对方概念不清、偷换概念、自相矛盾等。对方的论证有问题，所得出的结论当然也是不可靠的，这样就达到了驳倒对方论点的目的。

（三）说明

1. 说明的含义。

说明是用简明扼要的文字，将客观事物或事理的形状、性质、特征、成因、关系、功用等属性解说清楚的表达方式。

说明的表达对象是客观化的事物或其事理。如果说叙述表达的是感性认识，议论表达的是理性认识，那么说明表达的就是知性认识。解释概念、介绍产品，所运用的表达方式就是说明。

2. 说明的类型。

说明分事物说明和事理说明两大类。凡以某一个客观存在物为对象的，都是事物说明。如介绍某一产品，或者介绍某一组织的历史状况。凡以抽象的概念或科学道理为对象的，都是事理说明。如解释什么是新冠肺炎，宣传防控新冠肺炎的方法和措施，说明这种疫情是可防可控，不要过于恐慌等。事理说明虽不直接指向某一具体事物，但是，所介绍的知识都是客观事物的基本特征和规律，仍有很强的客观性特点，跟思想和感情等主观认识有明显不同。

3. 说明的基本要求。

（1）态度必须客观。说明的对象是客观事物和它们的事理，这些都是不以人的意志为转移的。所以，说明的内容，只具有对客观事物发现认知的性质，而没有主观创造的因素。而人的思想和感情，受客观世界的影响和支配，主观创造的因素很多，这就是议论、抒情和说明的本质区别。

（2）内容必须科学。所谓科学，就是对客观事物的特征、本质、规律把握得十分准确，能够经得起时间和实践的检验。

（3）表达必须精确。精确包括两个方面。一是对事物的阶段、层次、构造的把握要精确，这样才能保证说明过程脉络清楚、层次分明。二是说明的文字要明晰、精练、准确，不冗繁、不含混、没有歧义，这样才能恰当地表现出客观事物的本来面目。

三、公文的专用词语

公文专用词语是在长期行文实践中形成的、有约定俗成的特定含义、使用频率较高的固定词语。它们已经成为公文语言体系中一个最稳定、最程式化的重要组成部分。掌握并恰当运用这些专用词语，可使文章语言简明、格式规范、行文庄重得体。经常使用的公文专用词语主要有以下几类。

1. 开头用语。如"根据""依据""按照""依照""遵照""为了（为）""由于""兹因""兹有""兹介绍""兹定于""据查""关于"等，多用于表示行文的目的、原因、根据、时态、范围和背景情况等。

2. 称谓用语。表示第一人称的"我""本"；第二人称的"贵""你"；第三人称的"该"。

3. 经办时态用语。如"经""已经""业经""现将""已将"等，常用于说明工作处理过程的时态。

4. 引述用语。如"近接""前接""顷闻""顷悉""欣悉""已悉"等，用以引述来文，作为批答行文的依据。

5. 期请用语。如"请""敬请""拟请""特请""报请""务请""希""希望""如无不妥请批转""如可行请转发"等，用于标识发文者的某种期望、请求、要求。

6. 征询用语。如"当否""可否""是否可行""是否同意""是否恰当"等，多用于表示征询对方的意见和态度。

7. 期复用语。如"请批准""请批示""请批复""请指示""请审批""请审阅""请函复""请回复""请速复""请电复"等，多用于上行公文及商请函、请求批准公文的结尾以请求答复，常和征询用语结合使用，如"当否，请审批"等。

8. 表态用语。如"批准""同意""照准""可行""照办""完全同意""拟同意""原则同意""不予同意""按此办理""按此执行""应予否定""应予缓议""暂不执行"等，常用于不同程度地表明对某一事项的态度。

9. 综述转接用语。如"为此""据此""对此""鉴于""因此""总之""综上所述""有鉴于此"等，常用于承上启下，领起下文，起过渡作用。

10. 结尾用语。如"为要""为盼""为谢""特此××（通知、通告、批复、报告……）""专此××（函复、报告……）""此复""此令"等。有些结尾用语兼有期请、期复作用，如"请认真贯彻执行""望遵照执行""请迅速办理""以上意见妥否请批示""请审批"等。

上述各类用语，使用时要根据对上、对下、对平级或者不相隶属单位的不同场合，注意谨慎选用，并注意搭配，不可滥用、混用，也不要随意生造。

四、几类特殊语言模式的要求

公文不仅要文字通顺、条理清晰、便于理解，而且还要体现它特有的政治性、指导性、定向表达性、思维逻辑性和直书不曲、特定的体式要求等特点。由于表达的需要，经过人们反复运用和长期实践，久而久之就形成了公文比较稳固而鲜明的惯用语言模式。恰当地运用这些语言模式，不仅可以使内容表述准确、严谨，而且有利于表现公文典雅、庄重的风格特征。

1. 时间表述。

时间不仅是记录事物的运动变化过程，而且是对受文者的行为施以强制性影响的一个重要方面。公文写作中的时间表达应该概念准确、明白清晰。

（1）在下列几种情况下，表示时间概念必须使用汉字。

①正文中涉及的农历（夏历）日期如"正月十五""腊月二十三"等，不能写为"正月15""腊月23"。

②星期几一律用汉字，如"星期三"不能写成"星期3"。

③正文中涉及中国清代及以前的历史纪年，如"太平天国庚申十年九月二十四日"不能写为"太平天国庚申10年9月24日"。

（2）在下列几种情况下，表示时间概念使用阿拉伯数字。

①党政机关公文中的成文日期，因其直接关系到公文的时效，因此需用阿拉伯数字完整地写出年、月、日。

②公文标题中的年份。如《××省关于2018年预算执行情况和2019年预算草案的报告》。

③发文字号中的发文年度。

④正文中涉及人物生卒年月日及公元以外其他纪年时，应当使用阿拉伯数字。如"鲁迅（1881.9.25—1936.10.19）""民国35年（1946年）"。

2. 专用名称的表达。

在公文写作中表述有关单位的名称及人物职务、岗位和姓名时，应注意以下几点：

（1）同一名称多次出现时，要保持前后一致。人员的职务、工作岗位常有变动，撰写公文时要细致核查、校对，使之符合实际。

（2）单位名称第一次出现时，应用全称或规范化简称。

（3）当一个人担任多种职务时，只列出与文件内容有关的职务即可。如××同志既是市政协常委又是市环保局局长，在政协的文件中写"市政协常委×××带领政协委员对全市环境状况进行了调查"即可。

（4）当一个人有两个或两个以上职务时，表述应先党内后党外，由大至小排序。如"县委副书记、县长××出席了会议""县委常委、公安局局长××到会祝贺"。

（5）国外人士的姓名、职务应以新华社的标准表述为准，如无标准译名，应注意保持译名的一致性。如"布什"不能写成"布歇"，"里根"不能写成"雷根","国务卿"不能写成"国务大臣","外交大臣"不能写成"外交部长"等。

（6）表述各种职务、姓名时要用全称，如"北京市总工会主席××同志到会讲话"就不能写成"××主席到会讲话"。

3. 数量表达。

人类社会时刻都与数量有关。公文中数量概念的表达有其特殊的规定和要求。

（1）表示数量、长度、重量等各种计量数据时应使用阿拉伯数字，如"32 人""58 千米""280 万吨"。

（2）表述事物的数量时一般"名词"在前"量词"在后，如"大学 5 所""重大事故 8 起"。

（3）当人或物数量较大时，通常还应列出一个代表者，如"教师 24 人"应写为"教师王鹏等 24 人"。

（4）百分比的表示应用阿拉伯数字，如"56%"。

（5）除特殊情况下使用约数、概数外，公文中的数量概念应使用确数。

（6）表示增加时用倍数或分数，表示减少时则只能用分数而不用倍数。如可以说"增加了三倍"，不能说"减少了三倍"。

（7）在用"以上""以下"表示数字分界时，为准确起见，应注明本数是否包含在内，如"七岁以下（含七岁）儿童不得入内"。

（8）"两"字不能作序数，但可以用来表示基数，要注意与"二"字的区别。如"五十二"不能说"五十两"，"二万五千里长征"不可以说成"两万五千里长征"。

（9）"增加、提高、增长、上升、扩大"或"减少、降低、缩小"等词语后面带"到、至、为"与带"了"或不带"了"字相比，语义差别很大，应注意区别。

4. 程度表达。

公文中表达某种事物或现象的程度时常使用各种副词和代词，如"很、极其、非常、比较"等副词和"怎么、这样、如何"等代词较为常见。不同的词语在表示程度时语义常会有细微的差别，这些差别直接关系对政策界限的把握与执行的效用。因此，表述事物的程度时切不可避轻就重或避重就轻，应力求恰到好处。

例如，"部标准（专业标准）和企业标准不得与国家标准相抵触，企业标准不得与部标准（专业标准）相抵触。""不符合标准的产品，一律不列计划完成数，不计产值，不准出厂。""国家质量奖的评选、审批，要坚持高标准、严要求的原则，严禁弄虚作假。"这里"不得""不准""严禁"三个词都有不允许的意思，但在程度上存在着明显区别："不得"与"抵触"搭配，说明企业标准、部标准和国家标准三者应该保持一致；"不准"

比"不得"语气要重，"不准出厂"强调对不符合标准的产品要严格控制；"严禁"的语气最重，鲜明地指出不允许"弄虚作假"，否则必将严肃处理。

在平行文、上行文中商洽、探询有关问题时，也可委婉地说出本方的意见，但应留有余地，使对方乐于接受。比如，"我们认为上述意见尽管与贵校的观点略有出入，但尚有一定道理，望予以考虑。"

5. 范围表达。

范围是事物量的限制，用以规定或反映事物的性质或状态。在公文中对事物范围的表达正确与否关系到整个文件的效果。

在公文写作中，范围常常是通过副词、数量词以及它们的重叠形式来表达的，如"所有、凡、全部、任何一个、总共"可用来表示全部，"有些、有的、部分、绝大部分、百分之×"等则用来表示部分。在使用这些词语时应注意以下几点：

（1）只有在对事物作全面肯定或否定时，才能用表示全部的词语，稍有保留或不好确定数量时只能用表示部分的词语。

（2）在表示部分时应使用词义精确的词语，如百分比等。

（3）不能在一个语句中同时出现表示全部和部分的词语，如"全校教师大部分都参加了植树活动"。

（4）句子中出现的表示范围的词语前后不能互相矛盾，如"凡现在工作岗位上的所有同志，不少是在机构成立时进来的"。

思考题：

1. 《党政机关公文处理工作条例》规定的法定公文有几种？分别是哪些？

2. 公文的行文规则有哪些？

3. 公文格式正文由哪几部分组成？

第四章 公文处理

公文之所以能够逾越时空，有效传递公务活动的信息，传达贯彻方针政策、发布法规和规章、沟通各类机关之间的纵横向联系、印证有关事实等，主要是公文从产生到发挥效用，要经过严格周密的活动过程，这个过程就是公文处理。因此，公文处理是指公文拟制、办理、管理等一系列相互关联、衔接有序的工作流程。即在公文从形成、运转、办理、传递、存贮到转换为档案或销毁的完整周期中，以特定的方法和原则对公文进行创制加工、保管料理，使其完善并获得功效的行为或过程，它是公文得以形成并产生实际效用的全部活动，是机关实现其管理职能的重要途径。

第一节 公文拟制

公文拟制包括公文的起草、审核、签发等过程。

一、公文起草的原则

1. 符合国家法律法规和党的路线方针政策，完整准确体现发文机关意图，并同现行有关公文相衔接。

2. 从实际出发，分析问题实事求是，所提政策措施和办法切实可行。

3. 内容简洁，主题突出，观点鲜明，结构严谨，表述准确，文字精练。

4. 文种正确，格式规范。

5. 深入调查研究，充分论证，广泛听取意见。

6. 公文涉及其他地区或者部门职权范围内的事项，起草单位必须征求相关地区或者部门意见，力求达成一致。

7. 机关负责人应当主持、指导重要公文起草工作。

二、公文审核的注意事项

公文文稿签发前，应当由发文机关办公厅（室）进行审核。审核的重点是：

1. 行文理由是否充分，行文依据是否准确。

2. 内容是否符合国家法律法规和党的路线方针政策；是否完整准确体现发文机关意图；是否同现行有关公文相衔接；所提政策措施和办法是否切实可行。

3. 涉及有关地区或者部门职权范围内的事项是否经过协商并达成一致意见。

4. 文种使用是否正确，格式是否规范；人名、地名、时间、数据、段落顺序、引文等是否准确；文字、数字、计量单位和标点符号等使用是否规范。

5. 其他内容是否符合公文起草的要求。

三、公文签发的要求

公文应当经本机关负责人审批签发。重要公文和上行文由机关主要负责人签发。党委、政府办公厅（室）根据党委、政府授权制发的公文，由授权机关主要负责人签发或者按照有关规定签发。签发人签发公文，应当签署意见、姓名和完整日期；圈阅或者签名的，视为同意。联合发文由所有联署机关的负责人会签。

第二节　公文办理

公文办理包括收文办理、发文办理和整理归档。

一、收文办理的主要程序

1. 签收。对收到的公文应当逐件清点，核对无误后签字或者盖章，并注明签收时间。

2. 登记。对公文的主要信息和办理情况应当详细记载。

3. 初审。对收到的公文应当进行初审。重点是：是否应当由本机关办理，是否符合行文规则，文种、格式是否符合要求，涉及其他地区或者部门职权范围内的事项是否已经协商、会签，是否符合公文行文的其他要求。经初审不符合规定的公文，应当及时退回来文单位并说明理由。

4. 承办。阅知性公文应当根据公文内容、要求和工作需要确定范围后分送。批办性公文应当提出拟办意见报本机关负责人批示或者转有关部门办理；需要两个以上部门办理的，应当明确主办部门。紧急公文应当明确办理时限。承办部门对交办的公文应当及时办理，有明确办理时限要求的应当在规定时限内办理完毕。

5. 传阅。根据领导批示和工作需要将公文及时送传阅对象阅知或者批示。办理公文传阅应当随时掌握公文去向，不得漏传、误传、延误。

6. 催办。及时掌握公文的办理进展情况，督促承办部门按期办结。紧急公文或者重要公文应当由专人负责催办。

7. 答复。公文的办理结果应当及时答复来文单位，并根据需要告知相关单位。

二、发文办理的主要程序

1. 复核。发文机关负责人已经签批的公文，印发前应当对公文的审批手续、内容、文种、格式等进行复核；需做实质性修改的，应当报原签批人复审。

2. 登记。对复核后的公文，应当确定发文字号、分送范围和印制份数并详细记载。

3. 印制。公文印制必须确保质量和时效。涉密公文应当在符合保密要求的场所印制。

4. 核发。公文印制完毕，应当对公文的文字、格式和印刷质量进行检查后分发。

涉密公文应当通过机要交通、邮政机要通信、城市机要文件交换站或者收发机关机要收发人员进行传递，通过密码电报或者符合国家保密规定的计算机信息系统进行传输。

三、整理归档的注意事项

需要归档的公文及有关材料，应当根据有关档案的法律法规以及机关档案管理规定，及时收集齐全、整理归档。两个以上机关联合办理的公文，原件由主办机关归档，相关机关保存复制件。机关负责人兼任其他机关职务的，在履行所兼职过程中形成的公文，由其兼职机关归档。

第三节 公 文 管 理

党政机关、人民团体、企事业单位应当建立健全本机关公文管理制度，确保管理严格规范，充分发挥公文效用。

一、公文应当归口管理

党政机关公文由文秘部门或者专人统一管理。设立党委（党组）的县级以上单位应当建立机要保密室和机要阅文室，并按照有关保密规定配备工作人员和必要的安全保密设施设备。

二、涉密公文应当严格管理

公文确定密级前，应当按照拟定的密级先行采取保密措施。确定密级后，应当按照所定密级严格管理。绝密级公文应当由专人管理。

公文的密级需要变更或者解除的，由原确定密级的机关或者其上级机关决定。

公文的印发传达范围应当按照发文机关的要求执行；需要变更的，应当经发文机关批准。涉密公文公开发布前应当履行解密程序。公开发布的时间、形式和渠道，由发文机关确定。

经批准公开发布的公文，同发文机关正式印发的公文具有同等效力。

复制、汇编机密级、秘密级公文，应当符合有关规定并经本机关负责人批准。绝密级公文一般不得复制、汇编，确有工作需要的，应当经发文机关或者其上级机关批准。复制、汇编的公文视同原件管理。

复制件应当加盖复制机关戳记。翻印件应当注明翻印的机关名称、日期。汇编本的密级按照编入公文的最高密级标注。

涉密公文应当按照发文机关的要求和有关规定进行清退或者销毁。

不具备归档和保存价值的公文，经批准后可以销毁。销毁涉密公文必须严格按照有关规定履行审批登记手续，确保不丢失、不漏销。个人不得私自销毁、留存涉密公文。

三、公文的撤销和废止管理

公文的撤销和废止，由发文机关、上级机关或者权力机关根据职权范围和有关法律法规决定。公文被撤销的，视为自始无效；公文被废止的，自废止之日起失效。

四、新设立和合并机关的公文管理

新设立的机关应当向本级党委、政府的办公厅（室）提出发文立户申请。经审查符合条件的，列为发文单位，机关合并或者撤销时，相应进行调整。

机关合并时，全部公文应当随之合并管理；机关撤销时，需要归档的公文经整理后按照有关规定移交档案管理部门。

工作人员离岗离职时，所在机关应当督促其将暂存、借用的公文按照有关规定移交、清退。

第四节　公文的电子化管理

公文处理电子化，在提高办公效率上成为机关单位追求的目标，公文处理电子化相对于传统的纸质公文处理来说，分工更加明确、流程更加科学、管理更加便捷、保密更加严格。

一、公文电子化的特征

电子公文处理和纸质公文处理同样包含公文的办理、传输交换、安全保障、归档管理等主要过程，其工作原理与纸质公文处理过程理论上是一致的，但由于现代信息技术所固有的特征，电子公文处理系统显现出许多纸质公文所不具有的特点。

1. 系统与网络支撑。电子公文采用数字代码记录，需要借助计算机及其程序才可能完成。电子公文的传输、查询和共享，也要依靠计算机通信网络及其硬件平台作支撑。

2. 大容量与智能化。电子公文实现了高密度、大容量和文字、图形、数据、图像、语音等各种信息的有机组合和一体化处理，便于存放、检索、复制和传输。同时具备材料采集、文字图像输入、版式生成、要素标识、审核流程、数字印章、传递发送、整理归档、限时办理、来文提示、退文警示多节点、全过程的智能化自动处理。

3. 便捷式与高效率。电子公文处理界面的一道程序、一次点击就能够完成纸质公文多道程序、多个人次才能完成的工作量。秘书部门通过计算机能对多个工作环节自动进行显示、排序、查询和流程跟踪；办文部门通过计算机可以完成多道程序，实现全方位、远距离高速传送，并对办文过程进行流程跟踪监控；文档管理部门可以采用数据库和检索技术，实现归档公文的自动编号和查询，在档案信息库中多条件高速检索，迅捷、准确地获取归档公文信息。

二、公文电子化的作用

1. 加快了公文信息传输，提高了工作效率。公文处理电子化系统的应用缩短了公文信息和数据传输的时空距离。传统的纸质办公方式需要手工操作，人工传输或邮政传递费时费力，通过电子化系统传送，可以即时完成。

2. 信息共享和文档的方便快捷检索，提高了机关办事效率和决策效率。机关单位人员通过公文处理电子化系统，能够方便、快捷地查询领导批示及处理过程；能够及时了解当前"待办事项"，能够方便、快捷地按类别查找有关文件、制度、法规，进行工作情况回顾等，提高了机关办事效率。

3. 适时跟踪公文全程办理情况。由于系统采用了完善的流程跟踪机制，可以详细记录公文的当前状态、办理过程和办理结果，从而方便经办人员了解公文办理情况，及时了解和纠正问题，也有利于监督功能的实现。

4. 确保了公文的安全保密。公文处理电子化不仅减少了公文传递登记的烦琐，而且改变了公文随意摆放，随意携带的习惯，杜绝了在传递、保管过程中容易出现的公文丢失现象，相对也就加强了公文安全保密管理。

5. 节约了办公费用。公文处理电子化系统的应用，不仅提高了办公效率，而且省去了大量的纸张费用、复印维护费，省去了很多的人力劳动，节省了大量的邮电费用和公文投递费用。

三、用户管理

在电子化的综合办公信息系统中，根据工作需要将工作人员分成两组，特殊用户和普通用户。特殊用户在系统中行使一定的管理职能，赋予一定的特殊权限；普通用户，可以运用系统内对应于自身标志符的权利，完成日常办公。

1. 特殊用户。

特殊用户包括系统管理员、公文管理员、签报管理员、督办管理员、档案管理员。

系统管理员负责综合办公系统的管理和维护，工作范围包括：与系统有关的网络通信、服务器硬件应用、数据库文件维护。

公文管理员负责系统运转方面的管理工作，如系统的参数配置、公文库的管理与维护、公文流转的管理等。

签报管理员负责签报的管理工作，如编号、统计、跟踪、归档等。

督办管理员负责督察督办工作，如立项、催办、统计等。

档案管理员负责归档、档案库管理、借阅管理等工作。

2. 普通用户。

拟稿人，负责发文、签报等工作，是公文流程的起始环节。

核稿人，负责对上一环节流转过来的处理单及公文内容进行核稿。

审核人，负责对上一环节流转过来的处理单及公文内容进行审核。

签发人，负责对上一环节流转过来的处理单及公文内容进行审核并签发。

部门文书，与其他部门进行公文传递，对部门公文进行登记、编号，对本部门办结公文进行归档。

总收发，负责本级机关公文的收发和公文的归档管理。

四、网上收文管理

网上公文流转时，按照公文的来源不同，收文流转分为电子公文流转和纸质公文流转。

对于收到的电子公文，可由办公室文书，按照有关领导或办公室负责人的批办意见，通过部门文书，根据授权，以电子文稿的形式，直接上网流转。

对于收到的纸质公文，又分为以下两种情况：

1. 通过机关总收发收到的正式纸质公文，应由办公室文书扫描为电子公文，经办公室负责人拟批后，通过部门文书，根据授权，以电子文稿的形式，直接上网流转。

2. 有关领导和部门员工参加外单位会议带回的会议文件资料或外单位直接送达有关部门的公文，应统一送交办公室文书进行登记，并将相关的公文扫描成电子公文，经办公室负责人审核批准后，通过办公室文书和主办部门文书，根据授权，以电子文稿的形式直接上网流转。

对已经上网流转的电子公文，凡是需要办理的，各流经环节均要按权限限时办理和传递。

五、网上发文管理

网上制发公文时，根据授权，以电子文档的形式，直接上网流转，各流经环节要按照权限限时办理、传递。

1. 各类行文发文应通过各部门文书和办公室文书，根据授权，以电子文稿的形式流转后，统一传递到办公室总收发处编号，经排版、校对后，一律通过远程工作站进行内部发送。

2. 各部门发文应通过部门文书和办公室文书，根据授权，以电子文稿的形式由部门文书编号，经排版、校对后，办公室总收发通过远程工作站进行内部发送。

六、公文网上归口管理

1. 办公室通过向部门文书授权，实现公文的归口管理；部门文书承担本部门公文管理职责，并对本部门应办理的公文要求及时进行督办。

2. 部门文书按照部门领导的意见，向本部门的有关人员进行二次授权，将办公室文秘部门发送本部门的公文发送到有关人员。

3. 网上公文流转所需的电子印章，应由办公室负责制作、管理。电子印章视同实物印章，由专人、专柜保管；电子印章只可在远程工作站传输公文时使用，不可用于对外签订合同或出具证明。

七、电子档案管理与查询

综合办公信息系统投入运行后，机关档案管理要实行双套制，电子档案与纸质档案共同存档。电子公文在机关综合办公信息系统流转过程中，只允许在规定的环节下载流转，生成纸质公文。

1. 机关各部门在各种活动中形成的具有保存价值的各类不同载体的公文、资料等，应运用计算机进行整理，生成电子公文归档。对往年机关印发的正式公文、传真电报、会议纪要、信息简报、签报等纸质公文，可通过扫描形式，转换成电子公文，以备网上检索、借阅、利用。

2. 档案整理实行档案部门以件为单位的归档方式，做好公文要素与档案要素的有机衔接，纸质档案与电子档案同步管理。档案管理部门应运用综合办公信息系统，做好日常公文的收集、整理、分类、排序，并做好有关档案的卡片录入工作。

3. 在综合办公信息系统中建立公文中间库，按办公权限，以备用户日常上网检索、借阅、利用。公文中间库可实现上下级之间公共信息的检索、查询，以及授权下的各级机关信息数据库的检索、查询等。公文中间库的保存时间为一年零三个月，从次年的第二季度转移入档案系统。

八、电子公文的网络安全管理

公文处理电子化是依赖于计算机和网络技术而存在的，这就意味着其应用不可避免地存在着由网络的自由、开放所带来的信息安全隐患，引入网络安全保护机制十分必要。

1. 公文严禁通过互联网流转。因工作需要，确需通过互联网的，要经有关部门同意，并进行登记。同时，上互联网的计算机，必须与内部局域网物理断开，且机器内不能存放有密级的文件。

2. 针对数据保密和安全性问题，加强数据安全传输管理，特别是相关传输代号和密码方面的管理措施，防止数据泄露、被篡改、被盗用。

3. 针对身份认证和访问授权问题，建立公文处理系统身份认证子系统，严格控制数据访问权限。

4. 针对建立网络身份认证子系统问题，通过路由器建立网络设备身份认证子系统，防止非法登录。

5. 建立防火墙系统，利用防火墙对用户进行审订、记账及报警，并对网络用户进行访问控制。

6. 针对网络安全管理问题，利用局域网交换机对内部网络进行控制，对内部用户进行访问控制，并隔离局域网络故障，保证网络安全可靠运行。

7. 针对网络病毒问题，建立网络防病毒体系，防止病毒侵入机关网络系统。

第五节　档案管理

公文处理的最后一个环节就是将公文转换为档案资料进行收归入档，成为记载历史的查考和鉴证。

一、档案管理的含义

档案管理，就是档案的收集、整理、保管、鉴定、统计和提供利用等各项业务工作的总称，也是国家档案事业最基本的组成部分。具体包括档案收集、档案整理、档案价值鉴定、档案保管、档案编目和档案检索、档案统计、档案编辑和研究、档案提供和利用等。

二、档案管理的性质

档案管理的对象是档案，服务对象是档案利用者，所要解决的基本矛盾是档案的分散、零乱、质杂、量大、孤本等状况与社会利用档案要求集中、系统、优质、专指、广泛之间的矛盾。档案管理是一项管理性、服务性、政治性的工作。

1. 管理性。档案不由档案管理机构和档案工作人员产生和利用，它是专门负责管理各部门形成的历史文件的一种专业工作，所以是管理性的工作。

2. 服务性。档案管理系统是各项社会管理系统中不可或缺的组成部分。通过提供档案信息为社会实践服务，是档案管理工作区别于其他工作的特点之一。档案部门虽然也研究档案、进行编著等活动，但其目的还是为了更好地服务社会的需要，具有服务性。

3. 政治性。在社会历史的各个阶段，档案管理工作都必然为一定的经济、政治、文化服务，否则就不会存在，也难以发展，这个服务方向是档案管理工作政治性的集中表现。尤其是党政机关，由于档案的内容关系到国家的政治利益和经济利益，所以中外任何国家对档案管理都有一定的保密要求，一部分档案不对外开放，而多数档案则要在规定期满后才开放。这种机要性也是档案管理工作的重要内容。

三、档案管理工作原则

档案管理工作，要遵循集中统一管理、维护档案的完整与安全、便于利用的原则。

集中统一指国家全部档案要由国家设立的各级各类档案保管机构分别集中保存，并制定统一的法规进行管理。

维护档案完整有两方面的含义：一是从数量上要保证档案齐全，不残缺短少；二是从质量上要保持档案的有机联系，不能人为割裂分散或零乱放置。

维护档案安全也有两方面的含义：一是力求档案本身不受损坏，尽量延长档案的寿命；二是保护档案免遭有意破坏，保护档案机密不被盗窃。

便于利用是全部档案管理活动的最终目的，也是检验档案管理工作的一个标准。档案是历史的见证，反映一定的历史事实，不允许任意篡改或修正，所以维护档案的真实性、保持档案的原貌，也是档案管理工作必须遵循的原则之一。

档案管理系统是整个国家文献信息系统的组成部分之一，在构成整个社会的科学体系中占有重要地位，是社会信息系统的基石。档案管理不仅对局部单位的工作、生产、生活有意义，而且对整个社会也有意义，不仅具有当前的、现实的意义，还具有长远的、历史的意义。

四、档案管理工作流程

1. 立卷归档。

（1）立卷部门专兼职档案员根据单位制定的档案归档范围，平时做好文件材料的形成、收集、保存，确保归档文件材料完整。

（2）专兼职档案员根据不同文件材料的特点，按规定的案卷类目归卷。

（3）次年初，专兼职档案员对收集、积累的文件材料进行整理（初步立卷）。

（4）三月上旬档案室对各部门初步立卷的文件材料进行检查、指导。

（5）专兼职档案员按立卷要求立卷。

（6）专兼职档案员填写移交清单，并向单位档案室移交档案。

（7）档案室对案卷进行分类、整理。

（8）编制档案号。

（9）编制案卷目录等各种检索工具。

（10）入库。

（11）做好档案的统计、安保。

（12）开展档案的利用。

（13）进行文件汇编，对档案信息进行二次、三次加工。

档案入库流程：档案室将分类文件资料—录入机读目录—将档案整理完毕—整理装订档案—制作检索工具—档案入库—分类上架。

2. 借阅利用。

（1）本单位人员借阅档案。

由本人提出书面申请—办公室主任审核—主管领导签字批准—档案室负责查找有关档案—借阅人填写借阅档案登记簿—借阅人填写档案利用效果登记表—档案室填写归还日期。

（2）外单位人员查阅档案。

查阅人持单位介绍信到单位档案室申请借阅档案审批单—办公室主任审核—主管领导签字批准—档案室负责查找—查阅人填写借阅档案登记簿—查阅人填写档案利用效果登记表—档案室填写归还日期。

3. 鉴定销毁。

档案销毁程序：提出申请—办公室主任审核—主管领导签字批准—档案鉴定小组（由主管领导、办公室主任、档案管理人员及相关部门业务人员共同组成）进行鉴定—档案管理人员及相关部门业务人员逐项造册登记—办公室主任签字批准—主管领导签字批准—"一把手"签字批准—档案室及相关部门到指定地点两人以上监销—档案室及相关部门办理销毁清册—档案室归档。

第六节 印信管理

印信是党政机关、企事业单位、社会团体的印章和介绍信等行使职权的凭证和对外联系的标志。

一、印章的刻制与启用

1. 印章的刻制。

机关印章的刻制必须凭上级主管部门出具的刻制证明或单位成立的批准文件，由具体使用该印章的机关提出申请，在所在地县级以上公安机关备案，并出具刻制印章的证明，方可到指定地点进行刻制。

印章一般由上级主管领导机关制发，或由上级下达印章式样、尺寸、字样及规格要求，本机关制成图样，行政文秘部门指定专门人员凭机关介绍信到当地公安机关管理印章刻制的部门办理手续，并到指定的刻制单位刻制；任何刻制单位和个人不得擅自刻制印章；验收合格的印章，应立即建立登记，盖好印鉴，以备查考。

2. 印章的启用。

启用印章是根据法律规定或有权机关的授权，印章单位首次使用印章代表本单位行使职权。正式启用前须办理启用手续，即根据上级机关和有关单位的批文通知，起草启用印章公文，并附印模图样。有的机关因隶属关系或名称发生变化，在新印章启用前，也需向有关机关、单位发出印章启用通知，并随附所启用的印章印模图样。

3. 印章的使用。

（1）印章的保管一般由秘书负责，按照保密要求，管印者不得委托他人代取代用印章，印章应放在专门的保险柜内，随用、随取、随锁。

（2）做好印章保养工作，盖印下面要衬垫一定弹性的硬橡胶或厚纸等，防止印章在坚硬的物体上使用造成碰损，印章应及时清洗，确保印迹清晰。

（3）如果因工作需要，别的部门需借用单位印章，须严格履行相关手续，提交用印申请单。

二、介绍信的管理和使用

1. 介绍信的种类。

从文面格式来看，介绍信有以下两种：

（1）书信式是用一般公文用纸（或印有单位名称的信笺）书写的介绍信。

例文：

介　绍　信

××公司：

今介绍我公司×××、×××两位同志前往贵单位洽谈有关××产品销售的具体事宜，请予接洽为盼。

　　此致

敬礼

（印章）

××年×月×日

（有效期×天）

　　（2）印刷式是单位正式介绍信，先设计好固定的格式，然后大批量印刷，使用时只需在相关条项内填上相应的内容即可。印刷式介绍信一般都由持出联和存根联两部分组成。

例文：

　　No. ××××××

××单位介绍信

　　_____：

　　兹介绍我单位×××等__位同志前往你处联系_____事宜，请予接洽。

　　此致

敬礼

（印章）

××年×月×日

（有效期×天）

　　2. 介绍信的使用。

　　（1）凡使用介绍信者须经单位领导批准，秘书不得擅自开具发放。

　　（2）开具介绍信时应由秘书自己填写介绍信栏目内各项内容，要求真实、完整，存根内容要与持出联内容一致。书写要工整，不得涂改，如果必须修改，要加盖更正章，或在修改处加盖公章。

　　（3）介绍信上应加盖单位公章，分别盖在右下方日期栏和存根线上（骑缝章）方为有效。

　　（4）秘书不得将空白介绍信或单位信笺加盖公章后交给使用人，不得委托他人或让使用人自己填写盖章。否则，出了事故，秘书要负责任。

　　3. 介绍信的管理。

　　（1）介绍信一般和公章一样由同一人（秘书）保管并使用，与公章同等重视，不得缺页或丢失。

（2）发放介绍信要进行登记，使用人要履行签字手续。印刷式介绍信可在存根上签字，书信式介绍信在专用登记表上签字。

三、印信管理注意事项

1. 秘书在保管和使用印信时要认真负责，讲原则，不徇私情。

2. 建立和规范印信管理制度，一切按制度和规定办理。

3. 印信若遗失，应立即通过新闻媒体公告作废，同时采取紧急补救措施，以避免造成更大损失。

思考题：

1. 怎样理解公文处理的含义及公文处理工作的地位？

2. 公文拟制坚持的原则有哪些？

3. 如何做好档案和印信管理？

第五章　公文保密

　　涉及国家秘密的公文，要严格按照拟制、印制涉密公文的要求办理，要在符合安全保密要求的环境和场所进行。拟制涉密公文应当同时确定密级和保密期限，严格控制知悉范围。印制涉密公文要严格按照公文处理办法和规定，标注份号、密级、保密期限和发送范围。

第一节　国家秘密

　　国家秘密是指关系国家的安全和利益，依照法定程序确定，在一定时间内只限一定范围成员知情的事项。保守国家秘密是中国公民的基本义务之一。《中华人民共和国保守国家秘密法》对国家秘密的等级、范围、载体等作出了明确的规定。

一、国家秘密的等级

　　国家秘密的密级分为绝密级、机密级、秘密级三种。

　　1. 绝密级：含有最重要的国家秘密，泄露会使国家的安全和利益遭受特别严重损害，绝密级事项期限不超过30年。

　　2. 机密级：含有重要的国家秘密，泄露会使国家的安全和利益遭受严重损害，机密级事项期限不超过20年。

　　3. 秘密级：含有一般的国家秘密，泄露会使国家安全和利益遭受损害，秘密级事项期限不超过10年。

二、国家秘密的范围

　　国家秘密的范围是包含在国家秘密的基本范围之内的各业务系统的国家秘密的具体部分。从内容上讲，包含两部分，即国家秘密基本范围和具体范围。基本范围由国家法律规定，根据《中华人民共和国保守国家秘密法》第九条规定，国家秘密基本范围包括七大类：①国家事务重大决策中的秘密事项；②国防建设和武装力量活动中的秘密事项；③外交和外事活动中的秘密事项以及对外承担保密义务的秘密事项；④国民经济和社会发展中的秘密事项；⑤科学技术中的秘密事项；⑥维护国家安全活动和追查刑事犯罪中的秘密事项；⑦经国家保密行政管理部门确定的其他秘密事项。具体范围，根据《中华人民共和国保守国家秘密法》第十一条规定，国家秘密及其密级的具体范围，由国家保密行政管理部门分别会同外交、公安、国家安全和其他中央有关机关规定。军事方面的国家秘密及其密级的具体范围，由中央军事委员会规定。

三、国家秘密的载体

国家秘密的载体，简称秘密载体，是指以文字、数据、符号、图形、图像、声音等方式记载国家秘密的纸介质、光盘介质、磁介质等类物品和有关设备、产品等。磁介质载体包括计算机硬盘、软盘和录音带、录像带等。随着信息技术的发展，磁性和光电介质的载体越来越多。

第二节　保密工作机构与职责

一、机构

《中华人民共和国保守国家秘密法》规定，国家保密行政管理部门主管全国保密工作。县级以上地方各级保密行政管理部门主管本行政区域的保密工作。

各级机关要建立保密委员会，领导本机关保密工作。保密委员会由本机关负责人和各部门主要负责人组成。保密委员会下设办公室，机关办公厅（室）、人事、信息中心等部门负责人为组成人员，配备专（兼）职保密干部，承担机关日常保密管理工作。专（兼）职保密干部须经保密培训并向上级机关和同级保密行政管理部门备案。

各级机关保密委员会要规范工作程序，建立健全保密工作制度。保密委员会实行例会制度，定期研究保密工作，并有专门的会议记录。保密工作开展情况有文字、音像或图片记载，内容完整，并分类建立保密工作档案，有条件的建立电子文档。

二、职责

建立落实党政干部保密工作责任制。各级机关主要领导是本机关保密工作第一责任人，应当重视、关心和支持保密工作，带头执行保密工作方针政策和规定，定期听取保密工作汇报，及时研究解决保密工作中的重大问题，推动保密工作顺利开展。各级机关分管保密工作的领导对保密管理工作负有直接领导责任，应结合工作实际，提出贯彻执行上级对保密工作要求的具体意见和措施，指导协调和监督检查本机关、本系统的保密工作，及时解决保密工作中的问题。其他领导要协同抓好分管工作范围内的保密工作。机关各部门负责人应做好业务工作范围内的保密管理工作，制定保密管理措施，加强保密监督检查，把工作任务落实到岗位、细化到人。

各级机关保密委员会应认真履行职责，及时传达贯彻党和国家保密工作方针政策、法律法规和工作部署，制定保密工作制度和年度保密工作计划，完善保密管理措施，加强保密工作监督检查，强化信息设备、信息系统保密和安全技术防范，开展保密教育培训和监督管理。

第三节 保密工作的管理

一、涉密人员管理

涉密人员是经审查批准经常接触、处理、知悉、掌握国家秘密事项，在保守国家秘密安全方面负有责任的人员。

涉密人员必须忠于祖国，政治可靠，历史清白，思想进步，遵纪守法，品行端正，社会关系清楚。保密要害部门、部位涉密人员的配偶不得为非中国公民。涉密人员必须经保密委员会审查，经考核合格，参加报名培训，填写涉密人员审批表，并签订涉密人员保密责任书，方可进入涉密岗位。对核心涉密人员和重要涉密人员要向上级机关和当地保密行政管理部门备案。

对涉密人员实行分级管理。涉密人员按其涉及国家秘密事项的密级程度实行分类管理。核心涉密人员是产生、经管或经常接触、知悉绝密级国家秘密事项人员；重要涉密人员是产生、经管或经常接触、知悉机密级国家秘密事项人员；一般涉密人员是产生、经管或经常接触、知悉秘密级国家秘密事项人员。各级机关要严格控制接触国家秘密的人员范围，严格限制涉密人员接触国家秘密的范围。各级要定期对涉密人员进行保密形势、保密法律法规、保密技能等方面的培训。对涉密人员在岗期间履行保密职责、遵守保密纪律和接受保密教育等情况进行定期考核，加强日常管理和监督。

涉密人员离岗、调动的，按照人事管理权限和有关保密规定严格审批。经审核批准调离涉密岗位的，必须主动清退保存和使用的秘密载体，办理移交手续，并签订涉密人员离岗保密承诺书。涉密人员调离涉密岗位，实行脱密期管理，脱密期内未经审查批准，不得擅自出境，不得到境外驻华机构、组织或者外资企业工作，不得为境外组织、人员或者外资企业提供劳务、咨询或者服务等。涉密人员脱密期限为：一般涉密人员1年，重点涉密人员2年，核心涉密人员3年。

二、定密工作管理

定密工作是指对工作中所产生的国家秘密事项，及时准确确定密级、保密期限、知悉范围，并对国家秘密载体作出标志，及时通知应当知悉的机关单位和人员，并按规定进行全过程管理的活动。党政机关所产生的关系国家安全和利益的涉密事项，在一定时间内只限一定范围人员知悉的，应按国家秘密范围的规定定密。

单位必须建立权责明晰、程序规范、定密准确、解密及时的定密机制。严格执行定密负责人制度。省级以上党政机关主要领导人是法定的定密负责人，可根据业务工作的实际需要指定定密负责人。

国家秘密由承办单位对照保密事项拟定密级、保密期限和知悉范围，填写国家秘密密级审定表，报定密责任人审批。承办单位不能确定的，报保密委员会办公室确定。秘密事项一经确定，要标注密级和保密期限。需要变更国家秘密事项和保密期限的应及时变更。

国家机密事项一经确定，必须严格按照规定控制知悉范围，因工作需要扩大知悉范围的，需经定密责任人批准。对解密后不宜对外公开的事项，按工作秘密、内部事项管理，未经承办部门批准，不得擅自扩散和公开。

三、保密要害部门、部位管理

保密要害部门是指日常工作中产生、传递、使用和管理国家秘密的最小行政单位，如办公室、信息中心、财务处等；保密要害部位是指集中制作、存储、保管国家秘密载体或密品的专用、独立、固定场所，如档案室、机要室、计算机中心等。

保密要害部门、部位必须制定严格的管理制度，建立健全管理责任制，签订保密要害部门、部位负责人保密责任书。保密要害部门、部位必须具备完善的人防、技防、物防等防护措施，安装电子监控、防盗报警等安全防范设施。保密要害部门、部位使用的办公设备必须符合保密管理要求和保密技术标准，使用进口设备必须进行安全技术检查。各种保密设备的维护、维修应当在涉密工作人员全程陪同监督下进行，并建立维护维修记录。保密要害部门、部位的国家秘密载体必须在符合安全标准的设备中保存，并明确管理责任人。保密委员会办公室要定期检查保密要害部门、部位技术防范措施和落实情况，并进行记录。

第四节　国家秘密载体管理

国家秘密载体（以下简称涉密载体），是以文字、数据、符号、图像、声音等方式记载国家秘密信息的纸介质、光介质、电磁介质等各类物品。

收发涉密载体应当履行清点、登记、编号、签收等手续。各种形式传递的涉密载体，必须履行机要登记后方可使用。传递涉密载体应当通过机要交通或机要通信部门。

制作涉密载体应当标明密级和保密期限，注明发放范围、制作数量、编排顺序号。制作涉密载体应在机关内部文印室或国家保密行政管理部门审查批准的定点单位进行，制作场所必须符合保密要求。

收到涉密载体后，应按照执法单位的要求，确定知悉人员范围。收到绝密级载体后，必须按照绝密级载体管理的要求阅读和使用，并对接触和知悉人员做文字记载。任何部门和个人不得擅自扩大知悉范围。

涉密载体原则上不允许复制。确因工作需要复制的，应履行审批手续。复制秘密级载体应当经本部门领导批准，复制机密级载体应当经分管领导批准，复制绝密级载体应当经密级确定机关或其上级机关批准。涉密载体复制后，机要室应对复制份数、复制件密级标识等进行核对，并逐份登记，加盖复制单位戳记，标明复制部门、编号和时间。涉密载体复制件视同原件管理。

涉密载体应当存放在密码文件柜中。绝密级载体应当存放在密码保险柜中，由专人管理。禁止携带绝密级涉密载体参加涉外活动或出境。

工作人员调离工作单位，或因退休、辞职等原因离开工作岗位，应对个人所保存的涉密载体进行登记，并定期清查、核对。涉密载体的归档按照国家有关档案管理规定执行。

涉密载体销毁要履行清点、登记、监销、批准手续，经主管领导审核批准后，送交专门的涉密载体销毁机构进行销毁；各级机关自行销毁涉密载体的，要交由机要室统一销毁。大宗密件、密品销毁可由机要室联系省级以上保密局涉密文件销毁服务中心上门服务，统一销毁。

第五节　信息设备和信息系统的保密管理

一、信息设备的保密管理

信息设备是指计算机及存储介质、打印机、传真机、复印机、扫描仪、照相机、摄像机等具有信息存储和处理功能的设备。

各级各单位对信息设备必须统一采购、登记、标识、配备明确涉密信息设备的管理责任人。采购用于存储、处理国家秘密的信息设备优先选用国产设备，确需进口设备的应当进行详细调查和论证，不得选用国家保密行政管理部门规定禁用的设备部件。

要严格区分涉密信息设备与非涉密信息设备。涉密信息设备应在醒目位置标明密级、编号、责任人。涉密信息设备的使用和保管场所应当安全可靠。涉密计算机应当采取符合国家保密标准要求的身份鉴别、访问授权、违规外联监控、移动存储介质使用管控等安全保密措施。变更涉密信息设备的使用部门、密级、责任人应当经过保密委员会办公室批准。涉密信息设备的使用人员、管理人员离职离岗时，机关应当收回其涉密信息设备，取消有关涉密信息设备的访问授权。涉密信息设备维修应当在本机关内部进行，指定专人全程监督，严禁维修人员读取或复制涉密信息。确需送外维修的，应提出申请，经批准后需拆除涉密信息存储部件，到保密行政管理部门确定的定点维修单位进行维修。涉密信息设备淘汰处理时按照涉密载体销毁程序办理。

机关人员在使用信息设备时不得有下列行为：

1. 将涉密信息设备接入互联网及其他公共信息网络；

2. 使用非涉密信息设备存储、处理国家机密；

3. 在涉密计算机与非涉密计算机之间交叉使用存储介质；

4. 使用低密级信息设备存储、处理高密级信息；

5. 在未采取技术防护措施的情况下将互联网及其他公共信息网络上的数据复制到涉密信息设备；

6. 使用具有无线互联功能或配备无线键盘、无线鼠标等无线装置的信息设备处理国家机密；

7. 在涉密场所连接互联网的计算机上配备或安装麦克风或摄像头等音频视频输入设备；

8. 在涉密计算机与非涉密计算机之间共用打印机、扫描仪等信息设备；

9. 擅自卸载涉密计算机上的安全保密防护软件或设备；

10. 将涉密信息设备通过普通邮政或其他无保密措施的渠道进行邮寄、托运。

二、信息系统的保密管理

信息系统是由计算机及其配套设备、设施构成，按照一定应用目标和规则存储、处理、传输信息的系统或网络。

各级机关要严格区分涉密信息系统和非涉密信息系统，涉密信息系统应按照存储、处理和传输信息的相应密级进行管理和防护。集中存储、处理和传输工作秘密的信息系统参照涉密管理。涉密信息系统的规划、设计、建设、维护等应当按照国家保密规定和标准要求进行，选择具有涉密信息系统集成资质的单位承担，并与资质单位签订保密协议。涉密信息系统的保密设施、设备应当与系统同步规划、同步建设、同步运行。

涉密信息系统应当指定专门人员管理和维护，严格设定用户权限，按照最高密级防护和最小授权管理的原则，控制涉密信息知悉范围。严格规范文件打印、存储介质使用等行为，严格控制涉密信息系统的信息输出。将互联网及其他公共信息网络上的数据复制到涉密信息系统，要严格采取病毒查杀、单向导入等技术防护措施。涉密信息系统的密级，主要业务应用、适用范围和使用环境等发生改变或系统不再使用时，应按管理权限及时向上级机关或当地保密行政管理部门报告。

机关人员在使用涉密信息系统时不得有下列行为：

1. 将涉密信息系统接入互联网及其他公共信息网络；

2. 在非涉密信息系统中存储、处理和传输国家秘密信息；

3. 在未经审批的涉密信息系统中存储、处理和传输国家秘密信息；

4. 在低密级涉密信息系统中存储、处理和传输国家秘密信息；

5. 擅自更改涉密信息系统的安全保密防护措施。

思考题：

1. 国家秘密的分类？

2. 保密要害部门、部位管理的要求有哪些？

3. 涉密人员管理的要求有哪些？

4. 涉密设备管理的规定有哪些？

第二编

通用法定公文写作

第六章 规范性公文

规范性公文是效用等级最高的公文,在现代党务、政务和社会事务活动中具有普遍的应用价值,在党政管理工作中具有规章制度性质,为管理和规范各项党政工作提供标准和遵循,如党章、准则、规则、命令、法规、条例等。其总体结构和格式与一般公文有较大区别,正文的构成具有很强的规范性,各个组成部分均不能随意略去。规范性公文可分为禁止性规范、授权性规范、义务性规范三类。其适用时间长,具有相对稳定性。

第一节 规范性公文的特点和结构

规范性公文是党政机关、社会团体、企事业单位在公务活动中形成的具有法定效力和规范体式的公文,是为管理和开展党政工作而制定,带有规章制度性质。

一、规范性公文的特点

与其他公文相比,规范性公文有如下特点:

1. 公文内容的强制性。规范性公文内容是作者单方面意志的表示,其规范作用的成立与实现不以对方是否同意为前提,具有极强的约束力。

2. 公文生效程序的严格性。规范性公文在审批和正式公布程序方面非常严格,审批过程参加的人数多、次数多,大多以会议的形式正式确认,公布也需在一定范围内正式公布。

3. 公文针对问题的普遍性。规范性公文所针对的问题是反复多次适用的,涉及多数人的而非特定人的一般的普遍性问题。

4. 公文效用的独立性。规范性公文在效用方面均实行"不溯既往"和"后法推翻前法"的原则。

二、规范性公文的结构

规范性公文,如党章、准则、规则、命令、法规、条例等,在结构方式上,几乎都是条款式结构,这是规范性公文所具有的突出的严密性在结构上的体现。

1. 总体结构。

从总体结构上看,规范性公文一般均包括:文件标题、发布或通过批准的日期、章题、正文。文件标题一般由发文机关、事由和文种三部分组成。发布或通过批准的日期即公文经权威性机构或组织审议通过或批准生效的时间，需将这一时间标注在标题之下并用圆括号括入。章题只需确切概括本章的内容，正文即文件的主体部分，规范的具体内容均在此表达。

2. 正文结构。

规范性公文的正文一般包括：制定目的、制定依据、适用范围、有关定义、主管部门、具体规范、奖惩办法、施行日期、施行程序与方式、有关说明等。

3. 规范性公文的表述单位。

在写作实践中，正文内容多以条文形式表达，每条还可细分为款、项、目等层次。除款之外，条、项、目均冠以数字，称"第×条"等或分别以汉字或阿拉伯数字表示。其中条文以文件为单位排大流水号，其他则均以上一层次为单位排小流水号。条文较多时，可设章，章内还可再分节。

4. 规范性公文的条文排序。

规范性公文的条文在排列上应讲究归类准确、层次分明、井然有序。

表达制定目的、制定依据、适用范围、有关定义及具体规范中带有普遍性、共同性、原则性内容的条文大都依次排在文件的首部，一般统称为"总则"。若分章表述时总则即为第一章。

表达具体规范的各分项内容的条文接在"总则"之后，按事物间的逻辑关系分类集中编排。若分章表述时，每一类或几类为一章。这些条文统称为"分则"。

表达奖惩办法的条文接在"分则"之后，或单独构成"罚则"或作为"分则"中最后的条文。若分章表达时，在需独立成章的情况下可直称章题为"罚则""法律责任""奖励与处罚"等。

表达施行程序与方式、施行日期、有关说明的条文接在"罚则"之后，依重要程度或其他标准逐条表述。这些条文统称为"附则"，若分章表述章题为"附则"。主管部门一项内容可视其具体情况置于"总则"或"附则"中表述，也可在有关"分则"中表述。

第二节 规范性公文的写作要求

一、合规性

规范性公文在写作中，要与党和国家法律、法规及各项方针政策保持一致。也就是无论文件的内容还是形式不得与其他法律、法令、法规和规章相违背，不得与党的方针政策和上级机关、同级机关有关文件的规定相抵触，不得与自己制发的其他文件的规定相矛盾。

以法定的指挥权、命令权为后盾制发文件，绝不越权，绝不在法定职权范围之外发号施令。

在运用语言过程中，保持文中表达同一概念的词语从词形到词义的前后要一致，必要时还应保证相同类型事物和概念表达时所使用的句式大致相同。

二、严密性

规范性公文的结构严谨周密，完整齐全。语言表达缜密周严，无含混不清，无词不达意，无语义多歧、挂一漏万。约束的对象及程度范围明确。有关职责、权利、义务的规定清晰，时限精准。

各项要求有切实可行的检查衡量指标，语气坚决肯定，不留商量余地。避免使用"一般""或许""大概""似"等表意不确切的词语去作判断；表示范围时不用"等"字表达未尽事项；尽量不用"暂""拟""准备""打算"等词语修饰意图和要求。

使用表示祈使的"严禁""禁止""不得""不准""必须""应当"等词语时，应认真辨析其轻重，根据表意的需要正确选用。

三、条理性

规范性公文一般主题突出，排列有序，层次分明，分类合理，理序顺畅。在表达时，要保持各部分内容的系统性与连贯性，要科学设置类项，使同类事项集中，不割裂事项间最密切的逻辑联系与时间联系，避免出现脱节现象。

四、简明性

规范性公文要使用既简洁准确又高度概括，既无疏漏又经得起时间检验和其他环境条件变化检验的词句，忌一切赘言。

一般以说明为主，不讲理由，不作议论分析，不作过分详尽的举例和解释。通常只讲"只能如此""不能怎样""错怎样罚，对怎样奖励"，而不轻言其他。

尽量少使用生僻的术语，不用令人费解的词句，以便于理解和减少再做解释的必要。

公文主题高度明确，忌：赘言泛滥、大量重复、目的不明、离题万里。

五、稳定性

规范性公文在撰写前要做充分的调查研究，广泛听取各有关方面的意见和反映，要反复核查，实事求是的确认：有无对有关行为加以规范的客观必要性；有无能够有效地对其加以规范的客观条件；应在何种范围、何等程度上去控制和约束才能更有效。

在写作过程中，要准确把握各种界限，力争使各种提法准确而概括，经得起时间的考验，对无碍大局的环境条件变化有一定的适应性，应避免在一切方面、一切问题上规定过于绝对化。

六、连续性

规范性公文具有继承性，对同一行为加以约束和规范的文件之间存在着必要的继承关系。要保持连续性，应当做到在撰写新文件的过程中广泛收集、查阅既有文件，认真分析对照，如确需以新规定取代既有规定的，应在文中明确对这部分既有规定的废止。

第三节　命　令

命令是国家机关及其领导人发布的指挥性和强制性公文。适用于依照有关法律公布行政法规和规章、宣布施行重大强制性行政措施、批准授予和晋升衔级、嘉奖有关单位及人员。

一、命令的特点

命令有两个特点：一是法定的权威性。据《宪法》规定，只有中华人民共和国主席、国务院总理、国务院各部部长、各委员会主任以及县以上各级地方人民政府首脑，才能发布命令。其他任何单位和个人均不得发布命令。一般来说，各级地方政府较少使用这种公文，国家最高领导机关及其领导人比较经常使用命令。虽然命令本身不是法律、法规，但是有些公布重大行政措施或发布行政法规的命令，对措施或法规生效的日期、施行范围的规定，都具有法律效力。二是执行的强制性。命令是以国家宪法和法律为依据，对重要的行政工作进行决策性指挥的工具，带有明显的强制性。命令一旦发布，不管下级机关是否同意，有什么意见，有什么困难，都必须无条件、不折不扣地执行。令出必行，违反命令或抗拒执行命令，将受到惩罚。

二、命令的种类

1. 任免令。用于任免国家行政机关的首长。
2. 公布令（发布令）。用于公布重要的行政法规、规章。
3. 行政令。主要用于公布重大的强制性行政措施。
4. 嘉奖令。用于表彰有功人员和先进单位、先进集体。

三、命令的写法

命令一般由标题、编号、正文、签署和日期四个部分组成。

1. 标题。命令的标题有两种写法：

一是发文机关＋事由＋文种，如"国务院关于在西藏自治区拉萨市实行戒严的命令"，三个要素齐全。行政令、嘉奖令的标题都使用这种写法。

二是发文机关（或机关首长）＋文种，如"中华人民共和国主席令""中华人民共和国国务院令""国家税务总局令"等。这种写法多适用于任免令和公布令。

2. 编号。命令的编号有两种：

一是标题三个要素齐全，编号用发文字号。

二是标题只有两个要素，用于个人名义签署的命令。编号用流水号，即从该领导人任职时开始编排，到任职期满为止，下届新领导人任职后又重新编号。

3. 正文。命令的种类不同，正文的写法也有所不同：

（1）任免令的正文一般包括任免的依据、被任免者的姓名及所任免的职务，是命令中结构最简单的一种类型。

（2）公布令的正文包括两个内容：一是所公布的法规名称及其依据；二是施行的日期。至于法规的全文，则多数作为公布令的附件。

（3）行政令的正文一般由发令原由、命令内容和执行要求三部分组成。原由部分主要是说明发布该命令的原因、目的和依据。这部分写完后，一般要用过渡语来衔接下文。例如，"为此，发布命令如下""为此，现发布如下命令""为……特命令"等。命令事项是正文的主体部分，一般都分条列项。要求内容陈述得当，条理清晰，语言简洁，用词准确，语气肯定，绝不能含糊其辞，模棱两可。执行要求是正文的结尾部分，主要说明执行的办法、措施等。

（4）嘉奖令的正文由三部分组成。第一部分概括嘉奖对象的主要事迹及简要评价；这也是发文的依据和目的。第二部分写命令事项。这部分是嘉奖令的主体，写明对有功人员嘉奖的办法，要求用语准确，文字简洁，叙述条理清楚。第三部分是结尾，提出希望和号召。

4. 命令的签署和日期。命令既有签署领导机关名称的，也有签署领导人姓名的。凡签署领导人姓名者，必须标明该领导人职务的全称。如"中华人民共和国国务院总理　李克强"，署名写在正文的右下方。

发布命令的年、月、日，写在签署的下面；也有的命令，在标题下注明发布时间。

例文：

中华人民共和国主席令

第八十号

《全国人民代表大会常务委员会关于修改〈中华人民共和国教育法〉的决定》已由中华人民共和国第十三届全国人民代表大会常务委员会第二十八次会议于 2021 年 4 月 29 日通过，现予公布，自 2021 年 4 月 30 日起施行。

中华人民共和国主席　习近平

2021 年 4 月 29 日

第四节　法　　规

法规是党和国家机关制定的规范性文件。法规主要分为两类：即党内法规和行政法规。

一、党内法规

党内法规是党的中央组织以及省、自治区、直辖市党委制定的规范党组织的工作、活动和党员行为的党内规章制度的总称。党章是最根本的党内法规，是制定其他党内法规的基础和依据。《中国共产党党内法规制定条例》（以下简称《制定条例》）于 2012 年 5 月 26 日发布，2019 年 8 月 30 日，中央政治局会议修订，它是中国共产党第一部正式、公开的党内"立法法"，也是党内法规写作的准则。

1. 党内法规的含义。

党内法规一词，是由毛泽东于 1938 年首次提出，1990 年起在党中央文件中正式使用。根据《制定条例》的规定，党内法规的主体是党的中央组织、中央纪律检查委员会、中央各部门、省级党委，其他党组织及其部门没有制定权；客体是党组织和党员；功能在于维护党内秩序，规范党内生活，调整党内关系；性质属于党内规章制度。

从效力等级上看，党的中央组织制定的党内法规称为中央党内法规。其中，党章是最根本的党内法规，是制定其他党内法规的基础和依据，具有最高效力；准则、条例效力仅次于党章。中央纪律检查委员会、中央各部门和省级党委就职权范围内有关事项制定规则、规定、办法、细则等党内法规，效力低于中央党内法规。

2. 党内法规的特征。

党内法规有两个主要特征：一是权威性。作为党内规章制度的高级形态，党内法规由高层法定作者制发，"法"的色彩非常浓，一经发布就产生很强的效力，所属党组织和党员必须严格遵守。二是条款性。党内法规的内容用条款形式表述，一条一个内容，便于人们的阅读、理解和记忆；通篇条连，显示出清晰的条理性。

3. 党内法规的分类。

党章：对党的性质和宗旨、路线和纲领、指导思想和奋斗目标、组织原则和组织机构、党员义务和权利以及党的纪律等作出根本规定。

准则：对全党政治生活、组织生活和全体党员行为作出基本规定，如《中国共产党廉洁自律准则》《关于新形势下党内政治生活的若干准则》。

条例：对党的某一领域重要关系或者某一方面重要工作作出全面规定，如《中国共产党地方委员会工作条例》《中国共产党党和国家机关基层组织工作条例》。

规定、办法、规则、细则：对党的某一方面重要工作的要求和程序作出具体规定。中央纪律检查委员会，以及党中央工作机关和省、自治区、直辖市党委制定的党内法规，可以使用规定、办法、规则、细则的名称。其中规定着眼于提出原则要求、行为规范、执行标准和政策措施，如《十八届中央政治局关于改进工作作风、密切联系群众的八项规定》；办法侧重于规定有关方法、步骤和措施，如《地方党政领导班子和领导干部综合考核评价办法（试行）》；规则多用于规范各级党组织的议事决策和工作制度机制，如《中国共产党中央国家机关各部门机关纪律检查委员会工作规则》；细则对贯彻执行上位党内法规作出更具体的规定和解释，如《浙江省党政机关公文处理工作细则》。

4. 党内法规的内容。党内法规一般包括下列内容：

（1）名称。即该党内法规的文种，在标题和篇首说明。如《党政机关公务用车配备使用管理办法》。

（2）制定目的和依据。制定目的即制定该党内法规所达到的结果，常用"为"或"为了"领起，往往起笔交代；制定依据即所依照的有关党内法规和国家法律、法规，用"根据"或"依据"等领起，写在第一条。制定目的和依据，可写两个或其中一个。有时接着写"结合实际（或'结合××实际'）"，后面常写"制定本××"或"特作如下规定"。如"为了坚持和加强党的全面领导，弘扬'支部建在连上'的光荣传统，落实党要管党、全面从严治党要求……根据《中国共产党章程》和有关党内法规，制定本条例《中国共产党支部工作条例》"。

（3）适用范围。即必须依照执行或应当参照执行该党内法规的对象。前者多置于篇首，写"本××适用于××"，如"本条例适用于中央和地方党的工作机关。"（《中国共产党工作机关条例（试行）》），也有放在篇末，如"本条例适用于县以上各级党的机关、人大机关、行政机关、政协机关、审判机关、检察机关，以及人民团体机关党的组织。"（《中国共产党党和国家机关基层组织工作条例》）；后者多置于篇末，写"××参照执行本××"。如"党的地区委员会和相当于地区委员会的组织，可以参照执行本条例"（《中国共产党地方委员会工作条例》）。

（4）具体规范。即该党内法规所规定的遵守事项，这是正文的核心部分，需要分若干篇（或编）、章、节、条表述。如《中国共产党发展党员工作细则》就"入党积极分子的确定和培养教育""发展对象的确定和考察""预备党员的接收""预备党员的教育、考察和转正""发展党员工作的领导和纪律"等事项作出具体规定。

（5）解释机关。即主要负责该党内法规解释的机关，多在篇末标明，写"本××由××负责解释"。如本规则由中央宣传部负责解释（《中国共产党党委（党组）理论学习中心组学习规则》）。

（6）施行日期。即该党内法规的生效时间，多是最后一条注明。有的发布之日立即生效，写"本××自发布（或公布、颁布、印发）之日起施行"，如《中国共产党党内监督条例》明确本条例自发布之日起施行；有的从发布到施行要隔一段时间，写"本××自××年×月×日起施行"，如《中国共产党党务公开条例》明确自2017年12月20日起施行；有的不规定具体的施行日期，如《中国共产党廉洁自律准则》。

补充说明两点：一是有时明确该党内法规实施办法、实施细则、补充规定以及其他相关党内法规或规范性文件的制定及备案，如"各省、自治区、直辖市党委，中央各部委，中央国家机关各部委党组（党委），可以根据本条例制定实施办法"（《中国共产党问责条例》）。二是说明废止的旧党内法规名称、发布机关和发布日期，写在施行日期之后。如"本规定自2017年2月8日起施行。2010年5月26日印发的《关于党员领导干部报告个人有关事项的规定》同时废止"（《领导干部报告个人有关事项的规定》）。

5. 党内法规的格式。基本格式由标题、署名和日期、正文等项目构成。

（1）标题。主要有四种写法：一是发文机关＋事由＋文种，如《中共××省委关于执行党风廉政建设责任制的实施办法》；二是适用范围＋事由＋文种，如《党政机关厉行节约反对浪费条例》；三是发文机关＋文种，如《中共中央关于加强党的政治建设的意见》；四是事由＋文种，如《党政领导干部选拔任用工作条例》。此外，有时在文种前写"若干"二字，如《关于新形势下党内生活的若干准则》；属于暂行、试行、补充的党内法规在标题中或标题后注明，如《中国共产党基层组织选举工作暂行条例》。

（2）署名和日期。在标题正下方写该党内法规通过的会议名称和日期或发布机关名称和日期，并外加圆括号，如《中共甘肃省委常委会关于改进工作作风密切联系群众的规定》在标题正下方写"（中共甘肃省委常委会××年×月×日通过）"。有些发布党内法规的通知中，已说明通过的会议名称和日期或发布机关名称和日期，所以在党内法规中不再署名和标日期。

（3）正文。这是党内法规的主体部分。常用以下三种写法：一是总纲＋章条式。总纲居前，做总的阐述；正文居后，分若干章条具体规定，这种写法只用于党章。党的十九大通过的新的《中国共产党章程》，总纲概述了党的性质、党的指导思想、中国特色社会主义道路、党的基本路线、党的四项基本原则、党的建设五项基本要求、党的领导等，接着在正文分11章对"党员""党的组织制度""党的中央组织""党的地方组织""党的基层组织""党的干部""党的纪律""党的纪律检查机关""党组""党和共产主义青年团的关系""党徽党旗"作了55条规定。二是章条式。适用于条文较多的党内法规。全文分若干章，具体排列是：总则，第一章，概述制定目的和依据、重要名词解释、依照执行范围、基本原则、主管机关等；分则，中间各章，载明具体规范，如《中共民政部党组工作规则》第二章至第七章分别规定"职责任务""组织原则""议事决策""理论学习""民主生活会""思想作风和党风廉政建设"；附则，最后一章，规定参照执行范围、实施办法（或实施细则、补充规定）和其他相关党内法规或规范性文件的制定及备案、解释机关、施行日期、废止的旧党内法规等。章条式在各章内分若干条，条写成"第×条"依次表述。三是条陈式。适用于条文较少的党内法规。写法有：前言＋条陈：第一段是前言，从第二段起分条陈述；前言＋条陈＋结尾：第一段是前言，第二段至倒数第二段分条陈述，最后一段是结尾；条陈贯底：从第一段起就分列若干条，直至最后一段，如《中国共产党河北省委员会党内法规和规范性文件备案细则》分19条予以表述。此外，如有必要可以采用篇章（或编章）式、章节式的写法，如2018年修订的《中国共产党纪律处分条例》共142条，正文分3编11章。

条文很多的党内法规，有时在正文前列目录，标出各部分的序数和小标题，起导读作用。

党内法规写作是一项非常重要的工作，应当方向正确，内容明确，逻辑严密，表述准确、规范、简洁，具有可操作性；还要按照规划与计划起草、审批与发布、备案、清理与评估的程序进行，不断提高党内法规的规范化和科学化水平，从而充分发挥党内法规在党的建设中的保障和促进作用。

例文1：

中国共产党章程（节选）

（中国共产党第十九次全国代表大会部分修改　2017年10月24日通过）

总　　纲

中国共产党是中国工人阶级的先锋队，同时是中国人民和中华民族的先锋队，是中国特色社会主义事业的领导核心，代表中国先进生产力的发展要求，代表中国先进文化的前进方向，代表中国最广大人民的根本利益。党的最高理想和最终目标是实现共产主义。

中国共产党以马克思列宁主义、毛泽东思想、邓小平理论、"三个代表"重要思想、科学发展观、习近平新时代中国特色社会主义思想作为自己的行动指南。

…………

第一章　党　员

第一条　年满十八岁的中国工人、农民、军人、知识分子和其他社会阶层的先进分子，承认党的纲领和章程，愿意参加党的一个组织并在其中积极工作、执行党的决议和按期交纳党费的，可以申请加入中国共产党。

第二条　中国共产党党员是中国工人阶级的有共产主义觉悟的先锋战士。

…………

第三条　党员必须履行下列义务：

（一）认真学习马克思列宁主义、毛泽东思想、邓小平理论、"三个代表"重要思想、科学发展观、习近平新时代中国特色社会主义思想，学习党的路线、方针、政策和决议，学习党的基本知识，学习科学、文化、法律和业务知识，努力提高为人民服务的本领。

…………

第四条　党员享有下列权利：

（一）参加党的有关会议，阅读党的有关文件，接受党的教育和培训。

（二）在党的会议上和党报党刊上，参加关于党的政策问题的讨论。

（三）对党的工作提出建议和倡议。

…………

党的任何一级组织直至中央都无权剥夺党员的上述权利。

第五条　发展党员，必须把政治标准放在首位，经过党的支部，坚持个别吸收的原则。

…………

第二章　党的组织制度

第十条　党是根据自己的纲领和章程，按照民主集中制组织起来的统一整体。党的民主集中制的基本原则是：

（一）党员个人服从党的组织，少数服从多数，下级组织服从上级组织，全党各个组织和全体党员服从党的全国代表大会和中央委员会。

（二）党的各级领导机关，除它们派出的代表机关和在非党组织中的党组外，都由选举产生。

（三）党的最高领导机关，是党的全国代表大会和它所产生的中央委员会。党的地方各级领导机关，是党的地方各级代表大会和它们所产生的委员会。党的各级委员会向同级的代表大会负责并报告工作。

…………

例文 2：

中国共产党廉洁自律准则

中国共产党全体党员和各级党员领导干部必须坚定共产主义理想和中国特色社会主义信念，必须坚持全心全意为人民服务根本宗旨，必须继承发扬党的优良传统和作风，必须自觉培养高尚道德情操，努力弘扬中华民族传统美德，廉洁自律，接受监督，永葆党的先进性和纯洁性。

党员廉洁自律规范

第一条　坚持公私分明，先公后私，克己奉公。

第二条　坚持崇廉拒腐，清白做人，干净做事。

第三条　坚持尚俭戒奢，艰苦朴素，勤俭节约。

第四条　坚持吃苦在前，享受在后，甘于奉献。

党员领导干部廉洁自律规范

第五条　廉洁从政，自觉保持人民公仆本色。

第六条　廉洁用权，自觉维护人民根本利益。

第七条　廉洁修身，自觉提升思想道德境界。

第八条　廉洁齐家，自觉带头树立良好家风。

例文 3：

纪检监察机关处理检举控告工作规则（节选）

（2020 年 1 月 2 日中共中央政治局常委会会议审议批准
2020 年 1 月 21 日中共中央办公厅发布）

第一章　总　则

第一条　为了规范纪检监察机关处理检举控告工作，保障党员、群众行使监督权利，维护党员、干部合法权益，根据《中国共产党章程》《中国共产党党内监督条例》等党内法规和《中华人民共和国宪法》《中华人民共和国监察法》等法律，制定本规则。

第二条　坚持以马克思列宁主义、毛泽东思想、邓小平理论、"三个代表"重要思想、科学发展观、习近平新时代中国特色社会主义思想为指导，增强"四个意识"、坚定"四个自信"、做到"两个维护"，深入推进全面从严治党，贯彻纪律检查委员会和监察委员会合署办公要求，依规依纪依法处理检举控告，完善党和国家监督体系，强化对权力运行的制约和监督。

第三条　纪检监察机关应当认真处理检举控告，回应群众关切，发挥党和国家监督专责机关作用，保障党的理论和路线方针政策以及重大决策部署贯彻落实，为党风廉政建设、社会和谐稳定服务。

第四条　任何组织和个人对以下行为，有权向纪检监察机关提出检举控告：

（一）党组织、党员违反政治纪律、组织纪律、廉洁纪律、群众纪律、工作纪律、生活纪律等党的纪律行为；

（二）监察对象不依法履职，违反秉公用权、廉洁从政从业以及道德操守等规定，涉嫌贪污贿赂、滥用职权、玩忽职守、权力寻租、利益输送、徇私舞弊以及浪费国家资财等职务违法、职务犯罪行为；

（三）其他依照规定应当由纪检监察机关处理的违纪违法行为。

…………

第二章　检举控告的接收和受理

第七条　纪检监察机关应当接收检举控告人通过以下方式提出的检举控告：

（一）向纪检监察机关邮寄信件反映的；

（二）到纪检监察机关指定的接待场所当面反映的；

（三）拨打纪检监察机关检举控告电话反映的；

（四）向纪检监察机关的检举控告网站、微信公众平台、手机客户端等网络举报受理平台发送电子材料反映的；

（五）通过纪检监察机关设立的其他渠道反映的。

…………

第十三条　纪检监察机关对反映的以下事项，不予受理：

（一）已经或者依法应当通过诉讼、仲裁、行政裁决、行政复议等途径解决的；

（二）依照有关规定，属于其他机关或者单位职责范围的；

（三）仅列举出违纪或者职务违法、职务犯罪行为名称但无实质内容的。

…………

第十章 附 则

…………

第五十七条 本规则由中央纪委国家监委负责解释。

第五十八条 本规则自发布之日起施行。此前发布的其他有关纪检监察机关处理检举控告工作的规定，凡与本规则不一致的，按照本规则执行。

例文4：

中国共产党发展党员工作细则（节选）

第一章 总 则

第一条 为了规范发展党员工作，保证新发展的党员质量，保持党的先进性和纯洁性，根据《中国共产党章程》和党内有关规定，制定本细则。

第二条 党的基层组织应当把吸收具有马克思主义信仰、共产主义觉悟和中国特色社会主义信念，自觉践行社会主义核心价值观的先进分子入党，作为一项经常性重要工作。

第三条 发展党员工作应当贯彻党的基本理论、基本路线、基本纲领、基本经验、基本要求，按照控制总量、优化结构、提高质量、发挥作用的总要求，坚持党章规定的党员标准，始终把政治标准放在首位；坚持慎重发展、均衡发展，有领导、有计划地进行；坚持入党自愿原则和个别吸收原则，成熟一个，发展一个。禁止突击发展，反对"关门主义"。

第二章 入党积极分子的确定和培养教育

第四条 党组织应当通过宣传党的政治主张和深入细致的思想政治工作，提高党外群众对党的认识，不断扩大入党积极分子队伍。

第五条 年满十八岁的中国工人、农民、军人、知识分子和其他社会阶层的先进分子，承认党的纲领和章程，愿意参加党的一个组织并在其中积极工作、执行党的决议和按期交纳党费的，可以申请加入中国共产党。

…………

第七章 附 则

第四十三条 本细则由中央组织部负责解释。

第四十四条　本细则自发布之日起施行。《中国共产党发展党员工作细则（试行)》（中组发〔1990〕3号）同时废止。

二、行政法规

1. 基本含义。

行政法规是指国务院为领导和管理国家各项行政工作，根据宪法和法律，按照行政法规规定的程序制定的政治、经济、教育、科技、文化、外事等各类法规的总称。由于法律关于行政权力的规定常常比较原则、抽象，因而还需要由行政机关进一步具体化。行政法规就是对法律内容具体化的主要形式。

2. 立法依据。

《中华人民共和国宪法》第八十九条第（一）项明确规定，作为最高国家行政机关，国务院可以"根据宪法和法律，规定行政措施，制定行政法规，发布决定和命令。"因此，制定行政法规是宪法赋予国务院的一项重要职权，也是国务院推进改革开放，组织经济建设，实现国家管理职能的重要手段。

《中华人民共和国立法法》第九条规定，本法第八条规定的事项尚未制定法律的，全国人民代表大会及其常务委员会有权作出决定，授权国务院可以根据实际需要，对其中的部分事项先制定行政法规。第六十五条规定，国务院根据宪法和法律，制定行政法规。第六十九条规定，行政法规的决定程序依照中华人民共和国国务院组织法的有关规定办理。第七十条规定，行政法规由总理签署国务院令公布。第七十一条规定，行政法规签署公布后，及时在国务院公报和中国政府法制信息网以及在全国范围内发行的报纸上刊载，在国务院公报上刊登的行政法规文本为标准文本。

3. 行政法规的具体名称。

行政法规的具体名称有条例、规定和办法。对某一方面的行政工作作比较全面、系统的规定，称"条例"；对某一方面的行政工作作部分的规定，称"规定"；对某一项行政工作作比较具体的规定，称"办法"。

它们之间的区别是：在范围上，条例、规定适用于某一方面的行政工作，办法仅用于某一项行政工作；在内容上，条例比较全面、系统，规定则集中于某一个部分，办法比条例、规定要具体得多；在名称使用上，条例仅用于法规，规定和办法用于规章。

4. 行政法规的基本要求。

（1）根据宪法、法律制定行政法规。

宪法、法律没有作出原则或有关规定的事项，国务院不得制定行政法规；即使宪法、法律对有关事项作了规定，但按民主宪政原则不属于行政法规立法权限范围的不得以行政法规规定；在立法形式上，国务院制定的行政法规应开宗明义的列明其所依据的宪法条款和有关的法律规定。

（2）不得与宪法、法律相抵触。

所谓抵触，即：一是行政法规不仅不能与宪法、法律的具体条款相矛盾，而且不能与宪法、法律规定的原则、精神及其隐含的要求相矛盾，尤其在规定行政机关权力和涉及公民权利等立法中，应特别注意。二是行政法规与宪法、法律相抵触的形式，既可以是因与宪法、法律相矛盾的抵触，也可以是行政法规明显变更宪法、法律规定或者忽略宪法、法律的要求而造成的抵触。

（3）行政立法的效力及效力等级。

在我国的法律规范体系中，宪法具有最高的法律效力。行政法规的法律效力仅次于宪法，高于地方性法规和规章。地方性法规的效力高于本级和下级地方政府规章。省、自治区人民政府制定规章的效力高于本行政区域内的较大市的人民政府制定的规章。部门规章之间、部门规章和地方政府规章之间具有同等效力，在各自的权限范围内施行。

5. 行政法规的写法。

行政法规包括标题和正文两大部分，其写法如下：

（1）标题。行政法规的标题通常有以下四种：

①由发文机关＋事由＋文种构成，如《中华人民共和国食品安全法实施条例》。

②由发文机关＋事由＋文种构成，其中事由多用"关于……的"介词结构，使之作文种的定语，如《国务院关于在线政务服务的若干规定》。

③由适用范围＋事由＋文种构成，如《地方各级人民政府机构设置和编制条例》《教育系统内部审计工作规定》。

④由事由＋文种构成，如《生产安全事故应急条例》。

如果法规是暂行、试行或补充的，则在法规名称前注明"暂行""试行""补充"的字样。如《快递暂行条例》《重大行政决策程序暂行》。

（2）正文。行政法规的正文包括制定目的或根据、适用范围、主管部门、具体规范、奖惩办法、施行日期等内容。

①制定目的是指制定该法规所达到的结果，用"为"或"为了"介词领起，往往起笔交代。制定根据是指制定该法规所依照的法律、法令或法规，用"根据""依照"等介词领起，写在第一条或第二条中。

②适用范围是指必须依照执行或应当参照执行该法规的机关、团体、单位或个人。其中，依照执行的对象写在篇首或篇末，参照执行的对象多写在篇末。

③主管部门是指主要负责该法规的解释以及制定实施细则的机关，多在篇末写清。多用"本条例由××负责解释；实施细则由××制定。"

④具体规范是指该法规所规定的，要求执行和遵守的事项，这是正文的核心部分，需要分若干章或若干条逐一表述。

⑤奖惩办法是指该法规所规定的奖励和惩罚措施，有的在具体规范中分述，有的单列于具体规范之后条陈。根据法规的内容，可两者兼写，也可只取其一。

⑥施行日期是指该法规的生效时间，多在最后一条中注明。有的法规发布之日立即生效，写明"本条例（规定、办法）自发布之日起施行"的字样；有的法规从发布到施行要隔一段时间，如《机关档案管理规定》（国家档案局令第13号）于2018年10月11日发布，2019年1月1日起施行。有的法规不规定具体的施行日期，只写"本条例（规定、办法）的施行日期由各省、自治区、直辖市人民政府确定"等。一些新法规发布的同时还废止有关旧法规，也在最后一条中写出废止的旧法规名称、制发机关及发布日期。此外，行政法规如有附件，将其列在正文之后。

（3）正文写法。行政法规正文的写法主要有两种：

①章条式。它适用于条文较多的行政法规。全文分若干章，包括总则、分则和附则三个部分。第一章叫总则，概述制定目的和根据、适用范围、基本原则等；中间各章叫分则，规定具体规范和奖惩办法；最后一章叫附则，说明主管部门、施行日期、废止的旧法规，有的还在附则中写参照执行该法规的对象。各章又分若干条，每条前面写"第×条"，也可以直接用"一""二""三"等数字标明。条下可设款、项、目，各款不冠数字，项和目冠数字。

②条款式。它适用于条文较少的行政法规。全文分若干条，条下设款，也有的款下分项和目。

6. 发布方式。以往的行政法规多用"通知"发布，以文件的形式上传下达。根据《国务院办公厅关于改进行政法规发布工作的通知》（国办发〔1988〕25号）的精神，行政法规都用"命令（令）"发布，而且经国务院总理签署公开发布的行政法规均由新华社发稿，《国务院公报》《人民日报》全文刊载。这样，就提高了行政法规的权威性，使行政法规及时被社会和公众知晓，便于国家机关、社会团体、企事业单位以及全体公民执行和遵守。

7. 行政法规与行政规章的区别。行政规章与行政法规同属于行政机关制定的规范性文件，区别如下：

（1）行政法规调整的对象一般是行政管理领域带有普遍性、全局性、原则性以及意义重大的问题。行政规章的调整对象则限定在行政管理领域中某些特殊的、局部的、具体的问题。

（2）行政法规的制定主体是中国的中央政府，而行政规章的制定主体是中央政府的组成部门，或是地方政府。因而，行政法规的效力高于行政规章。

（3）行政法规可以直接依据宪法、全国人大及其常委会制定的法律，对一般公民法人或其他组织在行政管理领域的权利义务作出具体规定；对于各种行政违法行为的处罚，可以在符合宪法、法律的前提下，作出带有创制性的规定；并且可以在不违背宪法、法律的情况下，对某些尚未受到法律调整的社会生活作出行政法调整。行政规章中，对一般公民法人或其他组织在行政管理领域的权利义务所作的规定，则不仅要符合宪法、法律的精神原则，同时还必须以某个具体的行政法规、地方性法规为直接依据，或者通过条文内容的明确授权。而对于有关罚则条款的规定，则只能严格囿于行政法规、地方性法规所规定的种类、方式、幅度。不可以作出创设性规定。

（4）行政诉讼法规定，行政法规是人民法院进行行政审判的重要依据，这肯定了行政法规对于行政审判活动的绝对约束力。行政规章对于行政审判活动则不具有绝对的约束力，只是人民法院在行政审判活动中的一种参照。

8. 鉴于这部分的"条例""规定""办法"在以后的章节中还要分别详述，不再一一列举例文。

第五节　条　　例

一、条例的概念

条例是规章制度中的最高样式，是国家权力机关或党政机关依照政策和法令制定并发布的，针对政治、经济、文化等各个领域内的某些具体事项而作出的比较全面系统、具有长期执行效力的法规性公文。条例是法的表现形式之一，它具有法律的效力，是根据宪法和法律制定的，是属于法律的规范性文件，人人必须遵守，违反它就会带来一定的法律后果。

二、条例的特点

1. 鲜明的权威性。

主要表现在条例制发机关的高层性和权威性。国务院各部门和地方各级人民政府制定的规章制度不得称"条例"，企事业单位、人民团体等更不能用"条例"，只有国家权力机关、最高行政机关或受这些机关委托的组织才有权制定条例。

2. 制定机关的特定性。

条例的制定机关是有权制定国家法律、法规的国家权力机关或党政机关，包括全国人民代表大会及其常委会，中共中央、国务院，省、自治区、直辖市人民代表大会及其常委会，省会城市、国务院批准的较大的市人民代表大会及常委会。

3. 内容的广泛性。

条例的内容涉及政治、经济、军事、教育、科学、文化、卫生、体育、城乡建设事业和财政、民政、公安、民族、司法、监察、环境保护等各个领域。条例实际上是对国家政策、法律和法令的补充性说明或辅助性规定。

4. 实施的强制性。

因为条例制定机关是具有最高层次的国家和地方的权力机关和党政机关，所以条例具有权威性、强制性和约束性。制发机关所辖区域的一切机关、团体、企事业单位和公民都必须认真遵守执行条例的规定，不得违反，否则将承担相应的法律责任。

5. 严肃的约束力。

作为规章制度性质的文件，条例所规定的某些事项和某些制度，是根据党的路线、方针、政策制定的，各级组织和个人应该遵守什么、禁止什么、违反了怎样处置，都有明确的规定，有非常强的约束力。

6. 定制的程序性。

条例一般要经过专门的拟订、通过、发布程序后方可生效。

7. 措辞的精准性。

条例是作为行政法规使用的，不容半点含糊，要让执行者一看便知，是非清楚，不至于产生歧义。这就要求条例的措辞绝对准确，每一章节条款、一句一词都只能有一种理解，以确保其严肃性和权威性。

三、条例的种类

1. 法律实施性条例。

国家的法律制定颁布之后，在执行时往往还会有许多不够具体明确的地方，需要用条例进行补充说明或作出辅助规定，以保证法律得到准确执行。法律实施条例可以对法律中的概念进行解释说明，可以把某些条文细节化、具体化，还可以对法律进行补充。

2. 组织规章性条例。

党的机关制定的公文条例，都属于组织规章性条例，主要用于规范党组织的工作、活动和党员的行为，是党内法律，任何党组织或党员违反了规定，都将受到相应的党纪处分。

3. 行政管理性条例。

国家行政部门在行使职权进行管理的时候，针对某些长期性工作制定的规章制度，属于行政管理条例。

4. 军事管理条例。

为落实《宪法》赋予军队的职责和各项任务而制定的军队内部规章

制度。

四、条例的撰写

1. 条例的格式。

条例一般由标题、签署和正文三部分组成。

（1）条例标题。条例的标题类似公文的标题。可以由发文机关＋内容＋文种构成，如《中华人民共和国政府信息公开条例》，这一标题为规范标题；另一种由内容＋文种构成。如《机关档案工作条例》。由于一些条例需要有个完善的过程，在这些条例的标题中，一般可以在文种前加上"暂行""试行"等字样。

（2）条例签署。所谓签署，实际上是在条例的标题下用括号括注的条例通过的时间、会议和公布的日期、施行的日期等。如《中华人民共和国人民币管理条例》（2000年2月3日中华人民共和国国务院令第280号发布）；有些条例有通过的时间、会议和公布的日期，如《中华人民共和国道路交通安全法实施条例》（2004年4月28日国务院第49次常务会议通过，根据2017年中华人民共和国国务院令第687号修订公布，自公布之日起施行）；有些条例的签署三者兼而有之，如《中华人民共和国居民身份证条例》（1985年9月6日第六届全国人民代表大会常务委员会第十二次会议通过，1985年9月6日中华人民共和国主席令第29号公布，1985年9月6日起施行）。

（3）条例正文。

条例的正文结构，一般有总分式、条目式结构。条例的正文内容必须写明因由、条规、施行说明三部分。

①条例的由因。即正文的开头或前言部分，一般应写明制定和发布条例的法律、政策依据，交代制定本条例的原因、目的，说明条例所涉及对象的有关范围。紧接着以承启用语"特制定本条例"过渡到下文。

②条例的条规。条规是写作条例的主体部分，其内容有长有短，要视条例的具体内容而定，但有一点是共同的，即条例的条规要有"条"有"例"。"条"是从正面阐述条例的条文，应该讲明"该做什么，不该做什么"。"例"是从反面加以说明，即做不到怎么处理。"条"和"例"的结构顺序一般是前"条"后"例"。以"条"为主，以"例"为补充。"条"的"该做什么"和"不该做什么"可以糅合在一起写。而"例"则必须单独列出。

③施行说明部分。是指实施条例的具体要求和注意事项。一般应包括条例的生效时间、解释、修改与废止的权限，适用的其他范围，与其他文件的相关事宜等。

2. 写作注意事项。

（1）条例的写作必须符合国家的法律法规，符合党的路线方针政策。

制定条例时，要以维护国家、集体的根本利益为前提，所以在制定前，要进行充分的调查研究，充分领会国家的有关政策精神和本地区、本单位的实际情况，不能有疏漏。

（2）条例的种类很多，必须要有明确的权限。要注意条例的使用范围，不可越权制定。

（3）条例的最大特点是分条列项，条目要从头贯到底，所以要注意结构严谨、条目清晰。凡经有关部门或会议通过的，首先要把内容和事项搞清楚，抓住主要问题和基本精神，采取分章、分条、分款的办法，用简洁、准确、具体的文字，把内容一一表达清楚、明白，切不可模棱两可、含糊不清，更不能有遗漏，特别要注意未经决定或有分歧的意见，一概不可写入条例。

例文：

中国共产党纪律处分条例（节选）

（中共中央 2018 年 8 月 18 日印发　2018 年 10 月 1 日起施行）

第一编　总　则

第一章　指导思想、原则和适用范围

第一条　为了维护党章和其他党内法规，严肃党的纪律，纯洁党的组织，保障党员民主权利，教育党员遵纪守法，维护党的团结统一，保证党的路线、方针、政策、决议和国家法律法规的贯彻执行，根据《中国共产党章程》，制定本条例。

第二条　党的纪律建设必须坚持以马克思列宁主义、毛泽东思想、邓小平理论、"三个代表"重要思想、科学发展观、习近平新时代中国特色社会主义思想为指导，坚持和加强党的全面领导，坚决维护习近平总书记党中央的核心、全党的核心地位，坚决维护党中央权威和集中统一领导，落实新时代党的建设总要求和全面从严治党战略部署，全面加强党的纪律建设。

第三条　党章是最根本的党内法规，是管党治党的总规矩。党的纪律是党的各级组织和全体党员必须遵守的行为规则。党组织和党员必须牢固树立政治意识、大局意识、核心意识、看齐意识，自觉遵守党章，严格执行和维护党的纪律，自觉接受党的纪律约束，模范遵守国家法律法规。

．．．．．．．．．．．．

第二章 违纪与纪律处分

第七条 党组织和党员违反党章和其他党内法规，违反国家法律法规，违反党和国家政策，违反社会主义道德，危害党、国家和人民利益的行为，依照规定应当给予纪律处理或者处分的，都必须受到追究。

重点查处党的十八大以来不收敛、不收手，问题线索反映集中、群众反映强烈，政治问题和经济问题交织的腐败案件，违反中央八项规定精神的问题。

第八条 对党员的纪律处分种类：

⋯⋯⋯⋯

第三章 纪律处分运用规则

第十七条 有下列情形之一的，可以从轻或者减轻处分：

（一）主动交代本人应当受到党纪处分的问题的；

⋯⋯⋯⋯

第二编 分 则

第六章 对违反政治纪律行为的处分

第四十四条 在重大原则问题上不同党中央保持一致且有实际言论、行为或者造成不良后果的，给予警告或者严重警告处分；情节较重的，给予撤销党内职务或者留党察看处分；情节严重的，给予开除党籍处分。

⋯⋯⋯⋯

第七章 对违反组织纪律行为的处分

第七十条 违反民主集中制原则，有下列行为之一的，给予警告或者严重警告处分；情节严重的，给予撤销党内职务或者留党察看处分：

（一）拒不执行或者擅自改变党组织作出的重大决定的；

（二）违反议事规则，个人或者少数人决定重大问题的；

⋯⋯⋯⋯

第三编 附 则

第一百三十九条 各省、自治区、直辖市党委可以根据本条例，结合各自工作的实际情况，制定单项实施规定。

第一百四十条 中央军事委员会可以根据本条例，结合中国人民解放军和中国人民武装警察部队的实际情况，制定补充规定或者单项规定。

…………

本条例施行前，已结案的案件如需进行复查复议，适用当时的规定或者政策。尚未结案的案件，如果行为发生时的规定或者政策不认为是违纪，而本条例认为是违纪的，依照当时的规定或者政策处理；如果行为发生时的规定或者政策认为是违纪的，依照当时的规定或者政策处理，但是如果本条例不认为是违纪或者处理较轻的，依照本条例规定处理。

第六节　规　　定

一、规定的概念

规定是机关、团体、企事业单位制定的，在一些重大问题上作出规范性要求，用以统一人们行动的法规性文件。规定的适用范围较广，党政机关、社会团体、企事业单位均可使用。政治、经济、文教、卫生等领域凡是需要规范人们行为、要求人员遵守和执行的事情，都可以用规定行文。同时，规定既可以是较长一个时期执行的规范性要求，又可以是临时性的措施，其使用范围相当广泛。

二、规定的特点

1. 具有强制性或约束力。

规定是规范人们思想、言论和行为的准则，一经公布，有关人员都必须遵照执行。

2. 具有严格的制定程序。

规定是严肃的规范性文件，其制定要经过严格的程序。由国家发布的属于行政法规性质规定的制定程序，一般要经过立项、起草、审查、决定与公布四个步骤，由国务院法制办负责规划协调和审查。属于规章性质的规定，制定程序也要经过起草、报送或初审、审定和公布等几个阶段才能生效。

3. 具有相对的稳定性。

规定是以法律、政策为依据制定的，因此其内容不得与宪法、法律和上级机关颁布的法律、章程相矛盾、相抵触。作为准则和规范，其内容要求稳定，这样才能让人们遵照执行，不能动辄改之，让人无所适从。当然，这种稳定也是相对的，当规定已不适应社会发展需要时，应及时予以修改或撤销。

三、规定的种类

常见的规定有政策性规定和事项性规定。

四、规定的撰写

1. 规定的写作格式。

规定的基本格式由标题、发布机关名称及日期、正文三部分组成。

（1）标题。一般由发文机关＋事由＋文种构成，如《国务院关于职工探亲待遇的规定》。有时也可以省略发文机关，由规定内容和文种组成，如《关于中缅边境小额贸易管理规定》。如果该规定是短期的、临时的或补充之前规定的，在文中之前应分别加"暂行""补充"字样，如《国务院关于老干部离职休养的暂行规定》。

（2）发布机关名称及日期。在标题之下注明何时由何机关发布，外加括号。

（3）正文。正文是规定的主体，大体上有以下三种写法：

①由开头、主体和结语组成。开头写制定的缘由，并以"特制定如下规定""特作如下规定"等语承上启下；主体部分写规定的具体内容，一般分条行文；结语部分写实施说明。

②条目式。即整个规定从头到尾都以条目陈述。一般前边写制定本规定的原因、目的、依据等；中间写具体规定的内容；结语部分写实施说明。

③用序言、小标题、结语的写法。开头以序言形式写，主要写形势、目的、依据等；中间部分列若干个小标题，小标题下用序码排列条目内容；结语写实施方面的有关事项。

2. 规定的写作要求。

（1）规定通常都要用"命令"或"通知"发布施行，因为规定的制发机关一般都是国家权力机关和行政机关及其主管部门。

（2）规定的内容有一定的局限性，它限于实施某一法律、法规，或加强某一管理工作而制定。

（3）规定的语言以说明为主，多以肯定语气行文。

例文：

中华人民共和国国务院令（节选）
第 716 号

现公布《国务院关于在线政务服务的若干规定》，自公布之日起施行。

总理 李克强

2019 年 4 月 26 日

国务院关于在线政务服务的若干规定

第一条　为了全面提升政务服务规范化、便利化水平，为企业和群众（以下称行政相对人）提供高效、便捷的政务服务，优化营商环境，制定本规定。

第二条　国家加快建设全国一体化在线政务服务平台（以下简称一体化在线平台），推进各地区、各部门政务服务平台规范化、标准化、集约化建设和互联互通，推动实现政务服务事项全国标准统一、全流程网上办理，促进政务服务跨地区、跨部门、跨层级数据共享和业务协同，并依托一体化在线平台推进政务服务线上线下深度融合。

一体化在线平台由国家政务服务平台、国务院有关部门政务服务平台和各地区政务服务平台组成。

第三条　国务院办公厅负责牵头推进国家政务服务平台建设，推动建设一体化在线平台标准规范体系、安全保障体系和运营管理体系。

…………

第十五条　本规定下列用语的含义：

（一）电子签名，是指数据电文中以电子形式所含、所附用于识别签名人身份并表明签名人认可其中内容的数据。

（二）电子印章，是指基于可信密码技术生成身份标识，以电子数据图形表现的印章。

（三）电子证照，是指由计算机等电子设备形成、传输和存储的证件、执照等电子文件。

（四）电子档案，是指具有凭证、查考和保存价值并归档保存的电子文件。

第十六条　本规定自公布之日起施行。

第七节　办　　法

一、办法的概念

办法是指行政机关为贯彻某一法令或做好某方面工作而制定的法规性公文。办法的适用范围广泛，使用频率高，可以用于指导实施国家的某一法律、条例，也可以对某项工作作出具体规定。

二、办法的特点

办法是对某一项行政工作作比较具体的规定。内容和表达均比较具体，法律限制范围小，容易操作，执行性强。

三、办法的撰写

1. 办法的写作格式。

办法的结构包括标题及题下标示、正文两部分。

办法的标题由发文机关＋事由＋文种构成，也可省略发文机关。办法如属"试行""暂行"的，要在标题中标明。属会议通过或需标明发布日期的，可在标题下加括号注明。也有的在题下标示中同时标明发文机关名称，但这时不能再在标题或落款中重复出现发文机关名称。

办法的正文一般由三部分组成：即办法的制发缘由、办法的具体内容、结语或附则。制发缘由是指制定办法的依据、目的；具体内容为办法的主体；结语常用于说明办法的适用范围、实施日期、要求、解释权等。内容复杂的，可分为总则、分则、附则；内容简单的，通常用分条列项的写法。

2. 办法的撰写要求。

（1）办法的制定是依据上级机关的法令、条例等，写作时应保证内容具体、明确，实践鲜明，切实可行。

（2）办法的侧重点应在行政约束力和具体指导上。条款要详细、具体，用语要恰当、严密。

（3）办法的法规性与约束力较之于条例、规定相对弱些；在实际执行中，还可视情况补充、修改，因此"办法"一般要给予"暂行"的限制。

（4）内容庞杂的办法可分章叙写，章断条连；一般办法分条叙写即可。

例文：

河南省人民政府令（节选）
第 174 号

《河南省税收保障办法》已经 2016 年 6 月 29 日省政府第 94 次常务会议通过，现予公布，自 2016 年 8 月 12 日起施行。

省长　陈润儿
2016 年 7 月 12 日

河南省税收保障办法

第一条　为加强税收征收管理，保障税收收入，保护纳税人合法权益，促进经济和社会发展，根据《中华人民共和国税收征收管理法》等法律、法规，结合本省实际，制定本办法。

第二条　本省行政区域内的税收保障活动，适用本办法。

第三条　县级以上人民政府应当加强对税收保障工作的领导，建立健全税收保障机制，完善税收协助制度，按照财政管理体制安排税收保障经费。

乡镇人民政府、街道办事处应当协助做好税收保障工作。

…………

第二十九条　税务机关代征的各项非税收入的保障活动，参照本办法执行。

第三十条　本办法自 2016 年 8 月 12 日起施行。

思考题：

1. 规范性公文的特点是什么？在撰写过程中怎样把握和遵从这些特点？

2. 在规范性公文写作过程中，如何保持公文的合规性、严密性、条理性、简明性、稳定性和连续性？

3. 怎样理解条例是规章制度中的最高样式？如何撰写好条例？

第七章 领导指导性公文

第一节 领导指导性公文的特点和结构

一、领导指导性公文的特点

领导指导性公文是指由领导指导机关制发的用于颁布法规、规章，指导、布置工作，阐明领导指导原则的公文。其特点是：公文对受文者的行为具有强制约束力，有关下级机关及相关人员必须认真遵循；公文所针对的问题带有一定的随机性，涉及特定的问题、特定的人，一般不具有普遍性；有效期一般较短，时过境迁公文即失去执行效用；与规范性公文相比生效程序相对简约，除决定、决议之外，只要发文机关的法定代表人对公文的效用予以确认（签发），即为有效；在效用方面，一般"溯及既往"，即公文的效力所及不仅针对成文之后发生的有关事物和问题，而且包括成文之前发生的问题，受文者要根据作者要求纠正有关偏向，采取措施弥补不足。

二、领导指导性公文的结构

领导指导性公文结构一般由标题、正文、发文机关和日期三部分组成。

完整式标题包含三个要素，即发文机关＋事由＋文种。根据情况，发文机关有时可以省略。

正文一般由开头、主体、结尾三部分构成。

发文机关和日期标注在文后右下方，分两行：一行署发文机关，一行署发文日期。

例文：

国务院关于 2019 年度国家科学技术奖励的决定（节选）

国发〔2020〕2 号

各省、自治区、直辖市人民政府，国务院各部委、各直属机构：

为深入贯彻落实习近平新时代中国特色社会主义思想，全面贯彻党的十九大和十九届二中、三中、四中全会精神，坚定实施科教兴国战略、人才强国战略和创新驱动发展战略，国务院决定，对为我国科学技术进步、经济社会发展、国防现代化建设作出突出贡献的科学技术人员和组织给予奖励。

根据《国家科学技术奖励条例》的规定，经国家科学技术奖励评审委员会评审、国家科学技术奖励委员会审定和科技部审核，国务院批准并报请国家主席习近平签署，授予黄旭华院士、曾庆存院士国家最高科学技术奖；……

全国科学技术工作者要向黄旭华院士、曾庆存院士及全体获奖者学习，不忘初心、牢记使命，继续发扬服务国家、造福人民的光荣传统和追求真理、勇攀高峰的科学精神，坚持新发展理念，深入实施创新驱动发展战略，坚定不移走中国特色自主创新道路，着力实现原始创新重大突破，攻克关键核心技术，推动科技成果转化应用，加强科技创新开放合作，为建成创新型国家、加快建设世界科技强国，夺取全面建成小康社会伟大胜利、实现"两个一百年"奋斗目标和中华民族伟大复兴的中国梦作出新的更大贡献。

国务院

2020 年 1 月 7 日

第二节 决 定

一、决定的概念

领导指导性公文的一种，适用于对重要事项作出决策和部署，奖惩有关单位和人员，变更或者撤销下级机关不适当决定事项的公文。

二、决定的特点

具有内容性质重要或重大，政策法律性强，具有权威性、强制性、指挥性、决断性的特点。

三、决定的种类

根据内容和性质的不同，决定可分为法规政策性决定、宣告性决定、部署性决定、决策性决定、表彰性决定、惩处性决定和任免性决定。

四、决定的撰写

1. 决定的格式。

（1）标题。

①发文机关＋事由＋文种，如《国务院关于 2019 年度国家科学技术奖

励的决定》。

②事由＋文种，如《关于修改部分证券期货规章的决定》。

（2）主送机关。

决定属于重要的下行文种，要概括写明受文机关名称，如《国务院关于授权和委托用地审批权的决定》的主送机关是"各省、自治区、直辖市人民政府，国务院各部委、各直属机构"。

没有特定受文对象的决定，则不需要写主送机关。

（3）正文。

决定在实践中具有比较广泛的用途，正文的组成也存在很大差异，常见的组成形式有这样几种：

第一种，最简洁型，通常只有一个自然段，几句话。主要包括：谁，何地，根据或为了什么，确定采取什么行动或措施。确定召开会议、人事任免、设立机构、参加或脱离组织的决定，以及一部分履行法定审批程序的决定常采用这种形式。

第二种，稍复杂型，主要包括：目的或根据；对事物或问题性质的分析、评价；有关措施（实施的对象、范围、方法、注意事项等）。用于表彰或处分、命名、撤销有关议案或其他公文，以及赋予、剥夺、免除有关对象的权利义务、能力的决定常采用这种形式。

第三种，复杂型，主要组成部分有：根据、目的、意义或原因；分条列项陈述有关措施的具体内容，必要时在各条列项上附加小标题，以概括揭示各自的主要内容。这部分内容通常要写出：措施的性质、种类以及实施的时间、空间和人员范围、步骤、方法、条件、组织领导保障、政治思想保障、与其他措施的关系、有关的政策界限、执行要求等。用于确定实施重要政策的决定常采用这种形式。

第四种，确定并表明原则立场型。其特点是除了以简要文字表明自己的立场、观点之外，还有较多的议论、推理，以讲清道理，驳斥错误观点。

正文常见的几种类型：

①基本型（原因＋决定事项）。

首先简要说明决定的原因、目的或根据，其次阐明决定内容。可以着重从行文目的写起，如"为了打赢环境治理攻坚战，决定……"；也可以着重从根据写起，如"根据国务院第十八次常务会议研究，决定……"

凡是内容较少的决定，可以紧接在原因之后写出决定事项。奖惩性决定大都采用这种结构形式，前后两部分基本属于因果关系。

内容较多的决定，为了确保条理清楚，以便阅读和执行应当采用分条列项的方法阐明决定事项。

例文：

中共中央　国务院关于表彰全国劳动模范和先进工作者的决定
（2015 年 4 月 28 日）

2010 年以来特别是党的十八大以来，在全面建成小康社会、加快推进社会主义现代化、夺取中国特色社会主义新胜利的伟大实践中，各行各业涌现出一大批爱岗敬业、勇于创新、品格高尚、业绩突出的先进模范人物。他们是我国工人阶级和广大劳动群众的优秀代表，是坚持中国道路、弘扬中国精神、凝聚中国力量的时代楷模。为表彰他们的突出贡献，弘扬伟大的时代精神、创业精神、奉献精神，进一步激励全国各族人民积极推进"四个全面"战略布局，促进经济平稳健康发展和社会和谐稳定，值此"五一"国际劳动节之际，党中央、国务院决定，授予白永明等 2064 人全国劳动模范荣誉称号，授予吴甡等 904 人全国先进工作者荣誉称号。

希望获得全国劳动模范和先进工作者荣誉称号的同志，珍惜荣誉、再接再厉，继续做坚定理想信念的模范、勤奋劳动的模范、增进团结的模范，努力在新的征途上再创新业、再立新功。

全国各族人民要更加紧密地团结在以习近平同志为总书记的党中央周围，全面贯彻党的十八大和十八届三中、四中全会精神，高举中国特色社会主义伟大旗帜，以邓小平理论、"三个代表"重要思想、科学发展观为指导，深入贯彻习近平总书记系列重要讲话精神，积极培育和践行社会主义核心价值观，大力弘扬"爱岗敬业、争创一流，艰苦奋斗、勇于创新，淡泊名利、甘于奉献"的劳模精神，营造劳动光荣、知识崇高、人才宝贵、创造伟大的社会氛围，通过辛勤劳动创造更加幸福美好的生活，为实现"两个一百年"奋斗目标、实现中华民族伟大复兴的中国梦而努力奋斗！

②三段型（原因＋决定事项＋号召）。

在基本型的基础上，增加发出号召或提出实施要求部分。重大政策性决定，部署性决定，大都采用三段型的结构方式。

例文：

中共中央关于追授黄大年同志
"全国优秀共产党员"称号的决定（节选）
（2017 年 7 月 23 日）

2017 年 5 月 24 日，习近平总书记对吉林大学地球探测科学与技术学院原教授黄大年同志先进事迹作出重要指示强调，黄大年同志秉持科技报国理想，把为祖国富强、民族振兴、人民幸福贡献力量作为毕生追求，为我国教育科研事业作出了突出贡献，他的先进事迹感人肺腑。我们要以黄大年同志为榜样，学习他心有大我、至诚报国的爱国情怀，学习他教书育人、敢为人先的敬业精神，学习他淡泊名利、甘于奉献的高尚情操，把爱国之情、报国之志融入祖国改革发展的伟大事业之中、融入人民创造历史的伟大奋斗之中，从自己做起，从本职岗位做起，为实现"两个一百年"奋斗目标、实现中华民族伟大复兴的中国梦贡献智慧和力量。

黄大年，男，广西南宁人，1958 年 8 月出生，1975 年 10 月参加工作，中共党员，著名地球物理学家、国家"千人计划"专家。生前担任吉林大学新兴交叉学科学部学部长，地球探测科学与技术学院教授、博士生导师。2017 年 1 月 8 日因病去世，年仅 58 岁。

…………

为深入学习贯彻习近平总书记重要指示精神，表彰先进、弘扬正气，引导广大党员、干部胸怀理想、坚定信念，开拓进取、敬业奉献，在改革开放和社会主义现代化建设各项事业中发挥先锋模范作用，党中央决定，追授黄大年同志"全国优秀共产党员"称号。

党中央号召，广大党员、干部向黄大年同志学习。要像黄大年同志那样坚定信仰信念，对党忠诚、心系祖国，把为党和人民事业不懈奋斗作为毕生追求。要像黄大年同志那样刻苦学习钻研，牢记使命、勇担重任，用知识和本领回报祖国、服务人民。要像黄大年同志那样发扬拼搏精神，勇于创新、攻坚克难，努力创造一流业绩。要像黄大年同志那样涵养高尚情操，不忘初心、淡泊名利，自觉践行共产党人价值观，用模范行动展示共产党员的人格力量。

…………

③直叙型。

直接入题，阐明决定事项。

例文：

北京市人民政府关于废止《北京市征收防洪工程建设维护管理费暂行规定》等 5 项规章的决定（节选）

北京市人民政府决定废止下列 5 项规章：

一、北京市征收防洪工程建设维护管理费暂行规定（1994 年 9 月 26 日北京市人民政府第 21 号令发布）

二、北京市工程建设项目招标范围和规模标准规定（2001 年 12 月 6 日北京市人民政府第 89 号令公布）

三、北京市食品安全监督管理规定（2002 年 12 月 31 日北京市人民政府第 117 号令公布）

…………

（4）发文机关与成文日期。

一般的决定在落款处注明发文机关和成文日期。经会议讨论通过的决定，发文机关和成文日期采用"题注"的形式，在公文标题之下的括号内标明。

例文：

中共中央　国务院关于打赢脱贫攻坚战的决定（节选）

（2015 年 11 月 29 日）

确保到 2020 年农村贫困人口实现脱贫，是全面建成小康社会最艰巨的任务。现就打赢脱贫攻坚战作出如下决定。

一、增强打赢脱贫攻坚战的使命感紧迫感

消除贫困、改善民生、逐步实现共同富裕，是社会主义的本质要求，是我们党的重要使命。改革开放以来，我们实施大规模扶贫开发，使 7 亿农村贫困人口摆脱贫困，取得了举世瞩目的伟大成就，谱写了人类反贫困历史上的辉煌篇章。党的十八大以来，我们把扶贫开发工作纳入"四个全面"战略布局，作为实现第一个百年奋斗目标的重点工作，摆在更加突出的位置，大力实施精准扶贫，不断丰富和拓展中国特色扶贫开发道路，不断开创扶贫开发事业新局面。

…………

二、打赢脱贫攻坚战的总体要求

（一）指导思想

全面贯彻落实党的十八大和十八届二中、三中、四中、五中全会精神，以邓小平理论、"三个代表"为重要思想、科学发展观为指导，深入贯彻习近平总书记系列重要讲话精神，围绕"四个全面"战略布局，牢固树立并切实贯彻创新、协调、绿色、开放、共享的发展理念，充分发挥政治优势和制度优势，把精准扶贫、精准脱贫作为基本方略，坚持扶贫开发与经济社会发展相互促进，坚持精准帮扶与集中连片、特殊困难地区开发紧密结合，坚持扶贫开发与生态保护并重，坚持扶贫开发与社会保障有效衔接，咬定青山不放松，采取超常规举措，拿出过硬办法，举全党全社会之力，坚决打赢脱贫攻坚战。

（二）总体目标

到 2020 年，稳定实现农村贫困人口不愁吃、不愁穿，义务教育、基本医疗和住房安全有保障。实现贫困地区农民人均可支配收入增长幅度高于全国平均水平，基本公共服务主要领域指标接近全国平均水平。确保我国现行标准下农村贫困人口实现脱贫，贫困县全部摘帽，解决区域性整体贫困。

（三）基本原则

——坚持党的领导，夯实组织基础。……

——坚持政府主导，增强社会合力。……

——坚持精准扶贫，提高扶贫成效。……

——坚持保护生态，实现绿色发展。……

——坚持群众主体，激发内生动力。……

——坚持因地制宜，创新体制机制。……

三、实施精准扶贫方略，加快贫困人口精准脱贫

…………

让我们更加紧密地团结在以习近平同志为总书记的党中央周围，凝心聚力，精准发力，苦干实干，坚决打赢脱贫攻坚战，为全面建成小康社会、实现中华民族伟大复兴的中国梦而努力奋斗。

2. 写作注意事项。

（1）做好调查研究。在起草决定之前，就决定所涉及的问题，认真查找有关法律条款和政策规定，并广泛听取各方意见。在此基础之上深思熟虑，考虑做出的决定是否符合实际情况。

（2）根据事实写精神。事实材料是提炼、概括、抽象出理论原则、基本精神的前提和基础，必须忠于事实，从客观现实出发，不可随意发挥或主观臆断。

（3）切合实际写要求。发决定的目的是要让下级贯彻执行，以指导实际工作，需从实际出发，有针对性地提出具体要求和贯彻落实措施。

例文：

中共中央关于深化党和国家机构改革的决定（节选）

（2018 年 2 月 28 日中国共产党第十九届
中央委员会第三次全体会议通过）

为贯彻落实党的十九大关于深化机构改革的决策部署，十九届中央委

员会第三次全体会议研究了深化党和国家机构改革问题，作出如下决定。

一、深化党和国家机构改革是推进国家治理体系和治理能力现代化的一场深刻变革

党和国家机构职能体系是中国特色社会主义制度的重要组成部分，是我们党治国理政的重要保障。提高党的执政能力和领导水平，广泛调动各方面积极性、主动性、创造性，有效治理国家和社会，推动党和国家事业发展，必须适应新时代中国特色社会主义发展要求，深化党和国家机构改革。

…………

二、深化党和国家机构改革的指导思想、目标、原则

深化党和国家机构改革，必须全面贯彻党的十九大精神，坚持以马克思列宁主义、毛泽东思想、邓小平理论、"三个代表"重要思想、科学发展观、习近平新时代中国特色社会主义思想为指导，适应新时代中国特色社会主义发展要求，坚持稳中求进工作总基调，坚持正确改革方向，坚持以人民为中心，坚持全面依法治国，以加强党的全面领导为统领，以国家治理体系和治理能力现代化为导向，以推进党和国家机构职能优化协同高效为着力点，改革机构设置，优化职能配置，深化转职能、转方式、转作风，提高效率效能，为决胜全面建成小康社会、开启全面建设社会主义现代化国家新征程、实现中华民族伟大复兴的中国梦提供有力制度保障。

深化党和国家机构改革，目标是构建系统完备、科学规范、运行高效的党和国家机构职能体系，形成总揽全局、协调各方的党的领导体系，职责明确、依法行政的政府治理体系，中国特色、世界一流的武装力量体系，联系广泛、服务群众的群团工作体系，推动人大、政府、政协、监察机关、审判机关、检察机关、人民团体、企事业单位、社会组织等在党的统一领导下协调行动、增强合力，全面提高国家治理能力和治理水平。

深化党和国家机构改革，既要立足于实现第一个百年奋斗目标，针对突出矛盾，抓重点、补短板、强弱项、防风险，从党和国家机构职能上为决胜全面建成小康社会提供保障；又要着眼于实现第二个百年奋斗目标，注重解决事关长远的体制机制问题，打基础、立支柱、定架构，为形成更加完善的中国特色社会主义制度创造有利条件。

深化党和国家机构改革，要遵循以下原则。

——坚持党的全面领导。……

——坚持以人民为中心。……

——坚持优化协同高效。……

——坚持全面依法治国。……

三、完善坚持党的全面领导的制度

党政军民学，东西南北中，党是领导一切的。加强党对各领域各方面工作领导，是深化党和国家机构改革的首要任务。要优化党的组织机构，确保党的领导全覆盖，确保党的领导更加坚强有力。

（一）建立健全党对重大工作的领导体制机制。加强党的全面领导，首先要加强党对涉及党和国家事业全局的重大工作的集中统一领导。党中央决策议事协调机构在中央政治局及其常委会领导下开展工作。优化党中央决策议事协调机构，负责重大工作的顶层设计、总体布局、统筹协调、整体推进。加强和优化党对深化改革、依法治国、经济、农业农村、纪检监察、组织、宣传思想文化、国家安全、政法、统战、民族宗教、教育、科技、网信、外交、审计等工作的领导。其他方面的议事协调机构，要同党中央决策议事协调机构的设立调整相衔接，保证党中央令行禁止和工作高效。各地区各部门党委（党组）要坚持依规治党，完善相应体制机制，提升协调能力，把党中央各项决策部署落到实处。

…………

八、加强党对深化党和国家机构改革的领导

深化党和国家机构改革是一个系统工程。各级党委和政府要把思想和行动统一到党中央关于深化党和国家机构改革的决策部署上来，增强"四个意识"，坚定"四个自信"，坚决维护以习近平同志为核心的党中央权威和集中统一领导，把握好改革发展稳定关系，不折不扣抓好党中央决策部署贯彻落实。

…………

第三节　决　议

一、决议的概念

决议是指党政领导机关就重要事项，经会议讨论通过，并要求贯彻执行的重要指导性公文。适用于会议讨论通过的重大决策事项，代表着发文机关的意志，决议表述的观点和对事项的评价都具有指导意义，一经发布，其下属党组织和党员就必须严格遵守，认真落实，具有很强的权威性。

二、决议的特点

1. 制发程序上的规范性。决议必须经会议讨论，并经表决通过之后才能形成。

2. 内容上的针对性。决议事项针对某一重要工作或重大事项。

3. 效力上的权威性。决议一经发布，就要坚决执行，对组织和个人有很强的约束力。

4. 时效上的长期性。决议具有战略意义，其作用具有长期性和稳定性。

三、决议的种类

决议分为公布性决议、批准性决议和阐述性决议三种类型。公布性决议是为公布某种法规、提案而发布的决议；批准性决议是为肯定或否定某种议案的公文；阐述性决议是对某些重大结论的具体内容加以展开阐述的公文。

四、决议的撰写

1. 决议的格式。决议由首部和正文两部分组成。

（1）首部。包括标题和成文时间两个项目。

标题。决议的标题有两种形式：一种是由发文机关（或会议名称）＋事由＋文种构成；另一种是事由＋文种构成。

成文时间。即决议正式通过的日期。一般放在标题下，在括号内注明会议名称及通过时间，也可只写年月日。

（2）正文。由决议缘由、决议事项和结语三部分组成。

决议缘由：一般简要说明有关会议审议决议涉及事项的情况，陈述作出决议的原因、根据、背景、目的或意义。

决议事项：写明会议通过的决议事项，或会议对有关文件、事项作出的评价、决定，或对有关工作作出的部署安排和要求、措施。

结语：一般紧扣决议事项有针对性地提出希望、号召和执行要求。

2. 写作注意事项。

（1）吃透会议文件要旨，了解决议事项内容，认真听取参会人员意见。

（2）语言精练，通俗易懂，观点明确，便于理解掌握，利于贯彻执行。

（3）有一定的理论准备。特别是撰写论述性决议这类理论色彩较浓的决议，必须有充分的理论准备，写作时注意叙议结合，既要把事实叙述清楚，又要把道理讲得透彻。

3. 决议与决定的区别。

两个文种均属决策性公文，都是某一级组织或机关对重大问题的处理或重要工作的决策提出的规定性意见、措施和要求；决策均出自于各级领导机关、要求下级贯彻执行；都是下行公文。

两者不同在于：决议必须经过会议集体讨论并表决通过，决定则不一定，有的经过会议讨论通过，有的直接由领导机关做出决定；决议一般由党的组织使用而行政机关不使用，而决定则可以通用。

例文 1：

中国共产党第十九次全国代表大会关于
《中国共产党章程（修正案）》的决议

(2017 年 10 月 24 日中国共产党第十九次全国代表大会通过)

中国共产党第十九次全国代表大会审议并一致通过十八届中央委员会提出的《中国共产党章程（修正案）》，决定这一修正案自通过之日起生效。

大会认为，党的十八大以来，以习近平同志为主要代表的中国共产党人，顺应时代发展，从理论和实践结合上系统回答了新时代坚持和发展什么样的中国特色社会主义、怎样坚持和发展中国特色社会主义这个重大时代课题，创立了习近平新时代中国特色社会主义思想。习近平新时代中国特色社会主义思想是对马克思列宁主义、毛泽东思想、邓小平理论、"三个代表"重要思想、科学发展观的继承和发展，是马克思主义中国化最新成果，是党和人民实践经验和集体智慧的结晶，是中国特色社会主义理论体系的重要组成部分，是全党全国人民为实现中华民族伟大复兴而奋斗的行动指南，必须长期坚持并不断发展。在习近平新时代中国特色社会主义思想指导下，中国共产党领导全国各族人民，统揽伟大斗争、伟大工程、伟大事业、伟大梦想，推动中国特色社会主义进入了新时代。大会一致同意，在党章中把习近平新时代中国特色社会主义思想同马克思列宁主义、毛泽东思想、邓小平理论、"三个代表"重要思想、科学发展观一道确立为党的行动指南。大会要求全党以习近平新时代中国特色社会主义思想统一思想和行动，增强学习贯彻的自觉性和坚定性，把习近平新时代中国特色社会主义思想贯彻到社会主义现代化建设全过程、体现到党的建设各方面。

大会认为，中国特色社会主义文化是中国特色社会主义的重要组成部分，是激励全党全国各族人民奋勇前进的强大精神力量。大会同意把中国特色社会主义文化同中国特色社会主义道路、中国特色社会主义理论体系、中国特色社会主义制度一道写入党章，这有利于全党深化对中国特色社会主义的认识、全面把握中国特色社会主义内涵。大会强调，全党同志要倍加珍惜、长期坚持和不断发展党历经艰辛开创的这条道路、这个理论体系、这个制度、这个文化，高举中国特色社会主义伟大旗帜，坚定道路自信、理论自信、制度自信、文化自信，贯彻党的基本理论、基本路线、基本方略。

…………

大会认为，总结吸收党的十八大以来党的工作和党的建设的成功经验，并同总纲部分修改相衔接，对党章部分条文作适当修改十分必要。认真学习习近平新时代中国特色社会主义思想，自觉遵守党的政治纪律和政治规矩，勇于揭露和纠正违反党的原则的言行，带头实践社会主义核心价值观，弘扬中华民族传统美德，是广大党员应尽的义务；把政治标准放在首位，是发展党员必须坚持的重要原则；实现巡视全覆盖，开展中央单位巡视、市县巡察，是巡视工作实践经验的总结，必须加以坚持和发展；明确中央军事委员会实行主席负责制，明确中央军事委员会负责军队中党的工作和政治工作，反映了军队改革后的中央军委履行管党治党责任的现实需要；调整党的总支部委员会、支部委员会每届任期期限，推进"两学一做"学习教育常态化制度化，明确国有企业党组织的地位和作用，增写社会组织中党的基层组织的功能定位和职责任务，明确各级党和国家机关中党的基层组织的职责，明确党支部的地位和作用，充实干部选拔条件和要求，调整和充实党的纪律、党的纪律检查机关部分的相关内容，等等，是党的十八大以来党的工作和党的建设成果的集中反映。把这些内容写入党章，有利于全党把握党的指导思想与时俱进，用习近平新时代中国特色社会主义思想武装头脑、指导实践、推动工作，有利于强化基层党组织政治功能，推动全面从严治党向纵深发展。

大会要求，党的各级组织和全体党员在以习近平同志为核心的党中央坚强领导下，高举中国特色社会主义伟大旗帜，以马克思列宁主义、毛泽东思想、邓小平理论、"三个代表"重要思想、科学发展观、习近平新时代中国特色社会主义思想为指导，更加自觉地学习党章、遵守党章、贯彻党章、维护党章，坚持和加强党的全面领导，坚持党要管党、全面从严治党，为决胜全面建成小康社会、夺取新时代中国特色社会主义伟大胜利、实现中华民族伟大复兴的中国梦、实现人民对美好生活的向往继续奋斗！

例文 2：

第十三届全国人民代表大会第一次会议
关于政府工作报告的决议
（2018 年 3 月 20 日第十三届全国人民代表大会第一次会议通过）

第十三届全国人民代表大会第一次会议听取和审议了国务院总理李克强所作的政府工作报告。会议高度评价过去五年我国经济社会发展取得的历史性成就、发生的历史性变革，充分肯定国务院过去五年的工作，同意报告提出的 2018 年经济社会发展总体要求、政策取向和对政府工作的建议，决定批准这个报告。

会议号召，全国各族人民更加紧密地团结在以习近平同志为核心的党中央周围，高举中国特色社会主义伟大旗帜，以习近平新时代中国特色社会主义思想为指导，全面贯彻党的十九大和十九届一中、二中、三中全会精神，坚持和加强党的全面领导，坚持稳中求进工作总基调，坚持新发展理念，紧扣我国社会主要矛盾变化，按照高质量发展的要求，统筹推进"五位一体"总体布局和协调推进"四个全面"战略布局，坚持以推进供给侧结构性改革为主线，统筹推进稳增长、促改革、调结构、惠民生、防风险各项工作，大力推进改革开放，创新和完善宏观调控，推动质量变革、效率变革、动力变革，在打好防范化解重大风险、精准脱贫、污染防治三大攻坚战方面取得扎实进展，引导和稳定预期，加强和改善民生，促进经济社会持续健康发展，锐意进取，埋头苦干，为决胜全面建成小康社会、夺取新时代中国特色社会主义伟大胜利，为把我国建设成为富强民主文明和谐美丽的社会主义现代化强国、实现中华民族伟大复兴的中国梦努力奋斗！

第四节　通　　知

一、通知的概念

通知是现行公文中运用最广泛、最普遍的文种，是机关单位向特定受文对象告知有关事项的晓谕性公文，用于在一定范围内公布应当遵守或周知的事项，也用于批转和转发公文。

二、通知的特点

1. 功能的多样性。

在下行文中，通知的功能最为丰富。它可以用来布置工作、传达指示、晓谕事项、发布规章、批转和转发文件、任免干部等，下行文的功能，它都具备。

但通知在下行文中的规格，要低于命令、决议、决定等文体。用它发布的规章，多是基层的，或是局部性的、非要害性的；用它布置工作、传达指示的时候，文种的级别和行文的郑重程度，明显不如决定、决议。

2. 运用的广泛性。

通知的发文机关，几乎不受级别的限制。大到国家级的党政机关，小到基层的企事业单位，都可以发布通知。

通知的受文对象非常广泛。在基层工作岗位上的干部和职工，接触最多的上级公文就是通知。通知虽然从整体上看是下行文，但部分通知（如晓谕事项的通知）也可以发往不相隶属机关。

3. 一定的指导性。

通知从字面上看不显示指导的姿态，但事实上，多数通知都具有一定程度的指导性。用通知来发布规章、布置工作、传达指示、转发文件，都在实现着通知的指导功能，受文单位对通知的内容要认真学习，并在规定时间内完成通知布置的任务。

4. 较强的时效性。

通知是一种制发比较快捷、运用比较灵便的公文文种，它所办理的事项，都有比较明确的时间限制，受文机关要在规定的时间内办理完成，不得拖延。

三、通知的种类

通知的种类，包括告知性通知、颁发性通知、转发性通知、批转性通知、指示性通知、批示性通知、发布性通知、事项性通知、任免性通知、会议通知等。

1. 颁发、转发、批转公文的通知。

颁发（印发）、转发、批转公文的通知的主要作用分别是完成有关规范性公文的发布生效程序（颁发）；扩大一部分公文的有效范围并使之更加具体化（转发）；使一部分公文升格赋予其在更大范围产生效用的条件（批转）。

这三种通知的正文都比较简短，最简单的形式就是指出谁，经谁批准，什么原因，根据什么，制定了一个什么公文，现将公文印发（转发）给谁，怎样执行（或从何时开始施行）。稍复杂一点的就是在上述简单形式的基础上，对被印发、转发的公文或其所针对的事物进行评价分析，说明意义，指出执行中需注意的事项，或者对这些公文中的规定、要求等提出补充性意见。

这三种通知的标题式样与其他公文稍有不同，一般为：发文机关＋颁发或印发或转发或批转＋原文标题的通知。

2. 知照性通知。

知照性通知用于传达要求各有关方面周知（只需要知晓而不要求直接执行）的事项。这种通知的发送对象更为广泛，级别方面的限制也不严格，对下级对平级，甚至对一部分上级均可发送。

知照性通知的正文主要包括：形成该事项的过程、原因、根据；事项的具体内容（性质、状态）。为简化正文，有时以附件（如任免名单、公章印模、组织章程等）对事项的内容做细致交代。

知照性通知所涉及的事项主要是：成立或撤销机构或组织、启用或废止公章、变更一些组织或刊物的名称、任免干部、出版发行刊物等。

3. 指示性通知。

指示性通知用于传达要求下级机关办理和有关单位需要共同执行的事项。这种通知的发送对象虽不只是下级机关，但因其内容为更高层次机关的指示精神，因而仍具指示性。

指示性通知的正文一般包括：行文的依据（客观情况、上级要求等）或目的意义；上级指示的精神及其具体化，如政策规定、工作任务及安排；执行要求及有关注意事项，如步骤、方法、时间要求、政策界限、报告执行情况的方式与期限等。后两部分内容常需以分条列项的方式表达，每条的开端大都以简短文字对主要内容加以概括（主题句），其后再予阐述发挥使之具体化、明确化。

四、通知写作技巧

1. 通知的格式。

通知的标准格式包括标题、称呼、正文、落款。

（1）标题：写在第一行正中。可只写"通知"二字，如果事情重要或紧急，也可写"重要通知"或"紧急通知"，以引起注意。有的在"通知"前面写上发通知的单位名称，还有的写上通知的主要事项。

（2）称呼：写被通知者的姓名、称谓或单位名称。在第二行顶格写。有时，因通知事项简短，内容单一，书写时略去称呼，直起正文。

（3）正文：另起一行，空两格写正文。正文因内容而异。开会的通知要写清开会的时间、地点、参加会议的对象以及开什么会，有什么具体要求。布置工作的通知，要写清所通知事件的目的、意义以及具体要求和做法。

（4）落款：分两行写在正文右下方，一行署名，一行写日期。

2. 写作注意事项。

（1）熟知通知内容。不同种类的通知，所要表述的内容不同，要根据所发通知的类别，记述不同情况。如撰写会议通知必须熟悉会议的性质、类别、时间、地点、人数、范围、事项、要求等内容。拟定规定性通知，必须熟悉和掌握有关规定的基本内容、目的、范围、界限、方法等。

（2）运用恰当的表达方式。通知的标题、目的、要求，应该用说明式方法来表述，按照事物本身所固有的顺序说明，或依照事物性质、类别分条逐项说明，要体现出明白、清晰、顺序严谨的特点。

（3）注意通知的语体色彩。通知所使用的语言属事务语体，具有两个特点：一是遣词习惯用语较多，如通知的起首语，经常使用"根据""按照""由于"等词，说明依据和缘由；二是注意语言的准确性，不能产生歧义。如通知中常用"遵照""比照""参照"等词，这些词在词义的轻重、范围和程度上不完全相同，要严格区别。通知的宗旨在于务实和行动，拟写时要详略得当，简明扼要。

例文1:

山东省人民政府关于印发山东省促进乡村产业振兴行动计划的通知

鲁政发〔2020〕1号

各市人民政府,各县(市、区)人民政府,省政府各部门、各直属机构:

现将《山东省促进乡村产业振兴行动计划》印发给你们,请认真贯彻实施。

山东省人民政府
2020年1月6日

例文2:

山西省人民政府关于做好2020年安全生产工作的通知(节选)

晋政发〔2020〕1号

各市、县人民政府,省人民政府各委、办、厅、局:

2020年,全省安全生产工作要以习近平新时代中国特色社会主义思想为指导,全面贯彻党的十九大和十九届二中、三中、四中全会精神,树立安全发展理念,弘扬生命至上、安全第一的思想,以铁的担当尽责、铁的手腕治患、铁的心肠问责、铁的办法治本,严格落实责任,完善制度措施,强化依法治理,防范化解重大安全风险,努力减少一般事故,有效遏制较大事故,坚决杜绝重特大事故,有力有序应对处置各类事故灾难,为实现我省经济社会"四为四高两同步"提供坚实的安全保障。现将有关工作通知如下:

一、强化担当作为,压实安全责任

(一)强化党政领导责任。认真贯彻《山西省贯彻落实实施细则》,严格落实党委常委分管安全生产工作规定。市县党委每季度、政府每月至少召开一次会议,分析研判形势,解决突出问题。按照本行政区域产业结构、地区生产总值和监管企业数量,配足配强安全生产监管人员。严厉打击非法生产经营建设行为,取缔关闭非法企业。

(二)压实部门监管责任。落实"三个必须"要求,修订完善安委会成员单位安全生产职责规定。每月至少召开一次会议,研究解决本行业领域安全生产突出问题。制定落实本行业领域监督检查计划,严厉打击违法违规行为。建立本行业领域安全监管台账和问题整改清单、挂牌督办清单、追责问责清单和联合惩戒清单，落实部门监管责任。

（三）落实企业主体责任。健全完善并严格落实企业安全生产全员责任制、全过程安全责任追溯制度，坚持开展"反三违"行动，做到主体责任、安全投入、安全培训、安全管理、应急救援"五到位"。建立完善企业安全生产主体责任法律追究工作机制。制定出台重点行业企业安全生产主体责任制规定。

二、深化专项整治，实施精准治理

（四）煤矿。强化瓦斯灾害防治，深入推进"三区联动立体式"瓦斯抽采，对突出矿井大力实施区域和局部"两个四位一体"综合防突措施，做到抽采达标。深化煤矿防治水"三区"管理，严格执行"三专两探一撤"规定，突出抓好探查和疏放两个环节整治，做到先治后采。发生较大以上事故的煤矿，按照建设智能化矿井或整体托管要求完成整改后，才能恢复生产。

…………

七、严格考核巡查，严肃追责问责

（二十七）严格巡查考核。根据安全生产巡查有关规定，组织对2019年度发生过重大事故、重大自然灾害和较大事故多发的市级党委、政府进行重点巡查。修订完善安全生产和消防工作考核办法，组织对各市政府、省政府安委会有关成员单位进行考核，对发生重大及以上生产安全事故的实施"一票否决"。巡查考核结果要作为评先评优、干部选拔任用的重要依据。

…………

山西省人民政府

2020年2月26日

例文3：

广东省人民政府办公厅2018年中秋节、国庆节放假调休通知

各地级以上市人民政府，省政府各部门、各直属机构：

根据国务院办公厅有关通知精神，今年中秋节放假调休时间为2018年9月24日放假，与周末连休；国庆节放假调休时间为2018年10月1日至7日放假调休，共7天，9月29日（星期六）、9月30日（星期日）上班。不能停止生产和工作的单位放假办法，由其上级主管部门研究确定。

广东省人民政府办公厅

2018年9月7日

例文 4：

广西壮族自治区人民政府办公厅
转发国务院办公厅关于延长 2020 年春节假期的通知

各市、县人民政府，自治区人民政府各组成部门、各直属机构：

根据《国务院办公厅关于延长 2020 年春节假期的通知》（国办发明电〔2020〕1 号）精神，现将延长 2020 年春节假期的具体安排通知如下：

一、延长 2020 年春节假期至 2 月 2 日（农历正月初九，星期日），2 月 3 日（星期一）起正常上班。

二、各地大专院校、中小学、幼儿园推迟开学，具体时间由教育部门另行通知。

三、因疫情防控不能休假的职工，应根据《中华人民共和国劳动法》规定安排补休，未休假期的工资报酬按照有关政策保障落实。

节假日期间，各地各部门要进一步做好新型冠状病毒感染的肺炎疫情防控工作，妥善安排好值班和安全保卫工作，遇有重大突发事件，要按规定及时报告并妥善处置，确保人民群众祥和平安度过节日假期。

广西壮族自治区人民政府办公厅
2020 年 1 月 27 日

第五节　通　报

一、通报的概念

通报是指党政机关、企事业单位、社会团体用以表彰先进、批评错误、传达重要精神和告知重要情况时使用的一种公文。这类文种比较灵活，使用频率颇高。

二、通报的特点

1. 内容的真实性。

真实是通报的生命。通报的任何情况、事实都必须是真实的，不能有差错，更不能编造虚假情况。因此，写通报时对正反两方面的事实都要认真核实，做到准确无误，没有掺假。

2. 目的的晓谕性。

通报目的是很明显的。表彰通报行文的目的是告知有关单位和人员，有谁因何事受到了表彰，以表扬激励先进，号召学习先进；批评通报的目的则是让人们知道错误，认识错误，吸取教训，引以为戒；情况通报的目的是让人们了解上级重要指示精神、会议精神、重要工作情况等事项。

三、通报的分类

1. 表彰性通报。

用于表彰好人好事和介绍先进典型经验，其正文主要有三方面内容：先进事迹（人物、时间、地点、过程、结果）或经验（单位及所处的客观条件、主要做法、规律性的认识等）；评价分析（性质、意义、经验所在及适用的条件情况，经验中的不足及其原因等）；决定事项（给有关单位或个人何种称号或其他精神的、经济的奖励），以及提出一些学习先进事迹、借鉴吸收典型经验方面的要求或号召等。

2. 事故通报。

批评性通报的一种，其正文主要包括：事故的概况（时间、地点、过程、结果等）；对事故性质、原因以及后果的分析说明；提出防止类似事故的原则性要求、措施及各方面应吸取的主要教训。有时还包括对事故责任者的处理决定。上述内容可以直接叙述说明，也可以转发有关事故报告等以公文的形式间接转述有关情况（以这些报告等为附件）。

3. 情况通报。

用以报道、传达重要情况和有关精神，其正文有两种组成方式，其中一种只对有关事实作客观叙述；另一种除此之外还对情况加以分析说明，有时还针对具体问题提出对策的意见。

4. 批评性通报。

用以批评坏人坏事以及有关单位或个人的错误，其正文主要有这样一些内容：主要的错误事实（单位、人物、时间、地点、过程、结果等）；分析评价（错误性质及原因、严重后果）；对有关当事人的处理意见，以及要求各方面从中吸取的教训。有时还提出请检查上报有无类似问题、汇总有关反映等方面的要求。

四、通报的写作技巧

1. 写作格式。

通报由标题、受文单位、正文、落款四部分组成。

（1）标题。通报的标题通常由发文机关＋事由＋文种构成，有时可以省略发文机关和事由，只写"通报"二字。

（2）受文单位。一般通报有受文单位。少数普及性通报，可以不写受文单位。

（3）正文。正文一般由四部分组成。

一是引言部分，主要是概括通报的内容、性质、作用和要求。如批评性通报的引言可以写："现将××通报发给你们，望从中吸取教训，引以为戒。"表扬性通报的引言是："特对××通报表扬，望各单位向先进看齐，向榜样学习"等。有的通报正文部分不写引言，开门见山直接叙述事实。

二是事实部分。比如，表扬性通报写先进事迹，批评性通报写错误事实。既要把主要事实写出来，又要写得精练概括。

三是分析处理部分。对事实的本质进行恰如其分的分析，表扬性通报还可以写出给予精神或物质奖励的决定，批评性通报写出处分决定。

四是号召或要求部分。提出根据通报的精神要求人们去如何做，或者号召为实现什么目标而奋斗。

（4）落款写上发文机关名称及发文日期。

2. 写作注意事项。

第一，通报的内容要真实。通报的事实，所引材料，都必须真实无误。动笔前要调查研究，对有关情况和事例要认真进行核对，客观、准确地进行分析、评论。

第二，通报决定要恰如其分。无论哪一种通报，都要做到态度鲜明，分析中肯，评价实事求是，结论公正准确，用语把握分寸。否则通报不但会缺乏说服力，而且还有可能产生副作用。

第三，通报的语言要简洁、庄重。其中表扬和批评的通报还应注意用语分寸，要力求文实相符，不写空话、套话，不写过头话。

例文：

西安市人民政府关于表彰 2019 年西安十佳工匠之星暨西安工匠的通报

市政函〔2019〕103 号

各区、县人民政府，市人民政府各工作部门、各直属机构：

2019 年，全市广大干部职工和劳动群众深入贯彻落实习近平新时代中国特色社会主义思想，积极投身国家中心城市建设，辛勤劳动、甘于奉献，爱岗敬业、深钻细研，涌现出一批具有高超技艺、取得显著业绩、做出突出贡献的高技能人才。为表彰先进、树立榜样，弘扬工匠精神，厚植工匠文化，营造尊重劳动、崇尚技能、鼓励创造的良好氛围，经市政府研究决定，授予王永智等 10 名同志"西安十佳工匠之星"称号，授予林敬顺等 90 名同志"西安工匠"称号（具体名单附后）。

希望受表彰的同志珍惜荣誉、再接再厉，保持和发扬精益求精、敬业守信、严谨专注、创新传承的工匠精神，继续锤炼技艺、守正创新，发挥传帮带作用，为我市加快建设先进制造业强市、打造"一带一路"

人才高地创出新的业绩。全市广大干部职工和劳动群众要向受表彰的同志学习，大力弘扬劳动精神、工匠精神，立足本职、专注业务，用心钻研、勇攀高峰，为建设国家中心城市、实现追赶超越作出新的更大贡献。

附件：2019 年西安十佳工匠之星暨西安工匠名单

西安市人民政府

2019 年 12 月 16 日

第六节　批　　复

一、批复的概念

批复是用于答复下级机关请示事项的公文。它是机关公文写作中经常使用的文种，是一种被动的指示，是针对下级的请示而形成的。

二、批复的分类

根据批复的内容不同，可以分为政策性批复、问题性批复和事务性批复三种。根据性质不同，可分为肯定性批复、否定性批复和解答性批复三种。

三、批复的特点

1. 行文的被动性。

批复的写作以下级的请示为前提，它是专门用于答复下级机关请示事项的公文，先有上报的请示，后有下发的批复，一来一往，被动行文，这一点与其他公文有所不同。

2. 内容的针对性。

批复要针对请示事项表明是否同意或是否可行的态度，批复事项必须针对请示内容来答复，而不能另找与请示内容不相关的话题。因此，批复必须明确、简洁，以利于下级机关贯彻执行。

3. 效用的权威性。

批复表示的是上级机关的结论性意见，下级机关对上级机关的答复必须认真贯彻执行，不得违背，批复的效用在这方面类似命令、决定，带有很强的权威性。

4. 态度的明确性。

批复内容要具体明确，不能模棱两可，使得请示单位不知道如何处理。

四、批复的撰写

1. 批复的格式。

批复一般由标题、主送机关、正文、落款构成。

（1）标题。标题的写法最常见的是完全式的标题，即由发文机关＋事由＋文种构成。在事由中一般将下级机关及请示的事由和问题；还有一种完全式的标题是发文机关＋表态词＋请示事项＋文种，这种较为简明、全面和常用。也有的批复标题只写事由和文种。

（2）主送机关。主送机关一般只有一个，是报送请示的下级机关。其位置写于标题之下，正文之前，左起顶格。批复不能越级行文，当所请示的机关不能答复下级机关的问题而需要向更上一级机关转报"请示"时，更上一级机关所作批复的主送机关不应是原请示机关，而是"转报机关"。如果批复的内容同时涉及其他的机关和单位，则要采用抄送的形式送达。

（3）正文。正文包括批复引语、批复意见和批复要求三部分。

批复引语，要点出批复对象，一般称收到某文，或某文收悉。要写明是对于何时、何号文件、关于何事的请示的答复，时间和文号有时可以省略。

批复意见，是上级机关对下级机关请示事项是否同意的指示，态度要明确，语气要中肯，同意什么，不同意什么，哪些条款不同意都要明明白白、清清楚楚。

批复要求，是从上级机关的角度提出的一些补充性意见，或是表明希望、提出号召。如果同意，可写要求；不同意，亦可提供其他解决办法。

（4）落款。写在批复正文右下方，署成文日期并加盖公章。

2. 写作注意事项。

批复既是上级机关指示性、政策性较强的公文，又是对下级单位请求指示、批准的答复性公文。因此，撰写批复要慎重及时，根据现行政策法令及办事准则，及时给予答复。撰写时，不管同意与否，批复意见必须十分清楚明白，态度明朗。不能含糊其辞，模棱两可，以免下级无所适从。

例文：

中共中央　国务院关于对
《河北雄安新区规划纲要》的批复（节选）

中共河北省委、河北省人民政府，国家发展改革委：

你们《关于报请审批〈河北雄安新区规划纲要〉的请示》收悉。现批复如下：

一、同意《河北雄安新区规划纲要》（以下简称《雄安规划纲要》）。《雄安规划纲要》深入贯彻习近平新时代中国特色社会主义思想，深入贯彻党的十九大和十九届二中、三中全会精神，坚决落实党中央、国务院决策部署，牢固树立和贯彻落实新发展理念，紧扣新时代我国社会主要矛盾变化，按照高质量发展要求，紧紧围绕统筹推进"五位一体"总体布局和协调推进"四个全面"战略布局，着眼建设北京非首都功能疏解集中承载地，创造"雄安质量"和成为推动高质量发展的全国样板，建设现代化经济体系的新引擎，坚持世界眼光、国际标准、中国特色、高点定位，坚持生态优先、绿色发展，坚持以人民为中心、注重保障和改善民生，坚持保护弘扬中华优秀传统文化、延续历史文脉，符合党中央、国务院对雄安新区的战略定位和发展要求，对于高起点规划、高标准建设雄安新区具有重要意义。

二、设立河北雄安新区，是以习近平同志为核心的党中央深入推进京津冀协同发展作出的一项重大决策部署，是继深圳经济特区和上海浦东新区之后又一具有全国意义的新区，是千年大计、国家大事。雄安新区作为北京非首都功能疏解集中承载地，与北京城市副中心形成北京新的两翼，有利于有效缓解北京"大城市病"，探索人口经济密集地区优化开发新模式；与以2022年北京冬奥会和冬残奥会为契机推进张北地区建设形成河北两翼，有利于加快补齐区域发展短板，提升区域经济社会发展质量和水平。要以《雄安规划纲要》为指导，推动雄安新区实现更高水平、更有效率、更加公平、更可持续发展，建设成为绿色生态宜居新城区、创新驱动发展引领区、协调发展示范区、开放发展先行区，努力打造贯彻落实新发展理念的创新发展示范区。

三、科学构建城市空间布局。雄安新区实行组团式发展，选择容城、安新两县交界区域作为起步区先行开发并划出一定范围规划建设启动区，条件成熟后再稳步有序推进中期发展区建设，划定远期控制区为未来发展预留空间。要坚持城乡统筹、均衡发展、宜居宜业，形成"一主、五辅、多节点"的城乡空间布局。起步区随形就势，形成"北城、中苑、南淀"的空间布局。要统筹生产、生活、生态三大空间，构建蓝绿交织、疏密有度、水城共融的空间格局。

…………

十四、加强规划组织实施。雄安新区是留给子孙后代的历史遗产，要有功成不必在我的精神境界，保持历史耐心，合理把握开发节奏，稳扎稳打，一茬接着一茬干，一张蓝图干到底，以钉钉子精神抓好各项工作落实。《雄安规划纲要》是雄安新区规划建设的基本依据，必须坚决维护规划的严肃性和权威性，严格执行，任何部门和个人不得随意修改、违规变更。各有关方面要切实增强政治意识、大局意识、核心意识、看齐意识，坚持大历史观，全力推进雄安新区规划建设。在京津冀协同发展领导小组统筹指导下，河北省委和省政府要切实履行主体责任，加强组织领导，全力推进雄安新区规划建设各项工作，建立长期稳定的资金筹措机制，完善规划体系，抓紧深化和制定控制性详细规划及交通、能源、水利等有关专项规划，按程序报批实施。国家发展改革委、京津冀协同发展领导小组办公室要做好综合协调，中央和国家机关有关部委、单位，北京市、天津市等各地区，要积极主动对接和支持雄安新区规划建设。

《雄安规划纲要》执行中遇有重大事项，要及时向党中央、国务院请示报告。

中共中央　国务院

2018 年 4 月 14 日

思考题：

1. 领导指导性公文的一般特点和结构？

2. 决定常见的正文写作类型有哪几种？决定和决议存在哪些不同？

3. 通知主要有几种类型及各类通知的适用范围是什么？

第八章　公布性公文

公布性公文是指内容可直接向国内外发布的公文。公布性公文，从内容上看，基本不涉及国家秘密，具有公布性；从各方面周知或遵守看，具有报道性和规定性。公布性公文与其他公文最重要的区别之一，就是它的直接公开性，这种"直接公开"使社会公众可以不经传达，在第一时间就能见到。因此，公布性公文内容传播的快捷性和广泛性，是其他公文不能比拟的。公告、公报、通告是最常见的公布性公文。

第一节　公布性公文的特点

公布性公文的主要特点体现在：公文一经形成即直接公之于众，家喻户晓，无保密要求；受文范围不仅包括各种机关团体、社会组织，而且包括个人；所涉及事项性质重要且具有普遍意义或重复发生；除少部分公文为重要消息只需国内或国外各方面广泛知晓外，大部分公文对有关方面的行为具有强制约束力，要求严格遵守施行；有关规范多为政策且是反复使用的，所涉及的是多数人和普遍性事务而非特定具体的人或事，有效使用期限虽不如规范性公文长，但比一般的领导指导性公文要久远；公文公布形式多样，可直接张贴、广播、电视播放、报刊上刊登。公布性公文的特点可概括为：

1. 公文的呈现形式是为了让社会各界直接知晓。
2. 直接受文者不仅包括法人，还包括自然人。
3. 公文主要内容包括"应知""应遵"两方面事项。
4. 公文内容不涉及任何秘密和隐私，无保密要求。
5. 公文公布形式多种多样。
6. 公文的有效期比较长。

第二节　公　　告

一、公告的概念

公告在新中国成立之前，未被用作正式公文名称，只是在国民党统治时期的"杂体文"中出现过，且与"通告"通用，二者的程式和用语基本相同。1951 年 9 月，中央人民政府政务院颁布《公文处理暂行办法》，第一次把"公告"确定为正式公文名称。此后"公告"一直被作为行政公文的重要文种沿用至今。《党政机关公文处理工作条例》规定，公告适用于向国内外宣布重要事项或法定事项。

二、公告的分类

按照有关法规和行政规章规定，公告按使用范围可分为以下三类：

1. 国家机关"向国内外宣布重要事项"的公告。

2. 公布影响重大的专门事项的公告。

3. 向特定对象发布的公告。

除了上述三类情况外，党政机关、企事业单位、人民团体公布其他事项时，则不宜采用公告，而要视性质和内容的不同，分别采用通告、通知等文种。

三、公告的特点

1. 发文机关的权威性。

发文机关多为高级别的国家行政机关或权力机关及授权机关。

2. 发布内容的庄重性。

公告多用于事关全局或在国内外能产生重大影响的重要的法定事项，体现国家及其权力机关的威严。

3. 发布形式的公开性。

面向社会发布，包括国内和国外，影响极其广泛深远，一般通过报纸、电台、电视台发布，内容和传播方式具有新闻性、公开性。

4. 发布范围的广泛性。

发布地域广泛，向全国或某一地区，甚至全世界发布；告知对象广泛，面向社会公众，发布公告机关和被告知对象之间一般无直接隶属关系。

四、公告的撰写

1. 写作格式。

公告由发文机关标志、公告号、标题、正文、署名和日期等组成，公告一般借助新闻媒体发布。

（1）发文机关标志。中华人民共和国国务院公告，中华人民共和国应急管理部公告，套红头。

（2）公告号。通常以发布公告的组织届次编排大流水号，跨年度依次排列；也有部分政府部门按照年度编排流水号。

（3）标题。通常由发文机关＋文种组成，必要时应当增加问题（事由）部分。

（4）正文。有些宣布重要事项的公告正文非常简短，只有一两句话。内容较多的公告，其正文一般由开头、主体、结语三部分组成。开头写明发布公告的缘由（包括根据、目的、意义等），主体写明公告事项，多采用分条列项的写法。结语常以"特此公告""现予公告"收尾。

（5）署名和日期。公告标题中已有发布机关，后面无须署名；标题中没有发布机关，则须署名发布机关。日期列写于正文之后，也可列写在标题之下正中的位置并加圆括号。

2. 注意事项。

（1）公告多为国家最高权力机关、行政机关使用，其内容重大、公开，国内外极为关注。社会团体、企事业单位无权发布公告。在特定情况下，可由国家授权给某些单位发布，但是一定注意不能"小题大做"。

（2）撰写公告文字要严谨，要注意事实的绝对准确，注意政治影响。

（3）直陈事项，事实清楚，不作议论。语言要简练，文字要得体，采用说明文形式。语气要庄重，逻辑性要强。篇幅力求简短，简明扼要，注重实效。

（4）公告一般通过广播、电视、报刊或网络等媒体公开发布，有的用张贴形式发布，直达社会和广大人民群众，甚至国外。没有直接的主送机关。

例文1：

中华人民共和国中央人民政府成立公告

自蒋介石国民党反动政府背叛祖国，勾结帝国主义，发动反革命战争以来，全国人民处于水深火热的情况之中。幸赖我人民解放军在全国人民援助之下，为保卫祖国的领土主权，为保卫人民的生命财产，为解除人民的痛苦和争取人民的权利，奋不顾身，英勇作战，得以消灭反动军队，推翻国民政府的反动统治。现在人民解放战争业已取得基本的胜利，全国大多数人民也已获得解放。在此基础之上，由全国各民主党派、各人民团体、人民解放军、各地区、各民族、国外华侨及其他爱国民主分子的代表们所组成的中国人民政治协商会议第一届全体会议业已集会，代表全国人民的意志，制定了中华人民共和国中央人民政府组织法，选举了毛泽东为中央人民政府主席，朱德、刘少奇、宋庆龄、李济深、张澜、高岗为副主席，陈毅、贺龙、李立三……等为委员，组成中央人民政府委员会，宣告中华人民共和国的成立，并决定北京为中华人民共和国的首都。中华人民共和国中央人民政府委员会于本日在首都就职，一致决议：宣告中华人民共和国中央人民政府的成立，接受中国人民政治协商会议共同纲领为本政府的施政方针，互选林伯渠为中央人民政府委员会秘书长，任命周恩来为中央人民政府政务院总理兼外交部部长，毛泽东为中央人民政府人民革命军事委员会主席，朱德为人民解放军总司令，沈钧儒为中央人民政府最高人民法院院长，罗荣桓为中央人民政府最高人民检察署检察长，并责成他们从速组成各项政府机关，推行各项政府工作。同时决议：向各国政府宣布，本政府为代表中华人民共和国全国人民的唯一合法政府。凡愿遵守平等、互利及互相尊重领土主权等项原则的任何外国政府，本政府均愿与之建立外交关系。

特此公告。

中华人民共和国中央人民政府主席　毛泽东
一九四九年十月一日

第三节　公　报

一、公报的概念

公报是对国内外公布重要决定或重大事项时，使用的公开性公文，一般只有党和国家最高领导机关或国家最高领导机关授权的国家行政机关才可以发布公报。公告与公报的用途基本相同，都是用于公开发布重要决定或者重大事件；不同点仅在于公报的内容周详细致，而公告的内容则相对简要概括。

二、公报的分类

公报的种类主要有新闻公报、联合公报、会议公报、统计公报等四类。

新闻公报是以新闻的形式将重大事件向党内外、国内外公布的文件。新闻公报往往由新闻机关在新闻媒体上公之于众，它的阅知范围没有限制，要求具有新闻的时效性和真实性，因此，有人认为它是一种新闻性公文。

联合公报是政党之间、国家之间、政府之间就某些重大事项或问题经过会谈、协商取得一致性意见或达成谅解后，双方联合签署发布的文件。

会议公报是党政机关、人民团体或单位在召开重要会议后公开发表的一种公文，应用比较单一。

统计公报是用于国家和政府统计机关发布国民经济、社会发展方面情况的一种公文。

三、公报的特点

从公报的分类和使用来看，公报除具有公布性公文权威性、告知性的一般特点之外，还具有及时性和新闻性。

四、公报的撰写

1. 写作格式。

（1）标题。通常有两种，一是会议名称＋文种，二是发文机关＋事由＋文种。

（2）发文日期。大多数直接写在标题之下，有的将会议名称和通过日期在标题下的括号内注明。

（3）正文。一般分三部分，首先，写明会议概况；其次，写明会议主要精神和结果，包括会议通过的决定、决议、会议赞同的具体内容；最后，多采用会议名义发出号召，结尾，如属会谈联合公报，必须概述公报的缘由。

2. 写作要求。

（1）要慎用公报文种。

（2）要注意借鉴新闻报道的写作要领，反映重大事件、重要会议的全貌和精神实质。

（3）结构安排要突出主旨，层次清楚。

（4）在文字表达上要准确、严肃、言必有据、简洁明了。

例文1：

中国共产党第十九届中央委员会第四次全体会议公报（节选）
（2019 年 10 月 31 日中国共产党第十九届
中央委员会第四次全体会议通过）

中国共产党第十九届中央委员会第四次全体会议，于 2019 年 10 月 28 日至 31 日在北京举行。

出席这次全会的有，中央委员 202 人，候补中央委员 169 人。中央纪律检查委员会常务委员会委员和有关方面负责同志列席会议。党的十九大代表中的部分基层同志和专家学者也列席会议。

全会由中央政治局主持。中央委员会总书记习近平作了重要讲话。

全会听取和讨论了习近平受中央政治局委托作的工作报告，审议通过了《中共中央关于坚持和完善中国特色社会主义制度、推进国家治理体系和治理能力现代化若干重大问题的决定》。习近平就《决定（讨论稿）》向全会作了说明。

全会充分肯定党的十九届三中全会以来中央政治局的工作。……

全会提出，中国特色社会主义制度是党和人民在长期实践探索中形成的科学制度体系，我国国家治理一切工作和活动都依照中国特色社会主义制度展开，我国国家治理体系和治理能力是中国特色社会主义制度及其执行能力的集中体现。

全会认为，中国共产党自成立以来，团结带领人民，坚持把马克思主义基本原理同中国具体实际相结合，赢得了中国革命胜利，并深刻总结国内外正反两方面经验，不断探索实践，不断改革创新，建立和完善社会主义制度，形成和发展党的领导和经济、政治、文化、社会、生态文明、军事、外事等各方面制度，加强和完善国家治理，取得历史性成就。……

全会强调，我国国家制度和国家治理体系具有多方面的显著优势，主要是：坚持党的集中统一领导，坚持党的科学理论，保持政治稳定，确保国家始终沿着社会主义方向前进的显著优势；……

……………

全会号召，全党全国各族人民要更加紧密地团结在以习近平同志为核心的党中央周围，坚定信心，保持定力，锐意进取，开拓创新，为坚持和完善中国特色社会主义制度、推进国家治理体系和治理能力现代化，实现"两个一百年"奋斗目标、实现中华民族伟大复兴的中国梦而努力奋斗！

例文 2：

中华人民共和国 2019 年国民经济和社会发展统计公报（节选）
（国家统计局 2020 年 2 月 28 日）

2019 年，面对国内外风险挑战明显上升的复杂局面，在以习近平同志为核心的党中央坚强领导下，各地区各部门以习近平新时代中国特色社会主义思想为指导，全面贯彻党的十九大和十九届二中、三中、四中全会精神，按照党中央、国务院决策部署，坚持稳中求进工作总基调，坚持新发展理念和推动高质量发展，坚持以供给侧结构性改革为主线，着力深化改革扩大开放，持续打好三大攻坚战，统筹稳增长、促改革、调结构、惠民生、防风险、保稳定，扎实做好稳就业、稳金融、稳外贸、稳外资、稳投资、稳预期工作，经济运行总体平稳，发展水平迈上新台阶，发展质量稳步提升，人民生活福祉持续增进，各项社会事业繁荣发展，生态环境质量总体改善，"十三五"规划主要指标进度符合预期，全面建成小康社会取得新的重大进展。

一、综合

初步核算，全年国内生产总值 990865 亿元，比上年增长 6.1%。其中，第一产业增加值 70467 亿元，增长 3.1%；第二产业增加值 386165 亿元，增长 5.7%；第三产业增加值 534233 亿元，增长 6.9%。第一产业增加值占国内生产总值比重为 7.1%，第二产业增加值比重为 39.0%，第三产业增加值比重为 53.9%。全年最终消费支出对国内生产总值增长的贡献率为 57.8%，资本形成总额的贡献率为 31.2%，货物和服务净出口的贡献率为 11.0%。人均国内生产总值 70892 元，比上年增长 5.7%。国民总收入 988458 亿元，比上年增长 6.2%。全国万元国内生产总值能耗比上年下降 2.6%。全员劳动生产率为 115009 元/人，比上年提高 6.2%。

…………

一、通告的概念

通告适用于在一定范围内公布应当遵守或者周知的事项。通告面向社会，并具有一定的约束力，可采用张贴或媒体刊播的形式公布，无主送机关和抄送机关。具有法规性、政策性、广泛性、普遍性等特点。

二、通告的分类

按照通告内容的性质划分，通告有两种类型。

1. 制约性通告。

制约性通告主要用于要求一定范围的对象普遍遵守的某些事项，这类通告一般具有法规的性质，要求有关组织和人员严格遵守，而且要由行政领导机关发布。

2. 知照性通告。

知照性通告用于告知大家某件事情，如发生的新情况，出现的新事物，以及需要大家知道的新决定等。这类通告大都具有专业性和单一性，往往不具有法规性质，但也有一定的约束力，各专业部门、社会团体和企事业单位等都可发布这类通告。

三、通告的特点

1. 广泛性。

一方面，通告的使用频率大大超过公告；另一方面，通告的使用主体相当广泛，各级党政机关、社会团体和企事业单位都可以使用。通告的内容可涉及国家的法令、政策，也可以用来公布社会生活中的一些具体事务，如施工封锁交通等。

2. 法规性。

通告一般是国家行政机关和企事业单位根据自己职权范围内发布，具有一定的法规性和行政约束力。它所通告的事项，有关单位或人员必须严格遵守或者周知。

3. 强制性。

有些通告所公布的事项要求普遍遵守。比如，法规政策的通告就具有法规、法令的强制性、约束性。

四、公告与通告

1. 相同点。

公告与通告都属于公开性公文，在有效范围内，了解的人越多越好。在写法上要求篇幅简短、语言通俗、庄重质朴。

2. 不同点。

（1）定义不同。公告适用于向国内外宣布重要事项或者法定事项；通告适用于在一定范围内公布应当遵守或者周知的事项。

（2）内容属性不同。公告用于"向国内外宣布重要事项或者法定事项"，兼有消息性和知照性的特点；通告是"在一定范围内应当遵守或周知的事项"，具有鲜明的执行性、知照性。

（3）告启的范围不同。公告面向国内外的广大读者、听众，告启面广；通告只面向"一定范围内的"的有关单位和人员，告启面相对较窄。

（4）使用权限不同。公告通常是党和国家高级领导机关宣布某些重大事项时才用，新华社、司法机关以及其他一些政府部门也可以根据授权使用公告；通告则适用于各级行政机关和企事业单位。

五、通告的撰写

1. 写作格式。

（1）通告的标题。国家党政机关以及企事业单位发布通告，一般都冠以发布单位并体现出内容。有的标题只有发布单位，而不体现内容；有的只写"通告"二字。

（2）通告的正文。通告的正文一般由开头、主体、结尾三部分组成。开头写通告依据，阐明原因或目的、意义。主体是通告的具体事项，写清楚要遵守或周知的事项。结尾写明对违反规定事项的处置办法，常以"特此通告"作为结语。

（3）通告的落款。通告标题有发布单位的，后面则无须落款；通告标题没有发布单位的，落款则标注发布单位。发布通告的时间写在通告标题之后、内容之前，也可写在落款后面。

2. 写作要求。

（1）通告的撰写者要有政策观念，以政策衡量通告事项，确保不与现行政策抵触，不搞不符合法律程序的"土政策"。

（2）通告的内容一定要突出，给人以深刻的印象，通告的要求一定要具体，关键之处务必准确无疑，这样才能使受文者明白其要领。

（3）通告一般可以张贴、见报，也可以以文件形式下达。

总之，写通告要"一文一事"，中心明确，符合党和国家政策，不得与党纪国法相悖。全文结构要严谨，层次要清楚，逻辑要严密，文字要确切，语气要庄重，尽量少用专门术语，以便群众理解或遵守。

例文：

××市人民政府关于实施机动车限行措施的通告

为减少机动车污染物排放，持续改善××市空气质量，缓解道路交通压力，依据有关法律法规的规定，结合××市道路交通实际，经研究，决定在主城区实施机动车限行措施，现将有关事项通告如下：

一、限行区域。东三环（107辅道）、南三环、西三环、北三环（均不含本路）以内区域的所有道路。

二、限行时间。从2018年1月1日起，每周工作日的7时至21时。

三、限行规定。

（一）按机动车号牌（含临时号牌和外地号牌）最后一位阿拉伯数字（尾数为字母的，以末位数字为准），工作日每天限行两个号。即：号牌最后一位阿拉伯数字为1和6的机动车周一限行、2和7的周二限行、3和8的周三限行、4和9的周四限行、5和0的周五限行（因法定节假日放假调休而调整为上班的周六、周日，按对应调休的工作日限行）。

…………

五、违反本通告之规定上道路行驶的车辆，公安机关交通管理部门将通过视频监控抓拍和民警路检路查依法予以处罚。

特此通告。

××市人民政府
2017年12月29日

思考题：

1. 公布性公文的概念及适用范围是什么？
2. 公布性公文的一般特点是什么？
3. 公告、通告的撰写要求是什么？有哪些区别？

第九章　陈述呈请性公文

陈述呈请性公文是指向所属上级机关陈述情况、汇报工作、提出建议、请求指示或批准的公文。请示、报告统称为呈请性公文。请示适用于向上级机关请求指示、批准。报告适用于向上级机关汇报工作，反映情况，回复上级机关的询问。

陈述呈请性公文的一般特点是：公文的强制执行效用仅表现为对受文者阅处公文的行为有强制性影响，但不能强制对方执行公文的内容；行文需满足诸多条件限制；语言平和。

第一节　请　　示

一、请示的含义及应用范围

请示的含义：请示是下级机关请求上级机关对有关事项给予指示、批准时使用的呈请性公文。其正文一般由行文依据、原因，待解决的问题及初步方案，或制定方案时的倾向意见及理由，恳请上级复文的要求等部分组成。常用"当否，请示""当否，请批复""妥否，请鉴核批示"等惯用的结尾词语表达。

请示作为报请性的上行文，应用范围十分广泛。主要有以下几个方面：

1. 下级机关遇到新情况、新问题，因无章可循而没有对策或没有把握，需要上级机关给予指示。

2. 下级机关在处理较为重要的事件和问题时，因涉及有关政策必须慎重对待，需要报请上级机关批准。

3. 下级机关在工作中遇到问题，虽然有解决的办法，但是由于职权、条件的限制，没有权力或没有能力实施这些办法，需要上级帮助解决的。

4. 下级机关对有关方针、政策和上级机关发布的规定、指示有疑问，需要上级机关给予解答时。

5. 下级机关之间在较重要的问题上出现意见分歧，需要上级机关裁决的。

二、请示的特点

1. 期复性。

在公文体系中，请示是为数不多的双向对应文体之一，与它相对应的文体是批复。下级有一份请示报上去，上级就会有一份批复发下来。而且，下级机关都是在遇到比较重要的情况和问题需要解决时，才会向上级机关请示，急切地期待回复是请示者的必然状态。

尽管请示者都有急于得到答复的心理，但是，也必须遵循行文规则，一般不得越级请示。特殊情况确实需要越级请示的，可以越级请示，但必须同时抄送给被越过的直接上级机关。

2. 单一性。

跟其他上行文相比，请示更强调遵循"一事一报"的原则。在一份请示中，只能就一项工作或一种情况、一个问题作出请示，不得在一份公文中就若干事项请求指示和批准。如果确有若干事项都需要同时向同一上级机关请示，可以同时写出若干份请示，它们各自都是一份独立的文件，用不同的发文字号和标题。而上级机关则会分别对不同的请示作出不同的批复。

3. 针对性。

请示的行文，有很强的针对性。必须针对本机关没有对策、没有把握或没有能力解决的重要事件和问题，才能运用请示。不得动辄就向上级请示，那样看起来像是尊重上级，实际上是行政不作为、不担当，把矛盾推给上级，自己逃避责任。

4. 时效性。

请示所涉及的情况和问题，都有一定的迫切性，应该及时写作、及时发出，如有延误，就有可能耽误解决的时机。相应地上级机关在处理下级的请示时，也会注意到时效性问题，对请示作出及时的批复。

三、请示的分类

根据请示的不同功用及行文目的，大致可以分为三种类型：

1. 请求指示类。

这类请示的特点就是对有关方针政策、法律规范的理解和执行不够明确，或者认识不统一，或者涉及的事情重大不能擅自做主，而需要上级给予明示。比如：××省公安厅向公安部《关于对贩卖枪支零部件如何定性处理的请示》。

2. 请求批准类。

凡属于上级机关管理权限内的事情，下级机关打算去办，但事先需请示上级经批准后才能行动的，即属此类请示，如管辖区的变更、机构设置、重要人事安排、重大项目立项等，都必须经上级批准。例如：××直管县人民政府给××省人民政府的《××县人民政府关于设立××街道办事处的请示》，属于这类请示。

3. 请求帮助类。

下级机关在自己权限内可以办的事情，但由于存在人、财、物等方面的实际困难，无力去办或无法办好，因此通过请示要求上级给予支持、帮助，即属此类请示。例如：××县税务局向××市税务局《关于拨付金三系统运维补充经费的请示》。

四、请示的结构

请示属于上行文，按《党政机关公文处理工作条例》规定，请示应当在该公文"版头"部分的"签发人"位置处标注发文机关签发人的姓名。

请示主体部分的格式和一般公文相同，有标题、主送机关、正文、发文机关署名、成文日期与印章组成。

1. 标题。

通常采取完全式标题，由发文机关＋事由＋文种构成，如《××省人民政府关于增拨防汛抢险救灾用油的请示》。也有的省略发文机关，由事由＋文种构成，如《关于××风景名胜区列为国家重点风景名胜区的请示》；但这种写法一般只是用于篇幅短的请示，篇幅长的请示应采取完全式标题。

2. 主送机关。

请示的主送机关就是负责受理和答复请示的机关。请示在确定主送机关时，要注意以下三点：

（1）主送机关只能有一个。《党政机关公文处理工作条例》规定，请示原则上主送一个上级机关，根据需要同时抄送相关上级机关和同级机关，不抄送下级机关。

（2）只能主送上级机关，不能送给领导者个人。《党政机关公文处理工作条例》明确："除上级机关负责人直接交办的事项外，不得以本机关名义向上级机关负责人报送公文，不得以本机关负责人名义向上级机关报送公文。"

（3）不得越级。《党政机关公文处理工作条例》规定，行文关系根据隶属关系和职权范围确定。一般不得越级行文，特殊情况需要越级行文的，应当同时抄送被越过的机关。党委、政府的部门向上级主管部门请示、报告重大事项，应当经本级党委同意或授权；属于部门职权范围内的事项应当直接报送上级主管部门。

3. 正文。

一般由请示缘由、请示事项、具体要求（结束语）"三要素"组成，不可或缺，也不应颠倒，"请示缘由"，即为什么要请示，应充分说明事情的原因，以便引起上级机关的重视，并为进一步提出请示事项提供依据。"请示事项"，要写清请示什么问题，这是请示的核心内容，必须写得具体、明确，不能含糊其辞，如果是请求对某个问题的指示或批准，应提出自己的意见或处理办法，如果是请求资金或物资的帮助，则应写明金额或物资品名、数量，以便上级决策。最后，写请示的"具体要求"，通常采用习惯的结尾语，即"当否，请予指示"或"请予审批"等。

（1）开头。开头主要表述请示的缘由，是上级机关批复的主要依据。一般而言，这部分要写明所遇到的新情况、新问题，或自身没有能力解决的困难，要写得充分、恰当、具体。如《××市××局关于成立老干部办公室的请示》的开头：

随着干部制度的改革和时间的推移，我局离退休干部日益增多，截至目前已达65人。由于没有专门的管理服务机构和工作人员，致使这些老同志的政治学习和生活福利得不到应有的保障，一些实际困难得不到妥善解决。为了使离退休老同志老有所为、老有所养、老有所依，充分发挥余热，根据上级有关部门的规定和离退休老同志的迫切要求，我们拟成立老干部办公室。现将成立老干部办公室的几个问题，请示如下：……

如果请示仅仅是为了履行一下规定的程序，开头可以写得简略一些。如《中共××局纪律检查委员会关于给×××同志警告处分的请示》的开头：

为保证党员干部队伍的纯洁性，我委于5月份在机关党员中开展了党纪自查与互查活动。在互查活动中，发现行政科×××同志贪污公款2508元。现就给予×××同志警告处分事宜请示如下：……

内容简略、篇段合一的请示，开头也可以是表达行文目的和意义的一两句话，不独立成段。

（2）主体。主体是表明请示事项的部分，也是请示最核心、最重要的部分。请求指示的请示，主体要写明想在哪些具体问题、哪些方面得到指示。请求批准的请示，要把要求批准的事项分条列款一一写明。如果在请求批准的同时还需要人、财、物等方面的支持和帮助，那么就需要把编制、数量、途径等表达清楚、准确，以便上级及时批准。如果请示内容十分复杂，可以在条款之上分列若干小标题，每一小标题下再分条列款。

（3）结束语。请示的结束语比较简单，在主体之后，另起一段，按程式化语言写明期复请求即可。期复用语常见的有"当否，请批示""妥否，请批复""以上请示，请予审批""以上请示如无不妥，请批转有关部门执行"等。

（4）发文机关署名、成文日期和印章，在正文之后的右下方位置标注发文机关（加盖印章）和成文日期。

（5）撰写请示的注意事项。自1956年10月国务院秘书厅印发的公文法规重新设立请示文种，并强调请示与报告必须分开以来，在党和国家历次制定或修订的公文法规中都对请示的行文规则作了专门规定，现行的《党政机关公文处理工作条例》做了进一步的重申和补充。概括起来有以下六条原则：

①请示应当一文一事，不得在报告和其他非请示公文中夹带请示事项。

②请示原则上只写一个主送机关，需要同时送其他机关的，应当用抄送形式，但不得抄送其下级机关。

③下级机关报送的请示，如需以本机关名义向再上级机关请示，应当提出倾向性意见后上报，不得将下级机关请示原文直接转报上级机关。

④除上级机关负责人直接交办的事项外，不得以机关名义向上级机关负责人报送"请示"，也不得报送"意见"和"报告"。

⑤请示事项涉及其他部门业务范围时，应当经过协商并取得一致意见后上报，经过协商未能取得一致意见时，应当在请示中写明。

⑥领导机关的各职能部门应当向本级领导机关请示问题（如党委组织部、宣传部、统战部等部门应当向本级党委请示问题）。未经本级领导机关同意或授权，不得越过本级领导机关向上级领导机关主管部门请示或报告重大事项，属于部门职权范围内的事项，则应请示或报告上级主管部门。

以上六条原则在请示的撰写和行文中必须贯彻执行，要严格防止和纠正与此相悖的现象。

例文：

××人民政府办公厅关于对节日悬挂国旗规定的请示
×政办发〔1980〕81号

国务院办公厅：

我市××区七届人代会第一次会议上，有的代表提案要求对节日悬挂国旗应有统一规定。经我们研究，草拟了关于国庆节悬挂国旗的规定，报告如下：

一、国庆节期间，全市各机关、团体、学校、工商企业悬挂国旗庆祝。街道居民节日期间是否在自家门首挂旗，由其自愿，不作统一规定。

二、悬挂国旗时，要注意以下几点：

1. 挂旗时间统一定为十月一、二日两天。

2. 悬挂国旗时要庄严。国旗要升至旗杆顶端。

3. 国旗和其他旗帜同时悬挂时，其他旗帜不得高于国旗。

4. 没有固定位置旗杆的单位，须将国旗悬挂在大门门首。

三、悬挂国旗应力求整洁、鲜艳。不许挂褪色、残缺的旧旗。

四、其他日期各单位需要悬挂国旗时，根据国务院临时通知办理。

以上规定是否可行，请批示。

××年×月×日

第二节 报　　告

一、报告的含义

报告是向上级机关汇报工作，反映情况时使用的陈述呈请性公文。《党政机关公文处理工作条例》规定，报告适用于向上级机关汇报工作、反映情况，回复上级机关的询问。

作为党政机关公文的报告，和一些专业部门从事业务工作时所使用的、标题中也带有"报告"二字的行业文书，如《审计报告》《评估报告》《立案报告》《调查报告》等，不是相同的概念。这些文书不属于党政公文的范畴，不能混淆。

二、报告的特点

1. 单向性。

报告是下级机关向上级机关汇报工作、反映情况、提出建议时使用的单方向上行文，不需要上级机关给予批复。在这方面，报告和请示有较大的不同，请示具有双向性特点，必须有批复与之相对应，报告则是单向性行文，不需要任何相对应的文件。为此要特别提醒注意：类似"以上报告当否，请批示"的说法是不妥当的。

2. 陈述性。

报告在汇报工作、反映情况时，所表达的内容和使用的语言都是陈述性的。本单位遵照上级的指示，做了什么工作、怎样做的、取得了哪些成绩、还存在哪些不足，必然要一一向上级陈述。反映情况时，也要把时间、地点、人物、事件、原因、结果叙述清楚，向上级机关提供准确的现实性信息。即便是提出建议的报告，也要在汇报情况的基础上，才能深入一步提出建议。

3. 事后性。

在机关工作中，有"事前请示，事后报告"的说法。多数报告，都是在开展了一段时间的工作之后，或是在某种情况发生之后向上级作出的汇报。但建议报告没有事后性特点，应该尽量超前一些，如果木已成舟，再提建议也没有实际意义了。

三、报告的分类

1. 工作报告。

凡是用来向上级汇报工作的报告，都是工作报告。工作报告又可分为综合工作报告和专题工作报告两种。

综合工作报告涉及面宽，涉及主要工作范围之内的方方面面，可以有主次的区分，但不能有大的遗漏。大到国务院提供给全国人民代表大会的政府工作报告，小到某单位向上级提供的年度、季度、月份工作报告，都属于这种类型。

专题工作报告的涉及面窄，只针对某一方面的工作或者某一项具体工作进行汇报，如党的机关关于"不忘初心　牢记使命"主题教育工作报告，行政机关"关于科技信息化"的报告等。

工作报告结构：其正文主要包括行文的依据，概要点明公文所根据的文件及相关要求；陈述具体情况和问题（时间、地点、人物、背景、经过、结果等），根据其性质进行概要分析；建议的具体内容（包括要求谁、何时、做什么、怎么做、方法、措施、期限、指标等），如果没有建议则对有关工作和问题做概括总结，分析存在问题的原因，表明方向。结语，有建议的报告提出批转建议，如"以上意见，如无不妥，请批转"，提请上级指出问题的报告则为"如有不当请指正（示）"，其他报告则以"特此报告""此报告"等结尾词，强调行文目的。

2. 调查报告。

调查报告又称调查研究报告，是机关、单位及其领导者出于决策和实施管理的需要，或者机关职能与综合部门为给领导提供决策依据，而在对某一客观对象做深入调查了解和科学分析研究的基础上，写出的反映客观事物面貌、本质与规律的公文。调查报告的特点：①真实客观。真实客观是调查报告的基本特性和写作的基本原则，是调查报告具有实用性、科学性和生命力的关键所在。所谓真实，就是尊重客观实际，实事求是地对调查对象做准确的反映，调查报告中涉及的人物、事件、有关情况和数据、资料都是真实可靠、准确无误的。所谓客观，就是要站在客观立场上去反映事实，凭事实说话，不主观臆断，不妄加引申，不做不切实际的渲染，只有真实客观才能把握真相，探求真理，才经得起实践的检验，反之将贻误工作，贻害社会。②针对性。开展调查研究和撰写调查报告的宗旨，是要回答现实生活中迫切需要回答的问题，来促进问题的解决，推动工作的开展。因此，它具有明确的目的性和极强的针对性。调查者应敏锐地抓住自己职能职责范围内出现的新情况、新经验、新问题，社会热点和公众关注的焦点，树立明确的目标，选择恰当的对象与范围，深入调查研究，揭示其真相、本质和规律，有的放矢地解决问题，这样，调查研究才会少走或不走弯路，调查报告的功能才得以充分发挥。③注重典型。调查报告十分注重典型的选择，首先是调查对象典型，具有代表性和普遍性，能起到以局部反映全局的作用和以点带面的指导作用。其次是材料典型，有揭示事物本质和发展规律的典型事例和数据，典型性强，对工作的指导作用就大。④叙议结合。调查报告既要反映客观事物的面貌状态，又要研究探寻其本质与规律，在语言表达上要叙议结合，以叙述介绍事实、说明情况，以议论剖析事实、阐明观点，或先叙后议，得出结论，或者夹叙夹议，撮要点睛。以叙为主，以议为辅，二者紧密结合，形成观点与材料有机统一的整体。

3. 总结报告。

总结报告用于在某项工作，某阶段工作结束后按照报告制度的规定和上级要求汇报情况，对成绩、缺点、经验教训及其有关工作规律做回顾分析，汇报下一步工作预先安排。

四、请示与报告的区别

请示与报告是在党政机关中使用频率较高的公文，都属于上行文，都具有反映情况、提出建议的功用。但有其明显的不同：

1. 内容要求不同。请示的内容要求一文一事；报告的内容可一文一事也可一文多事。

2. 侧重点不同。请示属于请示性公文，侧重于提出问题和请求指示、批准；报告属于陈述性公文，侧重于汇报工作，陈述意见或者建议。

3. 行文目的不同。请示的目的是请求上级机关批准某项工作或者解决某个问题；报告的目的是让上级机关了解下情，掌握基层，便于及时指导。

4. 行文时间不同。请示必须事前行文；报告可以在事后或者事情发展过程中行文。

5. 报送要求不同。请示一般只写一个主送机关，受双重领导的单位报其上级机关的请示，应根据请示的内容明确主送机关和抄送机关，主送机关负责答复请示事项；报告可以报送一个或多个机关。

6. 篇幅不同。请示一般都比较简短；报告的内容涉及面较为广泛，篇幅一般较长。

7. 结束用语不同。请示的结尾一般用"妥否，请指示"或"特此请示，请予批准"等形式，结束用语必须明确表明需要上级机关回复的迫切要求；报告的结尾多用"特此报告"等形式，一般不写需要上级必须予以答复的词语。

8. 处理结果不同。请示属于"办件"，指上级机关应对请示类公文及时予以批复；报告属于"阅件"，对报告类公文上级机关一般以批转形式予以答复，但也没必要件件予以答复。

五、报告的写作要求

1. 报告的标题。

报告的标题，有两种写法，一是发文机关＋事由＋文种，如《中共××委员会关于清理党政干部违纪违法建私房和用公款超标准装修住房的报告》；二是事由＋文种，如《关于进一步加强××市生态环境保护治理工作的报告》。

2. 报告的主送机关。

党政机关的报告，主送机关尽量要少，一般只送一个上级机关。如需其他相关的上级机关阅知，可用"抄送"。

3. 报告的导语。

导语指报告的开头部分，它起着引导全文的作用，不同类型的报告，其导语的写法也有较大不同。概括起来，报告的导语有以下几种类型：

（1）背景式导语。介绍报告产生的现实背景，例如：前不久，××委召开了部分省市清理党员干部违纪建私房座谈会，总结交流了各地清房工作的情况和经验，并就清房中遇到的一些政策性问题，进行了讨论，根据各地的做法和座谈会中提出的问题，××委常委会研究提出以下建议：……

（2）根据式导语。介绍报告产生的根据。例如：根据省委、省政府领导同志的指示，我厅派人到××市和××县，与市、县的同志一道，对城乡贫困户的情况做了深入调查。××市委、市政府和××县委、县政府对此高度重视，在调查研究的基础上，立即采取措施，正在着手解决这一问题。现将有关情况报告如下：……

（3）叙事式导语。在开头简略叙述一个事件的概况，一般用于反映情况的报告。例如：2020年2月20日上午9时40分，我省××市百货大楼发生重大火灾事故，市消防队出动15辆消防车，经过四个小时的扑救，大火才被扑灭。这次火灾除消防队员和群众奋力抢出部分商品外，百货大楼三层楼房及余下商品全部烧毁。时值开门营业不久，顾客不多，加之疏散及时，幸未造成人员伤亡。但此次火灾已造成直接经济损失980万余元。

（4）目的式导语。将发文目的明确阐述出来作为导语。例如：为认真贯彻落实国务院关于进一步加强森林防火工作的通知，切实做好我市防火工作，保护和发展森林资源，更好地服务经济社会发展大局，结合我市实际，就进一步加强森林防火工作提出以下意见：……

报告导语的写法不止以上四种，运用时可以举一反三，融会贯通，灵活运用。

4. 报告的主体。

报告的主体也有多种写法，下面择要介绍几种常见形态。

（1）总结式写法。这种写法主要用于工作报告。主体部分的内容，以成绩、做法、经验、体会、打算、安排为主，在叙述基本情况的同时，有所分析、归纳，找出规律性认识，类似于工作总结。

总结式写法最需要注意的是结构的设计安排。按照总结出来的几条规律性认识来组织材料、安排层次，是最常用的结构方式。例如，2016 年 3 月 5 日在第十二届全国人民代表大会第四次会议上李克强总理所作的政府工作报告，全文分为三个部分，分别是：一、2015 年工作回顾。二、"十三五"时期主要目标任务和重大举措。三、2016 年重点工作。

（2）"情况—原因—教训—措施"四步写法。这种结构多用于情况报告。先将情况叙述清楚，然后分析情况产生的原因，接着总结经验教训，最后提出下一步的行动措施。

（3）指导式写法。这种结构多用于建议报告。希望上级部门采纳建议，批转给有关部门执行、实施。为此，建议要针对某项工作提出系统完整的方法、措施和要求，对工作实行全面的指导。形式上采用分条列项的方法逐层表达。例如，《××省安委会办公室关于进一步加强常态化疫情防控中安全生产工作的报告》，针对安全生产问题向省人民政府提出了四条建议：一、加强组织领导；二、明确职责分工；三、开展专项整治；四、落实经费保障。

5. 报告的结语。

报告的结语比较简单，可以重申意义、展望未来，也可以采用模式化的套语收结全文。模式化的写法大致包括："特此报告""以上报告，请审阅""以上报告如无不妥，请批转执行"等。

例文：

××部 2019 年政府信息公开工作报告

根据《中华人民共和国政府信息公开条例》（以下简称《条例》）和《中华人民共和国政府信息公开年度报告格式（试行）》的要求，结合××部 2019 年政府信息公开工作实际，编制发布本报告。

一、总体情况

2019 年，××部深入学习贯彻习近平新时代中国特色社会主义思想特别是习近平生态文明思想和习近平总书记关于自然资源管理的重要论述，积极贯彻党中央、国务院重大决策部署，努力履职尽责，加强探索实践，推进自然资源管理和改革等各项工作。××部政务公开工作紧紧围绕中心工作和人民群众关注关切，着力提升政务公开质量，加强主动公开和解读回应，加强平台建设和政府信息管理，完善监督机制，做好依申请公开工作，切实保障人民群众知情权、参与权、表达权、监督权，增强人民群众满意度、获得感。

（一）深化"放管服"改革信息公开

对部规范性文件进行全面清理，发布了《××部关于公布第一批已废止或者失效的规范性文件目录的公告》（2019 年第 30 号）《××部关于公布继续有效的规范性文件目录的公告》（2019 年第 31 号）。清理修订部门规章，发布了《××部关于第一批废止和修改的部门规章的决定》（××部令第 5 号）。

（二）推进全国征地信息公开

改进完善省级征地信息公开平台和全国征地信息共享平台功能，整合了国务院、省级政府批准用地信息和各省（区、市）的征地信息，包括征地告知书、"一书四方案"、建设用地批复文件及转发文件、征地公告、征地补偿安置方案公告等，并做好与各级政府网站的衔接。

（三）规范土地市场信息公开，公布城市地价监测结果

全年通过土地市场信息公开平台发布各类土地市场相关数据信息 35.1 万余条，其中供地计划、出让公告、成交公示和结果公告 33.5 万余条。

二、主动公开政府信息情况（见附件 1）。

三、收到和处理政府信息公开申请情况（见附件 2）。

四、存在的主要问题及改进情况

2019 年，虽然政务公开取得积极成效，但与新时代政务公开工作的新要求，与新修订的《政府信息公开条例》的新规定，与人民群众的对自然资源政务公开的新期待相比，还存在着不足，主要问题有：一是政府信息公开工作的有关制度、规范还不够完善，影响政府信息公开的质量和效率；二是部门户网站"建议留言"栏目部分留言回复的时间过长，影响在线互动效果；三是政务信息管理有待进一步加强，存在底数不清的问题。

下一步工作打算：一是加强制度建设，制定工作规范。二是贯彻落实国务院办公厅《关于全面推进基层政务公开标准化规范化工作的指导意见》。三是加强自然资源政务信息管理，按照无条件共享、有条件共享、不予共享等三种类型进行分类管理和有效利用。

附件：1. 主动公开政府信息情况

2. 收到和处理政府信息公开申请情况

××××年×月×日

第三节　签　报

一、签报的含义

签报是机关内部使用的简便呈文，它是内部工作的一种文书形式，不属于法定的公文文种，也不是正式的公文。常用于机关内部下级向上级请

示工作或反映情况并提出意见。其内容属上行文范围。

二、签报的结构

签报一般由签报处理单和签报正文两部分组成。

1. 签报处理单主要由主办单位、紧急程度、标题、主送、会签等部分组成。

（1）主办单位。拟写签报的单位内部的具体的司（局）、处、科。

（2）紧急程度。签报的紧急程度分"特急""加急"，根据事情的紧急情况确定。

（3）标题。应概括精确反映签报的内容。一般用一句话"关于××问题的请示""关于××情况的报告"。

（4）主送。除特定单位领导直接交办外，报单位领导审批、阅示的签报，主送一般只写"××单位领导"，不写具体的单位领导人姓名，同时不得将单位领导人与部门负责人并列。

（5）会签。签报事项涉及内部其他业务主管部门的，应在"批示"栏写明应会签的单位，会签后再报单位领导。

2. 签报正文主要由标题、正文、落款三部分组成。

（1）标题。一般为"关于××问题的请示""关于××情况的报告"。

（2）正文。按照请示、报告公文的写作要求拟写。即明确请示、报告的缘由和具体事项，结束用语一般用"妥否，请批示"等字样。

（3）落款。主送单位领导的签报，应写明单位名称，并由部门负责人（一般主要负责人）签署姓名和日期，重要签报必须由主要负责人签署。

三、签报标题的拟写

为便于单位领导阅批、引用、传递、查询，签报必须要有标题。

1. 标题是呈文不可缺少的组成部分，是呈文格式的首要内容。作为机关内部使用的简便呈文，规范的签报一定要有明确的标题。

2. 节约办文时间，提高工作效率。标题可以用简短、概括的语言把签报的主要内容准确、完整地表现出来，使人一看便知道是一份关于什么问题的签报。有了标题，领导可以通过标题了解签报的主要事项。如果没有标题，就不能一目了然地了解内容的轻重缓急，影响机关工作效率。

3. 有利于签报的管理。签报在处理过程中，需登记、传递、归档和检索，有了标题就方便许多。没有标题，就难以及时、准确地查找。

四、签报的运转

各部门的纸质签报，由各部门完成起草、审核、会签、登记并贴条形码等程序后直接送办公厅的委主任（部长、局长）办公室文件室（以下简称"文件室")。单位领导签批后，由文件室负责登记、录入批示后将签报投至相关部门智能文件交换信箱。

各部门在运转非涉密纸质签报的同时，除需要严格控制知悉范围的外，必须同步运转电子件，并确保签报内容与纸质件相符。对不同步传送电子件或纸质件与电子件内容不相符的，文件室不予处理并退回主办部门。涉密类签报不运转电子件，主办部门在纸质件上贴条形码登记后直接送文件室。

单位领导批示多个部门传阅、办理的签报，纸质件由文件室退回起草部门，同时分送电子件给相关部门阅办，相关部门要将电子件视同纸质件加快处理。单位领导签批相关部门阅办的无电子件签报，由文件室根据单位领导签批情况确定传递顺序，相关部门按顺序尽快传递并办理。

各部门向单位领导报送的汇报材料、参阅资料、调研报告、考察报告等非签报形式的材料，比照无电子件签报流程办理。

各部门在收到文件室退回的签报及单位领导其他批示件后，需要继续办理的，要按照急件的要求加快办理，涉及督办事项的，按照督办要求进行立项、跟踪办理。

五、拟写签报的注意事项

拟写签报要注意以下几点：一是要言简意赅。二是要一文一事，清楚表达请示、报告事项。三是要结构严谨。四是文末应当有请示或报告语。

六、签报与请示的区别

签报与请示都是下级向上级请示工作时的文书，二者行文目的、基本结构相同，写作中都要求一文一事，并尽可能简洁、准确、明白地将请示事项表达清楚。

签报与请示的不同之处表现在以下两点：

1. 请示是正式公文，具有法定效力，广泛运用于各种行政机关的公务活动中；而签报不是文种，是一种内容公文形式，也不是对外发送的公文，一般只在机关内部使用。

2. 请示一般只能主送给上级单位，并以拟文部门的名义上报；签报则大多数直接送给上级领导个人，落款处除写上拟文部门名称外，还要由拟文部门负责人签名。

例文：

签　报

××部签〔2020〕××号

司（局）或个人意见	部（委）领导批示意见
关于2020年全国人大建议政协提案办理工作有关情况的请示 ××部（委）领导： 　　现将我部2020年全国人大建议政协提案办理工作有关情况汇报如下： 　　一、基本情况 　　今年，我部需承办人大建议政协提案24件（详见附件1、附件2），其中人大建议10件（主办3件，协办7件），政协提案14件（主办4件，协办10件）。 　　二、办理要求 　　（一）提高政治站位。自觉把办理工作紧紧扣在贯彻落实党中央和国务院重大决策部署上来，紧紧扣在回应人民群众重大关切上来，各承办单位主要负责同志要亲自督，分管负责同志要具体抓，主要负责司（局）要严落实，所有建议提案的复文必须由承办单位主要负责同志审核签发。 　　（二）规范办理程序。…… 　　（三）提升办理质量。…… 　　（四）加强监督检查。…… 　　三、落实措施 　　（一）成立领导小组。…… 　　（二）明确责任分工。…… 　　（三）全程密切沟通。…… 　　（四）加强跟踪问效。…… 　　（五）做好后续工作。…… 　　附件：1. 2020年承办人大建议台账 　　　　　2. 2020年承办政协提案台账	

以上请示妥否，请批示。

办公厅
2020年×月×日

思考题：

1. 请示与报告的相同点和不同点有哪些？
2. 撰写陈述呈请性公文的一般规律是什么？

第十章　会　议　公　文

会议公文是指围绕会议使用的、直接反映会议精神并为会议服务的有特定格式的文字材料的总称。既包含通用法定公文，又包含通用非法定公文。本章主要讲述通用法定公文，其他类型在非法定公文中介绍。

第一节　会议公文的分类、特点和基本要求

一、会议公文的分类

会议公文一般可分为以下八种：

1. 会议指导文件。包括上级会议文件、上级指示文件、本级开会起因文件。

2. 会议主题文件。包括开幕词、工作报告、大会发言、选举结果、正式决议、闭幕词。

3. 会议程序文件。包括日程安排、讲话程序、选举程序、表决程序。

4. 会议简报、记录文件。包括会议简报、会议发言、情况反映、会议记录。

5. 会议参考文件。包括调查报告、典型发言、经验材料等。

6. 提案信访文件。包括会议代表提案、群众来信、与会代表来信和各类来访者交来的书面材料。

7. 公告、传达文件。包括会议公告、新闻报道、接受来访、宣传文章、传达提纲、会议纪要。

8. 会议管理文件。包括开会通知、会议须知、会议证件、保密制度、作息时间、生活管理等。

二、会议公文的特点

会议公文主要使用于会议，因而在内容、用途、表现形式、语言特色等方面均受会议性质的制约，呈现不同于其他公文的特点。

1. 内容上的聚合性。

从表面上看，会议公文的内容丰富庞杂：既包括会议的过程，又包括会议的内容和精神；既包括有关会议的规则，又包括会议作出的规定和决议。但总括起来包含两个方面：程序方面和实体方面。前者涉及会议的程

序、过程、规则等，后者涉及会议的主题，前者从属于、服务于后者。同时，在实体方面，会议公文的具体议题、内容又从属于会议的主题和精神。因而，会议公文在内容上具有高度的聚合性。

2. 性质上的异质性。

会议公文是形成或使用于会议的多种公文的总称。它包含的诸文种，在性质上各有不同，如领导讲话稿是指导性的，会议通知则属知照性的；有些文种甚至同时兼有几种性质，如会议报告，既有陈述、呈请性，又有一定的指导性。因而，就其整体性质而言，会议公文具有较强的异质性。

3. 用途上的复杂性。

会议是一项复杂的活动，无论是会议过程、会议规则、会议内容，还是会议性质、会议目的，均有着特殊的性质、特殊的要求。因而，服务于会议的公文，在用途上具有复杂性，如会议通知要告知与会者准时有效地参加会议，开幕词则要概括会议的纲领，会议记录则须真实反映会议的面貌。

4. 表现形式的多样性与特殊性。

会议公文性质和用途上的复杂多样性，决定了其表现形式的多样性。同时，在此多样性之中，又有着特殊的规定性，即无论何种表现形式，主要靠受文者的视觉、听觉来接收信息。因此，要求会议公文在语词、句式、段落、层次结构、语气、文势、感情等方面，既要照顾到书面语言的庄重和典雅，又要照顾到口头语言的通俗与生动。

三、会议公文的基本要求

会议公文的基本要求：

第一，集中统一领导。无论是小型会议还是大型会议，都要加强会议公文工作的统一领导，严格会议文件的签发、印制、分发、立卷归档制度。

第二，准确、周密。从文件的起草到校对、印刷、分发，都应该保证高质量，不出现纰漏。

第三，把握、贯彻会议的指导思想，及时提出有价值的供领导参考的建议。

第四，保守党和国家秘密。会议及会议讨论的文件都具有不同程度的机密性，必须采取有力措施，加强会议保密，保证文件的安全。

第五，迅速，及时印发，提高工作效率。

第二节　议　案

一、议案的含义

议案是各级人民政府按照法律规定的程序向同级人民代表大会或者人民

代表大会常务委员会提请审议事项的建议性公文。在实践中提请审议的事项均需具备重要性质，主要包括：提请审议制定或修改有关法律、法规或规章，提请审议设立或撤并机构或组织，提请审议重要的人事任免，提请审议有关方针政策，提请审议变动行政区划，提请审议批准签订国际条约等。

二、议案的特点

1. 法定性。议案的提出和受理机关、内容范围、受理程序、提出和处理时限等在法律上均有严格规定，必须遵照执行。

2. 单一性。议案的内容具有单一性，必须遵循"一事一案"的原则，不得将两件或两件以上的事项写进同一议案。

3. 认定性。议案须经受理机关认定后方能成立，否则就不能成为议案。

三、议案的结构及写法

1. 议案的标题。议案的标题也称案由，一般由"发文机关＋事由＋文种"构成。如《国务院关于提请审议建立"教师节"的议案》。

2. 主送机关。议案的主送机关，只能是同级人民代表大会及其常务委员会。只能写一个，应顶格写全称，加冒号。

3. 正文。议案包括三部分内容，即案据、方案和结语。案据是指提出议案的依据，包括提出审议事项的目的、原因、意义等。方案提出需审议的事项，包括措施、办法及其产生经过等。结语一般提出审议要求，如"请予审议""现提请审议""请审议决定""请审议批准"等。

4. 附件。根据正文需要附上需要具体审议的文件本身。

5. 落款。制发此议案的一级人民政府的名称，或政府首长的职务、姓名。并签明日期，加盖公章。议案的签署，提议案人可以是机关也可以是机关负责人。签署日期是议案提出的日期。

四、议案的写作要求

1. 标题要醒目。

2. 议案的提出必须以党和国家的路线、方针、政策与法律、法规为依据，并在同级人民代表大会及其常务委员会职权范围内。

3. 必须一事一议案，内容单一，主题集中，以便审议和处理。

4. 语言应简明准确，庄重凝练，表达严密，条理分明。

5. 立法议案由于该法尚未得到权力机关的审议通过，因此必须在该法的名称后面用圆括号括上"草案"二字。

6. 议案文号多用"函"字。

例文：

××省人民政府关于提请审议《××省城乡生活垃圾处理条例（修订草案）》的议案

××省人民代表大会常务委员会：

　　为了规范城乡生活垃圾处理，促进生态文明建设和经济社会可持续发展，根据《中华人民共和国固体废物污染环境防治法》等法律法规，结合本省实际，省政府拟订了《××省城乡生活垃圾处理条例（修订草案）》。该修订草案已经省政府常务会议讨论通过，现提请审议。

××省人民政府

省长：×××

××××年×月×日

关于《××省城乡生活垃圾处理条例（修订草案）》的说明

省住房城乡建设厅厅长　×××

主任、各位副主任、秘书长、各位委员：

　　我受省人民政府的委托，现对《××省城乡生活垃圾处理条例（修订草案）》作如下说明：

　　一、修订《条例》的必要性

　　一是贯彻落实习近平生态文明思想和总书记关于垃圾分类的指示批示要求，推动生态文明建设的需要。《××省城乡生活垃圾处理条例》（以下简称《条例》）于 2015 年 9 月 25 日经省人大常委会通过，2016 年以来，习近平总书记对垃圾分类工作多次作出重要指示批示，强调要加快建立分类投放、分类收集、分类运输、分类处理的垃圾处理系统，形成以法治为基础、政府推动、全民参与、城乡统筹、因地制宜的垃圾分类制度，努力提高垃圾分类制度覆盖范围。2019 年，总书记又指出，推动垃圾分类，关键要加强科学管理、形成长效机制、推动习惯养成，要加强引导、因地制宜、持续推进。

　　二是贯彻落实上位法的要求，做好配套衔接的需要。《中华人民共和国固体废物污染环境防治法》（以下简称固废法）于 2020 年 4 月 29 日经全国人大常委会修改通过，规定县级以上地方人民政府应当加快建立生活垃圾分类投放、分类收集、分类运输、分类处理的生活垃圾管理系统，加强农村生活垃圾污染环境的防治，并对生活垃圾的源头减量、分类投放等活动作出新的规定，法律责任部分也相应作出修改，加大了执法监管的力度。《条例》的一些规定与之不一致，亟需修订。

　　三是立足省情实际，解决垃圾分类突出问题，落实省人大常委会执法检查意见的需要。目前，我省生活垃圾处理主要存在几个问题：第一，生活垃圾分类处理体系不健全，厨余垃圾处理设施普遍缺乏、再生资源回收利用系统不完善、有害垃圾收运处理系统与危险废物处理系统脱节。第二，城乡生活垃圾处理发展不平衡，农村地区生活垃圾分类明显滞后，还有很多地区没有做到垃圾分类，因地制宜、城乡统筹的生活垃圾管理系统亟待建立。第三，监管执法力度不够，政府及部门责任落实有待加强。全省实施垃圾强制分类的城市基本停留在示范区建设阶段，垃圾源头减量、资源化利用等方面部署仍未跟上。同时，部分地区环境卫生管理体制不顺畅，查处垃圾分类违法案件取证难、执法难，社会监管缺位。2019 年 8 月，省人大常委会对我省实施《条例》的情况开展执法检查，提出要求尽快修订《条例》，对混投混收混运混处理等问题进行规范，对过度包装等问题增加促进源头减量的相关内容，对垃圾处理各环节进行完善。

二、修订《条例》的主要依据

1.《中华人民共和国固体废物污染环境防治法》（2020 年 4 月 29 日第十三届全国人民代表大会常务委员会第十七次会议第二次修订）；

......

三、修订草案的主要内容

《条例》共七章 62 条，修订草案共八章 57 条，增设"源头减量"一章，删除了与固废法重复的部分内容，修改的主要内容有以下五个方面：

（一）厘清政府和部门职责，充分体现总书记指示精神及上位法要求。

......

以上说明和修订草案，请予审议。

第三节　纪　　要

一、纪要的含义

纪要主要是用于记载会议的主要情况与议定事项，因此通常是指会议纪要。

二、会议纪要的分类

会议纪要可以分为决定性会议纪要和消息性会议纪要。

决定性会议纪要的正文主要包括：导语，概述会议基本情况，如目的，会名、会址、会期、与会者、主持人、主要发言人、报告人、主要议程、会议整体效果等；议决的事项，即与会各方共同确认的在完成一个共同目标过程中各方承担和享有的责任、义务、权利，或就某个问题形成的一致认识等，提出号召、要求，或提出执行议定事项的措施和要求。

消息性会议纪要的正文主要包括：导语，就会议议题与会各方发表的认识、意见；提出号召、希望、展望，或提出一个新问题，有时也向有关方面致谢或对下次会议作出原则性安排。

三、会议纪要写作注意事项

1. 要把会议纪要和相关文种区别开来。同会议纪要相关或相似文种有决议、会议记录和会谈纪要，应将它们区别开来，防止误用。

2. 要在"纪实"与"提要"上下功夫。会议纪要的突出特点是纪要性。它包括两层意思：一是"纪实"。要把会议的情况真实的记载下来，予以准确地反映。二是"提要"。要求择"要"而记。围绕会议的中心议题，取舍材料，分清主次，抓住重点，语言要精练概括，不讲空话、套话。

例文：

关于协调解决××大街×号首层房屋使用权问题的会议纪要
第××号

××年2月2日上午，市政府办公厅×××主任主持召开会议，协调解决××大街×号首层房屋使用权问题。参加会议的有省政府办公厅交际处、××宾馆、市商委、市国土房管局、二商局、市××公司等有关部门的负责同志。

会议认为，××大街×号首层房屋使用权的问题，是在过去计划经济和行政决定下形成的历史遗留问题。早几年曾多次协调，虽有进展，但未有结果。最近，按照省、市领导同志"向前看""了却这笔历史旧账"的批示精神，在办公厅的协调下，双方本着尊重历史，面对现实，互谅互让的原则，合情合理地提出解决这宗矛盾的方案。

经过协商、讨论，双方达成了一致认识。会议决定以下事项：

一、市××公司应将××大街×号房屋的使用权交给××宾馆。

二、……

三、……

四、……

会议强调，双方在房屋使用权移交过程中要各自做好本单位干部群众的工作，团结协作，增进友谊，保证移交工作顺利进行。

××市政府办公厅
××年×月×日

思考题：

议案的含义及主要特点是什么？怎样拟写议案？

第十一章 其他公文

在《党政机关公文处理工作条例》中，有两种公文比较特殊，既可以是上行公文、也可以是平行公文、还可以是下行公文。因此，单列进行介绍。

第一节 意 见

一、意见的含义

意见是"适用于对重要问题提出见解和处理办法"的公文。意见既可以作上行文，又可作下行文和平行文。作为上行文，应按照指示性公文的程序和要求上报。所提意见如涉及其他部门职权范围事项，主办部门应当主动与有关部门协商，取得一致意见后方可行文；如有分歧，主办部门可以列明各方理据，提出建设性意见，并与有关部门会签后报请上级机关决定。上级机关应该对下级机关报送的意见作出处理或给予答复。作为下行文，文中对贯彻执行有明确要求的，下级机关应遵照执行；无明确要求的，下级机关可参照执行。作为平行文，提出的意见供对方参考。

二、意见的分类

意见可以从以下两个角度来分类：

1. 按行文走向划分，可以分为三种类型。

（1）指导性意见。指上级领导机关直接向下级机关布置任务。如2018年1月2日《中共中央 国务院关于实施乡村振兴战略的意见》，2018年4月11日《中共中央 国务院关于支持海南全面深化改革开放的指导意见》，都是属于领导机关直接发出的指导性意见。

（2）建议性意见。指下级机关就自己主管的工作直接向上级领导机关提出的建议性意见，这里建议的实施已经超出了本机关职能的权限，需要同属于一个上级机关的有关方面和部门配合才能做好。因此，意见通常都要求上级领导机关审核，"如同意，建议批转给有关地方和部门执行"。如2017年4月18日，国务院批转国家发展改革委《关于2017年深化经济体制改革重点工作的意见》。

（3）参考性意见。指不相隶属的机关和组织就某项工作经过调研后，将评估鉴定的结果向有关方面提出的参考性意见。如《关于推动北京音乐产业繁荣发展的实施意见》。

2. 按行文方式划分，可以分为以下两种类型。

（1）直达性意见。上级领导机关对直属下级机关工作提出指导性意见，或者平行的、不相隶属的机关之间提出参考性意见，都是采取直达的方式。这类意见可称为直达性意见。

（2）呈转性意见。职能部门直接向上级领导机关呈报建议，并要求将其批转给所属的相关地方和部门执行的，称为呈转性意见。

三、意见的结构

意见由标题、正文、发文机关和日期组成。

1. 标题。有两种写法，一是发文机关＋事由＋文种，如《教育部关于发展中等职业教育的意见》。二是事由＋文种，如《关于在新冠肺炎期间联合开展社会保险费减免缓政策宣传的意见》。

2. 正文。一般由开头、主体、结尾三部分组成。

（1）开头，概括说明意见的缘由、目的、政策性法律依据或者客观事实依据。常用"现提出如下意见"作为承启语转入意见的主体部分。

（2）主体，包括两部分内容：一是对相关情况和问题进行分析，作出判断，提出自己的明确认识；二是提出解决问题的办法，也可以融合在一起写，将情况或问题划分为几个具体问题，每个具体问题逐一分析，逐一形成判断、提出解决问题的办法。意见基本上都以分条的方式表达，特别是解决问题的办法尤其需要准确划分条项，分类集中陈述相关意见以便于对方理解和执行，内容较多、篇幅较长的意见，可以用序号或小标题的形式对条项进行归类，使功能结构更清晰。

（3）结尾，提出对意见执行的要求或者建议。下行的意见可以在结尾明确提出怎样执行自己的各种意见和要求，还可以提出在贯彻中遇到的困难和问题，及时上报或结合本单位实际情况，制定具体实施方案的要求。平行的意见通常在结尾明确自己的意见和建议，或者提出与受文各方合作解决相关问题的要求建议。上行的意见通常在结尾提出请求上级机关批示转发的要求，如"以上意见如无不妥，请转各地（单位）执行"。有的则要明确自己的意见"供参考"，或者请上级机关"批示"。

3. 发文机关和日期。在正文右下方标注发文机关署名和成文日期，并加盖印章。成文日期也可以标注在标题正下方，圆括号内。

例文：

中共中央　国务院关于实施乡村振兴战略的意见

（2018 年 1 月 2 日）

实施乡村振兴战略，是党的十九大作出的重大决策部署，是决胜全面建成小康社会、全面建设社会主义现代化国家的重大历史任务，是新时代"三农"工作的总抓手。现就实施乡村振兴战略提出如下意见。

一、新时代实施乡村振兴战略的重大意义

党的十八大以来，在以习近平同志为核心的党中央坚强领导下，我们坚持把解决好"三农"问题作为全党工作重中之重，持续加大强农惠农富农政策力度，扎实推进农业现代化和新农村建设，全面深化农村改革，农业农村发展取得了历史性成就，为党和国家事业全面开创新局面提供了重要支撑。5 年来，粮食生产能力跨上新台阶，农业供给侧结构性改革迈出新步伐，农民收入持续增长，农村民生全面改善，脱贫攻坚战取得决定性进展，农村生态文明建设显著加强，农民获得感显著提升，农村社会稳定和谐。农业农村发展取得的重大成就和"三农"工作积累的丰富经验，为实施乡村振兴战略奠定了良好基础。

…………

二、实施乡村振兴战略的总体要求

（一）指导思想。全面贯彻党的十九大精神，以习近平新时代中国特色社会主义思想为指导，加强党对"三农"工作的领导，坚持稳中求进工作总基调，牢固树立新发展理念，落实高质量发展的要求，紧紧围绕统筹推进"五位一体"总体布局和协调推进"四个全面"战略布局，坚持把解决好"三农"问题作为全党工作重中之重，坚持农业农村优先发展，按照产业兴旺、生态宜居、乡风文明、治理有效、生活富裕的总要求，建立健全城乡融合发展体制机制和政策体系，统筹推进农村经济建设、政治建设、文化建设、社会建设、生态文明建设和党的建设，加快推进乡村治理体系和治理能力现代化，加快推进农业农村现代化，走中国特色社会主义乡村振兴道路，让农业成为有奔头的产业，让农民成为有吸引力的职业，让农村成为安居乐业的美丽家园。

（二）目标任务。按照党的十九大提出的决胜全面建成小康社会、分两个阶段实现第二个百年奋斗目标的战略安排，实施乡村振兴战略的目标任务是：

到 2020 年，乡村振兴取得重要进展，制度框架和政策体系基本形成。

……

到 2035 年，乡村振兴取得决定性进展，农业农村现代化基本实现。

……

到 2050 年，乡村全面振兴，农业强、农村美、农民富全面实现。

（三）基本原则

——坚持党管农村工作。……

——坚持农业农村优先发展。……

——坚持农民主体地位。……

——坚持乡村全面振兴。……

——坚持城乡融合发展。……

——坚持人与自然和谐共生。……

——坚持因地制宜、循序渐进。……

三、提升农业发展质量，培育乡村发展新动能

乡村振兴，产业兴旺是重点。必须坚持质量兴农、绿色兴农，以农业供给侧结构性改革为主线，加快构建现代农业产业体系、生产体系、经营体系，提高农业创新力、竞争力和全要素生产率，加快实现由农业大国向农业强国转变。

…………

十二、坚持和完善党对"三农"工作的领导

实施乡村振兴战略是党和国家的重大决策部署，各级党委和政府要提高对实施乡村振兴战略重大意义的认识，真正把实施乡村振兴战略摆在优先位置，把党管农村工作的要求落到实处。

让我们更加紧密地团结在以习近平同志为核心的党中央周围，高举中国特色社会主义伟大旗帜，以习近平新时代中国特色社会主义思想为指导，迎难而上、埋头苦干、开拓进取，为决胜全面建成小康社会、夺取新时代中国特色社会主义伟大胜利作出新的贡献！

第二节　函

一、函的含义

函是商洽性公文的一种，用于平行或不相隶属机关之间商洽工作，询问和答复问题，请求批准和答复审批事项。

二、函的分类

1. 商洽函。用于不相隶属的机关之间联系、商洽、协调工作。

2. 求批函与审批函。向无隶属关系的业务主管部门请求批准某些事项，为求批函；主管部门给予相应的答复，为审批函。

3. 问复函。用于不相隶属的机关之间就某些政策性、业务性和其他疑难问题，提出询问和答复询问。

三、函的格式以及写作要求

函的"主体"部分的格式与一般公文的格式相同，通常由标题、主送机关、正文、发文机关署名、成文日期和印章组成。

1. 标题。函的标题，通常由发文机关＋事由＋文种。如《国务院办公厅关于同意建立服务业发展部际联席会议制度的函》。

2. 主送机关。函的受理机关都有专指性，因此只有一个主送机关。

3. 正文。函的正文通常由发函的缘由、发函事项、发函结语"三要素"组成。

发函的正文主要包括，行文目的和原因，即为什么要提出协商讨论有关问题或提出要求批准的事项，需要询问、商议和批准的具体问题和事项，向对方介绍自己，介绍自己的意愿和方案，陈述有关理由、依据和背景材料，提出希望和要求，如"请复文""请予批准""望予合作"等，有时以"此致""特此函告"等结尾作结语，向对方请求批准的函的正文组成与请示相近。

复函的正文主要包括：指明所针对的来函，答复询问，表明态度、立场和解决问题的办法，提出疑问，陈述有关理由、情况，提出希望要求、致谢。有时以"特此函复"等结尾作结语，答复对方请求批准事项的复函，其正文与批复相近。

4. 发文机关署名、成文日期和印章。要标注发函机关名称，并加盖公章，同时写明成文日期。

四、撰写函注意事项

1. 一函一事，内容单一。函的行文与请示、批复相似，要求一函一事，事项单一，这样便于受文单位及时处理。

2. 行文简明，用语平和。要开门见山，直陈其事，不寒暄客套，转弯抹角拉长文字，不管询问或答复问题都要态度明朗，不可模棱两可，问非所想，答非所问。

3. "求批函"与"请示"不能混用。"求批函"与"请示"都具有请求批准的共同功用，但"请示"适用于上下级之间，属于上行文，"求批函"用于不相隶属机关和平级机关之间，属于平行文。

例文：

国务院办公厅关于同意广东、香港、澳门
承办 2025 年第十五届全国运动会的函

国办函〔2021〕79 号

体育总局、财政部、国务院港澳办：

你们《关于广东、香港、澳门承办第十五届全国运动会的请示》（体竞字〔2021〕224 号）收悉。经国务院领导同志批准，现函复如下：

一、同意广东、香港、澳门承办 2025 年第十五届全国运动会。

二、筹备和举办第十五届全国运动会的经费主要由广东省人民政府、香港特别行政区政府、澳门特别行政区政府自筹，中央财政给予一次性定额补助。

三、体育总局、广东省人民政府、香港特别行政区政府、澳门特别行政区政府要严格按照党中央、国务院有关规定，结合当地经济社会发展实际，坚持"简约、安全、精彩"的办赛要求，充分利用现有场馆设施，严格预算管理，节约办赛成本，严格控制规模和规格，全力做好新冠肺炎疫情防控工作，共同组织好第十五届全国运动会。

国务院办公厅
2021 年 8 月 21 日

思考题：

1. 怎样才能有效表现出函的特点？
2. 意见的特殊性表现在哪些方面？怎样写好、用好意见？

第三编

通用非法定公文写作

第十二章　领导讲话类公文

第一节　大会工作报告

一、大会工作报告的含义

党政机关、社会团体、企事业单位的负责人代表领导机关在大型会议上，针对本系统、本部门、本单位的工作情况，对全体与会者所作的全面、系统的报告，就是大会工作报告。它的功能有：向本系统的领导和群众汇报工作；传达上级机关的有关指示或重要文件；提出下一步工作目标和原则要求；动员群众积极投入某项工作。不同类型的大会，其工作报告的内容侧重点有所不同。

二、大会工作报告的特点

1. 全面综合性。

大会工作报告是对本系统、本部门、本单位的基本工作所作的全面性的报告，有着综合性、系统性、总揽全局的特点。因此，大会工作报告一般都要分成几个大的部分，从不同侧面、不同角度对工作进行汇报和部署，篇幅一般比较长。特别是政府负责人在人民代表大会上所作的工作报告，党的机关负责人在党的代表大会上所作的工作报告，所涉及的内容多、时间长、空间大、分量重，有时宣读时间可长达数小时。

2. 集体意志性。

大会工作报告虽然是某一领导人在大会上宣读的，但报告的内容却不仅是报告者个人的思想、观点和态度，它还是领导机构集体意志的反映，与主要代表个人意志的领导讲话稿有着本质的不同。所以，大会工作报告从初步构思到修改定稿，都要经过集体讨论，并要在领导班子的会议上获得通过之后，才能到大会上宣读。大会工作报告的写作过程，是一次民主集中制的实施过程。

3. 思想指导性。

大会工作报告思想指导性的特点十分鲜明。正确评价以往的工作，明确当前的形势和任务，统一思想、统一认识，在此基础上提出今后的任务和奋斗目标，以便大会之后统一步调、统一行动，这是大会工作报告的基本功能。人们经常说要传达贯彻××会议精神，其中包括传达贯彻××会议形成的决议，也包括领会执行大会工作报告的有关内容。

三、大会工作报告的类型

1. 汇报性工作报告。

一届领导机构任期已满，在本次大会上选举换届之前，由上届领导所作的工作报告，一般都属于汇报性工作报告。党的代表大会上的工作报告，也要对上次代表大会以来的主要工作进行总结汇报。

2. 传达性工作报告。

重点用以传达党和国家的路线、方针、政策、法令、决议，以及上级机关的重要指示和重要会议精神的工作报告。

3. 部署性工作报告。

侧重于对下一阶段的工作进行动员和部署，阐明工作的宗旨、任务、目的、意义的报告。

四、大会工作报告的写法

1. 标题、时间、称谓。

（1）标题。大会工作报告的标题，有单标题和双标题两种基本形式。

单标题有两种情况：一是由报告性质和文种构成，如《政府工作报告》；二是由会议名称＋文种构成，如《在××省直机关反腐倡廉动员大会上的报告》。

双标题是将报告主要内容或主要精神概括为一句话作为主标题，副标题则由报告人＋会议名称＋文种构成。如《高举旗帜　把握大局　进一步把反腐败斗争引向深入——××同志在中共××省纪律检查委员会第五次全体会议上的工作报告》。

（2）时间。大会工作报告的时间位于标题之下正中，外加括号。

（3）称谓。称谓在正文之前，顶左边书写，一般写为："各位代表""全厂干部职工""全体教职工代表们"，党的会议，通常只写"同志们"。

2. 正文。

（1）开头。大会工作报告的开头，通常有以下三方面内容：

一是阐明大会召开的意义。

二是直接揭示会议主题。如习近平在党的十九大报告中讲：我们这次大会的主题是"不忘初心，牢记使命，高举中国特色社会主义伟大旗帜，决胜全面建成小康社会，夺取新时代中国特色社会主义伟大胜利，为实现中华民族伟大复兴的中国梦不懈奋斗"。

三是向大会提出审议工作报告的请求。如李克强总理在 2019 年 3 月 5 日第十三届全国人民代表大会第一次会议上的《政府工作报告》开头说：

"现在，我代表国务院，向大会报告过去五年政府工作，对今年工作提出建议，请予审议，并请全国政协委员提出意见。"

（2）主体。主体因报告类型的不同、侧重点的不同，写法会有较大差异。

汇报性的工作报告，主体要全面总结任期内或特定时期内的工作成绩和存在问题，提出今后的打算及切实可行的方法、措施。

传达路线、方针、政策、决议、指示的工作报告主体主要是转述和解释有关精神，并对贯彻落实提出具体方案。

部署性的工作报告，主体要列举出主要任务、工作目标，还要提出实现目标的方法、步骤、措施和要求。

（3）结尾。结尾一般用来表明决心、提出希望、发出号召，或提出贯彻落实的要求。

例文：

政府工作报告
——2019 年 3 月 5 日在第十三届全国人民代表大会第二次会议上
国务院总理　李克强

各位代表：

现在，我代表国务院，向大会报告政府工作，请予审议，并请全国政协委员提出意见。

一、2018 年工作回顾

过去一年是全面贯彻党的十九大精神开局之年，是本届政府依法履职第一年。我国发展面临多年少有的国内外复杂严峻形势，经济出现新的下行压力。在以习近平同志为核心的党中央坚强领导下，全国各族人民以习近平新时代中国特色社会主义思想为指导，砥砺奋进，攻坚克难，完成全年经济社会发展主要目标任务，决胜全面建成小康社会又取得新的重大进展。

——经济运行保持在合理区间。国内生产总值增长 6.6%，总量突破 90 万亿元。经济增速与用电、货运等实物量指标相匹配。居民消费价格上涨 2.1%。国际收支基本平衡。……

——经济结构不断优化。消费拉动经济增长作用进一步增强。服务业对经济增长贡献率接近 60%，高技术产业、装备制造业增速明显快于一般工业，农业再获丰收。……

——发展新动能快速成长。"嫦娥四号"等一批重大科技创新成果相继问世。新兴产业蓬勃发展，传统产业加快转型升级。大众创业、万众创新深入推进，日均新设企业超过 1.8 万户，市场主体总量超过 1 亿户。新动能正在深刻改变生产生活方式、塑造中国发展新优势。

…………

回顾过去一年，成绩来之不易。我们面对的是深刻变化的外部环境。经济全球化遭遇波折，多边主义受到冲击，国际金融市场震荡，特别是中美经贸摩擦给一些企业生产经营、市场预期带来不利影响。我们面对的是经济转型阵痛凸显的严峻挑战。新老矛盾交织，周期性、结构性问题叠加，经济运行稳中有变、变中有忧。……

一年来，我们深入贯彻以习近平同志为核心的党中央决策部署，坚持稳中求进工作总基调，统筹稳增长、促改革、调结构、惠民生、防风险，稳妥应对中美经贸摩擦，着力稳就业、稳金融、稳外贸、稳外资、稳投资、稳预期，主要做了以下工作。

一是创新和完善宏观调控，经济保持平稳运行。……

二是扎实打好三大攻坚战，重点任务取得积极进展。……

三是深化供给侧结构性改革，实体经济活力不断释放。……

…………

各位代表！

过去一年取得的成绩，是以习近平同志为核心的党中央坚强领导的结果，是习近平新时代中国特色社会主义思想科学指引的结果，是全党全军全国各族人民团结奋斗的结果。我代表国务院，向全国各族人民，向各民主党派、各人民团体和各界人士，表示诚挚感谢！……

思危方能居安。在充分肯定成绩的同时，要清醒看到我国发展面临的问题和挑战。……

二、2019 年经济社会发展总体要求和政策取向

今年是新中国成立 70 周年，是全面建成小康社会、实现第一个百年奋斗目标的关键之年。做好政府工作，要在以习近平同志为核心的党中央坚强领导下，以习近平新时代中国特色社会主义思想为指导，全面贯彻党的十九大和十九届二中、三中全会精神，统筹推进"五位一体"总体布局，协调推进"四个全面"战略布局，坚持稳中求进工作总基调，坚持新发展理念，坚持推动高质量发展，坚持以供给侧结构性改革为主线，坚持深化市场化改革、扩大高水平开放，加快建设现代化经济体系，继续打好三大攻坚战，着力激发微观主体活力，创新和完善宏观调控，统筹推进稳增长、促改革、调结构、惠民生、防风险、保稳定工作，保持经济运行在合理区间，进一步稳就业、稳金融、稳外贸、稳外资、稳投资、稳预期，提振市场信心，增强人民群众获得感、幸福感、

安全感，保持经济持续健康发展和社会大局稳定，为全面建成小康社会收官打下决定性基础，以优异成绩庆祝中华人民共和国成立 70 周年。……

…………

三、2019 年政府工作任务

今年经济社会发展任务重、挑战多、要求高。我们要突出重点、把握关键，扎实做好各项工作。

（一）继续创新和完善宏观调控，确保经济运行在合理区间。坚持以市场化改革的思路和办法破解发展难题，发挥好宏观政策逆周期调节作用，丰富和灵活运用财政、货币、就业政策工具，增强调控前瞻性、针对性和有效性，为经济平稳运行创造条件。

…………

（二）激发市场主体活力，着力优化营商环境。我国有上亿市场主体，而且还在不断增加。把市场主体的活跃度保持住、提上去，是促进经济平稳增长的关键所在。要深化"放管服"改革，降低制度性交易成本，下硬功夫打造好发展软环境。

…………

（三）坚持创新引领发展，培育壮大新动能。发挥我国人力人才资源丰富、国内市场巨大等综合优势，改革创新科技研发和产业化应用机制，大力培育专业精神，促进新旧动能接续转换。

…………

各位代表！

奋斗创造历史，实干成就未来。我们要更加紧密地团结在以习近平同志为核心的党中央周围，高举中国特色社会主义伟大旗帜，以习近平新时代中国特色社会主义思想为指导，迎难而上，开拓进取，以经济社会发展的优异成绩迎接中华人民共和国成立 70 周年，为决胜全面建成小康社会、夺取新时代中国特色社会主义伟大胜利，为把我国建设成为富强民主文明和谐美丽的社会主义现代化强国、实现中华民族伟大复兴的中国梦不懈奋斗！

第二节　领导讲话稿

一、领导讲话稿的含义

领导讲话稿同大会工作报告一样，也是一种会议公文。所不同的是：大会工作报告用于法定程序型的各种代表大会，而领导讲话稿则用于非法定程序型的其他会议。根据会议类型的不同，领导讲话稿也可划分为不同类型，如工作部署和总结型会议讲话、先进经验推广型会议讲话、纪念庆祝型会议讲话、座谈研讨型会议讲话等。

领导讲话稿也不同于演讲词。演讲词是一种宣传性、鼓动性文体，讲话者往往是代表个人，常用于在公开场合发表个人观点和主张，语言活泼、形象、生动；而领导讲话稿代表的则是一级组织，内容着重于公务管理，语言要求庄重、朴实。

二、领导讲话稿的特点

1. 明确的目的性。领导人在会上发表讲话，是为了解决工作中的实际问题，从而推动工作开展。在什么样的会上，针对什么对象，讲些什么内容，达到什么目的，作为提出召开会议的领导者是非常明确的。起草讲话稿必须表达领导意图，有的放矢，围绕会议目的，提出相应的观点、原则、方法或措施。脱离会议目的的讲话稿，不但对听者毫无帮助，甚至会贻误工作。

2. 内容的指导性。领导人在会上讲话的内容，无论是宣传党和国家的路线、方针、政策，提出贯彻执行意见，还是传达本级领导决策事项、部署工作，都是领导集团在向下级作指示、提要求，带有很强的指导性。

3. 主张的鲜明性。领导人在会上所讲的内容，通常是群众最关心、最想知道、最感兴趣的问题。为了解释疑难，梳清事理，激发群众生产的工作热情，领导讲话稿常常需要把对有关问题的看法和主张表达出来。如贯彻什么方针，传达什么政策，开展什么工作，表扬什么单位，批评什么错误等，以获得听众认可，引起共鸣，从而变为大家的自觉行动。如果讲话内容含糊不清，模棱两可，听众就会茫然，不感兴趣，达不到召开会议的目的。

三、领导讲话稿的分类

领导讲话稿依据不同的场合、对象和用途，可以分为 3 类 21 种。

1. 会议类讲话稿。这是领导讲话稿中数量最多、占比最大的一类。常见的有以下 13 种：

（1）党代会、人代会等代表大会的报告。内容一般是对上一届或上一次会议以来工作情况的回顾总结和对今后工作的部署。要求内容全面，表述严谨、庄重。

（2）会议开幕词。一般在比较隆重的大型会议上使用。内容主要是讲明会议的目的、意义及任务，要富有启示性、鼓舞性。

（3）会议闭幕词或会议总结讲话稿。主要是总结会议的收获，要求贯彻落实会议精神，要富有号召性。

（4）动员会议讲话稿。主要讲开展某项工作的意义和方法。要讲得入情入理，振奋人心，鼓舞斗志。

（5）庆功会、表彰会讲话稿。主要是概括、总结、肯定受表彰单位或个人的成绩和经验，对其进行表彰、鼓励，并提出学习、推广的要求，要富有激情和感召力。

（6）庆祝会、纪念会讲话稿。根据庆祝、纪念的主题，立足现实，回顾历史，展望未来。要讲得客观、准确、实际。

（7）专题报告会的报告。如理论学习中心组心得报告，外出考察报告等。内容要有厚度、深度，给人以启示和借鉴。

（8）碰头会、汇报会讲话稿。根据碰头、汇报的情况，肯定成绩，针对存在的问题或薄弱环节，有针对性地强调一方面或几方面的工作。要有具体要求，有力度。

（9）现场会、经验交流会讲话稿。充分运用与会人员看到和听到的先进事迹和经验，进行深入分析和总结，要求学习、推广，促进工作。要有较强的说服力、号召力。

（10）研讨会、座谈会总结讲话稿。根据与会人员发言情况进行总结，并提出改进工作或进一步研讨的意见、要求。要有较强的概括力和条理性。

（11）综合性会议上的专题发言稿。主要是分管某一条战线、某一方面工作的领导同志在综合性会议上就自己分管的战线的工作讲情况和意见。要主题突出，富有资料性、参考性，并注意不过分强调自己分管工作的重要。要讲"实"，不要讲"虚"；要讲"适"，不要讲"过"。

（12）在新旧领导工作交接会议上的讲话稿。这是一种很特殊的会议讲话稿。在这种会议上往往有三个讲话，一是卸任领导的讲话，二是接任领导的讲话，三是上级领导的讲话。卸任和接任领导的讲话，都要讲得谦虚、诚恳，并有表态的意思。上级领导讲话，则要对双方都给予肯定，并对该级领导班子及以后工作提出一些要求和希望。

（13）在各种邀请会、协作会、联席会上的讲话稿。这些也是比较特殊的会议，这种会议面对的不是下级，而是外地、外部门的客人。作为东道主发表讲话，要对客人表示欢迎，对本地、本部门的情况做一简介，还要讲会议的目的和议程。要讲得诚挚、热情、实在。

2. 宣传类讲话稿。即出于宣传某种主张、某项工作、某件事情的目的，在非会议场合的讲话稿。

（1）通过广播发表讲话。这种讲话形式在战争时期经常运用。毛泽东、朱德等都曾通过延安新华广播电台对解放区军民，对全国同胞，也对敌军发表过多次广播讲话。新中国成立以来，中央和地方的领导同志也经常采用这种讲话方式。广播讲话要求简明扼要，通俗易懂。

（2）通过电视发表讲话。这是电视普及以来不少领导同志经常采用的一种讲话方式，主要是用于纪念和庆祝某个节日。电视讲话也要求简短、通俗。

（3）通过报纸发表书面讲话。这也往往是为了纪念和庆祝某个节日而发表。要求篇幅简短，措辞严谨，富有文采。

（4）通过现场散发书面讲话。如国家领导人出国访问，在机场散发书面讲话。主要是阐明对某项行动、某件事情的观点，要求简明、准确、适当。

3. 礼仪类讲话稿。即出于感谢、答谢、慰问、庆贺等目的，在各种非会议仪式、场合的讲话稿。

（1）签约仪式上的讲话稿。这种讲话主要是对所签合作契约予以积极评价，对合作方表示感谢，对合作事项充满信心、寄予厚望。要简短、礼貌。

（2）接见、会见讲话稿。接见下级单位的代表并发表讲话，主要是表示某种褒奖、慰问和鼓励；会见客人，主要是表示友好和友谊。要简短、亲切。

（3）文艺演出前的讲话稿。主要是为了庆祝节日和表示友谊，要简短、富于激情。

（4）致辞。包括欢迎词、感谢词、答谢词、慰问词、祝贺词等，用于专门的仪式或宴会等场合。作为"致辞"，必须有别于一般的讲话，要措辞严谨，具有文采，形成书面。

领导讲稿的种类，还可以从其他不同的角度来划分。比如，可以从讲话方向的角度来划分，分为下行、平行、上行三类。下行讲话即指对下级的讲话；平行讲话即指那些礼仪性的讲话，向兄弟单位介绍情况和经验的讲话，在邀请会、协作会上的讲话等；上行讲话即某一级领导向上级领导汇报工作的发言，这对于上级来说显然不能算领导讲话。从讲话的内容来划分，可以分为总结性讲话稿、部署性讲话稿、号召性讲话稿、辅导性讲话稿、应酬性讲话稿等多种。从讲话稿的规范与否来划分，还可以分为规范性讲话稿（如党代会、人代会的报告）、非规范性讲话稿或正式讲话稿、非正式讲话稿等。怎样分类并不重要，重要的是要针对不同讲话的内在需求，把握住它们的基本风格和特点，使自己写出的讲话稿具有强烈的"文体感"，达到"以文辅政"的效果。

四、领导讲话稿的写作

一般来讲，领导讲话稿可分为三部分，即标题、称谓、正文。

1. 标题。

（1）单式标题。一是由讲话人＋会议名称＋文种组成，并在标题下面居中注明讲话日期，用圆括号括住。如《习近平在十九届中央纪委四次全会上的讲话（2020年1月13日）》。二是由会议名称＋文种组成，将讲话人姓名，移到标题和讲话日期之下。如《中共××省委经济工作会议上的讲话——省委书记×××》。三是直标讲话主旨。如《整顿党的作风》，标题下一行正中标注讲话日期："（一九四二年二月一日）"，提行居中署名："毛泽东"。

（2）复式标题。又叫正副式标题，或双式标题。即将讲话主旨归纳成一句话作为主标题，副标题由讲话人姓名、会议名称和文种组成，副标题下面标注讲话日期。如《把教育工作认真抓起来——邓小平同志在全国教育工作会议上的讲话（一九八五年五月十九日）》。

2. 称谓。根据会议内容和参加人员的不同，称谓也不一样。如党的会议常称"同志们"，学术会议常称"各位专家、学者"，群众大会上讲话常称"同志们、同胞们"，这种复合型的称呼能照顾各方面的听众。涉外性会议讲话，常称"朋友们、女士们、先生们"等。

3. 正文。一般由引语、主体和结尾"三要素"组成。

（1）引语。领导讲话稿的引语，又叫开头，写法多种多样。不管用哪种写法，都要开门见山，直接揭示主旨。

例如，毛泽东同志在《抗美援朝的伟大胜利和今后的任务》的开头："抗美援朝，经过三年，取得了伟大胜利，现在已经告一段落。抗美援朝的胜利是靠什么得来的呢？刚才各位先生说，正确的领导是一个因素，没有正确的领导，事情是做不好的，但主要是因为我们的战争是人民战争，全国人民支援，中朝两国人民并肩战斗。"

邓小平同志《在全国教育工作会议上的讲话》开头："今天，我来参加这个会议，主要是表示对教育工作的支持，并且向你们，向全国教育工作者表示慰问。"

以上两篇讲话稿的开头都很精彩，各具特色。无论是毛泽东的原因、结果提问式开头，还是邓小平的祝贺、慰问式开头，都用简练的语言直击讲话主旨，对全篇内容作了高度概括，格调高雅，生动活泼，引人入胜。

（2）主体。主体是讲话稿的核心部分，是讲话主旨的集中阐发，它决定着整个讲话的成败。主体部分的结构、层次形式，通常有三种：

①板块式。即分为几个板块，具体又有5种情况：

a. 以小标题分板块。如邓小平1979年3月30日在党的理论工作务虚会上关于《坚持四项基本原则》的讲话，以3个小标题分3个板块：形势与任务；实现四个现代化必须坚持四项基本原则；思想理论工作的任务。

b. 以顺序号分板块。如邓小平1980年8月18日在中央政治局扩大会议上所作《党和国家领导制度的改革》讲话，以一、二、三、四、五将全文分为五块。

c. 三段式。多见于党代会、人代会的报告。第一段是上届（次）以来的工作总结；第二段是当前面临的严峻形势和挑战；第三段是以后的工作方针和任务。一般每一大段中又分若干小段。

d. 纵深式。即前后几个板块的内容是由浅入深的关系。如邓小平 1978 年 12 月 13 日在中央工作会议闭幕会上所作的《解放思想，实事求是，团结一致向前看》的讲话，四块小标题分别是：解放思想是当前的一个重大政治问题；民主是解放思想的重要条件；处理遗留问题为的是向前看；研究新情况，解决新问题。四个部分明显地表现出层层递进、步步深入的关系。

e. 并列式。即几个板块之间没有递进关系，只是并列关系。如邓小平 1979 年 11 月 2 日在中央党、政、军机关副部长以上干部会议上所作《高级干部要带头发扬党的优良传统》的报告，讲了三个问题：①高级干部的生活待遇；②认真选拔接班人；③切实关心群众生活。这三个问题之间显然是并列关系。

②自然式。即讲话不分板块，只分若干个自然段，多数是依照内容的逻辑关系来安排的。如邓小平 1985 年 3 月 7 日在全国科技工作会议上作了《改革科技体制是为了解放生产力》的讲话之后，又即席作了《一靠理想二靠纪律才能团结起来》的讲话，记录整理出来的讲话分四个自然段，具有很强的逻辑性。第一段提醒大家要做到"四有"，并强调理想和纪律特别重要；第二段专门讲理想；第三段主要讲纪律，谈理想和纪律的关系；第四段强调共产党员一定要严格遵守纪律。也有的讲话内容是按时间顺序安排的。如邓小平 1989 年 11 月 20 日会见编写第二野战军战史的老同志时所作《对二野历史的回顾》的谈话，基本上是按二野历史的时间顺序讲的。

③提纲式。像列提纲那样，在一篇讲话中讲多个问题，每个问题开头有一个主题句，每个问题的篇幅都很简短。如毛泽东 1949 年 3 月 13 日在党的七届二中全会上所作结论中关于《党委会的工作方法》，通篇 2700 个字，讲了 12 个问题。邓小平 1981 年 3 月 27 日与解放军总政领导同志关于反对错误思想倾向问题的谈话要点，通篇 2000 个字，讲了 8 个问题。陈云 1985 年 9 月 23 日《在中国共产党全国代表会议上的讲话》，通篇 2600 个字，讲了 6 个问题，共分了 46 个自然段，每个自然段用一两句话讲一层意思。

以上所讲的多种结构形式，用哪一种，都要从五个方面考虑。第一，从讲话既定的场合、作用考虑。如果是在党代会、人代会上作报告，那自然要用板块式。第二，从讲话既定的主题考虑。讲重大的政治问题，一般要用板块式；讲一般性的工作，则可以灵活掌握。第三，从讲话既定的时间、篇幅考虑。如果安排的时间长、篇幅大，可以考虑用板块式；如果要在很短时间内讲完，则可考虑用提纲式或自然式。第四，从讲话既定的对象考虑。如果是对基层干部群众讲，一般不适宜采用过于简略的提纲式而应用板块式加以详尽、通俗的说明。第五，从讲话者的个人风格考虑。不同风格的领导在讲话中往往习惯于运用不同的结构形式，要充分考虑这一点。

（3）结尾。有些讲话没有明确的结尾段，顺其自然，意尽言止。但多数讲话有结尾段，常见有以下几种写法：一是概括式。由分到总，强调讲话的中心思想，引申出新的结论和要求。二是号召式。用简练、得体的言语激励听众，提出希望，为既定目标而奋斗。三是鼓励式。用热情、激昂、充满抒怀的语言去宣传鼓动听众的斗志。四是口号式。多用于纪念大会，讲话结束时高呼几句与会议主题贴切的振奋人心的口号，兼有号召和鼓动的作用。

五、领导讲话稿的材料运用

这里讲的"材料"，是指起草者为实现既定的起草目标，从各方面搜集、摄取并写入讲话稿之中的事例、知识或论据，是构成讲话稿的材料。讲话稿中常用的材料，大体上有三类：

1. 依据类材料。就是发表这一讲话、阐述这一观点的依据。主要包括：马克思主义、毛泽东思想、邓小平理论、"三个代表"重要思想、习近平新时代中国特色社会主义思想；中央和上级的部署、指示；本地发生的重要情况和进行的重要工作。

2. 佐证类材料。即为讲话中的观点佐证的事实、事例。其中包括：与讲话观点相联系的典型单位的成绩和经验；能够说明观点实际发生的事实；能够佐证观点的数字。

3. 辅助类材料。即能够帮助加强讲话的说服力、增强吸引力，可调节讲话口气、活跃会场气氛、提高讲话效果的材料，主要包括：

（1）典故。毛泽东在讲话中用得最多，信手拈来，挥洒自如，出神入化。如第七次全国代表大会闭幕词讲"愚公移山"，号召全党全国各族人民发扬愚公移山精神，坚持抗日救国，"下定决心，不怕牺牲、排除万难、去争取胜利"。中共中央总书记、国家主席、中央军委主席习近平在中国共产党第十八届中央纪律检查委员会第三次全体会议上发表重要讲话。讲话中引用了诸如"刮骨疗毒""养痈遗患"等成语典故，妙语连珠，使人精神一振，展现了习近平独特的语言风格和人格魅力。

（2）比喻。毛泽东在《抗日战争胜利后的时局和我们的方针》中讲抗战胜利果实应该属于谁时，以种桃树、浇桃树、摘桃子做比喻，说明胜利果实是属于抗战军民的，既形象生动，又深刻有力。习近平总书记在党的群众路线教育实践活动工作会议发表重要讲话，指出教育实践活动要着眼于自我净化、自我完善、自我革新、自我提高，以"照镜子、正衣冠、洗洗澡、治治病"为总要求。立足当前、着眼长远，通俗鲜明、符合实际，具有很强的针对性和指导性。

（3）古语。在讲话中适当用一点古语来帮助说明观点，效果也很好。

如某领导同志在"企业评政府"的讲话中引用了"屋漏在上，知之在下"这句古语，简洁、深刻地说明了"企业评政府""下评上"的意义，与会者听后留下了深刻印象。

（4）群众语言。在领导讲话中适当用一点群众语言，有时也会增强讲话的感染力。如某领导同志在讲发展农村经济时提出通过横向联合"发横财"、通过出口创汇"赚洋钱"，巩固发展乡镇企业"半壁江山"，推广"骑着黄牛奔小康"的经验等，其中采用了不少群众语言，讲话收到了很好的效果。

例文：

青年要自觉践行社会主义核心价值观
——习近平同志在北京大学师生座谈会上的讲话
（2014 年 5 月 4 日）

各位同学，各位老师，同志们：

今天是五四青年节，很高兴来到北京大学同大家见面，共同纪念五四运动 95 周年。首先，我代表党中央，向北京大学全体师生员工，向全国各族青年，致以节日的问候！向全国广大教育工作者和青年工作者，致以崇高的敬意！

刚才，朱善璐同志汇报了学校工作情况，几位同学、青年教师分别作了发言，大家讲得都很好，听后很受启发。这是我到中央工作以后第五次到北大，每次来都有新的体会。在洋溢着青春活力的校园里一路走来，触景生情，颇多感慨。我感到，当代大学生是可爱、可信、可贵、可为的。

五四运动形成了爱国、进步、民主、科学的五四精神，拉开了中国新民主主义革命的序幕，促进了马克思主义在中国的传播，推动了中国共产党的建立。五四运动以来，在中国共产党领导下，一代又一代有志青年"以青春之我，创建青春之家庭，青春之国家，青春之民族，青春之人类，青春之地球，青春之宇宙"，在救亡图存、振兴中华的历史洪流中谱写了一曲曲感天动地的青春乐章。

北京大学是新文化运动的中心和五四运动的策源地，是这段光荣历史的见证者。长期以来，北京大学广大师生始终与祖国和人民共命运、与时代和社会同前进，在各条战线上为我国革命、建设、改革事业作出了重要贡献。

党的十八大提出了"两个一百年"奋斗目标。我说过，现在，我们比历史上任何时期都更接近实现中华民族伟大复兴的目标，比历史上任何时期都更有信心、更有能力实现这个目标。

行百里者半九十。距离实现中华民族伟大复兴的目标越近，我们越不能懈怠、越要加倍努力，越要动员广大青年为之奋斗。

光阴荏苒，物换星移。时间之河川流不息，每一代青年都有自己的机遇和机缘，都要在自己所处的时代条件下谋划人生、创造历史。青年是标志时代的最灵敏的晴雨表，时代的责任赋予青年，时代的光荣属于青年。

广大青年对五四运动的最好纪念，就是在党的领导下，勇做走在时代前列的奋进者、开拓者、奉献者，以执着的信念、优良的品德、丰富的知识、过硬的本领，同全国各族人民一道，担负起历史重任，让五四精神放射出更加夺目的时代光芒。

同学们、老师们！

大学是一个研究学问、探索真理的地方，借此机会，我想就社会主义核心价值观问题，同各位同学和老师交流交流想法。……

我为什么要对青年讲讲社会主义核心价值观这个问题？是因为青年的价值取向决定了未来整个社会的价值取向，而青年又处在价值观形成和确立的时期，抓好这一时期的价值观养成十分重要。这就像穿衣服扣扣子一样，如果第一粒扣子扣错了，剩余的扣子都会扣错。人生的扣子从一开始就要扣好。"凿井者，起于三寸之坎，以就万仞之深。"青年要从现在做起、从自己做起，使社会主义核心价值观成为自己的基本遵循，并身体力行大力将其推广到全社会去。

广大青年树立和培育社会主义核心价值观，要在以下几点上下功夫。

一是要勤学，下得苦功夫，求得真学问。知识是树立核心价值观的重要基础。古希腊哲学家说，知识即美德。我国古人说："非学无以广才，非志无以成学。"大学的青春时光，人生只有一次，应该好好珍惜。为学之要贵在勤奋、贵在钻研、贵在有恒。鲁迅先生说过："哪里有天才，我是把别人喝咖啡的工夫都用在工作上的。"大学阶段，"恰同学少年，风华正茂"，有老师指点，有同学切磋，有浩瀚的书籍引路，可以心无旁骛求知问学。此时不努力，更待何时？要勤于学习、敏于求知，注重把所学知识内化于心，形成自己的见解，既要专攻博览，又要关心国家、关心人民、关心世界，学会担当社会责任。

二是要修德，加强道德修养，注重道德实践。"德者，本也。"蔡元培先生说过："若无德，则虽体魄智力发达，适足助其为恶。"道德之于个人、之于社会，都具有基础性意义，做人做事第一位的是崇德修身。这就是我们的用人标准为什么是德才兼备、以德为先，因为德是首要、是方向，一个人只有明大德、守公德、严私德，其才方能用得其所。修德，既要立意高远，又要立足平实。要立志报效祖国、服务人民，这是大德，养大德者方可成大业。同时，还得从做好小事、管好小节开始起步，"见善则迁，有过则改"，踏踏实实修好公德、私德，学会劳动、学会勤俭，学会感恩、学会助人，学会谦让、学会宽容，学会自省、学会自律。

三是要明辨，善于明辨是非，善于决断选择。"学而不思则罔，思而不学则殆。"是非明，方向清，路子正，人们付出的辛劳才能结出果实。面对世界的深刻复杂变化，面对信息时代各种思潮的相互激荡，面对纷繁多变、鱼龙混杂、泥沙俱下的社会现象，面对学业、情感、职业选择等多方面的考量，一时有些疑惑、彷徨、失落，是正常的人生经历。关键是要学会思考、善于分析、正确抉择，做到稳重自持、从容自信、坚定自励。要树立正确的世界观、人生观、价值观，掌握了这把总钥匙，再来看看社会万象、人生历程，一切是非、正误、主次，一切真假、善恶、美丑，自然就洞若观火、清澈明了，自然就能作出正确判断、作出正确选择。正所谓"千淘万漉虽辛苦，吹尽狂沙始到金"。

四是要笃实，扎扎实实干事，踏踏实实做人。道不可坐论，德不能空谈。于实处用力，从知行合一上下功夫，核心价值观才能内化为人们的精神追求，外化为人们的自觉行动。《礼记》中说："博学之，审问之，慎思之，明辨之，笃行之。"有人说："圣人是肯做工夫的庸人，庸人是不肯做工夫的圣人。"青年有着大好机遇，关键是要迈稳步子、夯实根基、久久为功。心浮气躁，朝三暮四，学一门丢一门，干一行弃一行，无论为学还是创业，都是最忌讳的。"天下难事，必作于易；天下大事，必作于细。"成功的背后，永远是艰辛努力。青年要把艰苦环境作为磨炼自己的机遇，把小事当作大事干，一步一个脚印往前走。滴水可以穿石。只要坚韧不拔、百折不挠，成功就一定在前方等你。……

同学们、老师们！

党中央作出了建设世界一流大学的战略决策，我们要朝着这个目标坚定不移前进。办好中国的世界一流大学，必须有中国特色。没有特色，跟在他人后面亦步亦趋，依样画葫芦，是不可能办成功的。这里可以套用一句话，越是民族的越是世界的。世界上不会有第二个哈佛、牛津、斯坦福、麻省理工、剑桥，但会有第一个北大、清华、浙大、复旦、南大等中国著名学府。我们要认真吸收世界上先进的办学治学经验，更要遵循教育规律，扎根中国大地办大学。

鲁迅先生说："北大是常为新的，改进的运动的先锋，要使中国向着好的，往上的道路走。"党的十八届三中全会吹响了全面深化改革的号角，也对深化我国高等教育改革提出了明确要求。现在，关键是把蓝图一步步变为现实。全国高等院校要走在教育改革前列，紧紧围绕立德树人的根本任务，加快构建充满活力、富有效率、更加开放、有利于学校科学发展的体制机制，当好教育改革排头兵。我也希望北京大学通过埋头苦干和改革创新，早日实现几代北大人创建世界一流大学的梦想。……

我相信，当代中国青年一定能够担当起党和人民赋予的历史重任，在激扬青春、开拓人生、奉献社会的进程中书写无愧于时代的壮丽篇章！

（人民网）

第三节　开　幕　词

一、开幕词的含义

开幕词是党政机关、社会团体、企事业单位在重要会议开始时，由会议主持人或主要领导人所作的重要讲话的文稿。

开幕词是会议的序曲，对会议起着指示、介绍的作用，使与会者对会议有一个总体的认识。

开幕词具有宣告性，它拉开了会议的序幕，宣布会议开始；开幕词还具有指导性，它为大会定下了基调，指导会议按此基调进行。

二、开幕词的种类

开幕词按内容划分，可分为简约类开幕词、复杂类开幕词。从准备情况划分，可分为口头演说开幕词和书面开幕词。通常比较隆重的大中型会议应采取规范的书面开幕词，而一般的会议则可用口头即兴演说式的开幕词。

三、开幕词的写法

开幕词的结构由标题、称谓、正文构成。

1. 标题。

开幕词的文种名称具有不确定性，有时可表达为"致辞""讲话""演讲""开幕词"等形式。

（1）由文种构成式。如《开幕词》。

（2）由会议名称和文种构成式。如《××会议开幕词》或《××开幕式上致辞》等。

上述两种标题通常在标题下方正中用括号注明会议召开的日期，在日期下标出致辞人姓名。

（3）由致辞人姓名、会议名称和文种构成。如《××在第三届亚欧外长会议上的致辞》等。

（4）双标题。根据会议议题概括出正标题，再以会议名称和文种构成副标题。如《合作发展　共创辉煌——××在××年亚太经合组织工商领导人峰会上的开幕词》。有时根据需要可以在标题下用题注的形式将致辞人的职务、姓名和成文日期、地点表达出来。

2. 称谓。

开幕词的称谓应视会议的性质和与会人员的身份选用泛称或类称，如"同志们""各位来宾""女士们、先生们、朋友们"等。

3. 正文。

开幕词的正文通常由开头、主体、结尾三部分构成。

（1）开头。通常可以表示对大会开幕的祝贺，对与会代表和来宾的欢迎，可以简述会议的有关情况，如筹备情况、与会人员的构成、出席会议的领导和来宾等。也可以简述会议的重大意义、会议议题等。开头应简洁、鲜明、热情，营造出热烈的气氛。

（2）主体。通常可以首先说明会议召开背景，回顾历史或概括形势，指明会议召开的意义。也可以直接提出会议的指导思想或会议的宗旨，然后交代会议的议题及议程或对会议的某些看法等问题。最后提出会议预期的效果或提出要求、希望。主体部分要紧扣议题，态度鲜明，层次清晰，语言凝练，语气热烈。

（3）结尾。通常可以呼应开头，概述对会议成功的期盼，可以对会议作预示性评价，如"这次会议将成为××的里程碑"等，也可以用"预祝大会圆满成功"作结语。结尾的写作应简洁有力，具有号召性和鼓励性。

例文：

为建设一个伟大的社会主义国家而奋斗

（一九五四年九月十五日在一届全国人民代表大会
第一次会议上的开幕词）

毛泽东

各位代表！

中华人民共和国第一届全国人民代表大会第一次会议，今天在我国首都北京举行。

代表总数一千二百二十六人，报到的代表一千二百十一人，因病因事请假没有报到的代表十五人，报到了因病因事今天临时缺席的代表七十人。今天会议实到的代表一千一百四十一人，合于法定人数。

中华人民共和国第一届全国人民代表大会第一次会议负有重大的任务。

我们这次会议具有伟大的历史意义。这次会议是标志着我国人民从一九四九年建国以来的新胜利和新发展的里程碑，这次会议所制定的宪法将大大地促进我国的社会主义事业。

我们的总任务是：团结全国人民，争取一切国际朋友的支援，为了建设一个伟大的社会主义国家而奋斗，为了保卫国际和平和发展人类进步事业而奋斗。

我国人民应当努力工作，努力学习苏联和各兄弟国家的先进经验，老老实实，勤勤恳恳，互勉互助，力戒任何的虚夸和骄傲，准备在几个五年计划之内，将我们现在这样一个经济上文化上落后的国家，建设成为一个工业化的具有高度现代文化程度的伟大的国家。

我们的事业是正义的。正义的事业是任何敌人也攻不破的。

领导我们事业的核心力量是中国共产党。

指导我们思想的理论基础是马克思列宁主义。

我们有充分的信心，克服一切艰难困苦，将我国建设成为一个伟大的社会主义共和国。

我们正在前进。

我们正在做我们的前人从来没有做过的极其光荣伟大的事业。

我们的目的一定要达到。

我们的目的一定能够达到。

全中国六万万人团结起来，为我们的共同事业而努力奋斗！

我们的伟大的祖国万岁！

（《毛泽东选集》第五卷）

第四节　闭　幕　词

一、闭幕词的含义

闭幕词（辞），是会议的主要领导人代表会议举办单位，在会议闭幕时的讲话。其内容一般是概述会议所完成的任务，对会议的成果作出评价，对会议的经验进行总结，对贯彻会议精神提出要求和希望。

闭幕词与开幕词一样，具有简明性和口语化两个共同特点，其种类与开幕词相同。凡重要会议或重要活动，与开幕词相对应，一般都有闭幕词，这是一道必不可少的程序，标志着整个会议或活动的结束。闭幕词通常要对会议或活动作出正确的评估和总结，充分肯定会议或活动所取得的成果，强调会议或活动的主要精神和深远影响，激励有关人员宣传会议或活动的精神实质和贯彻落实有关的决议或倡议。

二、闭幕词的特点

1. 总结性。

闭幕词是在会议活动的闭幕式上使用的文种，要对会议内容、会议精神和进程进行简要的总结并作出恰当评价，肯定会议的重要成果，强调会议的主要意义和深远影响。

2. 概括性。

闭幕词应对会议进展情况、完成的议题、取得的成果、提出的会议精神及深远意义等进行高度的语言概括。因此，闭幕词的篇幅一般都短小精悍，语言简洁明快。

3. 号召性。

为激励参加会议的全体成员实现会议提出的各项任务而奋斗，增强与会人员贯彻会议精神的决心和信心，闭幕词的行文充满热情，语言坚定有力，富有号召性和鼓动性。

4. 口语化。

闭幕词要适合口头表达，写作时语言要求通俗易懂、生动活泼。

三、闭幕词的写法

闭幕词由标题、称呼和正文三部分组成，标题与称呼的写法与开幕词基本相同。在标题和称谓之后，另起一段首先说明会议已经完成预定任务，现在就要闭幕了；然后概述会议的进行情况，恰当地评价会议的收获、意义及影响。核心部分要写明：会议通过的主要事项和基本精神；会议的重要性和深远意义；向与会人员提出贯彻会议精神的基本要求等。一般来说，这几方面内容都不能少，而且顺序是基本不变的。写作时要掌握会议情况，有针对性地对会议内容予以阐述和肯定；同时可以对会议未能展开都已认识到的重要问题作出适当强调或补充；行文要热情洋溢，文章语言要简洁有力，起到激发斗志，增强信心的作用。结尾部分一般先以坚定语气发出号召，提出希望，表示祝愿等；最后郑重宣布会议闭幕。

闭幕词出现在会议结尾，因此，要写得与开幕词前后呼应、首尾衔接，显示大会开得很圆满、很成功。

例文：

在二十国集团领导人杭州峰会上的闭幕辞

（2016 年 9 月 5 日　杭州）

中华人民共和国主席　习近平

各位同事：

我们用了一天半的时间，围绕会议主题和重点议题进行了热烈而富有成果的讨论，就加强政策协调、创新增长方式，全球经济金融治理，国际贸易和投资，包容和联动式发展等议题，以及影响世界经济的其他突出问题，深入交换看法，达成许多重要共识。

第一，我们决心为世界经济指明方向，规划路径。我们认为，当前世界经济增长仍然乏力，增长动力不足，国际和地区热点问题以及全球性挑战对世界经济的影响不容忽视。维护世界和平稳定，为促进全球经济增长创造良好环境至关重要。我们要继续加强宏观政策沟通和协调，发扬同舟共济、合作共赢的伙伴精神，凝聚共识，形成合力，促进世界经济强劲、可持续、平衡包容增长。我们通过了《二十国集团领导人杭州峰会公报》，进一步明确了二十国集团合作的发展方向、目标、举措，就推动世界经济增长达成了杭州共识，为构建创新、活力、联动、包容的世界经济描绘了愿景。

第二，我们决心创新增长方式，为世界经济注入新动力。我们一致通过了《二十国集团创新增长蓝图》，决心从根本上寻找世界经济持续健康增长之道，紧紧抓住创新、新工业革命、数字经济等新要素新业态带来的新机遇，并制定一系列具体行动计划。我们支持以科技创新为核心，带动发展理念、体制机制、商业模式等全方位、多层次、宽领域创新，推动创新成果交流共享。我们决定大力推进结构性改革，制定了优先领域、指导原则、指标体系。《二十国集团创新增长蓝图》的达成，将使我们在理念上有共识、行动上有计划、机制上有保障，有助于为全球增长开辟新路径，全面提升世界经济中长期增长潜力。

…………

在我正式宣布会议结束之前，我想向大家表示诚挚谢意。感谢你们对我本人和中国政府的信任，感谢你们在会议期间给予中方的支持、理解、合作，感谢你们为推动世界经济增长和二十国集团发展付出的辛勤努力和作出的重要贡献。

在我们共同努力下，二十国集团领导人杭州峰会取得了丰硕成果，画上了圆满句号。我深信，这次会议将成为一个崭新起点，让二十国集团从杭州再出发。

相聚美好而又短暂，很快到了我们要说再见的时候。会议结束后，我将参加记者招待会，根据我们在会上达成的共识，向媒体简要介绍会议成果和讨论情况。有些同事还要在中国逗留几天，有些同事很快将离开中国。我希望这次中国之行和西湖风光能给大家留下美好的回忆，也愿借此机会祝大家旅途愉快，一路平安！

最后，我宣布，二十国集团领导人杭州峰会闭幕！
谢谢大家。

（新华网）

思考题：

1. 大会工作报告的概念及特点是什么？
2. 如何运用材料撰写好领导讲话？
3. 简述闭幕词的特点。

第十三章 致辞礼仪类公文

第一节 祝 贺 词

一、祝贺词的含义

祝贺词是机关领导者在喜庆性的隆重集会或社交仪式上，向全体听众表达良好祝愿或者共同庆贺的公务文书。

祝词、贺词、祝贺词三者通用，但最常用、最广泛的是祝贺词。如对个人表示祝贺，一般不用贺词而用祝词，祝词也写作祝辞。

祝贺词在人们的生活、工作中经常运用到，如工程开工典礼、寿辰和重要节日及其他社会活动都需要。因此可分为事业祝词、祝寿词、祝酒词、祝婚词等。

二、祝贺词的特点

一是祝愿性，用富有感情色彩的语言，表达祝愿、祝贺、道喜、庆贺和祝福、祝祷的感情；二是直接性，在一定的社交场合当众宣读发表，直接陈述祝贺的感情和希望；三是真挚性，言辞恳切，语气诚恳，表达讲话者真挚的祝愿；四是呼应性，讲话者致祝词后，被祝贺者往往即致答谢词；五是鼓舞性，借以活跃交际气氛，鼓舞人们斗志，深化相互之间的了解与情谊，激励人们进一步加强团结和合作。

三、祝贺词的写法

祝贺词结构一般分为三部分：标题、称谓、正文。

1. 标题。

（1）用文种做主标题。如《祝词》《贺词》《祝贺词》。使用这种标题，应在标题下一行标注致辞人姓名，提行标注致辞日期。

（2）用致辞人、会议名称和文种做标题。如《××在新年茶话会上的致辞》，其下标注致辞日期。

（3）正副式标题。正标题概括文章中心内容，副标题说明是谁在什么会议上的祝词，如《殷切的期望——××校长在新生入学典礼上的贺词》，其下标注致辞时间。也有在正标题之下，由事由和文种组成副标题，其下再依次标注致辞人、致辞时间。

2. 称谓。祝贺个人，按舒心称呼书写，有时在姓名前加"亲爱的""尊敬的"等修饰词；祝贺单位、集体，常用泛称，如"各位来宾、各位同志""同志们、朋友们"；也可将单位领导人单独成行按职位高低排列，再列单位职工的泛称，如"尊敬的××董事长，××总经理，××公司全体职工"这样分三行排列。

3. 正文。一般由开头、主体、结尾三部分组成。开头，用简洁、热情的语言表示祝贺、祝福，有时也可简要地交代背景，说明缘由；主体部分，写祝贺的具体内容和意义、作用，回顾相互之间的合作关系；结尾，提出希望、要求，表示祝愿、祝福。

例文：

国家主席习近平二○二○年新年贺词

2020 年就要到了，我在首都北京向大家送上新年的美好祝福！

2019 年，我们用汗水浇灌收获，以实干笃定前行。高质量发展平稳推进，我国国内生产总值预计将接近 100 万亿元人民币、人均将迈上 1 万美元的台阶。三大攻坚战取得关键进展。京津冀协同发展、长江经济带发展、粤港澳大湾区建设、长三角一体化发展按下快进键，黄河流域生态保护和高质量发展成为国家战略。全国将有 340 个左右贫困县摘帽、1000 多万人实现脱贫。嫦娥四号在人类历史上第一次登陆月球背面，长征五号遥三运载火箭成功发射……

…………

2019 年，中国继续张开双臂拥抱世界。我们主办了第二届"一带一路"国际合作高峰论坛、北京世界园艺博览会、亚洲文明对话大会、第二届中国国际进口博览会，向世界展示了一个文明、开放、包容的中国。我同很多国家元首和政府首脑会晤，分享了中国主张，增进了友谊，深化了共识。世界上又有一些国家同我国建交，我国建交国达到 180 个。我们的朋友遍天下！

2020 年是具有里程碑意义的一年。我们将全面建成小康社会，实现第一个百年奋斗目标。2020 年也是脱贫攻坚决战决胜之年。冲锋号已经吹响。我们要万众一心加油干，越是艰险越向前，把短板补得再扎实一些，把基础打得再牢靠一些，坚决打赢脱贫攻坚战，如期实现现行标准下农村贫困人口全部脱贫、贫困县全部摘帽。

…………

此时此刻，还有许多人在坚守岗位，许多人在守护平安，许多人在辛勤劳作。大家辛苦了！

让我们只争朝夕，不负韶华，共同迎接 2020 年的到来。

祝大家新年快乐！

（中国政府网）

第二节　欢　迎　词

一、欢迎词的含义

欢迎词是在迎接宾客的仪式、集会、宴会上主人对宾客的光临表示热烈欢迎的致辞。

二、欢迎词的特点

1. 愉悦性。

"有朋自远方来，不亦乐乎"，所以致欢迎词当有一种愉快的心情，言辞用语一定要真诚而富有激情，才能给宾客一种"宾至如归"的感觉，以营造一种友好愉悦的气氛，为下一步各种活动的圆满举行打下好的基础。

2. 口语性。

欢迎词本意是现场当面向宾客口头表达的，所以口语化是欢迎词文字上的必然要求，在遣词用语上要运用生活化的语言，既简洁又富有生活的情趣。口语化会拉近主人同来宾的亲切关系。

三、欢迎词的写法

欢迎词一般由标题、称谓、正文三部分组成。

1. 标题。

标题写法一般有三种：

第一，单独以文种命名，如《欢迎词》。

第二，由活动内容和文种共同构成，如《在××会上的欢迎词》。

第三，以致辞者、致辞场合（或被欢迎的宾客）和文种共同构成，如《××在×××上的欢迎词》。

2. 称谓。

称谓要求顶格写，对宾客的称呼要用敬辞并写全称，以示尊重，如"尊敬的××总统阁下""亲爱的××女士"等，后加冒号。

3. 正文。

正文一般先写表示欢迎、感谢或问候的话；接着从具体场合出发，写出宾客来访的目的、意义、作用；继而概括已往取得的成就以及变化和发展，表示继续加强合作的意愿、希望，或回顾双方交往的历史与友情，放眼全局，展望未来；结尾用简短的语句，向宾客再一次表示感谢或良好祝愿，如祝宾客愉快、祝宾客成功或祝宾客健康等。

另外，落款处有时也会写上致辞者的职务、姓名和日期，位置或在标题之下，或在正文之后右下方。

四、欢迎词的写作要求

1. 称呼要用尊称，感情要真挚，要能比较得体地表达自己的原则立场。

2. 措辞要慎重，勿信口开河，同时要注意尊重对方的风俗习惯，应避开对方的忌讳，以免发生误会。

3. 语言要精确、热情、友好、温和、礼貌。

4. 篇幅宜短小精悍，言简意赅。

例文：

周恩来总理在欢迎尼克松总统宴会上的讲话

总统先生、尼克松夫人，女士们、先生们，同志们、朋友们：

首先，我高兴地代表毛泽东主席和中国政府向尼克松总统和夫人，以及其他的客人们表示欢迎。同时，我也想利用这个机会代表中国人民向远在太平洋彼岸的美国人民致以亲切的问候。尼克松总统应中国政府的邀请，前来我国访问，使两国领导人有机会直接会晤，谋求两国关系正常化，并对共同关心的问题交换意见，这是符合中美两国人民愿望的积极行动，这在中美两国关系史上是一个创举。

美国人民是伟大的人民。中国人民是伟大的人民。我们两国人民一向是友好的。由于大家都知道的原因，两国人民之间往来中断了二十多年。现在，经过中美双方共同努力，友好往来的大门终于打开了。目前，促使两国关系正常化，争取和缓紧张局势，已经成为中美两国人民强烈的愿望。人民，只有人民，才是创造世界历史的动力。我们相信，我们两国人民这种共同愿望，总有一天要实现的。

中美两国的社会制度根本不同，在中美两国政府之间存在巨大分歧。但是，这种分歧不应当妨碍中美两国在相互尊重主权和领土完整、互不侵犯、互不干涉内政、平等互利和和平共处五项原则的基础上建立正常的国家关系，更不应该导致战争。中国政府早在 1955 年就公开声明，中国人民不想同美国打仗，中国政府愿意坐下来同美国政府谈判，这是我们一贯奉行的方针。我们注意到尼克松总统在来华前的讲话中也说道："我们必须做的事情是寻找某种办法使我们可以有分歧而又不成为战争中的敌人。"我们希望，通过双方坦率地交换意见，弄清彼此之间的分歧，努力寻找共同点，使我们两国的关系能够有一个新的开始。

最后我建议：为尼克松总统和夫人的健康，为其他美国客人们的健康，为在座的所有朋友和同志们的健康，为中美两国之间的友谊，干杯。

（央视网）

第三节 欢 送 词

一、欢送词的含义

欢送词是指在送别宾客的仪式上或会议结束之时，主人对宾客或与会代表的离去表示热烈欢送的致辞。

二、欢送词的特点

1. 惜别性。"相见时难别亦难"，中国人重情谊这一千古不变的民族传统精神在今天更显得重要。欢送词要表达亲朋远行时的感受，所以依依惜别之情要溢于言表。当然格调也不可过于低沉。尤其是公共事务的交往更应把握好分别时所用言辞的分寸。

2. 口语性。是欢送词的一个显著特点。遣词造句也应注意使用生活化的语言，使送别既富有情趣又自然得体。

3. 祝愿性。一般在结尾时以热情的语言，向被欢送者表示祝愿。

三、欢送词的写法

欢送词的格式基本同欢迎词一样，只是中间部分要简练一些。

1. 标题。

标题的写法有三种：

第一，单独以文种命名，如《欢送词》。

第二，由活动内容和文种共同构成，如《在××会上的欢送词》。

第三，以致辞者、致辞场合（或被欢送的宾客）和文种共同构成，如《××在××××上的欢送词》。

2. 称谓。

称呼要求顶格写。要写出宾客的姓名称呼，要用敬辞。如"尊敬的××总理阁下""尊敬的各位先生们、女士们""亲爱的代表们"等，后加冒号。

3. 正文。

正文开头通常应说明此时在举行何种欢送仪式，发言人是以什么身份、代表哪些人向宾客表示欢送的；然后是有关欢送的具体内容，如来宾逗留的时间及离别的日程，叙述访问的行程及收获，对来宾的希望及祝愿；结尾对来宾的即将离去表示热烈的欢送，发出再次来访的邀请。亲朋远行尤其要表达希望早日团聚的惜别之情。

另外，落款处有时也会写上致辞的单位名称、致辞者的身份、姓名，并署上日期。

四、欢送词的写作要求

1. 欢送词的语言要精确、友好、热情、温和，切忌语言粗俗。

2. 感情要真挚、自然。

3. 在一些重要的社交场合和国际交往中，欢送词既要表示友好，又要坚持自己的立场原则，维护自身的利益。

4. 篇幅不宜太长，否则会引起听众的反感。

例文：

××大学教授×××在2016年毕业典礼上赠别
毕业生的励志演讲稿
（2016年6月19日）

每一年的这个时节，同样在这个礼堂，都会有一个老男人或者资深美女，作为导师代表发言。他们或念念叨叨，或语重心长说一大段话，归结起来就两个字：理想！理想很空，老师很穷，如果要让老师送给大家一个不花钱的临别礼物，理想大约是最好的选择。

1987年，××大学中文系有一个毕业生叫×××，他写了一首情诗：

"如果不曾相许，

为什么你会娓娓游入我的梦里？

既然曾经相守，

为什么我又要默默从你的瞳仁离去？

都说

这便是分别、这便是失恋、这便是匆匆无情匆匆无语！

都说

这便是候鸟一下失落了季节，

轻触芦笛的唇儿把音符悠悠吹出去"

这首诗是为××大学中文系毕业纪念册写的扉页，后来它成了整个××大学87届的毕业寄语。今年毕业季，在你们刷屏的文章：今晚，我还是××大学的学生啊！我看到了你们同样的眷恋。

其实，对一所大学的真正留恋是从收拾行李开始的。30年前，我的眼泪就是在这个时候开始掉的。我多想把整座大学都背走，背走我的无忧无虑。可是我痛苦地发现：当岁月潮水般从我脚下退去，它便留下了我的一切，我带不走一件行李。

这是所有毕业生永恒的情结。今天，你同样会追问，当我离开这一所大学时，我可以带走什么？你会发现：校园带不走，食堂带不走，图书馆带不走，实验室带不走，老师带不走，小师妹、小鲜肉……好像可以带走。

一所大学真正改变你的东西，就是你可以带走的东西。那么，你可以从大学带走你的什么呢？

首先，你可以带走××大学的 Logo。你的未来履历，将永远打上"Made in ××"的商标。你未来会填无数的表，××大学是除了你的名字和性别之外出现频率最多的文字。极端地说，你的名字还可以改——你可以更名，你的性别也可以改——你可以变性，但你的这一个学历永远不能改。

其次，你可以带走××大学的"梦想"。易中天教授说，大学是用来蒸桑拿的，你最重要的任务就是在这里接受熏陶。我的说法是，大学是用来回忆的，未来你做梦梦见最多的地方，一定就是大学。

还有，老师不能带走，但老师说的话可以带走。一位学生在大学毕业十年后，如果还能记住大学老师的 10 句话，那么大学对他的教育就是成功的。最好的老师有三种，第一种是递锤子的：你想要钉钉子，你的老师递给你一把锤子——多好的老师；第二种是变手指的：你的人生需要好多黄金，老师让你的手指头变得可以点铁成金——多好的老师；第三种是开窗子的：你以为看到了风景的全部，老师帮你打开一扇窗，你豁然开朗："啊，原来还有另外一个世界！"这便是最好的老师了。

大学最值得带走的不是知识，而是"45 度角仰望星空"的姿势。在大学，100 个人中，99 个人都是抬头看天空的人，难得有一个人低头看地下，这个人是出类拔萃的人。一旦毕业出了校门，99 个人都是低头看地下——一方面竞争非常惨烈，另一方面诱惑特别多，两个巴掌打下来，不用教你，你自然会懂得面对现实。难得有一个人抬头看天空，他不是疯子，就是出类拔萃的人！

……………

亲爱的同学们：2016 毕业站到了，仰天大笑出门去！莫后悔！不犹豫！我们下一次再相逢！

第四节　告　别　词

一、告别词的含义

告别词是指客人离开之前向主人表示告别和感激之情的礼节性致辞。告别词与答谢词有相似之处，都有表达谢意，进一步发展友谊、进行交往的意愿，都有美好的祝愿。它们的不同有两点：一是告别词在客人离别主人之前使用，而答谢词可以在离别前也可以在访问中使用。二是告别词可以在公开场合面对面使用，也可以用函电的形式发出，而答谢词通常是面对面地使用。

二、告别词的写法

告别词由标题、称谓、正文三部分组成。告别词的标题和称谓，与欢送词的写法基本相同。告别词正文的内容构成也与欢送词相似，不过由于演讲中处于送和别的不同角度，两者也有区别：欢送词除了表达依依惜别之情外，主要是向被欢送者表示祝贺，提出勉励、希望；而告别词除了表达依依惜别之情外，主要是向告别对象表示感谢，或追述友谊，或表达自己决不辜负送别者的期望和意愿。

三、告别词写作的注意事项

因工作调动离开单位的告别词，不宜过分渲染惜别之情，以免全文显得情调低沉。此外，适当使用口语，但不宜过多；求通俗，不能庸俗。

例文：

让我们扬眉出剑
——在××学院毕业典礼上的讲话

同学们：

花开花谢，潮起潮落，三年的大学时光马上就要结束，作为即将要跨出校门的毕业生，我们应该做些什么？应该怎样把我们自己的形象和最后的努力，把自己的梦想和民族的希望紧紧连在一起？

"毕业生"这三个沉甸甸的字眼今天终于落在我们头上。但我们蓦然发现，这并不是什么耀眼的光环，反而是一种压力，甚至可以说是一种无奈，一种你非往前走不可的无奈。

这也是一种动力，一种责任。一种催人奋进的动力，一种青年人不可推卸的责任。不久，我们就会握手言别，各奔东西，但无论你是远赴天涯，戍守边疆，还是工作于条件优越的大都市。有一点是相同的，那就是我们真正开始了从军报国的生涯。父辈已经把希望寄托在我们身上，我们靠什么来实现父辈的那为之梦回千转的希望呢？

靠的是我们手中的"剑"！我们手中的剑，不光是指自己的专业知识是否过硬，还有你的报国思想是否坚定，你的身体素质是否优秀……，所有这些，铸成了我们手中这把来日依其建功立业的长剑！十年磨一剑！这把剑我们已经磨了很久，就要派上用场了。再把剑磨利些，再把剑擦亮些。

毕业来临时，祖国人民都会凝视着我们拔出长剑，看我们手中的长剑是否寒光闪闪？看纷繁的日月，许多勇士冲锋陷阵，谱写了一曲又一曲惊天动地、荡气回肠的歌，我们相信，年轻的军人大学生们也一定能在地平线上立下一柱又一柱的辉煌。

同学们，让我们扬眉出剑吧。

第五节 答 谢 词

一、答谢词的含义

答谢词是指特定的公共礼仪场合，主人致欢迎词或欢送词后，客人所发表的对主人的热情接待和关照表示谢意的致辞。

答谢词有一定的相应性。如在欢迎（送）宴会上，主人先致欢迎（送）词，宾客再致答谢词；在颁奖仪式或祝贺性活动中，主持人致颁奖词或众人致祝词后，获奖者或被祝贺者即致答谢词。

有时告别词和答谢词可以互用。宾客访问即将结束而举行的告别宴会上，对主人的盛情表示感谢的致辞，是告别词，也可叫答谢词。

二、答谢词的结构

答谢词的基本结构及写法与欢迎（送）词基本相同。

正文包括的内容一般有：开头对主人的热情接待表示感谢，同时倾吐自己的心声。中间畅叙情谊，或表明自己来访的意图、诚意，申述有关的愿望；或赞扬主人某方面的业绩、崇高的精神；或展望未来，表示将进一步发展关系，扩大合作成果的信心。最后再次表示感谢，并且表示良好的祝愿；或表达希望再次访问或邀请主人回访的意愿。

三、答谢词写作注意事项

1. 语言简洁、朴实，不要说过多的客套话，应有谦逊诚恳的态度，自然直率的表达。

2. 要了解当地的民情、风俗、尊重对方习惯。

3. 注意照应欢迎词。答谢词要注意与欢迎词的某些内容照应。这是对主人的尊重。即使预先准备了答谢词，也要在现场紧急修改补充，或因情因境临场应变发挥。

4. 篇幅力求简短。不宜冗长拖沓，以免令人厌烦。

例文：

答谢词

尊敬的××先生，尊敬的××集团公司的朋友们：

首先，请允许我代表全体成员对××先生及××集团公司对我们的盛情接待表示衷心的感谢。

我们一行五人代表××公司首次来贵地访问，此次来访时间虽短，但收获颇丰。仅三天时间，我们对贵地的电子信息产业有了比较全面的了解，与贵公司建立了友好的技术合作关系，并成功地洽谈了××信息网络合作事宜。这一切，都得益于主人的真诚合作和大力支持。对此，我们表示衷心的感谢。

电子业是新兴的产业，蒸蒸日上，有着广阔的发展前景。贵公司拥有一支由网络专家组成的庞大队伍，技术力量相当雄厚，在网络工作站市场中成了一枝独秀。我们有幸与贵公司建立友好的技术合作关系，为我司电子信息产业的发展提供了新的契机，这必将推动我司的电子信息产业迈上一个新台阶。

其次代表我们公司再次向××集团公司表示感谢，并祝贵公司迅猛发展，再创奇迹。更希望彼此继续加强合作，共创明天。

最后，我提议：为我们之间正式建立友好合作关系，为今后我们之间的密切合作，干杯！

第六节 颁 奖 词

一、颁奖词的含义

颁奖词，是机关、单位领导在颁奖大会或颁奖仪式上，向获奖者表示祝贺、赞誉而使用的应用文书。

颁奖词有时可以与祝词互用，有的颁奖词内容单纯、篇幅短小，只表示祝贺之意，往往也称祝词。

颁奖词具有呼应性，一般来说在颁奖词后，获奖者或获奖者代表即上台致答谢词。

二、颁奖词的特点

1. 简洁性。颁奖词非常精练简洁。为适应电视节目的播出时间要求，寥寥数句，即见人物的神韵与风采。

2. 情感性。饱含情感，真挚赞美人物的事迹与精神，达到以情感人的艺术效果。

3. 深刻性。对人物事迹的评价，必须体现一定的深度，触及人物的精神内核，将人物的壮举提升到一定的思想高度。

4. 系列性。在颁奖典礼上，授奖对象一般不是单个的。因此，这类文稿的写作往往是一个系列。尽管主题相同，但是具体人物对象的事迹不同。这就要求写作时必须做到因人定论、因事定调，有针对性地表达出每个人的个性特点。

三、颁奖词的结构

颁奖词的一般结构，由标题、称谓、正文三部分构成。

标题与称谓的写法，与祝词基本相同。正文一般有如下内容：开头，向获奖者表示祝贺。主体部分，评述获奖作品或者科技成果的价值、影响、作用和意义；介绍评奖活动的主旨、背景、筹办过程及意义；有时也可对获奖者作介绍、评价或赞誉获奖者的探索和创造精神。结尾，表示良好祝愿，祝愿获奖者下次再努力取得好成绩或新的成就，或祝愿下次评奖活动搞得更好更成功，创造更多的优秀成果。

四、颁奖词的写法

1. 大笔写意，点明人物的事迹。

写意是国画的一种画法，用笔不求工细，注重神态的表现和抒发作者的情趣。在这里，引申为一种叙事方法，是指从大处着眼，抓住人物最主要的令人钦敬的事迹，简要概述，如同画写意画，力求用最简洁的笔墨，勾勒出丰满的笔下之物。因此，颁奖词不要求详尽地交代人物事迹的来龙去脉或是细枝末节。在新闻传媒非常发达的时代，人物事迹点到为止，人们自然心领神会。如感动中国 2005 年度人物获奖者魏青刚的颁奖词：

> 沧海横流，方显英雄本色！为了一个陌生人，他在滔天巨浪中三进三出，危险面前，他根本不需要选择，因为这瞬间动作源自内心品质。他从人群中一跃而出，又悄然回到人群中去，他，是侠之大者。

这段文字对魏青刚下海救人的事迹介绍，就是简洁的"他在滔天巨浪中三进三出"，至于具体的过程，没有去详细交代。但是英雄的侠义之举如在眉睫之前。这种大笔写意的手法，笔法简洁、描人绘物非常传神，显得气势宏大、撼人心魄。

2. 纵深开掘，彰显人物的精神。

对人物精神的赞美是颁奖词写作的重点，也是难点。通过人物的事迹，引出对人物精神的评价。因此，在颁奖词中，要体现出人物的闪光心灵、人格魅力，或是人物的坚强意志、思想品质等。要体现一定的哲理意味。如感动中国 2004 年度人物获奖者徐本禹的颁奖词：

如果眼泪是一种财富，徐本禹就是一个富有的人，在过去的一年里，他让我们泪流满面。从繁华的城市，走进大山深处，用一个刚刚毕业大学生稚嫩的肩膀，扛住了颓废的教室，扛住了贫穷和孤独，扛起了本来不属于他的责任。也许一个人力量还不能让孩子们眼睛铺满阳光，爱，被期待着。徐本禹点亮了火把，刺痛了我们的眼睛。

这段文字对徐本禹的精神与责任感提炼得栩栩如生。"如果眼泪是一种财富，徐本禹就是一个富有的人"，徐本禹以自己的行动让我们感动，这种感动源自于我们对他人格精神的钦敬。物质上不富有的他，以其义举获得了全社会的尊重，这比物质上的财富更有价值。这句话具有一定的哲理意味。他"扛住了贫穷和孤独，扛起了本来不属于他的责任"。他的行为是发自内心的，体现了他的人生价值取向。因而通过这段文字，我们看到了徐本禹崇高的品质、闪光的心灵、忘我的人生境界。

3. 综合表达，事、理、情有机融合。

颁奖词的表达方式，主要是叙述、议论、抒情，这三种表达方式综合运用。将人物事迹、精神以及对人物的赞美之情有机融合在一起，做到水乳交融，自然成趣。如感动中国 2005 年度人物获奖者邰丽华的颁奖词：

从不幸的谷底到艺术的巅峰，也许你的生命本身就是一次绝美的舞蹈，于无声处，展现生命的蓬勃，在手臂间勾勒人性的高洁，一个朴素女子为我们呈现华丽的奇迹，心灵的震撼不需要语言，你在我们心中是最美的。

2005 年，春节联欢晚会上的节目《千手观音》的表演堪称"绝美的舞蹈"，以邰丽华为代表的演员，将生命之美演绎得让人惊叹。这段颁奖词将叙述、议论、抒情的表达方式融在一起，浑然天成。

4. 言简意赅，自然流畅音韵美。

颁奖词一般很简短。这就要求语言高度浓缩，言简意赅。这样的语言往往字字珠玑、意蕴丰富，具有生动、形象的特点。同时还要求语言自然流畅，音韵铿锵悦耳，富有音乐美。如，感动中国 2011 年度人物杨善洲的颁奖词：

绿了荒山，白了头发，他志在造福百姓；老骥伏枥，意气风发，他心向未来。清廉，自上任时起；奉献，直到最后一天。60 年里的一切作为，就是为了不辜负人民的期望。

这段文字把好书记杨善洲退休后义务植树 22 年的良好公仆本色，表达得淋漓尽致。

第七节　悼　词

一、悼词的含义

悼词是对死者表示哀悼、敬意和思念的文章，它既是对死者的悼念，也是对死者家属的安慰。从某种程度上来说，悼词是组织或单位对死者一生所做的总结和评价。悼词一般在追悼会上发布或者在纪念日前后发表。有的讣告下面兼有悼词的内容。当然，悼词是一种不可或缺的丧葬应用文之一。

现代的悼词是由古代的诔辞、哀辞、吊文、祭文等文件嬗变而来的。它分为广义悼词和狭义悼词两类：广义的悼词是指向死者表示哀悼、缅怀与敬意的悼念性文章。多由死者的亲朋好友或者师长学生撰写。文章一般叙述死者的生平事迹和优秀品质，特别是突出他的杰出贡献或者感人事迹，以及对自己的勉励和影响等，文章一般以抒情为主，也有以叙事议论为主。狭义的悼词则专指在死者的追悼大会上表示哀思与敬意的宣读式的专用文体。由于受追悼大会本身的时间、条件、地点的限制，因此一般以记叙或议论死者的生平业绩为主，而不以抒情为主。

二、悼词的结构

1. 标题。悼词的标题比较灵活，形式多种多样，致辞人可根据具体需要选择适当的标题形式。如邓小平的《在宋庆龄同志追悼大会上的悼词》、杨尚昆的《悼念聂荣臻同志》、杨牧的《写在艾芜前辈的灵前》、朱自清的《哀韦杰三君》等。

2. 正文。正文一般分为四个部分：第一部分为开头部分。主要写死者的姓名、职务、逝世的原因、时间、地点、享年；第二部分简要写死者的一生经历及职务；第三部分写死者生前主要业绩和优秀品质，即对人民、对社会做出的贡献，以及对死者评价；第四部分表明对死者的怀念以及化悲痛为力量的决心，同时激励生者，号召人们学习死者的高贵品质，并向死者家属表示慰问。最后用"某某同志永垂不朽！""某某同志永远活在我们心中！""某某同志永在！"，一般人悼词结尾可用"某某安息吧！""某某一路走好！"等。

3. 悼词一般不涉及死者的缺点，评价也可适当多些赞美之词，但不可用过头的语言。宣读悼词人的身份要高于死者或者和死者平级。悼词一般由所在单位派专人负责起草，有些特殊人物的悼词，还要呈报有关上级批准，或者成立治丧委员会，进行专门研究。

悼词还可以有称谓，如"同志们，朋友们"等，一般悼词的格式和内容结构大致如下：

女士们、先生们（朋友们、同志们）：

今天，我们怀着十分沉痛的心情悼念××先生（同志）。

××先生（同志）于×年×月×日时，因病医治疗无效，在××医院逝世，享年××岁。

××先生（同志）简历。

××先生（同志）……（对其一生进行恰当评价）

××先生（同志）逝世，使我们失去了一位好朋友。我们悼念他，要学习他……（其可贵精神）。

××先生（同志）永远活在我们心中！

××先生（同志）安息吧！

三、悼词写作注意事项

悼词的写作应该格外慎重和严肃，讲求准确性。逝者的生平事迹要查证确实，评价要公允，有分寸，避免出差错而产生不良影响。对逝者的成绩和优点讲足，缺点一般不讲，对过去所犯重大错误宜用笼统、模糊的语言表述。

悼词应力戒"平""套""浅"，即叙述、议论、抒情不要平淡无奇，不要落入老套，不要肤浅，而应有一定深度。但是也要防止华而不实，用语要朴实诚恳。

悼词的基调和内容应该积极，排除一切悲观主义、虚无主义的消极情绪，面向现在和将来。既要表达对死者的哀伤追思之情，又要给人以慰藉和鼓舞。

例文：

邓小平同志在周恩来总理追悼会上的悼词
（1976 年 1 月 15 日）

今天，我们怀着极其沉痛的心情，悼念中国共产党的优秀党员、伟大的无产阶级革命家、杰出的共产主义战士、中国人民久经考验的卓越的党和国家领导人周恩来同志。

周恩来同志自一九七二年患癌症以后，在伟大领袖毛主席、党中央经常的亲切关怀下，医护人员进行了多方面的精心治疗。他一直坚持工作，同疾病作了顽强的斗争。由于病情恶化，医治无效，一九七六年一月八日九时五十七分，周恩来同志的心脏停止了跳动。全党全军全国人民都为失掉了我们的总理而感到深切的悲痛。

周恩来同志的逝世，对于我党我军和我国人民，对于我国的社会主义革命和建设事业，对于国际反帝、反殖、反霸的事业和国际共产主义运动的事业，都是巨大的损失。

周恩来同志从青年时代起就献身于中国人民的解放事业。一九一九年，他积极参加五四运动，从事反对帝国主义、封建主义的革命活动。一九二〇年到一九二四年，他先后到法国和德国勤工俭学，在旅欧的中国学生和工人群众中宣传马克思主义。一九二二年，他加入中国共产党，担任中国共产主义青年团旅欧总支部书记，并在中国共产党旅欧总支部工作。在第一次国内革命战争时期，他参加了北伐战争，对推翻北洋军阀的反动统治作出了重要贡献。……

周恩来同志从党的五大以后，被选为历届中央委员会委员。在一九二七年"八七"中央会议上被选为政治局候补委员。从党的六大以后，被选为历届中央政治局委员。党的六届五中全会、七届一中全会被选为中央书记处书记。党的八届、九届和十届一中全会，被选为中央政治局常务委员会委员。党的八届、十届一中全会被选为中央委员会副主席。

周恩来同志忠于党，忠于人民，为贯彻执行毛主席的无产阶级革命路线，争取中国人民解放事业和共产主义事业的胜利，英勇斗争，鞠躬尽瘁，无私地贡献了自己毕生的精力。在毛主席的领导下，周恩来同志对建设和发展马克思主义的中国共产党，对建设和发展战无不胜的人民军队，对夺取新民主主义革命的胜利，创建社会主义的新中国，对巩固工人阶级领导的以工农联盟为基础的各族人民的大团结，发展革命统一战线，对争取社会主义革命和建设事业的胜利，争取无产阶级文化大革命和批林批孔运动的胜利，巩固我国的无产阶级专政，都作出了不可磨灭的贡献，建立了不朽的功绩。全党全军全国人民衷心地爱戴他，尊敬他。

周恩来同志在国际事务中，坚决贯彻执行毛主席的革命外交路线，坚持无产阶级国际主义。他对加强我党同各国马列主义政党和组织的团结，反对现代修正主义的斗争，促进国际共产主义运动的发展，对加强我国人民同各国人民特别是第三世界各国人民的团结，在和平共处五项原则的基础上争取同一切国家建立和发展关系，联合国际上一切可以联合的力量，进行反对帝国主义、社会帝国主义的斗争，同样作出了不可磨灭的卓越的贡献，赢得了世界人民的尊敬。

周恩来同志的一生，是为共产主义事业光辉战斗的一生，是坚持继续革命的一生。他是我们全党全军全国人民学习的榜样。

在悼念周恩来同志的时候，我们要学习他对马克思主义、列宁主义、毛泽东思想的无限忠诚。他衷心爱戴和崇敬伟大领袖毛主席，坚决捍卫毛主席的无产阶级革命路线，坚持无产阶级专政下继续革命，反修防修，终生为实现共产主义的伟大理想而奋斗。我们要学习他全心全意为人民服务的高尚品质。在毛主席、党中央的领导下，周恩来同志担负着处理党和国家日常事务的繁重任务。他总是勤勤恳恳，任劳任怨，忘我地、不知疲倦地为中国人民和世界人民谋利益。我们要学习他对敌斗争的坚定性。不论白色恐怖多么残酷，武装斗争多么激烈，同敌人面对面的谈判多么尖锐，他总是奋不顾身，机智勇敢，坚定沉着，充满着必胜的信心。

我们要学习他坚强的无产阶级党性。他光明磊落，顾全大局，遵守党的纪律，严于解剖自己，善于团结广大干部，维护党的团结和统一。他广泛地密切联系群众，对同志对人民极端热忱。他坚决贯彻执行老、中、青三结合的原则，满腔热情地支持在无产阶级文化大革命中涌现出来的新生力量和新生事物。

我们要学习他谦虚谨慎，平易近人，以身作则，艰苦朴素的优良作风。学习他坚持无产阶级的生活作风，反对资产阶级的生活作风。

我们要学习他同疾病作斗争的革命毅力。他在病中不断地研究和贯彻执行毛主席的方针政策，继续坚持学习马列著作和毛主席著作，就是在病情十分严重的时候，他还一再聆听今年元旦发表的毛主席的两首光辉诗篇。这充分表现了他坚韧不拔的革命精神。

中国人民伟大的革命战士周恩来同志和我们永别了。我们要化悲痛为力量，在毛主席为首的党中央领导下，团结一致，以阶级斗争为纲，认真学习无产阶级专政的理论，坚持党的基本路线，坚持无产阶级专政下的继续革命，坚持毛主席的革命外交路线和政策，巩固和发展无产阶级文化大革命的胜利成果，为巩固无产阶级专政，反修防修，为把我国建设成为社会主义的现代化强国，为共产主义事业的胜利而奋斗。

团结起来，争取更大的胜利！

（人民网）

思考题：

1. 下面的欢迎词存在哪些不足？

尊敬的各位领导、各位同仁、女士们、先生们：

金秋十月，秋风送爽，我们迎来了一个令人欢欣鼓舞的日子，这就是我们××股份有限公司成立 100 周年的纪念日。大家跋山涉水来到这里参加我们的庆典，辛苦了。

正如大家所知，我们公司在社会上有着良好的声誉和影响。但是我们依旧不断进取，毫不懈怠，所以才能 100 年屹立不倒。今天，见朋友不顾旅途遥远专程前来贺喜并洽谈双方有关贸易合作事宜，使我颇感欣慰。

朋友们，为增进双方的友好关系做出努力的行动，定然有助于使本公司更上一层楼。

最后，对各位朋友们的光临表示热烈欢迎。

祝大家万事如意，心想事成。为我们的合作，为我们的生意兴隆，干杯。

××股份有限公司董事长：×××
××年×月×日

2. 下面的欢送词存在哪些不足？

尊敬的女士们、先生们：

今天，是一个让我们非常伤感的日子。是因为你们就要离开我们了，我们的心情是依依不舍的。

在即将分别的时刻，回想过去几天我们愉快的相聚，真是让人不堪回首：大家相处的时间是短暂的，但我们之间的友好情谊是长久的。我们相信，我们都会想念你们的，希望你们也能记着我们大家。

我国有句古语："来日方长，后会有期。"虽然你们的离去，是我们的巨大遗憾。但我们还是希望大家一路顺风，多多保重！再见了朋友们。

××公司经理：×××

××年×月×日

3. 下面的答谢词存在哪些不足？

尊敬的董事长、总经理、各位领导、同事们：

此时此刻，我兴奋得几乎讲不出话来。直到现在，我依然无法相信自己的运气，我这样一名普普通通的推销员，竟然成了本公司去年的新产品销售冠军。我也想象不到，公司在业务如此繁忙的时刻。居然抽出宝贵的时间，来专门召开嘉奖我的表彰大会，我太感动了。

其实，我没有做多少工作，只是完成了本职任务而已，而且这主要归功于各位领导的信任、同事们支持的结果。比如说，如果不是我们销售部的张经理派我去广州，不是公关部的周小姐向我介绍了那里的客户，我就不可能在广州取得成功。所以，我要借此机会，感谢领导，感谢同事们，谢谢大家。

我清楚地知道，自己工作中尚有不少漏洞。去年新产品的推广不利，就与我有直接关系，并负有不容推卸的责任。

再次感谢领导，感谢同事们！

×××

××年×月×日

第十四章 调研建议类公文

第一节 调查报告

一、调查报告的含义

调查报告，是用书面语言表达调查研究结果的一种公文文体。它是在作者对客观事物进行深入、周密的调查研究和分析综合的基础上写出来的。调查报告可以帮助我们比较全面系统地认识事物、解决问题，用以推动工作的深入开展。

调查报告，不仅可以为各级领导机关制定和执行正确的方针、政策提供可靠的依据，而且对宣传辩证唯物主义的思想路线，坚持实事求是，一切从实际出发，理论联系实际的认识路线，反对唯心主义和形而上学，克服主观主义、形式主义和官僚主义，都将发挥重要作用。

二、调查报告的结构

调查报告的结构通常由标题、前言、主体和结尾四部分组成。

1. 标题。

调查报告的标题应当写得新颖、明朗、简洁，要从其内容和作用的需要出发，做到题文相符，揭示主旨，有画龙点睛之妙。调查报告的标题常用的拟写方法有以下四种：

（1）公文式标题。一般由事由＋文种构成，如《关于清华大学硕士研究生就业情况的调查报告》。

（2）文章式标题。直接揭示调查报告的内容和研究范围，如《国民法律意识调查》。

（3）正副标题式。将调查的事项、范围及对象作副标题，而以正标题概括调查报告的主题思想或主要内容，如《基层民主的新验证——××县村民代表会议制度建设调查》。

（4）提问式标题。通过设问来引起读者的注意，如《用公款请客为何愈演愈烈？》《中等偏下的房价从何而来？》等。

2. 前言。

调查报告的前言也称导言、引言和开头。通常要写明调查的线索、目的以及调查的时间、地点、对象、范围、方法、基本情况和结论等，要求紧扣主题，做到简练概括。有的调查报告开门见山，直接进入主体部分，将前言部分省略掉，更加简易。

3. 主体。

主体部分是调查报告的基本内容，它以调查所得的事实和数据，介绍被调查对象的基本情况和发生、发展与变化过程，以及从这些事实材料中所总结出来的经验教训。有的调查报告还提出解决问题的建议。主体部分内容的安排要做到先后有序、主次分明、详略得当、重点突出、逻辑严密、层层深入。其写法以叙事为主，夹叙夹议，常用的结构方式有纵式、横式和纵横结合式三种。

（1）纵式结构。这种结构方式是按照事物发生发展过程顺序或按调查的时间先后顺序进行叙述和议论，适用于内容比较简单的调查报告。

（2）横式结构。这种结构方式是将调查所得的各种事实、数据材料进行概括、分类，按问题性质从几个不同侧面或角度说明问题，常使用序码或分列小标题的方式使其结构清楚。它适用于涉及面广、事件线索较为复杂的调查报告。

（3）纵横结合式结构。这种结构运用于内容丰富的调查报告，通常是先交代事件发生的原因及发展过程，接着进行分析归纳，总结事物的基本性质和特点。

4. 结尾。

调查报告的结尾，应当简洁明了地写出通过对事实材料的分析所得出的结论。结尾以简练的语句概括报告的主要观点，以进一步深化主题，来增强调查报告的说服力和感染力。除经验性调查报告外，多数是针对所调查的问题，通过分析，提出解决问题的办法、措施、意见和建议。有的调查报告通过对事实材料的分析，提出发人深思的问题，启迪人们做更深层次的思考和探索；也有的调查报告将结论性意见写在前言或主体中，而不写在结尾部分。

调查报告最后要落款，写明调查单位（调查组）名称及时间。如果有附件，应当标明其名称及件数。

三、调查报告的写作要求

1. 在"调查"上下功夫，确保材料的真实性、说服力。

毛泽东同志说过："没有调查就没有发言权。"同样，没有调查就没有调查报告的撰写权。撰写调查报告，必须以认真、细致、周密的调查活动作为坚实基础。只有这样，才能保证其所用材料的真实性，也才能使之具有说服力。否则，不下苦功夫进行调查，往往容易导致报告的不真实，或者以偏概全，或者挂一漏万，这又势必影响通篇报告的质量，这种调查报告不会对实际工作具有指导作用。因此，要写好调查报告，必须对调查对象进行深入、细致的了解，力求获取全面材料，包括正面的、反面的，现实的、历史的，上层的、下层的等。只有这样，选用起来才会得心应手，左右逢源；也才能对大量的事实材料进行分析比较，从而得出正确结论。

2. 在"研究"上做文章，确保调查研究主旨的指导性、针对性。

"研究"是对调查所得材料的深化，也是写好调查报告的关键所在。没有这个环节，所撰写的调查报告只能是事实现象的堆砌和罗列，不具有任何实用价值。要在辩证唯物主义和历史唯物主义的指导下，通过对调查对象的精心比对和分析，将全部情况和材料进行"去粗取精，去伪存真，由此及彼，由表及里"的改造制作，扬弃表面的、支流的东西，抓住事物的主要矛盾和矛盾的主要方面，侧重对事物内部联系的研究，努力寻觅和挖掘出深层意义，找出规律性，然后将其上升到理论的高度，实现认识的升华。在此基础上所得出的结论及提炼出的主旨，必然是新鲜的，具有时代特色和实际指导意义的。

3. 在"框架"上巧安排，确保眉清目楚，线条分明。

调查报告所涉及的内容十分广泛，它要反映出事物或事件发展的全过程，并要进行恰切有力的分析，找出根源，提出下一步工作意见。既要提出问题，又要解决问题；既要摆事实，又要讲道理；既要以材料说明观点，又要用观点统率材料。为此，在撰写时必须精心设计框架结构，以便合理地使用所获取的材料，更好地突出全文的主旨。对其外形结构的安排方式，通常有三种：一是分部分式，即以调查点为核心，调查了几个点，就分为几部分叙写；二是分阶段式，即按照时间顺序或事物的产生、发展和变化过程的先后顺序，将其划分为若干个阶段，逐段进行叙写，前后有所概括，有所归纳；三是分问题式，即将调查情况归结为几个方面的问题，按其内容性质主次、轻重的逻辑顺序，逐一进行叙写。究竟采用何种形式，应视具体的内容表达需要确定，要眉目清晰，有助于说明问题。

4. 在"准确"上求精细，确保材料翔实，逻辑严密。

调查报告的准确性首先表现为精准详细。所谓精准详细是指对复杂的事物要通过实际调查，作出透彻的分析，提出精练详细的见解，以此制定出正确的方针政策。

5. 在"手法"上图活泼，确保用语生动形象，耐人寻味。

调查报告要用事实说话，要反映事物发生、发展和变化的过程，并要对其进行分析，找出规律性的东西，用以指导工作。这样，在写作时势必既有叙述，又有议论，是夹叙夹议的有机结合。优秀的调查报告无一不是两种表达方式的高度统一体。在语言运用上，应力求生动活泼，富于表现力。要善用比喻、排比、引用等修辞手法，这些均有助于语言表达的生动形象。

四、调查报告常见的问题

1. 材料不充分、不典型，不足以说明调查报告的主题或观点。

主要原因：一是调查者没有掌握充足的材料，特别是没有掌握典型材料。二是对调查的材料缺乏周密的思考，在调查过程中又缺乏必要的研究，结果使调查报告的事例难免失之于空泛、肤浅，说明不了问题。三是不做深入细致的调查工作，却硬要大写特写。

2. 材料堆砌，缺乏必要的概括和分析，使人不得要领。

这与作者概括分析问题的能力、思想方法及文字表达素养有关。主要有三种情况：一是对材料没有认真分析研究，缺乏由此及彼、由表及里的加工制作。二是只按事物的现象排列组合，没有抓住事物的内在联系，没有找出该事物同其他事物的关系。三是缺乏辩证唯物主义的思想方法，在取材上陷于形而上学，搞烦琐哲学。

3. 观点和材料脱节。

调查报告的观点是从对大量材料的分析中形成的，是事物本质的反映。在调查报告中，观点和材料是辩证的统一，即观点来自材料，反过来又统率材料。但是，有些调查报告或者是观点和材料没有内在的必然的逻辑联系，或者是"帽子"大、内容小，观点和材料不协调。

4. 议论太多，喧宾夺主。

调查报告本来是以事实为基础，从事实中得出结论。有的调查报告则喜欢过多地发表议论。遇到一个事例就随意引申发挥，大讲一通道理，把材料湮没在议论当中。说它是议论文，却明明写着调查报告，而且也有调查报告的框架和例证；说它是调查报告，却处处是逻辑推理的说教，有点不伦不类。

总之，要写好调查报告，需要有理论、有思想、有专业知识、有调查研究、有文字功底，只有勤于学习，善于思索，勇于实践，才能写出"精品"。

例文：

湖南农民运动考察报告

（一九二七年三月）

毛泽东

农民问题的严重性

我这回到湖南，实地考察了湘潭、湘乡、衡山、醴陵、长沙五县的情况。从一月四日起至二月五日止，共三十二天，在乡下，在县城，召集有经验的农民和农运工作同志开调查会，仔细听他们的报告，所得材料不少。许多农民运动的道理，和在汉口、长沙从绅士阶级那里听得的道理，完全相反。许多奇事，则见所未见，闻所未闻。我想这些情形，很多地方都有。所有各种反对农民运动的议论，都必须迅速矫正。革命当局对农民运动的各种错误处置，必须迅速变更。这样，才于革命前途有所补益。……

组织起来

湖南的农民运动，就湘中、湘南已发达的各县来说，大约分为两个时期。去年一月至九月为第一时期，即组织时期。此时期内，一月至六月为秘密活动时期，七月至九月革命军驱逐赵恒惕，为公开活动时期。此时期内，农会会员的人数总计不过三四十万，能直接领导的群众也不过百余方，在农村中还没有什么斗争，因此各界对它也没有什么批评。因为农会会员能作向导，作侦探，作挑夫，北伐军的军官们还有说几句好话的。十月至今年一月为第二时期，即革命时期。农会会员激增到二百万，能直接领导的群众增加到一千万。因为农民入农会大多数每家只写一个人的名字，故会员二百万，群众便有约一千万。……

打倒土豪劣绅，一切权力归农会

农民的主要攻击目标是土豪劣绅，不法地主，旁及各种宗法的思想和制度，城里的贪官污吏，乡村的恶劣习惯。这个攻击的形势，简直是急风暴雨，顺之者存，违之者灭。其结果，把几千年封建地主的特权，打得个落花流水。地主的体面威风，扫地以尽。地主权力既倒，农会便成了唯一的权力机关，真正办到了人们所谓"一切权力归农会"。……
⋯⋯⋯⋯⋯⋯

（《毛泽东选集》第一卷）

第二节　简　报

一、简报的含义

简报，是对工作等情况的简要报道。它是各部门、系统、机关内部反映问题、沟通情况的常用公文。随着各项事业的发展，简报的应用越来越广泛。简报的使用范围也在不断扩大，不仅用于向上级反映情况，也用于平行、下行机关之间沟通信息。我国各级领导机关，企事业单位，一般都有专门的定期或不定期的简报。简报是机关应用文中最普遍、最常见、最广泛的文体。

二、简报的特点

简报在写作上有五大特点，即新闻性、真实性、时效性、简明性、重要性（指导性）。可简要概括为："新""真""快""简""重"。

1. 新。简报一定要有新内容、新观点、新题目，具有新闻的特点。给人以新意，通过反映新情况、新问题、新经验，给人以启发、借鉴。"新"是简报的灵魂，也是决定简报作用大小的关键。有些单位一年编写几十篇甚至上百篇简报，结果一份也没有被上级机关转发，其根本原因就是缺乏一个"新"字。一般化的问题、人云亦云的东西，就失去了简报的价值，起不到典型指导作用。

怎样做到"新"呢？要抓住三个环节。一是要不断学习党的路线、方针、政策和本部门的专业知识，才能高屋建瓴地从纷繁复杂的事物中发现新问题。二是要深入实际调查研究，从实践中不断获取新材料。三是要善于思考，善于分析，从大量材料中提炼出新的观点，整理出具有新闻性的简报。

2. 真。简报反映的事实一定要真实可靠，不能虚构，这是必须遵循的原则。选用材料必须准确、真实、全面。不添枝加叶，不以偏概全，有一说一，有二说二。简报所引用的背景材料、数字、史实、引语等，都必须认真核对，做到准确无误。

3. 快。简报有很强的时效性。要迅速及时地把情况反映到上级和有关部门，或传达到下属单位和有关人员。在内容相似的条件下，简报是否能发挥作用或者发挥作用的大小、快慢是一个重要的因素。当新事物、新经验还在萌芽状态时，就敏锐地抓住它，适时反映，使有关领导部门掌握情况，及时支持、扶持，总结推广，促进某项事业更快更好地发展。当工作发生问题之时，如果及时把简报送到有关部门或领导同志手里，使领导或有关部门抓紧采取措施，就可以及时防止问题的扩大或蔓延。如果错过时机，简报的作用就会大大削弱，甚至毫无用处。"快"，是对简报时间上的要求，也是"新"的保证。

4. 简。即语言表达简明扼要。迅速反映情况，冗长、烦琐就必然拖延时间。简而明，是简报赖以存在的根基。因此，一定要内容集中，篇幅简短，文字凝练，一般最好不超过千字。如果反映的内容太多，可从不同角度分几期反映，不要堆在一期上，使人不得其要。需要指出的是，我们提倡的"简"，是在说明问题前提下的"简"，而不是苟简。如果没有把问题表述清楚，使人不得要领，莫知所云，那么"简"也就失去了意义。

5. 重。简报的分量要重，事件重大，事关全局，这样的简报，才真正有价值。这就取决于简报的选题，简报的选题非常重要，一般应选与路线、方针、政策密切相关的大问题、重要情况，经验教训，选择中心工作、重点任务进展情况、成果、阻力，选择引人注目的新苗头、新倾向、新动态。

总而言之，"新""真""快""简""重"的五大特点，是相互联系不可分割的，缺少一方面，就不是一份高质量的简报。

三、简报的类型

简报种类繁多，写作方法各不相同。从内容和作用方面区分，可分为三类：

第一类是思想动态简报。即反映不同行业、地位、年龄的人，在一定时期，一定情况下的各种思想动态。

第二类是工作简报。用以反映本部门、本行业工作过程、方法、成果、经验、问题。大体包括：

1. 对党的方针政策和上级领导的指示贯彻执行情况。

2. 工作中的经验、教训和问题。每一项工作在工作进行中抓住了什么关键，用了什么方法，遇到什么困难，解决了哪些问题，取得了什么成果等。

3. 典型调查情况和结论。领导机关在做典型调查、写成调查报告前，先用简报扼要地进行反映，写成调查报告后，也可以作为情况，压缩成简报，分成若干期简报反映。

4. 表扬和批评。把带有典型性的新人新事新思想和错误的、违法的、反动的思想行为和倾向，及时向上级反映，或者尽快把情况通报给下级或有关部门，使其发挥扶正祛邪，推动工作的作用。

第三类是会议情况摘要简报。这类简报是会议主持者用来组织和引导会议，并向上级报告会议情况的。内容主要是会议概况、进程、会上研究和争论的问题，与会者的重要发言摘要等。

四、简报的结构及写法

简报有固定的构成，一般由报头、本体、报尾三部分组成。

1. 报头一般由"名称""顺序号""编发单位""印发日期"等构成。

2. 本体是内容之所在，由标题和正文组成。标题形式多样，内容丰富，文无定法，灵活多样。正文一般有导语、主体、结语三部分。

（1）导语。导语是简报的开头部分，通常是紧扣简报中心，用简明的语言写出简报中最新鲜、最重要的事实，点出简报主旨，引导读者阅读。简报导语的写法灵活多样，最常用的有：概述式导语、描写式导语、结论式导语、提问式导语。

①概述式导语，用概括的语言把简报最主要的事实简明扼要地叙述出来。财经系统和企业简报在采取概述式导语时，经常运用有力的数据和对

比的手法，突出现时工作成效。

②描写式导语，用生动、形象的语言，把有关的特定场景简洁地描绘出来。

③结论式导语，用明确肯定的语言，把主要事实体现的结论总结出来。

④提问式导语，用尖锐、鲜明的问题，把主要事实或主题思想引领出来。

会议简报也常用会场情况、讨论气氛、参加会议人员情况的描绘作为导语。

导语在简报中往往起提纲挈领、画龙点睛的作用，对写好简报至关重要。其基本要求有以下几点：首先要开门见山。导语须开篇入题，直截了当，直说主要事实，中心思想。千万不要"戴帽子"说"套话"。其次须交代清楚与主要内容有关的时间、地点、人物、事件、原因、结果等"六要素"，导语虽然不一定逐个说明，但要根据情况做必要交代。最后要概况简练。导语既要全面、概括，又要简明扼要。

（2）主体。主体是简报的主干、中心部分。它紧承导语，或展开主要事实，或列举典型材料，来表现简报的基本内容。简报主体的写法，没有一定的格式，从其表现形式看大致有以下几种，简称为"编写十法"：

①一事一叙法。当简报选用的材料典型、集中，是一个问题、一种情况、一个事件时，常按事实发生、发展、结局的自然顺序叙写。这种写法要求选材严谨，重点突出，切忌平铺直叙，啰唆冗长。

②新闻报道法。即以新闻报道式的导语作为开端，然后再用事实、情况、问题等，把所要表达的内容烘托出来，或做必要的解释。形成所谓的"倒金字塔"式。

③分列标题法。如果涉及方面较多，或几个问题、几种情况、几点体会、几条意见等，均可分条逐项列成小标题，用数字标明段落或项目，逐条逐项地写。

④材料转发法。即把有关材料，通过转发形式刊登在简报上。这种写法一般要在转发的内容之前加"编者按"，以揭示转发的宗旨和意义。按语要观点明确，旗帜鲜明，言简意赅。

⑤经验介绍法。即先把所取得的成绩和产生的效果加以高度概括写在前面。然后再着重介绍主要做法、经验和体会，用以指导推动工作。这种写法，也叫"先果后因"法。其中"因"是重点，要写得有理有据，有条有序，简明具体，富有说服力。

⑥连续刊载法。对重大复杂的事件、情况，可根据发生、发展、结束等阶段，分段连续刊载。如可以先报发生的情况，之后报道其发展过程，最后再终报结局。

⑦综合归纳法。即把属于同一类型、同一性质的情况、问题汇集在一

起加以分析综合，从而概括出某个时期、某个方面的工作情况。这种写法涉及面较宽，居高临下，围绕主旨选择和组织材料，注意其普遍性和典型性，以求概括准确，力避以偏概全。

⑧动态反映法。即把思想和业务等方面的情况，尤其是上级机关正在抓的中心工作，领导关心的重要动态等，通过事实抓"苗头"，进行高度概括，反映新的动向。这种写法，一般对事例不做具体描述，不铺陈情节，用简洁的文字提供参考信息。

⑨叙议结合法。即在叙述典型事例时，编写者加入言简意赅的评论，起到画龙点睛的作用。可先叙后议，也可夹叙夹议。议论要有的放矢，一针见血，据实论理，有针对性地指导工作。

⑩揭露问题法。即用确凿的事实和证据，充分揭露时弊，通报恶果，教育麻痹者，震慑作恶者，打击犯罪者。这类写法，要注意政策性、严肃性。

（3）结语。大多数简报没有专门的结语。也有一些简报，有专门的结语，或简要概括内容，或集中总结成绩，或指出发展趋势，或发出普遍号召，以推动工作。

3. 报尾一般由"发送范围""印发份数"构成。也可以不带报尾，写完本体自然结束。

例文：

2019年"不忘初心、牢记使命"主题
教育专题民主生活会简报

按照市××局统一部署，9月6日上午，××局召开2019年"不忘初心、牢记使命"主题教育专题民主生活会。市××局第二巡回指导组何××、杨××同志到会指导，会议由××局党委书记、局长王××同志主持。

为开好本次专题民主生活会，前期通过对调研走访、设意见箱、发放征求意见表等方式广泛征求到的意见和建议，认真汇总梳理，形成书面材料，原汁原味反馈给领导班子及各党员领导干部。班子成员深入开展交心谈心，按照要求做到"四必谈"，同时接受党员、干部和群众的约谈，全面思考剖析总结，认真撰写对照材料。会议聚焦主题，对上年度民主生活会整改落实情况进行通报，王××同志代表班子进行对照检查，并带头开展批评与自我批评。之后，其他班子成员逐一进行对照检查发言，并开展了批评与自我批评。领导班子成员深入调查存在问题，认真分析问题根源，有的放矢提出整改。坚持把自己摆进去、把职责摆进去、把工作摆进去，以刀刃向内的勇气经历了一次严格的党内政治生活锻炼和党性锻炼，达到

了红脸出汗、排毒治病的目的。

巡回指导组何××同志对××局"不忘初心、牢记使命"主题教育专题民主生活会予以充分肯定。她认为，此次专题民主生活会紧扣主线、聚焦精准，查找问题实在，整改方向明确，达到了预期的效果和目的。她还对下一步的理论学习、主题教育以及整改落实等提出明确要求：一要修改完善对照检查材料，做好后续收尾工作；二要继续深化党史、新中国史等理论学习，将"不忘初心、牢记使命"主题教育成果运用到实际工作中；三要继续开展专项整治、立项立改等工作，明确整改措施，推进整改落实，为下一步"回头看"做好准备。

第三节　提　案

一、提案的含义

提案是提交会议讨论决定的意见或建议。是参加各级代表大会或其他代表会议委员、出席可以提案的单位或个人向大会提出意见、建议甚至批评，而要求讨论通过或转交政府或相关部门解决的书面报告。

比较常见的是两会提案和企事业单位职代会提案。第六届全国人民代表大会常务委员会第十八次会议于 1982 年 12 月 2 日作出决议，对《中华人民共和国地方各级人民代表大会和地方各级人民政府组织法》进行第二次修正，对过去的人大代表提案制度做了相应的修改，对人大代表向大会提出的提案，根据其内容涉及的职权范围、重要程度，作为议案和建议分别处理，并且规定不再使用"提案"这一名称。人大代表在人民代表大会上讨论各方面工作报告、视察工作等过程中对各方面提出的口头或书面的建议、批评或意见，统称为人大代表建议。政协和职代会还称之为提案。

二、提案的写法

1. 要求一事一案；一般由本人填写，或指定人代写，经代表签字和盖章。

2. 格式。提案由案由（标题）、提案者和提案内容组成。

（1）案由，即标题。案由的撰写，要抓住提案的主旨，做到案由与内容一致，言简意赅。

（2）提案者。即提出提案的单位（参加政协的党派、人民团体和政协各专门委员会）名称或政协委员的姓名，包括通信地址、邮政编码、联系电话、提案者姓名。以党派、人民团体、政协专门委员会名义提出的提案，须由该组织负责人签名并加盖公章；委员联名提出的提案，发起人应作为第一提案人，签名列于首位。

（3）提案内容。一般包括两大部分，即案由分析，建议、办法和要求。

①案由分析。包括提案的理由、原因或依据，它是提案的核心部分，要据实撰写，简明扼要，切忌笼统、空泛。先提出案由，然后分析存在问题的原因或提出解决问题的依据。

②建议、办法和要求。针对案由反映的问题，提出自己对解决问题的主张和办法。要以现行的方针政策和法律法规为依据，在撰写提案之前深入学习有关方针政策和法律法规，对所提提案的事项做深入调查和分析，内容要实事求是，批评要中肯，分析要贴切，提出的对策建议要切实可行。

例文1：

全国政协十二届四次会议提案第 0003 号

题目：关于大力发展节水农业的提案

第一提案人：九三学社中央

承办单位：水利部（主），农业部（会）

提案形式：党派提案

内容：

水是生命之源、生态之基，是维系经济社会发展和生态系统健康不可或缺的基础战略资源。在我国，水资源不仅短缺，而且浪费极为严重，利用效率仍然很低。因此，节水将是一项长期的任务，而且也是最科学、最经济的战略选择。习近平总书记在 2015 年初，明确指出"节水优先"。进一步加强农业节水力度、促进节水农业发展，在国家节水战略中具有重要地位。首先，长期以来我国农业用水大概占总用水量的 70%，这一比例在西北等缺水地区甚至达到 80% 以上；其次，相对于工业和生活节水而言，农业节水潜力巨大，仅农业灌溉用水在渠道输水过程中损失的水量就相当于全国每年除农业用水外的其他各项用水量的总和，通过简单的渠系防渗处理就可以节约大量的水资源；第三，农业结构型缺水矛盾突出，我国全部耕地中只有 40% 能够确保灌溉，全国正常年份缺水量近 400 亿立方米，其中农业占 300 亿立方米，每年因缺水造成的农业损失超过 1500 亿元。

一方面是农业发展中面临着水资源短缺的制约，另一方面是农业用水效率不高、节水潜力巨大。破解这一矛盾的重要途径就是大力发展农业节水。为此建议：

第一，大力加强科技创新和技术整合，实现科技节水。……

第二，大力推进农业结构调整，实现结构节水。……

第三，大力完善农业节水工程，实现工程节水。……

第四，大力推进体制与机制创新，实现制度节水。……

例文 2：

全国政协十二届四次会议提案第 0017 号

题目：关于加强中医药健康服务体系建设的提案

第一提案人：农工党中央

承办单位：中医药局（主）、卫生计生委（会）、教育部（会）、人力资源社会保障部（会）

提案形式：党派提案

内容：

党中央国务院高度重视中医药事业，制定了一系列政策措施，推动中医药事业快速发展。中医药健康服务体系是发挥中医药独具特色的健康服务资源优势，全面发展中医药事业的关键一环，但还存在如下问题：

一是中医药健康服务相关机制尚不健全，发展环境有待优化。中医药健康服务的运行、激励和保障机制还未建立，相关配套政策体系尚不健全，行业规范与标准体系尚在起步阶段，缺乏相应的监管和自律机制。中医药健康服务的国家购买内容和政策机制、社会力量参与的市场准入机制有待探索。

二是中医药健康服务模式创新不足，产业水平不高。中医药理论与治病理念在健康服务中体现不够充分，与现代健康服务技术融合度不够，相关产品的研发、制造与流通规模偏小、产业升级速度缓慢，服务产品缺乏影响力和竞争力。

…………

为此建议：

一、依托中医临床研究基地和部分省级中医医院，建立国家中医健康服务研发中心，形成集机制创新、人才培养、产品应用、模式示范为一体的中医药健康服务优先发展特区。依托高校、科研院所和高新技术企业，建立中医药健康服务产品研发的协同创新平台。

二、建立由国家、区域和基层中医专科专病诊疗中心构成的中医专科专病防治体系。推进基层中医馆建设，打造数字诊疗平台，提高基层中医药服务能力。建立有利于社区居民享受中医药健康服务的保险模式。

三、完善标准和监管，注重发挥行业组织作用。建立健全中医药健康服务监管机制，加强中医药健康服务规范和标准制修订，发挥标准在发展中医药健康服务中的引领和支撑作用。发挥行业组织在行业咨询、标准制定、行业自律、人才培养和第三方评价等方面的重要作用。

…………

第四节 建 议

一、建议的含义

建议，是向特定的组织或不相隶属的机关就某方面的重要事项提出意见和建议的公务文书。

二、建议的特点

1. 行文的主动性。建议以给有关机关提意见、出主意、想办法为主要目的，它是作者在自觉参与的意识支配下出于对某一问题的关心，经过调查研究、认真思考后撰写的文书。

2. 内容的针对性。建议总是针对某项工作、某种状况或某种问题发表作者的见解，有的放矢，力求解决问题或对解决问题有所裨益。

3. 措施的具体性。建议不仅是对某一工作或某一问题发表一般性看法，传达作者的感受与态度，而且是以最终解决问题为目的。因此，一份建议总是以改进的方法与措施为重点，将其写得具体、实在、切实可行。这样，建议的功能与价值才能实现。

三、建议的结构

建议书的形式是多种多样的，一般来说，它的结构有以下几个部分：标题、称呼、正文、结语、署名和日期。

1. 标题。可写成"建议书"或"建议"，也可以不写。

2. 称呼。接受建议书的机关单位或人的名称或姓名。其写法格式与一般书信相同。

3. 正文。正文一般包括以下几方面内容：

（1）建议的原因或建议的出发点。说明为什么要提出建议，提出建议的想法是什么，以便接受建议书的机关、单位、个人，联系实际情况，考虑建议的必要性和合理性。

（2）建议的具体事项。这部分内容要具体，条理要清晰，以便接收的机关、单位、个人考虑和采纳。

（3）希望。明确表达出自己的希望。

4. 结语。表示敬意或祝颂。

5. 署名和日期。在建议后标注提建议的机关名称或者个人的签名。

四、建议的写作要求

1. 严肃认真。从实际出发，实事求是。写建议行使主人公的权力，要根据具体问题、实际需要和可能条件去提，这样才有助于改进工作，开展活动。

2. 把握分寸。所提意见和建议应当比较准确、合理，要掌握一定的分寸，要使意见和建议在现实条件下行得通。提意见、写建议还应当心平气和，不用过激的言词，不要提无理的要求。

3. 具体翔实。写建议无论是分条写，还是不列条款，都应当把建议的内容写具体，改进的方法和应当采取的措施也要具体，便于接收机关、单位、个人考虑和采纳。

4. 用语精练。建议要言简意明地把具体办法、措施准确地写出来，不必过多的分析和论证。

例文：

关于推动建立新业态从业人员
职业安全保障制度的建议

×××委员会：

背景情况：伴随互联网经济、平台经济的迅猛发展，人们的生产生活方式和消费观念发生深刻变化，以物流快递员、网约送餐员等职业为代表的新业态从业人员群体大量涌现，成为推动上海经济社会发展的一支重要力量。然而，目前劳动和安全生产等法律法规在制度层面对其劳动关系灵活化、弹性化、多元化的特征尚未予以准确回应，使得该群体缺少相应的社会保障和安全生产等法律保护，游离于社会保障安全网之外。由于工作性质等原因，网约送餐员等新业态从业人员群体呈现以体力劳动为主、职业风险高、议价能力弱、职业安全保障缺失、职业风险分担能力堪忧等问题，一旦发生职业伤害，极易陷入困境或引发群体性事件。

问题及分析：1. 劳动关系不明确，法律救济渠道不畅。新业态经济下的劳动用工形式具有灵活多样、管理松散的特点。新业态从业人员与用工单位之间多为合作关系或伙伴关系，而不是传统的劳动关系。……2. 社保覆盖率低，抗风险能力弱。据调查，不到半数新业态从业人员参加了本市职工社会保险，其中网约送餐员和家政服务员参加职工社会保险比例不到20%。超过七成的新业态从业人员表示愿意参加上海社保，更有66.7%表示工伤保险对自己的用处较大，可见新业态从业人员对职业伤害保障需求十分迫切。……3. 安全基础薄弱，职业风险较高。现有的安全生产监管法规主要规范企业和劳动合同职工、劳务派遣职工的生产行为，因此较难对以民事合作等方式为主的新业态从业人员的安全生产情况进行规范。……

综上所述，新业态从业人员存在劳动关系难界定、社会保险难缴纳、工作风险难控制、安全生产难落实、劳动纠纷难维权等问题，其中快递物流、网约送餐等行业的职业风险问题尤为突出。有关政府部门应当引起重视，并采取针对性措施。

建议：《中共中央关于制定国民经济和社会发展第十四个五年规划和二〇三五年远景目标的建议》明确提出"支持和规范发展新就业形态""健全新业态从业人员社保制度"等要求。……有关建议如下：1. 建议人社、司法等部门尽快规范新业态劳动关系。建议加大新业态用工劳动关系法律适用问题研究力度，抓紧出台新业态劳动用工的指导意见，积极借鉴浙江省出台《新业态劳动用工服务的指导意见》等经验做法，合理界定新业态劳动用工的不同类型，分类规范引导。……2. 建议人社等部门加紧出台新业态从业人员职业伤害保障政策。建议将重视解决新业态从业人员工伤权益维护等问题纳入本市人力资源和社会保障"十四五"规划等重要文件。……3. 建议应急、市场监管等部门创新新业态从业人员安全生产监管模式。适用现行劳动保障法律法规的新业态从业人员，引导企业积极履行社会责任，通过与当事人协商签订书面协议，明确新业态企业和从业人员以及关联单位的权利和义务。

××市总工会

××年×月×日

思考题：

请根据下列材料，拟写一份提案。

1. 全世界已建成 14 万千米收费公路，10 万千米在我国。我国高速公路的 95%、一级公路的 65% 都是收费公路。收费站的设置不合理，有些间距只有几千米。

2. 据世界银行发布的一份研究报告披露，中国的高速公路通行费是全世界最高的国家之一。高速公路成为"高价公路"。

3. 收费过高，不超载不赚钱，这是导致超载、超限屡禁不止的一个根本原因。

4. 按照规定，"政府还贷公路"收费期限最长不得超过 15 年，但很多已收费期限届满还清贷款的收费站仍然在收费。

5. 由于"经营性公路"收费期限可放宽至 30 年，这给一些地方政府带来了寻租空间——成为地方政府的"提款机"。

6. 建议在全国范围内对收费公路进行一次彻底的清理整顿。

7. 凡不符合国家规定设置的、还清贷款本息的、超过收费期限的收费站点必须拆除。

8. 降低高速公路收费标准。

9. 凡符合规定需保留的收费站点，应重新核定收费期限和收费标准，并进行公示，杜绝乱设收费站点的做法。

第十五章　计划类公文

第一节　规　　划

一、规划的含义

规划是组织或个人制定的比较全面和长远的发展规划。是一种目标远、期限长、内容全、带有发展性的计划类公文。规划要实现的目标通常是某种远景，是激励人们奋发前进的动力。

二、规划的特点

1. 方向性。规划的制定通常是根据工作的发展趋势和总体方向来考虑的，其目标任务和具体措施都必须符合未来发展方向。

2. 全局性。制定规划主要从总体目标考虑一个全局性的构想，内容比较全面，且一般时限较长。

3. 指导性。规划往往是奋斗目标和总方针，一旦制定出来，就具有制发机关的权威性，并对今后工作有长期的指导作用。

三、规划的分类

1. 按内容分，有总体规划和专业规划。

2. 按管辖范围分，有全国发展规划、区域发展规划、部门发展规划和单位发展规划。

3. 按时间分，有远景规划和短期规划。

四、规划的结构

规划通常由标题、前言、主题、结尾四部分构成。

1. 标题。常见的规划标题由单位名称＋时限＋文种三要素或加上内容四要素构成。如《国家积极应对人口老龄化中长期规划》。

2. 前言。规划的前言通常要交代时代背景和现实状况，还要介绍规划的依据、目的、重要性和意义等。

3. 主体。规划的主体是规划内容的展开部分。通常要制定出该规划的指导方针、战略目标、主要任务、重点地区或重点项目、政策措施和方法步骤等主要内容。这一部分要写得充实、具体，既有前瞻性、科学性、创造性，又有可操作性。

4. 结尾。通常要对各相关方面发出号召、提出希望或实施要求。

五、规划的写作要求

规划写作的基本要求是：立足现实，面向未来；解放思想，实事求是。

立足现实是要对现实情况有充分的了解和科学的分析，要对完成规划的主客观条件有正确的估价，这是规划写作的前提条件。在对现实情况和条件分析、研究的基础上，从事物变化、发展的观点出发，推算、预测出合乎科学的远景蓝图。要放眼未来，看不到发展远景，同样写不出具有预见性的规划。

解放思想，实事求是是做好各项工作的指导思想，制定规划尤其如此。勾画蓝图要大胆设想，敢超常思维，但要防止头脑发热，脱离实际，违背事物发展规律。不能顾此失彼。要吃透"两头"，即领导的意图和群众的愿景，从各个角度进行可行性论证。既要从全局出发，又要尽可能顾及局部；措施既要有原则，又要周全。

例文：

粤港澳大湾区发展规划纲要

（中共中央　国务院　2019年2月18日印发）

前　言

粤港澳大湾区包括香港特别行政区、澳门特别行政区和广东省广州市、深圳市、珠海市、佛山市、惠州市、东莞市、中山市、江门市、肇庆市（以下称珠三角九市），总面积5.6万平方公里，2017年末总人口约7000万人，是我国开放程度最高、经济活力最强的区域之一，在国家发展大局中具有重要战略地位。建设粤港澳大湾区，既是新时代推动形成全面开放新格局的新尝试，也是推动"一国两制"事业发展的新实践。为全面贯彻党的十九大精神，全面准确贯彻"一国两制"方针，充分发挥粤港澳综合优势，深化内地与港澳合作，进一步提升粤港澳大湾区在国家经济发展和对外开放中的支撑引领作用，支持香港、澳门融入国家发展大局，增进香港、澳门同胞福祉，保持香港、澳门长期繁荣稳定，让港澳同胞同祖国人民共担民族复兴的历史责任、共享祖国繁荣富强的伟大荣光，编制本规划。

本规划是指导粤港澳大湾区当前和今后一个时期合作发展的纲领性文件。规划近期至2022年，远期展望到2035年。

第一章 规划背景

改革开放以来，特别是香港、澳门回归祖国后，粤港澳合作不断深化实化，粤港澳大湾区经济实力、区域竞争力显著增强，已具备建成国际一流湾区和世界级城市群的基础条件。

第一节 发展基础

区位优势明显。粤港澳大湾区地处我国沿海开放前沿，以泛珠三角区域为广阔发展腹地，在"一带一路"建设中具有重要地位。交通条件便利，拥有香港国际航运中心和吞吐量位居世界前列的广州、深圳等重要港口，以及香港、广州、深圳等具有国际影响力的航空枢纽，便捷高效的现代综合交通运输体系正在加速形成。

....

第二节 机遇挑战

当前，世界多极化、经济全球化、社会信息化、文化多样化深入发展，全球治理体系和国际秩序变革加速推进，各国相互联系和依存日益加深，和平发展大势不可逆转，新一轮科技革命和产业变革蓄势待发，"一带一路"建设深入推进，为提升粤港澳大湾区国际竞争力、更高水平参与国际合作和竞争拓展了新空间。在新发展理念引领下，我国深入推进供给侧结构性改革，推动经济发展质量变革、效率变革、动力变革，为大湾区转型发展、创新发展注入了新活力。全面深化改革取得重大突破，国家治理体系和治理能力现代化水平明显提高，为创新大湾区合作发展体制机制、破解合作发展中的突出问题提供了新契机。

....

第三节 重大意义

打造粤港澳大湾区，建设世界级城市群，有利于丰富"一国两制"实践内涵，进一步密切内地与港澳交流合作，为港澳经济社会发展以及港澳同胞到内地发展提供更多机会，保持港澳长期繁荣稳定；有利于贯彻落实新发展理念，深入推进供给侧结构性改革，加快培育发展新动能、实现创新驱动发展，为我国经济创新力和竞争力不断增强提供支撑；有利于进一步深化改革、扩大开放，建立与国际接轨的开放型经济新体制，建设高水平参与国际经济合作新平台；有利于推进"一带一路"建设，通过区域双向开放，构筑丝绸之路经济带和 21 世纪海上丝绸之路对接融汇的重要支撑区。

第二章 总体要求

第一节 指导思想

....

第三章　空间布局

坚持极点带动、轴带支撑、辐射周边，推动大中小城市合理分工、功能互补，进一步提高区域发展协调性，促进城乡融合发展，构建结构科学、集约高效的大湾区发展格局。

第四章　建设国际科技创新中心

深入实施创新驱动发展战略，深化粤港澳创新合作，构建开放型融合发展的区域协同创新共同体，集聚国际创新资源，优化创新制度和政策环境，着力提升科技成果转化能力，建设全球科技创新高地和新兴产业重要策源地。

第五章　加快基础设施互联互通

加强基础设施建设，畅通对外联系通道，提升内部联通水平，推动形成布局合理、功能完善、衔接顺畅、运作高效的基础设施网络，为粤港澳大湾区经济社会发展提供有力支撑。

第十一章　规划实施

第二节 计 划

一、计划的含义

计划是组织或个人依据对现有事物的认识，对未来客观实践进行先导性谋划形成的预见性条理化的文件。

计划是常用的事务性文书之一，其适用范围非常广泛，任何党政机关、企事业单位、社会团体或个人，在一段时间内，为了完成某项工作、生产或学习任务，根据本部门、本单位实际情况和需要，都可以制订计划，因而其使用频率较高。计划实现目标的期限较规划短，一般以年度计划和1年以内的短期计划为主，也有以3—5年为期的。

二、计划的特点

1. 目的性。

制订计划就是为了在一定时间、一定范围内完成某项任务，达到某个目的。因而目的性在计划中十分明显，它在每份计划中，制约着一切，决定着一切。一份计划如果没有一个明确的目的，就失去了制订的意义。

2. 预见性。

在每一份合格的计划中，都包含着一定的科学预见性，否则这份计划无法实现。科学的预见性即是对事物内在发展规律的客观、准确的分析和估计。科学的预见性是建立在充分调查研究、充分掌握全局和局部、历史和现实的各种准确资料和数据的情况下，结合本部门、本单位实际情况，所制订出的有积极意义的目标和切实可行的行动方向。

3. 可行性。

计划是用来指导实践的，是用来执行的，它的可操作性很强。其中，目标任务等的预见都是来源于实践，同时又能指导实践。制订时要充分考虑各项措施、方法、步骤必须是力所能及的，不可冒进、急功近利，也不可胆小保守，无所作为。计划内容应制订得切实可行，使执行者通过努力能完成任务，又留有余地，进退有余。

4. 约束性。

计划是本单位、本部门制订的，也是经过一定程序通过和批准的，一经制订，就对所管辖的范围产生了约束性，成为学习、工作和生产生活的目标和准则，也成为检查工作进度、完成情况、奖励惩罚的依据。

三、计划的种类

计划按不同的标准划分，可分为不同的种类：按内容分——有工作计划、生产计划、学习计划、科研计划。按性质分——有综合计划、专项计划。按效力分——有指令计划、指导计划、一般性计划。按时间分——有五年计划、年度计划、季度计划、月份计划。按范围分——有国家计划、地区计划、部门计划、单位计划、班组计划、个人计划。按形式分——有文字计划、表格计划、表格文字计划。

在一份计划中，这些种类往往是重合的，不可能划分得那么单一。如《××市××年政府工作计划》，这份计划既可归类为工作计划、地方计划，又可归类为年度计划和综合计划。

四、计划的结构

计划文体结构通常由标题、正文、落款三部分构成。

1. 标题。

计划的标题由制发单位＋时间限语＋事由＋文种四部分构成，一般四者要齐全。事由要标明是工作计划，还是生产计划或其他计划；时间限语是计划适用的时限范围。但有时因制订者认为计划的执行范围仅在本单位，已很明显，故在标题中将其省略；比较规范的计划仍要标明制发单位。

2. 正文。

计划的正文，首先扼要说明制订该计划的缘由、根据，对完成任务的主客观条件作出分析，说明完成该计划的必要性与可能性。其次是计划的具体内容，即在多长时间完成哪些任务，并设计完成任务的步骤和方法等。计划的正文通常采用分条列述式，事先认真调查研究，内容切实可行。最后是结尾语，提出重点或强调有关事项，作出简短号召。

3. 落款。

一般在文后签署制发单位和日期。高级机关制订的计划，也有在正文后不另署制发单位和日期的，此时制发单位名称应列于标题，日期往往标注在标题下括号内。

例文：

国务院 2019 年立法工作计划

2019 年是中华人民共和国成立 70 周年，是决胜全面建成小康社会、实现第一个百年奋斗目标的关键之年。国务院立法工作的总体要求是：以习近平新时代中国特色社会主义思想为指导，全面贯彻落实党的十九大和十九届二中、三中全会精神，认真贯彻习近平总书记全面依法治国新理念新思想新战略，围绕统筹推进"五位一体"总体布局和协调推进"四个全面"战略布局，坚持党的领导、人民当家做主、依法治国有机统一，坚持稳中求进工作总基调，加强党中央对立法工作的集中统一领导，落实十三届全国人大常委会立法规划，深入推进科学立法、民主立法、依法立法，加大立法统筹协调力度，着力提高立法质量和工作效率，为全面深化改革扩大开放、推动高质量发展、决胜全面建成小康社会提供坚实有力的法治保障，以优异成绩庆祝中华人民共和国成立 70 周年。

一、深入学习贯彻习近平总书记全面依法治国新理念新思想新战略

党的十八大以来，以习近平同志为核心的党中央对全面依法治国作出一系列重大决策，提出一系列全面依法治国新理念新思想新战略，明确了全面依法治国的指导思想、发展道路、工作布局、重点任务，创造性地丰富和发展了中国特色社会主义法治理论。习近平总书记全面依法治国新理念新思想新战略，为全面依法治国提供了根本遵循和行动指南，为加强和改进新时代行政立法工作指明了前进方向、确立了基本原则，必须贯穿于行政立法工作的全过程和各方面。要全面贯彻实施宪法，深化宪法学习宣传教育，以完备的法律法规推动和保证宪法实施，维护宪法权威。要紧紧抓住全面依法治国的关键环节，不断完善立法体制机制，加强重点领域立法，更好发挥法治固根本、稳预期、利长远的保障作用。要贯彻新发展理念，主动围绕党和国家重大发展战略，围绕打好三大攻坚战，加快推进相关行政立法项目，进一步完善适应高质量发展的制度环境和法律法规，以高质量立法保障和促进高质量发展。要坚持人民主体地位，扩大立法公众参与，努力使每一项立法都符合宪法精神、反映人民意愿、得到人民拥护，不断增强人民群众的获得感、幸福感、安全感。

二、坚决贯彻落实党中央决策部署，科学合理安排立法项目

——围绕打好三大攻坚战，提请全国人大常委会审议固体废物污染环境防治法修订草案，制定非存款类放贷组织条例……

…………

三、坚持党的领导，加强和改进新时代行政立法工作

…………

四、切实抓好立法工作计划的贯彻执行

国务院各部门要高度重视立法工作计划的贯彻执行，加强组织领导、完善工作机制、精细流程管理、强化责任落实、加快工作进度，按规定做好向社会公布征求意见工作，并及时上报送审稿及立法法、行政法规制定程序条例等规定的有关材料，为法规审查、审批等工作留出合理时间。……

第三节　方　案

一、方案的含义

方案是对未来要做的重要工作所做的最佳安排，具有较强的方向性、

指导性、前瞻性，是计划性公文之一。在现代科学管理中，为达到某一特定效果，要求智囊团成员要高瞻远瞩，深思熟虑，进行周密思考，从不同角度设计出多种工作方案，供领导决策参考。

二、方案的特点

1. 广泛性。方案的应用很宽泛，适用范围广。从适用的主体来看，既可以是各级党政机关，也可以是企事业单位和各种社会团体。从工作方案的内容来说，涉及政治、经济、文化及人们生活各个方面的内容。

2. 规定性。表现在两个方面：一方面，方案要根据上级的有关文件及精神来制定，要根据所要实施的工作目的、要求、工作内容及单位实际情况来制定，而不能是随意制定的。另一方面，方案一旦制定出来，制定机关及相关部门单位就要按照方案认真组织实施，具有强制性。

3. 具体性。方案要在某项工作的主要内容、目标要求、实施步骤以及领导保证、督促检查等各个环节作出具体明确的安排。关于落实工作分几个阶段、什么时间开展、什么人来负责、领导及监督如何保障等，也要有详细周密的部署。

三、方案的结构

1. 标题。方案的标题可分为全称式和简明式两种。全称式，由单位＋事由＋文种三要素构成；简明式，由事由＋文种二要素构成。

2. 署名落款。方案既无须在标题中标明时间，又不完全是将生成时间放在文末，而大多是将其列在标题之下、正文之上的特定位置。

3. 正文部分。方案大都由以下两部分构成：

其一是导言或引语。引言要求简明扼要地交代预案或方案制定的目的、意义和依据，一般是以"为了……根据……特制定本方案"的惯常用语来表述。这是方案、预案生成的基础，一定要有，否则，就失去了制定的意义和依据，就是盲目随意的，因而一定要抓住要害和实质将其简明扼要地表述清楚。

其二是方案的基本内容，主要包括以下三个方面：

（1）基本情况的交代。诸如重大活动的时间、地点、内容、方式、主题以及主办、协办单位等。其中，时间、地点、方式等具体明确；内容要概括、精当；主题要对活动的目的、意义、价值集中概括表述。这部分内容一定要有，但又必须从实际需要出发而或多或少、或轻或重、或详或略地表述，切忌千篇一律。

（2）对相关活动、相关工作按阶段或进程做具体的部署安排。从总体上说，也就是要写明在什么时间、多大范围内由哪些人做哪些工作，采取什么方式于何时做到何种程度。这是方案的核心内容所在，也是方案价值、功用的集中体现，是方案制定者素质、能力、水平的充分展示，要求既具体详尽又严密可信，使之既具可行性又便于操作，做到主次分明、张弛有度、得体自然，以求最大限度地确保工作或活动的顺利开展，促成方案目标的圆满实现。

（3）对相关问题的处理与解决办法。重大活动的开展，重要工作的推进，涉及的问题是多方面的，诸如组织领导、人员经费、财力物力的安排，有关矛盾和问题的解决等，都是不可避免而又至关重要的，虽然没有纳为主体内容，但却是实现目标、完成任务的基本前提和重要保障，务必将其处理好、解决好。

四、方案写作的注意事项

1. 确定目标是制定方案的重要环节，应将调查研究和预测技术这两种科学方法有机结合。

2. 在拟制方案过程中，必须依靠智囊人物和运用硬核技术，通过多种方法，尽量避免可能发生的问题，使方案更趋完善。

3. 起草多种可供选择方案时，要广泛搜集各种资料和理论政策的依据，进行质与量、点与面的分析，做好可行性研究，提出建议方案。或者通过对各种草案的分析、比较、鉴别、评估，在多种方案的基础上，集众智于一身，重新组合出一个新的工作方案，作为最佳方案，供领导决策。

例文：

职业技能提升行动方案（2019—2021 年）

（国务院办公厅　2019 年 5 月 18 日印发）

为贯彻落实党中央、国务院决策部署，实施职业技能提升行动，制定以下方案。

一、总体要求和目标任务

（一）总体要求。以习近平新时代中国特色社会主义思想为指导，全面贯彻党的十九大和十九届二中、三中全会精神，把职业技能培训作为保持就业稳定、缓解结构性就业矛盾的关键举措，作为经济转型升级和高质量发展的重要支撑。坚持需求导向，服务经济社会发展，适应人民群众就业创业需要，大力推行终身职业技能培训制度，面向职工、就业重点群体、建档立卡贫困劳动力（以下简称贫困劳动力）等城乡各类劳动者，大规模开展职业技能培训，加快建设知识型、技能型、创新型劳动者大军。

（二）目标任务。2019 年至 2021 年，持续开展职业技能提升行动，提高培训针对性实效性，全面提升劳动者职业技能水平和就业创业能力。三年共开展各类补贴性职业技能培训 5000 万人次以上，其中 2019 年培训 1500 万人次以上；经过努力，到 2021 年底技能劳动者占就业人员总量的比例达到 25% 以上，高技能人才占技能劳动者的比例达到 30% 以上。

二、对职工等重点群体开展有针对性的职业技能培训

…………

五、加强组织领导，强化保障措施

（十五）强化地方政府工作职责。……

（十六）健全工作机制。……

（十七）提高培训管理服务水平。……

（十八）推进职业技能培训与评价有机衔接。……

（十九）加强政策解读和舆论宣传。各地区、各有关部门要加大政策宣传力度，提升政策公众知晓度，帮助企业、培训机构和劳动者熟悉了解、用足用好政策，共同促进职业技能培训工作开展。大力弘扬和培育工匠精神，落实提高技术工人待遇的政策措施，加强技能人才激励表彰工作，积极开展各类职业技能竞赛活动，营造技能成才良好环境。

第四节 要 点

一、要点的含义

要点是一种计划性公文，是为了实现某一工作目标，对计划所要做的具体工作及其步骤、方法等方面提示出主要点的一种文体。在很多时候，要点大多数是上级机关某项大的工作计划的摘要，要以文件形式下发。和工作计划相比，工作要点有些像计划的提纲，比工作计划更概括、简约。

二、要点的特点

一是提纲挈领紧扣重点。任何一个地区、行业或单位在一定时期内有很多的事情要做，然而，主要任务总是相对集中的。因此，要点的制订只围绕在这一阶段的几件大事去展开，日常的事务性工作，通常不能写入要点之中。二是文字简练、篇幅短小。与规划、纲要相比，要点一般用于时限较短、内容单一、范围较窄计划的制订，且文字表述简洁，篇幅相对较小。

三、要点的结构

要点一般有标题、正文和落款三部分组成。

1. 标题。

一般由制发机关名称＋时限＋文种构成，如"××市人民政府 2020 年工作要点"。

2. 正文。

（1）前言。用于写明制订工作要点的目的、依据或指导思想、总体任务、基本要求等。文字如蜻蜓点水，点到即可，无须铺陈。也有的工作要点不写前言，直接入题。

（2）主体。主体部分分条列项写出工作要点的具体内容，以"做什么"为主，必要时也可写明"为什么做"。表述简明扼要，结构上不需要过渡照应，也不需要"号召性的结尾"。

3. 落款。

因标题已写明单位名称，故落款处只需标明日期即可。

四、要点写作注意事项

1. 不脱离中心。

要点既然是中枢之点、重中之重，那么就要在熟读、熟知的基础上予以筛选，不要选偏了、选漏了。要针对工作中心，集中反映主要工作内容，可以不及其他。

2. 不使用虚言。

要点一般作为通知的附件下发，故开篇即可采用条陈式。如有必要，也可在条款之前加一个导语或序言，阐明制订要点的依据和要求。要点最忌穿靴戴帽式的"云遮雾罩法"。

3. 行文具有灵活性。

工作内容可视实际需要加以增删取舍，思路层次可以跳越，格式可以不求完备。

4. 时间上的模糊性。

工作要点对完成时限的要求总体上明确，阶段上模糊。如"城市建设工作要点"，总体上要求 1 年内改变形象；但具体哪项任务在哪季哪月完成，不作严格规定。

例文：

教育部 2021 年工作要点

2021 年是中国共产党成立 100 周年，是"十四五"规划开局之年，也是全面建成小康社会、开启全面建设社会主义现代化国家新征程的关键之年。

教育工作总体要求：以习近平新时代中国特色社会主义思想为指导，贯彻落实党的十九大和十九届二中、三中、四中、五中全会精神，贯彻落实习近平总书记关于教育的重要论述和全国教育大会精神，按照"五位一体"总体布局和"四个全面"战略布局,增强"四个意识"、坚定"四个自信"、做到"两个维护",坚持稳中求进工作总基调,立足新发展阶段,贯彻新发展理念,构建新发展格局,以推动高质量发展为主题,以改革创新为根本动力,坚持系统观念,更好统筹发展与安全,坚持和加强党对教育工作的全面领导,全面贯彻党的教育方针,落实立德树人根本任务,坚持发展抓公平、改革抓体制、安全抓责任、整体抓质量、保证抓党建,全面推进依法治教,巩固拓展新冠肺炎疫情防控和教育改革发展成果,为建设高质量教育体系立柱架梁,推进教育治理体系和治理能力现代化,为建设教育强国开好局、起好步,以优异成绩庆祝建党 100 周年。

一、深入学习宣传阐释习近平新时代中国特色社会主义思想

1. 加强思想理论武装

目标任务:准确领会习近平新时代中国特色社会主义思想的核心要义,掌握贯穿其中的立场观点方法,坚持不懈用党的创新理论武装头脑、指导实践、推动工作。

工作措施:制订 2021 年部党组理论学习中心组及司局级以上干部集体学习方案,优化"4＋N"研学机制。……

2. 加强宣传引导

目标任务:紧扣建党 100 周年重大主线,开展全覆盖、全媒体、全方位的宣传教育,全力营造良好舆论氛围。

工作措施:持续加强正面宣传,多形式多渠道宣传解读党中央、国务院决策部署和教育新政策新举措,全面展示政策落实成效,深入报道教育战线先进典型。……

3. 深入研究阐释

目标任务:高校哲学社会科学育人水平、研究质量和社会服务能力显著提高,推动高校加快构建中国特色哲学社会科学学科体系、学术体系、话语体系。

工作措施:充分发挥教育系统习近平新时代中国特色社会主义思想研究中心(院)和高校智库平台优势,深化习近平新时代中国特色社会主义思想原创性学理化学科化研究阐释。……

二、推动改革和发展深度融合高效联动

…………

三、发挥教育人力资本优势更好服务国家创新体系建设

…………

四、全面落实立德树人根本任务

…………

五、提升人民群众教育获得感

…………

六、提升教师教书育人能力素质
············

七、坚持和加强党对教育工作的全面领导
············

思考题：

1. 计划类文书有哪些特点？
2. 计划类文书的写作要注意什么问题？

第十六章　总结类公文

第一节　综合总结

一、综合总结的含义

综合总结，又称"全面总结"。它是比较全面地对一定时期内的各项主要工作进行的总体回顾和评价。

综合总结涉及面广、内容比较详细、时间跨度大，能够展现该单位、该部门一定时期的工作全貌。这类总结常用于向上级或广大群众汇报工作。如"年度总结""季度总结""领导班子换届总结"等，都应归于综合性总结。

综合总结主要有以下三个特征：一是内容的全面性。综合总结是对过去一个时期工作所作的总回顾、总评价，内容涉及这段时间工作的方方面面，故其内容全面。二是表达的陈述性。综合总结往往反映客观事物发展的全过程，并侧重从业绩效果、经验教训、存在问题和努力方向等方面进行陈述，在表达方式上多利用叙述方式。三是高度的概括性。综合总结的内容涉及面广，但又不能面面俱到的记流水账，因此，必须进行归纳概括。

二、综合总结的结构

综合总结包括标题、前言、主体、结尾四个部分。

1. 标题。综合总结的标题主要有两种形式：

（1）公文式标题。这类标题通常由单位名称＋年份＋文种三要素构成。

（2）文章式标题。这类标题采用概括提炼的形式来表达总结内容。

2. 前言。一般用概括性的文字，把总结的指导思想、时间范围、背景形势及本地区、本系统、本单位的基本情况做必要的介绍。

3. 主体。总结的核心和展开部分，一般是集中反映工作的进程、主要业绩和经验（或教训）等。不同的总结有不同的结构形式。

4. 结尾。一般是在充分肯定成绩的同时，查找存在的不足和问题，并原则性地表达下一步的打算，提出今后努力的方向。

例文：

××省国资委2018年工作总结

2018年，省国资委及监管企业以习近平新时代中国特色社会主义思想为指导，坚决贯彻省委、省政府关于国资国企改革发展的各项决策部署，坚持稳中求进的工作总基调，坚持新发展理念，深化供给侧结构性改革，落实高质量发展的要求，按照"三六八九"基本思路，把握好"稳、进、好、准、度"，千方百计稳增长、调结构、促改革、防风险、强党建，国企改革发展、国资监管和党的建设取得积极进展，企业利润实现较大幅度提升，在全省经济社会发展中的骨干支撑作用进一步增强。

（一）紧紧围绕提质增效，拓市场、强管理，运行质量进一步提高。省国资委把稳增长摆在重中之重，强化经济运行分析和形势研判，实施考核激励同向联动，对重点任务、重点企业挂牌督导，层层压实责任，尽最大努力争取最好结果。……

（二）紧紧围绕激发活力，抓混改、建制度，国企改革扎实推进。统筹谋划、重点突出，扎实推进"1＋N"国企改革政策体系落实落地。……

（三）紧紧围绕供给侧结构性改革，去产能、调结构，布局进一步优化。按照高质量发展的要求，破立结合、消长并存，扎实推进供给侧结构性改革。

…………

（六）紧紧围绕管党治党责任落实，夯基础、压责任，国企党的领导作用进一步发挥。以党的政治建设为统领，以中央巡视问题整改为契机，始终把坚持党的领导加强党的建设作为重大政治原则和重要政治任务来抓，企业党委把方向、管大局、保落实作用进一步发挥。……

第二节　专题总结

一、专题总结的含义

专题总结，又称"专项总结"。它是机关、单位对某项具体工作或某项工作的一个侧面，或工作中某一突出问题所作的专门回顾和评价。

专题总结与综合总结相比，有明显不同，其特点主要有：一是内容的单一性。专题总结主要是从全部工作中的某一项工作去分析研究其成败得失，给人以启迪或警醒。二是表达的论述性。因为专题总结强调成功经验的挖掘与提升，强调失败教训的分析和概括，要求透过现象看本质，对客观现象及其规律有一定的认识深度。因此，在写作时，分析、阐述、评论等理论性的色彩较重。三是事例的典型性。专题总结中的做法、经验，为了让人心悦诚服，需要选择一些说服力很强的事例穿插其中。所以，事例必须具有典型性。

二、专题总结的结构

专题总结包括四个部分，即标题、前言、主体、结尾。

1. 标题。专题总结的标题主要有两种形式：

（1）公文式标题。这类标题通常由单位名称＋时限＋专题内容＋文种构成。

（2）新闻式标题。这类标题采用新闻语言的标题，形式比较灵活。

2. 前言。通常要交代总结对象的背景形势和基本情况，有的还要提纲挈领地概括出文章的主体内容或主要经验。

3. 主体。是开展工作的主要做法和经验体会。最常见的写法是将成绩、做法、经验（教训）、体会等概括成几个方面，用提炼小标题或主题句的形式构成若干段落，搭成主体部分的层次框架。

4. 结尾。一般比较灵活，既可以提出今后的工作设想，也可概括全篇，甚至可以不用结尾。

例文：

××年度全市党风廉政建设和反腐败工作总结
（中国共产党××市委员会）

过去的一年，是××市推进全面从严治党、深入开展党风廉政建设和反腐败工作的重要一年。市委认真落实全面从严治党主体责任，切实加强对党风廉政建设的领导，与经济社会发展同步协调共进，形成了"四个全面"统筹推进的崭新局面。全市各级纪检监察机关在省纪委和市委的坚强领导下，贯彻落实党的十八届六中全会和中央纪委六次全会、省纪委八次全会精神，以及省、市党代会部署要求，认真落实全面从严治党监督责任，聚焦主业主责，强化监督执纪问责，科学实践四种形态，扎实巩固作风建设成果，不断拓展源头防腐领域，持续释放纪严于法、挺纪于前的强烈信号，有力推动全市全面从严治党取得新成效，为推进转型发展、加快富民进程、高水平全面建成小康社会提供坚强的纪律保障。

回顾全年，全市党风廉政建设呈现出"五个突出""五个新"。

第一，突出压力传递，强化责任落实，全面从严治党迈上新台阶。有压力才有动力。……

第二，突出抓早抓小，强化监督问责，践行"四种形态"形成新常态。治病于初起，防患于未然。……

第三，突出专项整治，强化督查推进，服务发展大局推出新举措。严明的工作纪律，严实的工作作风，是市委、市政府重大决策部署得以全面贯彻落实的重要保证。……

第四，突出标本兼治，强化综合治理，源头预防腐败取得新进展。王岐山同志指出，先治标后治本，治标为治本赢得时间。……

第五，突出自身建设，强化自我监督，打造执纪铁军展现新风貌。打铁更需自身硬。……

第三节 述职报告

一、述职报告的含义

所谓述职，即专题汇报自己的工作职责，它是党政机关、人民团体和企事业单位审议、考核干部和考核管理者等人员时，被考核者采用的一种禀陈自身职责和绩效的形式。

述职报告主要有三方面的作用：一是考核评估。述职报告起着对有关人员的履职情况进行考察、评估，进而决定任用的作用，它是社会组织定期了解、分析有关成员的任职情况和能力水平，并由此作出客观、公正的评鉴和任用决定，使人员评估、任用工作走向制度化、规范化和科学化的重要措施。二是自省总结。对于述职者而言，述职报告起着禀陈履职情况以接受组织及组织成员的考核、评估、监督的作用。述职者须按照规定的职责和目标任务，对履职情况进行自省、总结，进一步明确职责和增强责任感，升华经验、补正不足，以利于在今后的工作中不断完善、提高自身的政治、业务素质，实现自我超越。三是接受监督。述职也是政务公开的重要手段，通过述职，群众可以定期了解有关人员履职情况，使相关人员也由此接受群众的监督、批评、建议，有利于今后改进工作、提高效率。

二、述职报告的特点

1. 自述性。述职报告是有关人员对履职情况的自我评述，所以它具有自述性。

2. 客观性。述职报告要客观的评述本人的工作情况和绩效，即实事求是陈述和评价本人履职期内在哪些方面达到了岗位职责、工作目标的要求，哪些方面有所不足或失误，既不要夸大也不要刻意谦虚。

3. 标准性。由于述职报告是针对考评而作的文书，因此其陈述内容、范围以及自我评价并非全由述职者自主确定，而必须以自己所在岗位的职责和目标为标准，依据这个标准，陈述有关工作并予以评价。

三、述职报告的结构

述职报告的组成一般为标题、抬头、正文、落款四部分。

1. 标题。述职报告的标题可采用如下两种形式：

（1）公文式标题。可采用完全式写法，如《××省财政厅 2019 年度述职报告》，这种标题用于向上级机关述职。也可用简式写法，如《我的述职报告》等，这种标题适宜在大会上述职；或者直接用文种名称作为标题，如《述职报告》。

（2）主副式标题。主标题概括述职报告的主旨，副标题点明文种、时间等内容。如《全市招商引资渐入佳境——2019 年市招商局述职报告》。

2. 抬头。即受文者的名称。书呈式述职报告，其抬头为有关组织的名称，如"中共××市委"；面陈式述职报告往往是在大会上面向领导和本组织成员的，其抬头一般为对受文者身份的称呼，如"各位领导、各位同事、同志们"等。

3. 正文。正文一般由引言、主体和结尾三部分组成。

（1）引言，概述"我"的基本情况，即写明个人现任职务、任职时间、所分管的工作等。着重陈述自己的岗位职责和工作目标。引言须简明扼要，使受文者了解总体情况。

（2）主体，具体陈述"我"的履职情况，一般从"德、能、勤、绩、廉"五个方面谈，诸如：对党的路线、方针、政策、法纪和指示的贯彻执行情况，对自己职责范围内的工作和上级交办事项的完成情况。写作的重点是职责范围内工作的开展情况；有何决策，有何举措，工作成效是否达到了岗位目标的要求，有何成绩及经验；存在问题及原因；等等。

（3）结尾，提出在今后的工作中发扬成绩及改进不足的设想、措施，表明尽职尽责的决心。这部分行文要求简洁明快。

4. 落款。包括述职人的职务、姓名和成文时间。如报告人在标题下已署名，并标明成文时间，落款可以从略。

例文：

2019 年市政府秘书长述职报告

××××：

市政府秘书长是市政府的参谋助手，在市政府机关中处于承上启下、联系内外、协调各方的关键位置。我于 2019 年 2 月被市九届人大常委会第一次会议任命为市政府秘书长，深感责任重大，任务艰巨。任职以来，我须臾不敢忘记肩负的光荣使命，以习近平新时代中国特色社会主义思想为指导，认真贯彻市委、市政府的决策部署和市人大及其常委会的决定、决议，积极适应岗位调整，恪尽职守，勤奋工作，较好地完成了职责任务。

一、坚持依法行政，积极推进行政行为的法制化和规范化

为适应政府工作法制化的需要，始终把法律知识的学习放在突出位置，利用业余时间较为系统地学习宪法、法律和地方法规，始终坚持用法律的观点审视工作，用法律的手段解决问题，努力做到虑及必法、行必循法，确保自己的各项工作在法律框架下运行。新一届政府成立后，根据市政府第一次常务会议要求，牵头修订完善了《市政府工作规则》，为规范政府工作程序，推进科学民主决策提供了重要依据。

二、加强综合协调，有效保障市政府重点工作的推进和落实。

2019 年是新一届政府的开局之年，各项工作千头万绪，纷繁复杂。作为参谋助手，我坚持把主要精力放在全局性大事要事的研究、谋划上，放在市政府重大决策、重点部署的推进落实上，放在重要问题的协调解决上，协助市政府主要领导做了大量细致的工作。重点项目建设一直是市委、市政府推进我市工业化和城市化的工作着力点，因此，我将其作为综合协调的重点内容紧抓不放。……

三、发挥参谋助手作用，确保政令畅通

在抓好综合协调的同时，坚持当好"第一办事员"，既当参谋，又搞服务，既抓政务，又抓事务，尤其是为提高市政府办公室的政务服务质量和工作效率，有针对性地采取了一系列改进措施，强化了办文办会、文稿起草、督办反馈信息调研等工作，确保了政府机关的有序运转。……

四、抓好自身建设，树立政府良好形象

一是注重理论学习。……

二是努力改进作风。……

三是坚持勤政廉政。……

2019 年，在工作中取得了一定成绩，除了本人自身努力以外，与市政府的正确领导，与广大同志的支持配合是密不可分的。对于一些方面存在的差距和不足，今后我将进一步总结经验教训，克服缺点和不足，不断加强学习，扎实工作，依法行政，廉洁奉公，切实担负起服务领导、服务群众、服务社会的光荣职责。

思考题：

1. 综合总结和专题总结有哪些区别？
2. 述职报告的特点有哪些？

第十七章　规章类公文

第一节　章　程

一、章程的含义

章程，是党政机关、社团组织、企事业单位经特定的程序制定的关于组织规程和办事规则的法规文书，是一种根本性的规章制度。

二、章程的特点

1. 稳定性。章程是组织或团体的基本纲领和行动准则，在一定时期内稳定的发挥其作用，如须变更或修订，应履行特定的程序与手续（经组织全体成员或其代表审议通过）；有关单位开展业务工作的章程，是基本的办事准则，应保持相对稳定，不宜轻易变动。

2. 规范性。章程作用于组织内部，依靠全体成员共同实施，不由国家强制力予以推行，但要求其所属组织及成员信守，有较高的规范作用和约束力。

三、章程的种类

1. 组织类章程。由各类社会组织制定，用以对本组织的性质、宗旨、任务、机构、人员构成、内部关系、职责范围、权利义务、活动规则、纪律措施等做出明确规定，如《××公司章程》《××基金会章程》等。

2. 业务类章程。主要由有关企事业单位制定，明确其业务性质、运作方式、基本要求、行为规范等，如《××学院办学章程》《招生简章》《招工简章》等。

四、章程的结构

章程有标题、题注和正文三部分组成。

1. 标题。组织章程的标题，一般由组织或社团名称＋文种构成。标题下面，写明什么时间由什么会议通过，加上括号。有关组织的代表大会通过了，就算正式章程。如果是尚未经代表大会通过的，在标题末尾加上"草案"字样。

2. 题注。标题下写明通过章程的机关或会议名称和日期。

3. 正文。章程正文，包括总则、分则和附则三部分。总则又称总纲，从总体上说明组织的性质、宗旨、任务和作风等。分则规定成员、组织机构和经费等具体事项。附则，附带说明制定权、修改权和解释权等。

五、章程的写作要点

章程特别强调明确简洁。要尽力反复提炼，在内容完备，结构严谨，条理清晰的基础上，尽量用很少的语言将意思明确地表达出来。

章程一般用断裂行文法，用条文表达，句与句、段与段之间有一定的跳跃性，一般不要用"因为……所以……"，"虽然……但是……"等关联词语。

章程的语言多用词语的直接意义，不用比喻、比拟和夸张等修辞手法。这样，语义不含糊，没有歧义，让人一看就懂。

例文：

九三学社章程

（九三学社第十一次全国代表大会修订　2017 年 12 月 6 日通过）

总　　纲

九三学社是以科学技术界高、中级知识分子为主的具有政治联盟特点的政党，是接受中国共产党领导、同中国共产党通力合作的亲密友党，是中国特色社会主义参政党。

九三学社与五四运动有着深厚渊源。本社创始人积极参加五四运动，深受五四运动影响。抗日战争后期，一批文化教育、自然科学学者继承并发扬五四运动反帝反封建的爱国精神，以民主、科学为宗旨，在中国共产党支持和抗日民族统一战线政策感召下，于重庆发起民主科学座谈会，自然科学座谈会的学者也陆续参加进来。为纪念抗日战争和世界反法西斯战争的伟大胜利，1945 年 9 月 3 日，民主科学座谈会召开扩大会议，并更名为九三座谈会。1946 年 5 月 4 日，改建为九三学社。国共和谈和旧政协期间，本社支持中国共产党的主张，反对内战，反对独裁。

……………

本社以中华人民共和国宪法为根本活动准则，负有维护宪法尊严、保证宪法实施的职责，享有宪法范围内的政治自由、组织独立和法律地位平等。

…………

第一章 社　员

第一条　从事科学技术工作以及高等教育、医药卫生等方面的高、中级知识分子，赞成并愿意遵守社的章程，可以申请加入本社。

第二条　发展社员，应当把政治标准放在首位，由申请人向社组织递交入社申请书，社组织经过联系培养、考察后，由两名社员介绍，填写入社登记表，经基层组织讨论通过，报设区的市级及以上组织批准，并由省级组织备案。社龄自批准之日起算。

必要时，中央和省级组织可以直接发展社员。

…………

第八章 附　则

第四十八条　本章程经全国代表大会通过后实施。解释权属于中央常务委员会。

第二节 守　则

一、守则的含义

守则是党政机关、社会团体、企事业单位为维护公共利益和工作秩序，向所属成员发布的行为准则和道德规范，有时也称准则。

守则通行于某一系统或某一单位内部，其成员必须共同遵守。如果涉及面广，守则可以是原则性要求，如《全国职工守则》《高等学校学生行为准则》。如果涉及的是具体事务，守则可以详细一些，如《值班人员守则》《考试巡视员守则》。

守则的制定有三个依据：一是党和国家的方针、政策；二是有关法律、法规；三是全社会共同遵守的道德规范。因此，遵守守则，也就是遵纪守法，就是讲文明、讲道德。

守则对其所涉及的成员有约束作用，但守则从整体上说属于职业道德范畴，不是法律和法规，不具有强制力和法律效力。也就是说，如果有人不按守则办事，可能并不违法，但至少是违背了道德准则，会受到人们的批评和谴责。它旨在培养成员按道德规范办事的自觉性，对本系统、本单位、本部门的工作、学习、生活也能起到一定的约束、规范、督促作用。

二、守则的特点

1. 原则性。守则的原则性阐述多于具体要求，它在指导思想、道德规范、工作和学习态度等方面，提出基本原则，但不过多涉及具体事项和方法、措施。如《全国职工守则》：

一、热爱祖国，热爱共产党，热爱社会主义。

二、热爱集体，勤俭节约，爱护公物，积极参与管理。

三、热爱本职，学赶先进，提高质量，讲究效率。

四、努力学习，提高政治、文化、科技、业务水平。

五、遵守纪律，廉洁奉公，严格执行规章制度。

六、关心同志，尊师爱徒，和睦家庭，团结邻里。

七、文明礼貌，整洁卫生，讲究社会公德。

八、扶植正气，抵制歪风，拒腐蚀，永不沾。

这些条文是一些基本的思想原则和道德规范，内容涉及思想、工作、学习、生活等各方面。

2. 规范性。守则是用来规范人的道德、约束人的行为的，通常在一个系统内部人人都要熟悉守则、遵守守则。它虽然不具有法律效力，也没有特别的强制性，但是对有关人员的教育和约束作用还是很明显的。

3. 系统性。守则一般篇幅都比较短小，但内容涉及成员应该遵循的所有基本原则和规范，系统而完整。守则撰写要注意条目清晰，逻辑严谨。

三、守则的结构

守则一般分为标题、日期、正文三部分。

1. 标题。守则的标题由适用对象＋文种组成。如《公安干警守则》《商业营业员营业守则》。

2. 日期。守则一般需要在标题下方正中加括号标注日期和发布机关（或通过守则的会议）。

3. 正文。守则的篇幅一般比较短小，多采用通篇分条式写法。如果内容复杂，为了更有条理性，也可采用条例、规定、章程、细则的章条式写法，由总则、分则、附则三部分组成，下面再分章，章下再分条，不过这种情况比较少见。

在正文的写作中，条与条之间的划分要符合逻辑规律，做到条理清楚，层次分明，语言表达简练、质朴、准确。

四、守则写作的注意事项

1. 守则必须简短、精练、易记。

2. 写法更多是把内容概括为几条，甚至是朗朗上口的若干短句或词组，以便群众容易掌握。

3. 分析情况要认真细致，确定目标要实事求是，措施步骤要切实可行，条目要分明，语言要简练。

例文1：

高等学校学生行为准则

（中华人民共和国教育部　2005年3月25日）

一、志存高远，坚定信念。努力学习马克思列宁主义、毛泽东思想、邓小平理论和"三个代表"重要思想，面向世界，了解国情，确立在中国共产党领导下走社会主义道路、实现中华民族伟大复兴的共同理想和坚定信念，努力成为有理想、有道德、有文化、有纪律的社会主义新人。

二、热爱祖国，服务人民。弘扬民族精神，维护国家利益和民族团结。不参与违反四项基本原则、影响国家统一和社会稳定的活动。培养同人民群众的深厚感情，正确处理国家、集体和个人三者利益关系，增强社会责任感，甘愿为祖国为人民奉献。

三、勤奋学习，自强不息。追求真理，崇尚科学；刻苦钻研，严谨求实；积极实践，勇于创新；珍惜时间，学业有成。

四、遵纪守法，弘扬正气。遵守宪法、法律、法规，遵守校纪校规；正确行使权利，依法履行义务；敬廉崇洁，公道正派；敢于并善于同各种违法违纪行为作斗争。

五、诚实守信，严于律己。履约践诺，知行统一；遵从学术规范，恪守学术道德，不作弊，不剽窃；自尊自爱，自省自律；文明使用互联网；自觉抵制黄、赌、毒等不良诱惑。

六、明礼修身，团结友爱。弘扬传统美德，遵守社会公德，男女交往文明；关心集体，爱护公物，热心公益；尊敬师长，友爱同学，团结合作；仪表整洁，待人礼貌；豁达宽容，积极向上。

七、勤俭节约，艰苦奋斗。热爱劳动，珍惜他人和社会劳动成果；生活俭朴，杜绝浪费；不追求超越自身和家庭实际的物质享受。

八、强健体魄，热爱生活。积极参加文体活动，提高身体素质，保持心理健康；磨砺意志，不怕挫折，提高适应能力；增强安全意识，防止意外事故；关爱自然，爱护环境，珍惜资源。

例文 2：

新时代高校教师职业行为十项准则

（中华人民共和国教育部　2018 年 11 月 8 日）

教师是人类灵魂的工程师，是人类文明的传承者。长期以来，广大教师贯彻党的教育方针，教书育人，呕心沥血，默默奉献，为国家发展和民族振兴作出了重大贡献。新时代对广大教师落实立德树人根本任务提出新的更高要求，为进一步增强教师的责任感、使命感、荣誉感，规范职业行为，明确师德底线，引导广大教师努力成为有理想信念、有道德情操、有扎实学识、有仁爱之心的好老师，着力培养德智体美劳全面发展的社会主义建设者和接班人，特制定以下准则。

一、坚定政治方向。坚持以习近平新时代中国特色社会主义思想为指导，拥护中国共产党的领导，贯彻党的教育方针；不得在教育教学活动中及其他场合有损害党中央权威、违背党的路线方针政策的言行。

二、自觉爱国守法。忠于祖国，忠于人民，恪守宪法原则，遵守法律法规，依法履行教师职责；不得损害国家利益、社会公共利益，或违背社会公序良俗。

三、传播优秀文化。带头践行社会主义核心价值观，弘扬真善美，传递正能量；不得通过课堂、论坛、讲座、信息网络及其他渠道发表、转发错误观点，或编造散布虚假信息、不良信息。

…………

十、积极奉献社会。履行社会责任，贡献聪明才智，树立正确义利观；不得假公济私，擅自利用学校名义或校名、校徽、专利、场所等资源谋取个人利益。

第三节　公　　约

一、公约的含义

公约是条约的一种，通常指国际间为政治、经济、文化、技术等重大问题而举行国际会议，最后缔结的多方面的条约。如 1874 年的《万国邮政公约》，1949 年关于保护战争受难者《日内瓦公约》等。本节讲的公约主要是指在国内一定范围使用的，带有公共性和督促性的条约。是参与制定的单位和个人共同信守的行为规范，它对于维护社会秩序、促进安定团结、加强精神文明建设有着极其重要的作用。如《爱国卫生公约》《乡规民约》等。

二、公约的特点

1. 约定性。约定性是公约的突出特点。公约虽有约束性，但它不是有关管理部门制定的强制性的法规，而是订约单位或订约人自愿协商缔结的公共约法。它一般不产生于行政管理部门，而是产生于社会团体或民众之间，有一定的民间特色。它不是正式的法律和法规，对参与者只有道德约束力，没有法律效力。

2. 原则性。公约的内容在多数情况下都是一些基本道德准则和精神文明的原则要求，一般不涉及具体的行动方法和实施措施，不像细则那样详尽具体，大多都是短小精悍。

3. 认同性。公约是在一个公共协商的基础上拟定的，应得到每个缔约者的认同。就一般情况而言，有弃权票，不影响公约的通过，但有否决票则公约不能被通过，即每个制定者拥有"一票否决权"。在特殊情况下，在有否决票的情况下可以强制通过，但投否决票者可以选择不加入该公约，如《联合国海洋法公约》，美国就没有加入该公约，所以美国就不受该公约约束。

4. 适用性。公约所涉及的内容一般都具有长期的稳定性，因而公约也具有长期适用性，不会在短时间之内就因为时过境迁而成为废文。制定公约要选择大家共同关心的、有长期意义的原则性事项。如果发现原有的公约已经过时，则要讨论制定新的公约来取而代之。

5. 监督性。公约一经公众认定，就是订约人的行为和道德规范，每个人都有履行公约的义务，不得违反。同时，也是人们互相监督的依据，每个人也都有以公约为准则监督别人的义务。一旦发现有违背公约的行为，大家都有权进行批评和谴责。

三、公约的结构

公约一般由标题、正文、署名与日期三部分组成。

1. 标题。公约的标题有三种写法：一是适用人＋文种，如《残疾人权利公约》。二是适用范围＋文种，如《国际民用航空组织公约》。三是涉及事项＋文种，如《环境保护公约》。

2. 正文。公约的正文由引言、主体和结尾组成。

（1）引言。主要用来写明制定公约的目的、意义，常套用"为了……特制定本公约"的固定格式。

（2）主体。条文式写法，将具体内容一一列出。这部分最重要，一定要做到系统完整，层次清楚，言简意明，朴实通畅。

（3）结尾。用来写执行要求、生效日期等。如无必要，可免除这一部分。

3. 署名与日期。对于有些公约而言，署名是很重要的一项，因为署名就意味着承诺，表明遵守公约的意向，表明愿意为违背公约承担责任，特别是行业公约，这一点显得更为重要。

例文 1：

中国公民国内旅游文明行为公约

营造文明、和谐的旅游环境，关系到每位游客的切身利益。做文明游客是我们大家的义务，请遵守以下公约：

1. 维护环境卫生。不随地吐痰和口香糖，不乱扔废弃物，不在禁烟场所吸烟。

2. 遵守公共秩序。不喧哗吵闹，排队遵守秩序，不并行挡道，不在公众场所高声交谈。

3. 保护生态环境。不踩踏绿地，不摘折花木和果实，不追捉、投打、乱喂动物。

…………

中央文明办　国家旅游局
2006 年 10 月 2 日

例文 2：

首都市民文明公约

为加强首都社会主义精神文明建设，进一步提高首都市民素质，增强首都意识，把首都建设成为现代化国际大都市，特制定本公约。

一、热爱祖国　热爱北京　民族和睦　维护安定
二、热爱劳动　爱岗敬业　诚实守信　勤俭节约
三、遵守法纪　维护秩序　见义勇为　弘扬正气
四、美化市容　讲究卫生　绿化首都　保护环境
五、关心集体　爱护公物　热心公益　保护文物
六、崇尚科学　重教尊师　自强不息　提高素质
七、敬老爱幼　拥军爱民　尊重妇女　助残济困
八、移风易俗　健康生活　计划生育　增强体魄
九、举止文明　礼待宾客　胸襟大度　助人为乐

本公约于 1995 年末，经公众参与讨论修订而成，凡在首都北京生活的每一个人应自觉遵守。

首都精神文明建设委员会
一九九六年三月

思考题：

1. 章程、守则和公约有哪些区别？
2. 公约的主要特点有哪些？

第十八章 契约类公文

第一节 意 向 书

一、意向书的含义

意向书是指当事人双方或多方之间，在对某项事物正式签订条约、达成协议之前，表达初步设想的意向性文书。意向书为正式签订协议奠定基础，是"协议书"或"合同"的先导，多用于经济技术的合作领域。

二、意向书的特点

1. 协商性。意向书是各方为了达到某种目的而表达基本意图和愿望的一种文体，用以协调彼此的合作和友好关系。

2. 灵活性。意向书不像协议和合同那样，一经签约不能随意更改，意向书比较灵活，在协商过程中，当事人各方均可按各自的意图和目的提出意见，在正式签订协议和合同前亦可随时变更或补充，最终达成协议。

3. 简要性。意向书是各方为了达到目的而初步形成意向的行为，要简单明了，突出主要目的即可。

三、意向书的结构

意向书的结构一般由标题、正文、签约单位和日期三部分组成。

1. 标题。意向书的标题有三种形式：一是由单位名称＋事由＋文种构成，如《××市××公司、香港××公司合作经营医疗卫生器材意向书》；二是事由＋文种构成，如《包机运输意向书》；三是直接用文种名，即《意向书》。

2. 正文。由导语、主体、结尾构成。

（1）导语。写明合作各方当事人单位的全称，双方接触的简要情况，磋商后达成的意向性意见。然后用"本着××原则，达成合作××项目"作为导语的结束。

（2）主体。分条款写明达成的意向性意见，可参照合同或协议的条款排列。

（3）结尾。写明"未尽事宜，在签订正式合同或协议书时再予以补充"，以便留有余地。

3. 签约单位与日期。在正文之后的右下方写明签订各单位的名称、代表人姓名并加盖公章及日期。

四、意向书写作的注意事项

1. 态度要端正。不要以为意向书没有约束力就可随意签订，损害自身形象。

2. 慎重行事。撰写意向书时对关键性问题不宜贸然做出实质性承诺，以免被动。

3. 坚持原则性。意向书不要写有违背政策法规的内容，也不要承诺属于上级部门和其他部门才能解决的问题。

例文：

合作意向书

××工厂（甲方）

××公司（乙方）

××年×月×日至×日在×地，××厂（以下简称甲方）副总经理××先生，与××公司（以下简称乙方）总经理助理××先生，根据《中华人民共和国××法》和其他法规的规定，本着平等互利的原则，就建立合资企业事宜进行了友好协商，达成意向如下：

一、甲、乙两方愿以合资或合作的形式建立合资企业，暂定名为××有限公司。建设期为×年，即从××年—××年全部建成。双方意向书签订后，即向各方有关上级部门申请批准，批准的时限为×个月，即××年×月×日—××年×月×日完成。然后由××厂办理合资企业开业申请。

二、总投资×万元（人民币）（折×万元美元）。基建部分投资×万元（折×万美元）；设备部分投资×万元（折×万美元）。

甲方投资×万元（以工厂现有厂房、水电设施现有设备等折款投入）；

乙方投资×万元（以折美元投入，购买设备）。

三、利润分配：双方按投资比例或协商比例分配。

…………

八、双方将在各方上级批准后，再行具体商洽有关合资事宜。

本意向书一式两份。作为备忘录，各执一份备查。

　　　　　　××工厂（甲方）　　　　　××公司（乙方）

　　　　代表：　　　　　　　　　　代表：

　　　　××年×月×日　　　　　　××年×月×日

第二节 协 议 书

一、协议书的含义

协议书是社会生活中，协作的双方或各方，为保障各自的合法权益，经协议双方或各方共同协商达成一致意见后，签订的书面文件。

协议书是契约类文书，是当事人双方（或多方）为了解决或预防纠纷，或确立某种法律关系，实现一定的共同利益、愿望，经过协商而达成一致后，签署的具有法律效力的记录性应用文。

协议书有广义和狭义之分。广义的协议书是指社会集团或个人处理各种社会关系、事务时常用的"契约"类文书，包括合同、议定书、条约、公约、联合宣言、联合声明、条据等。狭义的协议书是指国家、政党、企业、团体或个人就某个问题经过谈判或共同协商，取得一致意见后，签订的一种具有经济或其他关系的契约性文书。

二、协议书的结构

协议书一般由标题、正文、签约单位与日期三部分组成。

1. 标题。通常由协议事项＋文种组成，如《关于成立"××山开发中心"协议书》。

2. 正文。一般由前言、主体、结尾组成。前言应写明签订协议书双方或多方单位的名称，为表述方便，需在各方前或后用括号注明"甲方""乙方"等。随后，简明扼要地写明签订协议书的目的、根据、项目名称，用"达成以下协议"过渡到下文。主体是协议的核心部分。单项协议书的主体部分通常只写某一项协议的具体内容；多项协议书的主体部分要写多项协议的内容，可采取分条列项的形式表述出来。结尾通常写文本份数、执行要求、法律责任以及其他未尽事宜。

3. 签约单位与日期。在正文之后的右下方写明签订各方单位的名称、代表人姓名并加盖公章及日期。

例文：

购房协议书

卖房方（甲方）：　　　　　　身份证号码：

购房方（乙方）：　　　　　　身份证号码：

关于乙方向甲方购房事宜，双方经协商，达成协议如下：

一、甲方将其拥有独立产权的位于××市_____区_____的房屋（房屋所有权证编号：_____，建筑面积_____平方米）以人民币___仟___佰___拾___万___仟_____佰_____拾_____元整（￥_____）出售给乙方。乙方愿意以上述价格向甲方认购该房，并以购得的上述房屋向_____银行申请购房抵押贷款，以支付甲方应收的房款。

二、甲方承诺：

1. 向乙房申请购房贷款银行提供符合要求的房屋资料以备核查。

2. 保证对出售的房屋拥有独立产权。如果该房屋为共有房屋，则必须取得其他共有人同意出售的书面材料。

3. 保证该出售房屋未予出租。因出租所产生的任何问题由甲方承担并负责解决。

············

三、乙方承诺：

1. 向贷款银行提供符合要求的资料以备核查，并按规定支付费用。

2. 保证按原约定价格向甲方购买前述房屋，并及时将贷款所得支付甲方所售房款。

3. 将所购房屋向贷款银行申请抵押贷款。

············

六、违约责任

1. 如果甲方违约，拒绝将房屋出售给乙方，应向乙方赔偿因此受到的损失。

2. 如果乙方违约，贷款申请获准后没有向甲方购买房屋，应向甲方赔偿因此受到的损失。

七、本协议自双方签字或盖章之日起生效。

八、本协议一式四份，双方各执一份。由乙方交贷款银行一份。

甲方：（签字盖章）   乙方：（签字盖章）

××年×月×日   ××年×月×日

第三节 合 同

一、合同的含义

《中华人民共和国民法典》规定，合同是民事主体之间设立、变更、终止民事法律关系的协议。依法成立的合同，受法律保护。婚姻、收养、监护等有关身份关系的协议，适用有关该身份关系的法律规定；没有规定的，可以根据其性质参照适用有关合同的相关规定。

合同是平等的民事主体之间设立、变更、终止民事权利义务法律关系的协议，作为一种民事法律行为，是当事人协商一致的产物，是两个以上的意思表示相一致的协议。只有当事人所作出的意思表示合法，合同才具有法律约束力。依法成立的合同从成立之日起生效，具有法律约束力。

与协议的区别：都是双方意思表示一致而达成的契约。简单地说，就是你情我愿，然后用书面、口头或其他形式把大家都同意的事情固定下来，说明白，说清楚，那么达成一致的这个事项就是协议，在法律上就叫合同。

一般来说，生效的合同和协议法律效力是相同的。除非没有生效或因为一些条件而失效。比如：合同或协议的一方是个未成年的小孩，这样的合同就没有效力。

合同或协议一般要求两份，合同当事人各持一份，如有第三份，也可以给见证人或第三人，这个作用也是为了强化合同或协议的效力，由双方当事人约定。

合同或协议一般只是名称、叫法的不同。只要不违反法律和道德风俗，双方当事人约定的合同或协议是有效的。

与契约的关系：合同曾有契约与合同之分。契约是双方当事人基于相互对立的意思表示一致而成立的民事法律行为，如买卖契约。合同是双方或者三方以上当事人基于方向并行的意思表示一致而成立的民事法律行为，如合伙合同。我国现行法律不再作这样的区分，把二者统称为合同。

合同的法律约束力，是法律赋予合同对当事人的强制力，即当事人如违反合同约定的内容，即产生相应的法律后果，包括承担相应的法律责任。约束力是当事人必须为之或不得为之的强制状态，约束力或来源于法律，或来源于道德规范，或来源于人们的自觉意识，当然，源于法律的约束力，对人们的行为具有最强的约束力。

二、合同的分类

根据《中华人民共和国民法典》规定，典型合同分为 20 种。

1. 买卖合同。指出卖人转移标的物的所有权于买受人，买受人支付价款的合同。

2. 供用电、水、气、热力合同。供用电合同是供电人向用电人供电，用电人支付电费的合同供用水、供用气、供用热力合同，则参照供用电合同的有关规定。

3. 赠与合同。指赠与人将自己的财产无偿给予受赠人，受赠人表示接受赠与的合同。

4. 借款合同。指借款人向贷款人借款，到期返还借款并支付利息的合同。

5. 保证合同。指为保障债权的实现，保证人和债权人约定，当债务人不履行到期债务或者发生当事人约定的情形时，保证人履行债务或者承担责任的合同。

6. 租赁合同。指出租人将租赁物交付承租人使用、收益，承租人支付租金的合同。

7. 融资租赁合同。指出租人根据承租人对出卖人、租赁物的选择，向出卖人购买租赁物，提供给承租人使用，承租人支付租金的合同。

8. 保理会同。指应收账款债权人将现有的或者将有的应收账款转让给保理人，保理人提供资金融通、应收账款管理或者催收、应收账款债务人付款担保等服务的合同。

9. 承揽合同。指承揽人按照定作人的要求完成工作，交付工作成果，定作人给付报酬的合同。

10. 建设工程合同。指承包人进行工程建设，发包人支付价款的合同。

11. 运输合同。指承运人将旅客或者货物从起运地点运输到约定地点，旅客、托运人或者收货人支付票款或者运输费用的合同。

12. 技术合同。指当事人就技术开发、转让、咨询或者服务订立的确立相互之间权利和义务的合同。

13. 保管合同。指保管人保管寄存人交付的保管物，并返还该物的合同。

14. 仓储合同。指保管人储存存货人交付的仓储物，存货人支付仓储费的合同。

15. 委托合同。指委托人和受托人约定，由受托人处理委托人事务的合同。

16. 物业服务合同。指是物业服务人在物业服务区域内，为业主提供建筑物及其附属设施的维修养护、环境卫生和相关秩序的管理维护等物业服务，业主支付物业费的合同。物业服务人包括物业服务企业和其他管理人。

17. 行纪合同。指行纪人以自己的名义为委托人从事贸易活动，委托人支付报酬的合同。

18. 中介合同。指中介人向委托人报告订立合同的机会或者提供订立合同的媒介服务，委托人支付报酬的合同。

19. 合伙合同。指两个以上合伙人为了共同的事业目的，订立的共享利益、共担风险的协议。

20. 准合同。分为两种：一是无因管理指管理人没有法定的或者约定的义务，为避免他人利益受损失而管理他人事务的，可以请求受益人偿还因管理事务而支出的必要费用；管理人因管理事务受到损失的，可以请求受益人给予适当补偿。二是不当得利，指得利人没有法律根据取得不当利益的，受损失的人可以请求得利人返还取得的利益。

三、合同的结构

合同一般由标题、正文、附件、签约单位与日期四部分构成。

1. 标题。标题是合同性质、内容、种类的体现和载体，由合同内容 +

文种构成，如《房屋租赁合同》。标题应写上合同内容，决不能只写"合同"二字。

2. 正文。合同正文内容由当事人约定，一般包括以下要素：当事人的名称或者姓名和住所、标的、数量、质量、价款或者报酬、履行期限、地点和方式、违约责任、解决争议的方法等。

3. 附件。主要是指合同标的条款或有关条款的说明性材料及相关证明材料。有的合同没有附件，则不写这一部分。合同附件是合同的组成部分，同样具有法律效力。

4. 签约单位与日期。签订合同双方要加盖单位或法定组织的公章或合同专用章，然后是代表人或经办人签名盖章；重要的合同还应通过当事人双方上级主管部门、合同鉴定机关和司法公证机关审查盖章。

四、合同写作注意事项

1. 必须遵守国家法律法规和社会公德，当事人签订、履行合同，应当遵守法律、行政法规，尊重社会公德，不得扰乱社会经济秩序，损害社会公共利益。

2. 必须贯彻平等互利，协商一致的原则。平等互利就是合同上当事人双方都平等地享有经济权利、平等地承担经济义务。在订立合同时，双方的利益和要求并不总是完全一致的，这就必须自愿平等协商，合同是双方协议的法律行为，双方当事人的意见达成共识时，合同才能成立。

3. 必须严肃认真，具有法律意识。依法成立的合同，受法律保护；依法成立的合同，对当事人具有法律约束力。订立合同是一种严肃的法律行为，稍有疏忽，将会蒙受经济损失，导致法律后果。

4. 必须内容明确，语言准确。如果不用精确的语言去表述当事人双方协商的内容，将会严重影响合同的执行，甚至引起经济纠纷。

例文：

房屋租赁合同

出租方：（甲方）＿＿＿＿＿＿

承租方：（乙方）＿＿＿＿＿＿

根据《中华人民共和国民法典》和《中华人民共和国消防法》及行业等有关规定，为明确甲方与乙方的权利义务关系，经双方协商一致，签订本合同。

第一条　房屋概况

房屋地点、间数、面积、房屋质量。注：乙方应对甲方提供的房屋概况进行确认，否则后果自负。

第二条　租赁要求和期限

租赁期共_____年零____月，甲方从_____年____月____日起将房屋交付乙方使用，至_____年____月____日收回。乙方须向甲方一次性交纳房屋租金____元、安全抵押金____元（人民币）。

乙方有下列情形之一的，甲方有权终止合同、收回房屋：

1. 乙方擅自将房屋转租、转让或转借的；

2. 乙方利用承租房屋进行非法活动，损害公共利益的，按照相关法律法规承担相应法律责任；

3. 乙方拖欠租金和拒不缴纳的；

4. 乙方不服从甲方管理，如谩骂、威胁甲方管理人员的；

5. 乙方不按照要求配备、使用安全消防设施的，按照《中华人民共和国消防法》规定追究相关法律责任；

6. 乙方在租赁房屋使用期间乱拉乱扯线路，私自安装其他设施存在隐患，告知不改正的；

7. 乙方未经甲方同意，私自改造房屋结构的；

8. 乙方不按时足额缴纳房屋租金和安全风险抵押金的。

租赁合同如因期满而终止时，如乙方到期无法找到房屋，甲方在条件允许的情况下，酌情延长乙方的租赁期限。

如乙方逾期不搬迁，甲方有权向人民法院起诉和申请执行，甲方因此所受损失由乙方负责赔偿。

合同期满后，如甲方仍继续出租房屋时，乙方享有优先权。

第三条　租金和租金的交纳期限

租金采取押一付三的方式，乙方在每三个月到期前10天交付下季度租金，否则视为违约。

第四条　租赁期间房屋修缮

修缮房屋是甲方的义务。甲方对房屋及其设施应每隔____月（或年）认真检查、修缮一次，以保障乙方在租赁房屋期间的安全和正常使用。

甲方维修房屋时，乙方应积极协助，不得阻挠施工。甲方如确实无力修缮，可同乙方协商合修，届时乙方付出的修缮费用即用以充抵租金或由甲方分期偿还。

第五条　甲方与乙方的权利与义务的变更

1. 如果甲方将房屋所有权转移给第三方时，合同对新的房屋所有权人继续有效。

2. 甲方所租赁的房屋，由于国家征用或者其他原因，需要拆迁房屋时，甲方须在3个月前通知乙方。

3. 租赁期间，如乙方确因特殊情况需要退房，必须提前____个月书面通知甲方，解除合同，应付给甲方违约金，违约金以剩余租期内应交租金总额的 20% 计算。

············

第六条　违约责任

1. 甲方未按前述合同条款的规定向乙方交付合乎要求的房屋的，应支付违约金_____元。

2. 甲方未按时交付出租房屋供乙方使用的，应支付违约金_____元。

3. 甲方未按时（或未按要求）修缮出租房屋的，应支付违约金_____元；如因此造成乙方人员人身受到伤害或财物受毁的，负责赔偿损失。

4. 乙方逾期交付租金的，除仍应及时如数补交外，应支付违约金_____元。

············

第七条　免责条件

房屋如因不可抗力的原因导致毁损和造成乙方损失的，甲乙双方互不承担责任。

第八条　争议的解决方式

本合同执行中如发生纠纷，应通过甲乙双方协商解决。协商不成，可提请当地人民法院裁决。

第九条　其他约定事宜

本合同未尽事宜，一律按《中华人民共和国民法典》的有关规定，经合同双方共同协商，作出补充规定，补充规定与本合同具有同等效力。

本合同正本一式贰份，甲方、乙方各执壹份。

甲方（签章）　　　　　　　　乙方（签章）

签约时间：____年____月____日　有效期限至____年____月____日

第四节　协　定

一、协定的含义

协定，是国家、政党之间或国家、政党组成的组织之间，通过谈判，为解决某一专门问题或临时性重要问题而缔结的契约性文书。

协定的特点：一是广泛性。协定的内容非常广泛，可以是国家之间的边界问题，可以是禁止发展、生产、储存和使用化学武器及销毁此类武器的问题，可以是外交领事问题，可以是防治荒漠化问题等。二是专业性。协定的专业色彩特别浓厚，草拟协定时需聘请专家参与指导。例如，涉及化学武器的协定，需要武器专家对什么是化学武器进行界定。

二、协定的结构

协定通常由标题、正文和签约者姓名三部分组成。

1. 标题。标题要写明协定者的名称＋事由＋文种，如《中华人民共和国政府和加拿大政府领事协定》。

2. 正文。由前言、主体、结尾三要素组成。前言简明交代签订协定有哪几方，以及签订协定的目的、依据和背景等。主体是协定的核心部分，它要求把订立协定双方或多方协商一致的意见，分条列项地表述出来。结尾一般是最后一条，说明协定签订的日期、地点，协定的份数及相关事宜。

3. 签约者姓名。签约协定各方的代表在正文后签署姓名。如果正文未写明签约时间，在签约者之后的下一行应予以标注。

例文：

中华人民共和国和德意志联邦共和国
关于促进和相互保护投资的协定

中华人民共和国和德意志联邦共和国，本着发展两国间经济合作的愿望，努力为缔约一方的投资者在缔约另一方境内的投资创造有利条件，经过两国政府代表的谈判，达成协议如下：

第一条　定义

本协定内：

一、"投资"一词系指缔约各方根据各自有效的法律所许可的所有财产，主要是：

（一）动产和不动产的所有权以及其他物权，如抵押权、质权等；

（二）公司股份和其他形式的参股；

（三）用于创造经济价值的金钱请求权或具有经济价值的行为请求权；

…………

二、"收益"一词系指投资在一定时期内所产生的利润、股息、利息和其他合法收入。

三、"投资者"一词在中华人民共和国方面，系指：

（一）具有中华人民共和国国籍的自然人；

（二）经中国政府核准、注册并有权同外国进行经济合作的公司、企业或其他经济组织。

在德意志联邦共和国方面，系指：

（一）在本协定有效范围内有住所的德国人；

（二）住所在本协定有效范围内依照法律设立的法人，具有或不具有法人资格的、其股东或成员具有有限责任或无限责任的、营利性或非营利性的商业公司、其他各种公司和社团。

第二条　促进和保护投资

缔约任何一方应促进缔约另一方的投资者在其境内投资，依照其法律规定接受此种投资，并在任何情况下给予公平、合理的待遇。

第三条　投资待遇

一、缔约一方投资者在缔约另一方境内的投资所享受的待遇，不应低于同缔约另一方订有同类协定的第三国投资者的投资所享受的待遇。

二、缔约一方投资者在缔约另一方境内与投资有关的活动所享受的待遇，不应低于同缔约另一方订有同类协定的第三国投资者与投资有关的活动所享受的待遇。

…………

本协定于××年×月×日在北京签订，共两份，每份都用中文和德文写成，两种文本具有同等效力。

中华人民共和国　　　　　德意志联邦共和国

代表：×××　　　　　　　代表：×××

思考题：

1. 意向书的特点有哪些？

2. 合同写作应注意哪些方面？

第十九章　书信类公文

第一节　倡　议　书

一、倡议书的含义

倡议书，是由机关单位或集体发起和倡导某项活动，希望能够得到积极响应的导向性文书。

倡议书的突出特点是鼓动性、公开性和群众性。它可公开宣读、张贴，也可登报或在广播电视中播放广而告之，能充分发挥其宣传鼓动作用。往往一个机关、一个群体倡议，引发许多单位、许多群众的响应，形成规模效应。

二、倡议书的特点

1. 倡议书的公开性。倡议书是广而告之的书信，以期得到广大人民群众的广泛了解和踊跃参与，激发更多人的响应。

2. 倡议书的广泛性。倡议书不是某个组织、某个人的事，而是面向公众，具有普遍意义。

3. 倡议书对象的不确定性。倡议书的范围具有不确定性，只要响应都可参与其中，不受任何限制。

三、倡议书的结构

倡议书由标题、称呼、正文、署名与日期四部分构成。

1. 标题。一般由事由＋文种构成，如《捍卫科学尊严破除愚昧迷信倡议书》；有的则写明倡议发起者，向谁发出倡议，如《五一劳动奖章、五一劳动奖状获得者进京代表和全国总工会英模报告团向全国职工的倡议书》；也有的只写"倡议书"三个字。

2. 称呼。标题下提行顶格写明称呼，即倡议书发出的对象，例如，"全国各行各业的职工同志们"，后加冒号。也有的因为对象广泛，正文前不写称呼。

3. 正文。倡议书的正文一般分为两部分。第一部分写明在什么情况下，为了什么目的，发出什么倡议，倡议有哪些意义和作用；第二部分为倡议的具体内容和要求做到的具体事项。倡议的具体内容一般可分条列项写，使读者一目了然。

4. 署名与日期。倡议书正文末尾右下方写明倡议发起者的名称，提行写倡议发出的日期。

例文：

实现中国梦伟大征程上阔步前进

——2015年全国劳动模范和先进工作者倡议书

（2015年4月28日）

全国各行各业的同志们：

今天，党中央、国务院隆重召开大会，庆祝"五一"国际劳动节，表彰全国劳动模范和先进工作者，充分体现了党和政府对广大劳动群众的亲切关怀，我们深受鼓舞、倍感振奋。当前，全面建成小康社会进入决定性阶段，我国经济发展进入新常态，改革发展稳定的任务艰巨繁重。协调推进"四个全面"战略布局，保持经济平稳健康发展和社会和谐稳定，全国广大劳动群众使命重大、责无旁贷。为此，我们提出如下倡议：

一、坚定不移走中国特色社会主义道路

牢固树立中国特色社会主义理想信念，坚定永远跟党走的信心，坚决拥护社会主义制度，坚决拥护改革开放，坚决贯彻执行党的路线方针政策，在思想上政治上行动上同以习近平同志为总书记的党中央保持高度一致，始终做坚持中国道路、弘扬中国精神、凝聚中国力量的楷模，以国家主人翁姿态为坚持和发展中国特色社会主义创造新业绩。

二、自觉践行社会主义核心价值观

积极参加社会主义核心价值观的学习教育，弘扬中华传统文化，投身群众性精神文明创建活动，培育良好的社会公德、职业道德、家庭美德、个人品德，把社会主义核心价值观转化为自觉行动。充分发扬工人阶级识大体、顾大局的光荣传统，正确对待利益调整，处理好国家、集体和个人的利益关系，用先进思想、模范行动影响和带动全社会，促进社会和谐稳定。

三、用劳动为实现中国梦添砖加瓦

……

四、在推进"四个全面"伟大实践中建功立业

……

五、争做有智慧、有技术、能发明、会创新的劳动者

……

新的蓝图在激励我们，新的使命在召唤我们。让我们更加紧密地团结

在以习近平同志为总书记的党中央周围，高举中国特色社会主义伟大旗帜，开拓创新，携手共进，昂首阔步迈上实现"两个一百年"奋斗目标和中华民族伟大复兴中国梦的新征程。

第二节　聘　　书

一、聘书的含义

聘书，也称为聘请书。它是各级各类社会组织聘请某些有专业特长或有威望的人，完成某项任务或担任某项职务所发出的邀请性质的文书。

当今社会，聘书的使用日益广泛。聘书是社会各类组织之间加强协作的纽带。聘书的使用，能促进人才的交流，体现出对受聘人的信任和尊重，增强受聘者的责任感和荣誉感，也表示聘用的郑重其事和聘用双方的相互信任与守约。它不仅使聘用单位与受聘人才加强联系，而且使各单位之间的合作得以加强。

聘书有书信式和印刷式两种。现在大多用印刷式，即在印刷好的聘书上填写有关项目内容后，加盖单位公章。

二、聘书的特点

1. 凭据性。聘书是用人单位和受聘对象共同签约的凭据，是受聘者上岗的凭证，也是用人单位监督受聘人员是否履行职责，是否完成任务的依据。

2. 严肃性。聘书是用人单位和受聘对象之间形成的具有法律效力的文书，一经发出双方都承担着法定的责任，不到期满任何一方都不得终止聘用关系，因而其制作和发送非常认真严肃，作到合法、合规、明确。

3. 期限性。聘书都要写明聘用的期限，长期、短期或兼职都要规定一定期限，在规定期限内双方都要信守诺言。

三、聘书的结构

聘书一般由标题、称呼、正文、署名和日期四部分构成。

1. 标题。一般在正中位置写上"聘书"或"聘请书"字样。

2. 称呼。标题下提行顶格书写被聘人的姓名称谓，如"××先生""××同志"，后加冒号。有的印刷式聘书，称呼未在标题下顶格书写，其正文开头一句为"兹聘请××同志为××"，则在"兹聘请"与"同志"之间空白处填上被聘请人的姓名。

3. 正文。一般先写明聘请的原因、目的或意义，再写明被聘请人担任什么职务、做什么工作。也有的写明聘请期限和聘请待遇，还有的写出对被聘请者的希望。最后的结束语为"此聘""特此敬聘"或"此致敬礼"。

4. 署名和日期。正文之后署上聘用单位名称或单位领导的职务、姓名，加盖单位公章，提行书写发聘书日期。

例文：

聘　书

××同志：

我厂为尽快增加产品种类，提高产品质量，开拓国际市场，特聘请您为我厂总工程师，聘期暂定三年，月薪为人民币伍万元。

此聘

××机械制造厂（公章）

××年×月×日

第三节　决　心　书

一、决心书的含义

决心书，是机关、单位或个人为响应某一号召、开展某一工作、完成某项任务而向上级、社会或组织表示态度和决心的文书。

决心书一般以公开张贴的形式发表，有时也可登报或由广播电视播放。决心书的主要作用：一是激励作用，它可使表决心者增强责任感和信心，充分调动积极性；二是约束和督促作用，一方面决心书的写作与公布，便于表决心者接受领导与群众的监督、检查和指导；另一方面也促使表决心者依照决心书进行自我约束、自我激励。

二、决心书的结构

决心书一般由标题、称呼、正文、署名与日期四部分构成。

1. 标题。决心书的标题一般仅写文种名称，即"决心书"三个字；也可由决心事由＋文种构成，如《坚决完成××任务的决心书》。

2. 称呼。决心书的称呼应在标题下提行顶格书写。称呼为决心书送达的上级机关、组织的名称，后加冒号。如果决心书是面向广大群众、面向社会的，也可不写称呼。

3. 正文。决心书的正文一般由事情的缘由、表决心的内容和结尾三部分构成。决心书的缘由，应针对当前的社会大背景，发文单位的具体情况，简要说明某一工作或某一任务的意义。表决心的内容，一般是分条列出决心要达到的具体目标，以及实现这些目标的具体措施。决心书的结尾，往往再次表示决心或为"此致敬礼"等致敬语。也有的决心书没有结尾。

4.署名与日期。在正文右下方署上决心书的单位、集体或人员，提行署名成文日期。

例文：

决 心 书

尊敬的校领导：

　　为了响应教学改革，培养组织性和纪律性，提高自我管理的能力。根据教学大纲的要求，我们即将参加军训。听了校领导的动员，全班同学都很兴奋，认识到这是我们锻炼的一个好机会，也是对我们集体观念的一次考验。全班同学经过认真的讨论，大家一致表示积极参加军训，争取以优异成绩向学校领导和家长汇报。

　　我们决心做到：一、听从学校和指导员的指挥，克服懒散的习惯，决不做有损学校荣誉的事。二、加强纪律性，革命无不胜。我们一定高标准严要求，积极配合军队指导员。保证严格执行各项纪律，不迟到、不早退，不单独行动。按时作息，注意安全。以顽强的毅力发扬不怕苦的精神，完成一切训练任务。三、坚决无条件地听从班排长的指挥，虚心向指战员学习，在生活上严格要求自己，不挑食、不浪费、搞好个人及环境卫生。四、发扬解放军的光荣传统，保证全班同学团结一致，互相关心、互相帮助。使我们的班集体在团结友爱方面再上一个新台阶。

　　我们要把决心化为行动，个个争当"五好战士"，为将来走向社会打好思想和能力基础。我们一定能达到预期的目的，请校领导看我们的实际行动吧！

高一（2）班全体同学

××年×月×日

第四节　保 证 书

一、保证书的含义

　　保证书，是机关、单位或个人在日常工作或学习中，向上级组织立誓完成某项工作或发誓不再犯某种错误而写的具有承诺性质的文书。

253

保证书的主要特点是承诺性和誓言性。保证的内容是一定要做到，也一定能做到。其作用主要是受文的组织依此对保证者进行监督和约束，保证者也依此进行自我检查、自我约束、自我督促。

保证书与决心书有所不同：一是在内容上决心书主要是一种表态，表示坚决采取某一行动的决心和态度，情绪饱满；而保证书是一种誓言性词语，强调一定按保证书的要求去做，内容一般比决心书更具体一些。二是在作用上，决心书公开张贴，不仅有自我激励作用，更有激励他人的作用；保证书则主要是依靠组织对保证人的监督，一般不公开张贴。

二、保证书的结构

保证书一般由标题、称呼、正文、署名与日期四部分构成。

1. 标题。保证书的标题一般直书文种，即"保证书"。

2. 称呼。保证书的称呼应在标题下提行顶格书写。称呼为保证书送达的上级机关或组织名称，后加冒号。

3. 正文。一般由保证的缘由、保证事项和结尾三部分构成。缘由，以简短的文字写明为什么写保证书。正文主体部分写保证事项，一般采用分条列项的写法，写明保证者作出保证的具体事项。正文结尾，往往再次保证，也有的保证书没有结尾。

4. 署名与日期。在正文右下方署上保证书的单位、集体或人员，提行署成文日期。

例文：

保 证 书

××县人大常委会：

县十五届人大常委会第一次会议任命我为县人力资源和社会保障局局长，我深感责任重大。我保证做到以下几点：

一、加强学习，苦练内功，不断提高自身素质

认真学习马列主义、毛泽东思想、邓小平理论、"三个代表"重要思想、科学发展观、习近平新时代中国特色社会主义思想，树立正确的世界观、人生观和价值观。加强业务学习。根据履行职责的需要，认真抓好社会保障法律法规的学习，当行家里手式的领导干部。认真学习和掌握市场经济、信息科技、现代管理、财经金融等一切反映当今世界发展的新知识，不断扩充自己的知识面，跟上新时代发展的步伐。

二、严格执法，依法行政，自觉接受人大监督

……

三、立足本职，奋发进取，努力开创人社工作新局面

……

四、廉洁奉公，勤政为民，始终保持和维护一名党员领导干部的公仆形象

人社工作事关全县改革发展稳定大局，事关职工群众切身利益。作为本系统的一名主要负责人，我决心始终牢记党的宗旨，时刻自重、自醒、自警、自励，模范执行廉洁勤政的各项规定，从世界观、人生观、价值观上构筑起拒腐防变的思想防线；在生活中自觉抵制拜金主义、享乐主义、极端个人主义和各种腐朽思想的侵蚀，经受住各种考验，做到堂堂正正做人，清清白白做事；管理好家属、子女和身边工作人员，真正做到"为官一任，正气一身，造福一方"；增强群众观念，时刻牢记人民在我心中，常怀为民之心，常开为民之言，常思为民之策，常兴为民之举。

××县人力资源和社会保障局局长　×××

××年×月×日

第五节　贺信（贺电）

一、贺信（贺电）的含义

贺信，也称祝贺信。它是机关、单位向受信方的胜利、成功、庆典等吉祥之事，或在重要节日来临之时表达庆贺与祝愿的文书。

贺信可直接寄给对方，但更多的是公开宣读、张贴、在报刊或网络上发表或在广播电视台播放。贺信具有行文多向性的特点。上级机关对下级机关，不相隶属机关和平行机关之间，下级机关对上级机关都可发出的贺信。机关、单位或领导人也可给社会知名人士发贺信。

贺电，用电报形式发出的贺信。贺电的书写格式、正文内容构成与贺信完全相同。

贺电可直接发给对方，也可在报刊或网络上发表，或在广播电视台播放，以发挥其宣传教育作用。

二、贺信（贺电）的结构

贺信（贺电）一般由标题、称呼、正文、署名与日期四部分构成。

1. 标题。标题一般由致信（电）者＋受信（电）者＋文种构成，也有仅写"贺信（贺电）"二字，在首页上部居中书写。

2. 称呼。称呼应在标题下提行顶格书写被祝贺单位名称，后加冒号。

3. 正文。主要内容为以下三部分：开头简要叙述写贺信的背景、原因，

并表达祝贺或祝愿之意；主体部分根据写祝贺目的，或就对方所取得的成功、胜利做出评价，或借重要节日（如新年、春节）到来之际提出希望，或对重要活动、重要会议阐明其意义等；结束语，一般是表示祝愿或祝福的话，如"祝取得更大的胜利""祝大会圆满成功"等。结束语一般另起一行，空两格书写；也可以不分行，与主体部分一气呵成。

4. 署名与日期。在正文结束语右下方署上发贺信的单位名称并加盖公章，在署名下一行写发贺信的年、月、日。

例文：

习近平致第四届世界互联网大会的贺信

值此第四届世界互联网大会开幕之际，我谨代表中国政府和中国人民，并以我个人的名义，向大会的召开致以热烈的祝贺！向出席会议的各国代表、国际机构负责人和专家学者、企业家等各界人士表示诚挚的欢迎！

当前，以信息技术为代表的新一轮科技和产业革命正在萌发，为经济社会发展注入了强劲动力。同时，互联网发展也给世界各国主权、安全、发展利益带来许多新的挑战。全球互联网治理体系变革进入关键时期，构建网络空间命运共同体日益成为国际社会的广泛共识。我们倡导"四项原则""五点主张"，就是希望与国际社会一道，尊重网络主权，发扬伙伴精神，大家的事由大家商量着办，做到发展共同推进、安全共同维护、治理共同参与、成果共同分享。

中共十九大制定了新时代中国特色社会主义的行动纲领和发展蓝图，提出要建设网络强国、数字中国、智慧社会，推动互联网、大数据、人工智能和实体经济深度融合，发展数字经济、共享经济，培育新增长点、形成新动能。中国数字经济发展将进入快车道。中国希望通过自己的努力，推动世界各国共同搭乘互联网和数字经济发展的快车。中国对外开放的大门不会关闭，只会越开越大。

本届大会以"发展数字经济促进开放共享——携手共建网络空间命运共同体"为主题，希望大家集思广益、增进共识，深化互联网和数字经济交流合作，让互联网发展成果更好造福世界各国人民。

预祝大会圆满成功！

中华人民共和国主席　习近平
2017 年 12 月 3 日于北京

（新华网）

第六节　表　扬　信

一、表扬信的含义

表扬信，是机关、单位用来表彰先进事迹和优良思想品德，以弘扬正气的文书。

表扬信大多为上级对下级、集体对个人的表扬，而下级对上级和平级单位之间的表扬比较少。表扬信具有公开性，可以张贴、登报，也可以在广播电视台播放。

通过表扬好人好事，发扬传统美德，赞颂时代精神，以期建立良好的社会道德风尚，促进精神文明建设。

二、表扬信的结构

表扬信通常由标题、称呼、正文、署名与日期四部分构成。

1. 标题。一般仅写文种"表扬信"三字。

2. 称呼。标题下提行顶格书写被表扬对象的名称，后面加冒号。

3. 正文。正文的开头，交代表扬的理由，即以概括的语言，叙述被表扬者的先进事迹、思想及其意义；主体部分，写明表扬的决定，包括书面表彰、记功、授予光荣称号等；结尾，向被表扬者提出希望要求，并可按照书信格式写上"此致敬礼"等致敬语。

4. 署名与日期。在正文最后右下方写明发文单位名称，并提行署成文日期。

例文：

表　扬　信

驻××村扶贫工作队员：

自精准扶贫动态管理工作开展以来，你们和村委干部在乡党委、政府的正确领导和各责任挂钩单位的大力支持下，高度重视，积极作为始终将精准扶贫动态管理作为一项政治任务抓落实。为了精准，你们合力攻坚，无畏艰难，翻山越岭，走村串户。为了精准，你们早出晚归，头顶烈日，风雨兼程。为了精准，你们精心采集贫情，分析贫因，精准识贫。为了精准，你们白天入户，宣传动员，反复调查，精准核实，广集民意，翔实登记，公开透明。为了精准，你们晚间集中，学习讨论，吃透政策，深入分析，研究贫情。为了精准，你们明确标准，精准识别，只要达到"两不愁三保障"，就要正常退出；为了精准，你们坚决做到，应退尽退，应纳尽纳，应扶尽扶。

自驻村一年来，工作队员不辞辛劳，扎实认真的工作作风，得到了老百姓的夸奖表扬。2019 年 1 月 16 日新华社、《人民日报》等新闻媒体对驻村工作队的事迹进行报道。

作为党组书记，我为你们对扶贫工作的责任心、对贫困村贫困户的热心、吃苦耐劳无私奉献的真心和克服困难勇于开拓扶贫好办法的慧心所感动。我代表厅党组对三位驻村工作队员提出表扬！希望大家以他们为榜样，立足本职，实干苦干，为打赢精准扶贫攻坚战贡献力量。

中共××厅党组书记　×××

××年×月×日

第七节　感　谢　信

一、感谢信的含义

感谢信，是机关、单位受到社会有关方面的关怀和支持而表示感谢及敬意的文书。

感谢信除了表达感谢的作用，还含有一定的表扬意义。因此，感谢信除了可以直接发送给对方外，还可公开张贴，或在大众传媒上发表，以发挥其宣传教育作用，弘扬中华民族的传统美德，促进精神文明建设。

二、感谢信的结构

感谢信一般由标题、称呼、正文、署名与日期四部分构成。

1. 标题。一般仅写文种"感谢信"三字；也可写成感谢对象＋文种，如《致××的感谢信》；还可写成致信单位＋感谢对象＋文种，如《××公司致××社区居委会的感谢信》。

2. 称呼。称呼应在标题下提行顶格书写被感谢的机关、单位或集体，后加冒号。如果感谢对象已见之于标题，称呼可从略。

3. 正文。主要内容分为三部分：开头简要叙述感谢的缘由，即写明为何事感谢对方，叙述时应将事情的来龙去脉交待清楚，详略得当，着重指出对方的关心、支持和帮助的重要性及其影响，并表示感谢之意；主体部分，结合自身实际，表达如何以实际行动来回报对方的关怀和支持；结束语，通常写上再次表示谢意、敬意的话，并以"此致敬礼""致以诚挚的敬意"等致敬语结束全文。

4. 署名与日期。在正文结束语右下方写明致信机关、单位名称，并加盖公章，在署名下一行写发信的年、月、日。

例文：

致广大志愿者的感谢信

全市广大志愿者朋友们：

你们好！首先感谢在全国文明城市创建迎检期间辛勤的付出与卓越的贡献，城市因你们而美好，市民因你们而更文明，谨向你们表达最诚挚的感谢与崇高的敬意！

在全国文明城市创建期间，你们充分发挥志愿者精神，奉献他人，服务社会，以饱满的热情积极投入到城市文明交通劝导与环境卫生保洁等各类志愿服务之中，不讲条件，不计报酬，不辞劳苦，兢兢业业，默默奉献，用真诚打动每一位过往的路人，用汗水洁净每一寸土地，城市文明的每一分都凝聚了你们辛勤的付出。

在全国文明城市创建期间，你们坚守阵地，用热情、汗水、毅力、爱心守护文明，奉献爱心。

……

在全国文明城市创建期间，你们用行动诠释了全民创建、共建共享的理念，用汗水刷新了城市文明的面貌。不管是机关干部还是社区居民，无论是教师学生，还是退休老人，大家有一个共同的名字：志愿者。

……

我们坚信：有你们的参与，城市会更美好，生活会更幸福，社会会更和谐！最后，再次向你们表示衷心的感谢和诚挚的祝福！

××市创建指挥部

××市志愿者协会

××年×月×日

第八节 慰 问 信

一、慰问信的含义

慰问信，是以机关、单位或领导人名义向有关组织和人员表示问候和鼓励的文书。

慰问信主要有三种类型：一是向做出突出成绩的单位、集体或人员表示慰问；二是向遭受重大灾害或重大事故的人民群众表示同情和安慰；三是重要节日的慰问。

慰问信能体现出组织的关怀以及同志之间的情谊和感情沟通，给人以精神上的慰藉；同时，能宣传、鼓励人们无论是在成绩还是在困难面前都要不骄傲、不气馁，勇往直前，不断奋斗。

慰问信可以直接寄给对方，也可通过报纸、广播电视发表。

二、慰问信的结构

慰问信一般由标题、称呼、正文、署名与日期四部分构成。

1. 标题。一般仅写文种"慰问信"三个字；也可写成慰问对象＋文种，如《给抗洪抢险部队的慰问信》《致中国人民解放军驻××省部队全体指战员的春节慰问信》。

2. 称呼。标题下提行顶格书写受文单位名称，或群体的称谓，后加冒号。

3. 正文。正文开头一般写明发文目的或慰问缘由，即代表何人向何单位表示慰问，或简述因何事向对方写慰问信；主体部分，叙述对方的业绩或所遭受的困难和损失并结合当前形势，提出希望、号召，或表示共同的愿望或决心，给对方以热诚的鼓励；结尾，一般是祝愿或鼓励的话，或"此致敬礼"之类的敬语结束全文。

4. 署名与日期。在正文结束语右下方署发文单位名称（加盖公章），提行署发文日期。

例文：

慰　问　信

全国税务系统教师和教育培训工作者：

"敬教劝学，建国之大本；兴贤育才，为政之先务。"在第三十三个教师节来临之际，谨向税务系统广大教师和教育培训工作者，致以诚挚的问候和节日的祝福！

近年来，全国税务系统广大教师和教育培训工作者认真贯彻落实党的教育方针、《干部教育培训工作条例》，按照总局党组部署，讲大局，挑重担，旗帜鲜明讲政治，多方集成育人才，既在领导干部培训、业务骨干培训、初任培训等常规性工作领域拓展出了新境界，又在领军人才培养、数字人事测试、比武练兵组织等探索性工作领域开创了新局面。大家勤勉、敬业，为促进税务干部队伍建设和税收事业发展付出了满腔热情与心血；大家执着、无私，为推进各项税收改革任务圆满完成贡献了无数辛劳和智慧。

当前，税收现代化建设正处在加足马力、全力冲刺的决胜阶段，税收改革发展正在向纵深推进，税务干部教育培训工作面临诸多机遇与挑战。税务系统广大教师和教育培训工作者要深入学习贯彻习近平总书记系列重要讲话精神和党中央治国理政新理念新思想新战略，进一步增强"四个意识"，紧紧围绕"两学一做"学习教育常态化、制度化，按照领军工程育俊才的要求，突出党的理论教育和党性教育，抓实主业主课，推进改革创新，培育优良学风，提高培训质效，充分利用"互联网＋教育培训"新优势，走出一条卓有成效、富有特色、大有作为的税务教育培训之路，为加快推进税收现代化建设提供智力支持和人才保障，以优异成绩迎接党的十九大胜利召开！

衷心祝愿全国税务系统广大教师和教育培训工作者节日快乐、身体健康、工作顺利、生活幸福！

国家税务总局

2017 年 9 月 8 日

第九节　邀　请　信

一、邀请信的含义

邀请信，又称邀请书。它是机关、单位邀请有关单位和人士参与某项活动或仪式的文书。

邀请书和请柬一样，具有鲜明的礼仪色彩和邀请的功能。但请柬显得庄重一些，一般有印制好的固定格式，而邀请书显得朴实，也更常用。同时，邀请书有较详细的邀约内容，采用书信形式，语言也比请柬更随意一些。

二、邀请信的结构

邀请信一般由标题、称呼、正文、署名与日期四部分构成。

1. 标题。一般仅写文种"邀请信"或"邀请书"；也可写成发信事由＋文种，如《关于出席××经济发展高峰论坛的邀请信》。

2. 称呼。标题下提行顶格书写被邀请单位的名称或个人姓名，加冒号。

3. 正文。正文的开头应写明邀请的缘由、目的；主体部分应写清楚受邀对象参加某项活动或仪式的要求、时间、地点，以及相关的准备工作与注意事项等。结尾，为"恭请光临""此致敬礼"等问候语、致敬语。

4. 署名与日期。在正文结尾语右下方署上发文单位名称加盖公章，提行写发文日期。

例文：

青年创造未来

——××大学第二届学生社团国际交流营邀请信

尊敬的_____：

    ××大学学生社团联合会主办的"青年创造未来"——××大学第二届学生社团国际交流营将于 2011 年 7 月 11—18 日在××大学隆重举行。××大学首届学生社团国际交流营汇聚了来自世界 20 多个国家和地区 42 所世界知名大学的 151 名学生社团精英，近 1000 名学生社团干部参与活动，人民网、中国新闻网、《中国青年报》《湖北日报》等 30 余家媒体纷纷报道，有效覆盖省内外乃至国内外大学生数 10 万人，取得了巨大的社会效应，更为培养具备相当国际视野、世界眼光、战略思维的杰出人才打下坚实基础。

    ××大学是教育部直属重点综合性大学，是国家"985 工程"和"211 工程"重点建设高校。其历史溯源于 1893 年清末张之洞创办的自强学堂，至今已有 117 年历史。××大学环绕东湖水，坐拥珞珈山，校园环境优美，风景如画，被誉为"中国最美丽的大学"。一百多年来，××大学汇集了中华民族近现代史上众多的精彩华章，积淀了厚重的人文底蕴，培育了"自强、弘毅、求是、拓新"的大学精神。1999 年，世界权威期刊《Science》杂志将××大学列为"中国最杰出的大学之一"。

    本次交流营由学生社团国际邀请赛、中国传统文化研习营、国际大学生社团发展论坛、辛亥革命实地寻访体验活动、中国传统文化与自然风光实地考察五部分组成。学生社团国际邀请赛包括国际大学生极地科学考察学术报告邀请赛、国际大学生快乐汉语桥邀请赛、国际大学生信息素养能力邀请赛和国际大学生中西方文学作品赏析邀请赛四项比赛。……

    随着全球化的不断深入，中国一流大学中的学生社团渴望与世界各国优秀大学的学生社团进行交流和合作。本次交流营的举办将为世界各国大学的学生社团提供一个互相了解和学习的机会，增强学生社团领袖们组织、策划、管理、沟通、思维、辩论的能力。……

    ××大学此次将邀请包括贵校在内的 40 余所世界知名高校学生代表参加本次交流营，希望贵校能派出 8 名学生社团代表参与。届时将有诸多国际著名学者、政府及有关部门领导人莅临交流营并担任评委。对于本届国际交流营所包括的四项比赛，贵校可自由选择参赛（参赛队员人数请参考详细方案），国际差旅费须由贵校参赛队员自行承担。……

    在此，我代表××大学学生社团联合会诚挚地邀请贵校社团同学参加本次交流营，并真诚期待贵校的积极参与！

××大学国际交流部部长：×××

××大学学生社团联合会理事长：×××

××年×月×日

第十节　吊唁信

一、吊唁信的含义

吊唁信，是机关、单位或其领导人向逝者所在单位或治丧委员会（或办公室）表示吊唁和慰问的文书，其内容为对死者的哀悼和对生者的安慰。

唁电与吊唁信是同一类的文书，内容和写法相同。不同的是：吊唁信是用书信形式，唁电是用电报形式。一般来说，同对方距离较近，时间不太紧迫的可用书信形式；而距离较远，时间较急的可用电报或传真形式。

二、吊唁信的结构

吊唁信一般由标题、称呼、正文、署名与日期四部分构成。

1. 标题。直书文种"吊唁信"，或由事由＋文种构成。

2. 称呼。标题下顶格写受信方的名称，后用冒号。

3. 正文。首先要直抒噩耗传来的悲痛之情，表示哀悼，并向逝者家属表示问候；接着简述死者生前的事迹、品德和对他的评价，并可根据吊唁者的身份，表示如何继承逝者未尽事业的愿望等；最后，根据逝者的地位，可选用"××永垂不朽""××永远活在我们心中"之类的词语，或以致敬语结束全文。

4. 署名与日期。在正文结束右下方署上写信机关名称，或致信人姓名，提行写发信日期。

例文：

沉痛哀悼××同志逝世的吊唁信

××同志治丧办公室：

　　惊闻我国著名数学家××同志不幸逝世的消息，使我十分悲痛！回想去年国庆前夕，××同志偕同科协诸同志来看我时，他的精神振烁，言谈稳重，学者风度犹历历在目。而今骤然谢世，怎不令人惆怅惋惜！××同志是国际上杰出的数学家，一生精勤不倦，奋斗不息，即使在受到严重挫折、屈辱时，他为学术，为祖国的赤诚之心丝毫未减。他在数学上造诣之深世所公认。他治学严谨，强调学以致用，堪为学术界的楷模。他使数学密切结合国民经济的发展，为我国四化建设做出重大贡献。他的不幸逝世是国家和学术界的一大损失！请转达我的哀悼之意和向××同志家属表示慰问之心，并望节哀。

　　顺致

敬礼

×××

××年×月×日

第十一节 介 绍 信

一、介绍信的含义

介绍信，是机关、单位介绍某人或某些人到另一机关、单位联系工作、了解情况或参加某项社会活动时所使用的文书。

介绍信有两个特点：一是证明性。即证明介绍信持有者的身份，并对其拟办事项起凭据作用；二是时效性。它一般都开列出一定的期限，以表明在此期限内使用才有效。

介绍信通常可以分为手写式介绍信和印刷式介绍信两种。手写式介绍信一般采用本单位自制公用信笺书写，落款处加盖公章；印刷式介绍信是事先按照统一格式印好，使用时填写有关内容即可。统一制作的印刷式介绍信简单方便，使用较多；而且有的印刷式介绍信还带有存根，以利备查。

二、介绍信的结构

无论是手写式介绍信，还是印刷式介绍信，一般都由标题、称呼、正文、署名与日期四部分构成。

1. 标题。第一行居中写上"介绍信"，字体稍大。印刷式介绍信在标题右下方有"××字××号"字样，即介绍信的编号。如有存根，编号应与存根上的编号相同。

2. 称呼。标题或编号下一行靠左顶格书写受文单位名称，后面加冒号。

3. 正文。先写明被介绍对象的职务、姓名，再写明前往何处何单位，办理什么事情，有什么希望要求等。结尾一般写"请予接洽并协助为荷"，再以"此致敬礼"等致敬语作为结束。

4. 署名与日期。在正文结尾下一行右下方署上出具介绍信的单位名称，并加盖公章；提行署上成文日期。

三、介绍信写作注意事项

1. 接洽事宜具体、明确、简洁。
2. 态度诚恳，措辞谦和。
3. 言简意明，重点突出；文字顺畅，字迹工整。

例文：

介　绍　信

××百货公司：

　　兹介绍我厂销售科科长××，销售员××等二人，前往贵公司联系服装销售事宜，请予接洽并支持为荷。

　　此致

敬礼

　　（有效期×天）

××服装厂（公章）
××年×月×日

第十二节　证　明　信

一、证明信的含义

　　证明信，是机关、单位凭借确凿的证据，证明某人的身份、经历或某件事情真实情况的文书。对持有者起凭证作用，具有证明真实性的特点。

　　证明信的类型：从内容来分，一般可分为证明某人身份、证明某人一个时段的经历和证明某一事件真相等三种。从形式来分，可分为手写式证明信和印刷式证明信两种。前者，由单位负责人或秘书人员根据档案或调查材料书写，篇幅可长可短；后者，是事先把格式印好，临时填写具体内容，这种证明信一般留有存根。

二、证明信的结构

　　证明信一般由标题、称呼、正文、署名与日期四部分构成。

1. 标题。一般以文种"证明信"做标题，也有的采取事由＋文种的格式，如《关于××同志××情况的证明》。

2. 称呼。标题下一行靠左顶格书写受文单位名称，后面加冒号。

3. 正文。先写明需要证明的内容，无关内容不写。结尾一般写"特此证明"，还可以用"此致敬礼"等致敬语作为结束。

4. 署名与日期。在正文结尾下一行右下方署上出具证明单位名称，并加盖公章；提行署上成文日期。

例文：

证　明　信

××局党委：

　　××同志，男，现年40岁，1964年9月考入我校学习，系××专业的研究生，1967年9月毕业。由于历史原因，毕业时未能发给研究生毕业证书，现即将补发。特此证明。

　　此致

敬礼

××大学党委（盖章）

××年×月×日

思考题：

1. 决心书和保证书有哪些区别?

2. 介绍信写作应注意的事项?

第二十章　记录类公文

第一节　大　事　记

一、大事记的含义

大事记是党政机关、企事业单位、社会团体，对本地区、本单位的重要活动或重大事件，按照时间顺序进行如实记载的一种记录性公文。

二、大事记的特点

1. 编年性。大事记一般按照年度记录，以月、日、时为序记载。但有些重要文件的制定和重要活动的安排，为了保持其前后的关联，也可以把后制定的文件或开展的活动与之前制定的文件和活动安排的事项记述在一起。

2. 纪实性。大事记按照事件和活动发生的实际情况真实、客观地记录，没有主观看法和评论。

3. 备考性。大事记对事件和活动发生的时间、过程、原因等做了完整记录，可以为地方和单位进行年度工作总结提供依据，之后可以作为历史凭证，还可以为地方和单位编写史、志提供参考。

三、大事记的内容

大事记的内容主要包括两部分，一是重大事件或重要活动所发生的时间，一般记载发生的年、月、日，特殊事件必须记载其准确时刻；二是活动或事件的主要情况，包括起因、经过、结果及涉及的主要人员等。各地、各单位情况不同，"大事"的范围也有所不同，但一般下列事项均应作为大事列入记载。

1. 上级机关及领导同志对本地区、本单位所做的重大决定、指示和批示。

2. 本地区、本单位在贯彻党和国家的路线、方针政策中所采取的重要决策和部署，制定的重要政策和措施。

3. 本地区、本单位召开的重要会议和决定的重要事项。

4. 本地区、本单位发布的有重大影响的法规、规章或文件。

5. 本地区、本单位名称的变更，机构的设置、撤销和调整，体制的改变，职能的调整，主要领导人的任免。

6. 本地区、本单位重大的内、外事活动。

7. 本地区经济、文化、教育和科学技术等各方面的重大变革和成就，重要公共设施的建设。

8. 本地区重大自然灾害、事故、案件的发生和结果。

9. 本地区、本单位领导人参加的重要活动。

10. 本地区、本单位所受的重要奖惩。

四、大事记的结构

大事记一般包括标题、前言（或后记）、正文。

大事记的标题，一般由地区或单位名称、年份加"大事记"组成。如《2018 年青海省大事记》。

大事记的前言（或后记），是指用以说明该大事记记述时限、范围、材料来源、使用和处理情况，以及一些需特别说明的事项。可以放在正文前作为前言，也可以放在正文后作为后记。

大事记的正文，即用以完整、摘要的记述重大事件或活动发生的时间、地点、相关人员和相关内容。

大事记一般由办公厅（室）专门的文秘人员撰写。通常是一本流水账，遇事则记，发现漏记随时补充，到月底或年底再进行一次通篇的整理和加工。对地方综合性的大事，除了平时固定人员记写外，也可定时请有关单位提供各自范围内的大事记，并归总整理。

五、大事记的写作要求

1. 客观。坚持实事求是原则和对历史负责的态度，在对有关单位提供的材料进行核实、考证和分析的基础上，客观、准确地记录，不对事件做任何评议和评价。

2. 完整。对事件或活动的记录要完整，不要缺少时间、地点、主体等要素，特别是对重大事件的情节和因果要记述清楚。对时间跨度大的事件，要有头有尾，连贯记载，确保查考价值的完整。

3. 精简。做到一事一记，大事从详，要事从简。对事件和活动的记录要择其要点，不要事无巨细，一一罗列。记录用语要严谨朴实，简洁流畅，言简意赅。

例文：

中共××市委××年×月大事记

×月×日，市委书记××同志及市政府有关部门负责人，与部分市属大中型企业的领导人就改革中的问题进行座谈。

×月×日，市委、市政府领导××、××、××等带领市直属有关部门负责同志，就贯彻党的十九大精神、今年经济形势、明年工作安排，分南北两组到19个县区现场办公，调查研究，听取工作中亟待解决的问题。

×月×日，上午书记办公会，研究召开市委九届五次全会有关事宜。下午军分区、团市委联合召开"青年民兵之家"建设表彰大会，××、××、××出席会议，××同志讲了话。

×月×日，常委扩大会：①听取环境治理情况汇报，研究环境污染治理保护试行方案。②汇报下乡现场办公情况，研究县区所提问题的解决意见，特别是对资金短缺问题，会议责成市金融办牵头组织专业银行拿出具体解决办法。

×月×日，书记办公会，研究明年1月份工作。

×月×日，市委宣传部发出通知，要求全市人民移风易俗，过文明健康的新年、春节。

第二节 会议记录

一、会议记录的含义

会议记录就是由参会人员把会议的组织情况和具体内容记录下来。

二、会议记录的适用范围

大型会议一般都有预先准备好的议程和文字材料，所以一般不做记录，特殊情况下，可对会议期间一些重要的单项活动进行记录。

中小型会议上的即席发言、汇报情况和研究探讨问题等，需要工作人员做文字记录，以备查考。

机关内部党政领导人经常召开的例行工作会议（如党委会议、党组会议、机关领导人办公会议），在会上集体研究决定一些重要问题，这种会议记录，是反映机关领导活动的重要文字材料，可以为会议决议的贯彻执行、下达与上报会议精神、分析研究与总结工作等提供依据，一般要做完整的记录。

一些重要的座谈会，与会者的发言和重要意见需要备案的，要做会议记录。

三、会议记录的内容

1. 标题。标题用于标明会议的性质和类别，便于归档备案和日后查考。记录如果用专门的会议记录纸，则标题就填写在记录标题的栏目中；如果用的是一般的记录本，则另起一页书写。

2. 会议组织情况。即除会议讨论内容以外的相关组织事项，主要内容有：

（1）会议时间。不仅要写明具体的年月日，还要写明是上午、下午，还是晚上。特殊情况下，还应注明会议起止时间。

（2）会议地点。要按照可寻找无误的原则，详细写明地址，包括房号。没有房号的，写明某单位某用途会议室，如"省政府常务会议室""党委会议室"等。

（3）会议议题。写明会议的议程和准备商议的主要事项。

（4）会议主持人。一个单位内部的会议，或虽有外单位人员参加，但属于该单位例行的会议，如省政府常务会议，一般直书主持人姓名；如果会议由不同单位的人员参加，可在主持人姓名前加冠职衔，如"省政府秘书长××"。

（5）会议出席人、列席人。出席人是正式参加会议的人员，或某单位例行会议应该参加（实际也出席）的人员；列席人则是应邀参加会议的人员，一般不参与会议重要事项的决定。如参加会议的人员不多，则一一写出姓名；如人数较多，不便一一写出姓名的，可写出与会人员的范围，如"××厅局处级以上党员干部"。

（6）会议缺席人。写明应参加而未参加会议人员的姓名，重要的会议还要在缺席人姓名后注明缺席原因。

（7）会议记录人。写明记录人，一是说明记录的真实性，二是表示对记录的真实性负责。记录人姓名一般写在会议组织情况的末尾一页。

3. 会议进行情况。这部分是会议的实质性内容，也是记录的基本内容，一般需记录以下三个方面：

（1）会议报告或主题内容。这是会议讨论的重点，也是了解会议意图的主要依据，需着重记录。如果报告和主题汇报有详细的书面材料，则可以择其要点记录。

（2）与会者的发言。与会者围绕议题中心所作的发言和提出的重要意见，是与会者对会议议题和会议主持人讲话和报告的直接反映，也是形成会议最终结果的重要依据，要真实地加以记录。规模小的会议，与会者一起讨论，直接形成记录；规模较大的会议要分组讨论的，则分组记录，最后归总形成总记录稿。对一些印发的记录材料，在记录稿整理时要找发言人核对其讲话内容。

（3）会议的决定、决议和会议主持人的总结。这一部分是会议成果的综合反映。有的会议把决定、决议的讨论作为一个阶段，在深入讨论的基础上通过表决或协商作出决定或决议；有的会议是以会议主持人总结讲话的形式概括会议成果，根据会议讨论的情况，或对会议集中讨论的几个问题作出说明，并对相关工作提出要求和措施。这些决定、决议和讲话是与会者贯彻会议精神的依据，也是备查材料中最重要的材料，既要记全面，又要记准确。

四、会议记录的要求

1. 记录人的素质要高。首先，要有较高的政治素质。既要抱着诚实、公正和实事求是的态度如实记录，又要做到严守纪律，不泄露机密。其次，要有相当的文字功底。记录虽然不是写文章，但同样也是一种很细致的文字工作。要求记录人员能随着会议的进行，理解与掌握会议的主要精神，抓住发言的中心和关键话语，注意不同的意见、补充的意见等，并且能用清晰的字体、通顺的文字迅速笔录下来。最后，要有熟练的业务技能。记录人员平时要注意学习有关的方针政策和业务知识，注意熟悉机关领导人的讲话习惯等。每次开会前，要尽可能事先了解会议的任务、议程和讨论的议题等。

2. 记录的内容要准确。记录要求真实、准确、清晰、完整，要严肃认真忠实地记录发言者的原意。书面语言可以比口头语言适当简练一些，但是不能歪曲和任意增删发言的内容。关键的地方应尽量一字不差地记录原话。会议的主要情况、发言的主要内容和意见，必须记录完整，不能遗漏。记录的字体不能过于潦草，不能使用自己创造的简笔字、简称或代号，免得其他人以后查考时无法辨认和阅读。记录使用通用速记符号的，事后应该整理成普通文字。记录一般要使用专门的记录纸，以便于整理保存。

3. 记录的详略要得当。对于发言的内容，一种是作详细记录，对于比较重要的发言要完整地记录下来，尽量记录原话。一种是作摘要记录，只记发言的要点和中心内容。究竟采取哪一种方法记录，应当根据会议的性质、讨论的问题、发言内容的重要程度来定。对会上所作出的决议，必须准确无误地记录，必要时可以当场诵读一遍，如发现有不确切的地方，可以当即修正。对于在会议上通过的决议，应记明赞成、反对与弃权的票数。

4. 记录的成文要及时。现场做的文字记录，会议结束后要及时全面检查整理记录稿，对其中的错、漏、别字或字迹不清，语意不完整等处，加以补正。使用速记符号记录的，应在会后及时译成汉文。如果在会议记录中使用录音记录发言，需要在会后整理出书面文字材料。重要的发言记录要请发言者核对，以保证符合原意。重要的会议记录，在经过检查整理后，应送会议主持人审阅签字。需要转发的会议讲话，应在文字整理之后，送讲话人审阅。

在会议记录中凡涉及人名的，要写全姓名。

例文：

会议记录

时间：20××年4月6日上午

地点：管委会会议室

议题：

    1. 如何整顿城区市场秩序？

    2. 如何治理制止违章建筑，维护市容市貌？

主持人：周××（市管委会主任）

出席者：杨××（市管委会副主任）

       张××（市工商局副局长）

      …………

      建委、工商局有关科室人员

列席者：管委会全体干部

记录人：邹××（管委会办公室秘书）

杨××（市管委会副主任）报告城市现状：

我区过去在开发区党委领导下，各职能部门齐心协力，齐抓共管，在创建文明卫生城市方面取得了一定成绩，相应的城市秩序有一定好转，市场街道也比较规范。可近几个月来，市场秩序倒退了，街道上小商贩逐渐多了起来，水果摊、菜担、小百货满街乱摆……一些建筑施工单位沿街违章搭棚、乱堆材料，搬运泥土洒落大街……这些情况严重破坏了市容市貌，使街道变得又乱又脏，社会各界反应强烈。因此，今天请大家来研究：如何整顿市场秩序？如何治理违章建筑、违章作业，维护市容？……

讨论发言：

张××（市工商局副局长）：个体商贩不按规定到指定市场经营，管理不力，处理不坚决，我们有责任。这件事我们坚决抓落实：重新宣传市场有关规定，座商归店，小贩收市，农民卖蔬菜副食到专门的农贸市场……工商局全面出动，也希望街道居委会配合，具体行动我们抓紧拟定方案。

周××（市管委会主任）：城市管理我们都有文件，有办法，现在是贵在落实，职能部门是主力军，着重抓，其他单位配合抓。居委会把居民特别是"执勤老人"都发动起来，按照7号文件办事，我们市区就会文明整洁美观。

…………

与会人员经过充分讨论、协商，一致决定：

1. 由工商局牵头，居委会及其他部门配合，第一周宣传，第二周行动，监督落实，做到坐商归店，摊贩归点，农贸归市，彻底改变市场紊乱状况。

2. 由管委会牵头，城建委等单位配合，对全区建筑工地进行一次彻查，然后召开一次施工单位会议，对违章建筑、违章工场限期整改。一个月内改变面貌。过时不改者坚决照章处理。

散会。

主持人：（签名）

记录人：（签名）

××年×月×日

第三节　工作日志

一、工作日志的含义

工作日志就是针对自己的工作，每天记录完成情况、花费的时间，以及遇到的困难和问题，化解的思路和方法。

二、工作日志的分类

按照使用对象分：党政机关人员工作日志，事业单位人员工作日志，企业销售、采购、行政、客户服务、研发和管理人员工作日志等。

按照日志属性分：结构化工作日志和非结构化工作日志。结构化工作日志是指具有通用性模板的日志，如零售行业的门市工作日志（每天统计进店人数、客流量、销售额等）、IT 企业服务器维护日志（服务器的负荷、维护状态、内容）等，具有固定的格式和指标。非结构化工作日志是指没有固定格式的工作日志，如新员工试用期日志等，属于个人化的心理感受，比较随意。

三、工作日志的作用

1. 提醒作用。工作日志是记录任务来源及任务输出的过程。因此，对于员工来讲，工作日志的提醒作用就体现得非常明显。员工在实际操作过程中，可能会同时进行多项工作，可能会因注意小的现象而忽略重要的事情，所以及时地查看工作日志，并进行标注，对每一位工作人员都有重要作用。

2. 跟踪作用。不同的工作人员从事的业务是不同的，其工作内容就会有本质上的不同。因此工作人员的效率及工作的及时性就非常难以控制，因此管理层就应该把工作日志看成是跟踪的重要手段。管理者根据工作日志所记录的内容，对相关工作人员的重要事件进行跟踪，在跟踪过程中增加资源支持的优势，把风险降到最低限度。

3. 证明作用。单位员工之间的合作需要一个公平公开的平台，在这个平台上做事，员工之间协作配合就不会有太多的疑义，工作效率就会提高，工作日志就是这样一个平台。

例文：

　20××年×月×日　星期一

　工作内容：

我是一名会计，今天的工作，主要负责检查这个月的会计报表是否有差错，同时一笔一笔记录这一个月来的公司收支情况并做好一份表格递交给我的部长。今天我还送了一份非常重要的文件给经理。根据原始凭证登记记账凭证（做记账凭证时一定要有财务签字权的人签字后再做），然后月末或定期编制科目汇总表登记总账（之所以月末登记就是因为要通过科目汇总表试算平衡，保证记录计算不出错），每发生一笔业务就根据记账凭证登记明细账。我今天的工作就是这样的啦。事情很多，但是我觉得很充实。

　工作总结：

今天的工作，我有点感到力不从心，毕竟我是一个新手，是一个刚出校门的大学生，但是我觉得人只要脚踏实地的走好每一步就一定会成功。今天取得了一点成绩，更主要的是领导的指导和同志们的帮助，但是还存在不足。一是学习的深度和广度还需要加强；二是遇到困难强调客观原因较多，没有充分发挥主观能动性。在以后的工作中要认真改正。

思考题：

1. 大事记的写作要求？
2. 会议记录的适用范围？
3. 工作日志的分类有哪些？

第二十一章 告启类公文

第一节 公 示

一、公示的含义

公示，是党政机关、企事业单位、社会团体等事先预告群众周知，用以征询意见、改善工作的一种应用文体。

二、公示的特点

1. 政治性。公示是政治文明的产物，是各级党政机关、社会团体和企事业单位扩大人民民主的手段，是人民群众当家做主的一种表现形式，是为社会主义政治文明服务的。因此，其形式和内容都具有鲜明的政治性特征。

2. 公开性。是指它所写作的内容、承载的信息，都是要向一定范围内或特定范围内的人员公开的，是要让大家知道和了解的，具有较强透明度，不存在任何秘密和暗箱操作。

3. 诉求性。发布公示的目的，在于公示之后收集人民群众反映的意见和建议，给予解答和处理。因此，在每一份公示的内容中，都要明确表达征询意图，告知意见反馈渠道和方式，要求并欢迎广大群众参与，有的还要表明自觉接受群众监督的诚恳态度。

4. 简明性。文字力求短少，表述明白，开门见山。

三、公示的格式及内容

公示作为新兴的文体，有其固定格式，主要由标题、正文和落款三部分构成。

1. 标题。可用公文式标题的完全格式即（发文机关＋事由＋文种），也可用省略式即（事由＋文种）。

2. 正文。

（1）进行公示的原因。

（2）事物的基本情况。党员发展公示一般要包括有关人员的姓名、性别、出生年月、工作单位、职务、入党时间等。

（3）公示的起始及截止日期，意见反馈单位地址及联系方式。

3. 落款。发布公示的单位名称（加盖公章）及发布时间。

例文：

公　示

经本人申请，组织培养考察，近期拟确定×××等3名同学为党员发展对象，根据中央及我院党委发展党员公示制的规定，现公示如下：

姓名	性别	出生年月	系别班级	职务	入团时间
×××	男	1995.6	××系03级××1班	班长	2012.10.10
×××	女	1995.5	××系03级××2班	团支书	2012.10.12
×××	女	1995.8	××系03级××1班		2012.11.15

公示期自即日始5个工作日，即12月6—10日，凡对发展上述同志入党有意见者，请及时以书面或口头形式向××系党总支反映，也可直接向党委组织部反映。

接待时间：每天8：00～12：00，14：00～16：30

联系电话：××

系党总支：××××××

党委组织部：××××××

××系党总支

××年×月×日

第二节　启　事

一、启事的含义

启事是机关、团体、单位或个人将有关事项或要求，向公众说明事实或希望协办的一种文体。

二、启事的结构

启事一般由三部分组成：一是写明启事的名称，这主要由启事的内容决定，如内容是征文，则名称写为"征文启事"。名称字体应大于正文字体，居中排写。二是具体内容，即要向大家说明的情况。三是启事者的落款和启事日期。

三、启事的特点

启事具有公开性、广泛性、实用性、随意性的特点。

四、启事的分类

启事按其内容，主要有：招生启事、寻物启事、招聘启事、挂失启事、征集启事、征婚启事、庆典启事等。

例文：

迁 移 启 事

各位新老客户：

本邮政局自 2019 年 11 月 15 日起，将搬迁至××街××号新址营业，恭请各位新老客户光临，为您带来不便，请多包涵。谢谢！

×× 邮政局
2019 年 10 月 15 日

第三节 声 明

一、声明的含义

声明是告启类文书的一种。它是就有关事项或问题向社会表明自己立场、态度的应用文体，或者澄清事实、维护权益而公开发表的文书。政党和国家的领导机关及其领导人、机关单位、社会团体、企事业单位、其他组织或公民个人均可发表声明。

二、声明的作用

1. 表明立场、观点、态度的作用。
2. 警告、警示的作用。
3. 保护自己合法权益的作用。

三、声明的分类

声明可分为两类：一类是政治类声明，指表明政治立场与态度、维护政治权益及伸张政治道义的声明，如政府声明、外交声明、国家之间的联合声明等；另一类是民事类声明，指社会团体、企事业单位和其他社会组织就民事事项所发表的声明。

四、声明的格式及内容

声明由标题、正文、署名和日期三部分组成。

1. 标题。声明基本采用公文式标题，常见有以下几种：一是由单位名称＋事由＋文种构成的完全式，如《埃塞俄比亚航空公司关于 ET302 事故初步报告的声明》（2019 年 4 月 5 日）；二是由单位名称＋文种构成的省略式，如《××律师事务所声明》；三是由事由＋文种构成的省略式，如《关于公司旗下游戏产品正常运营的声明》；四是文种式标题，即只写"声明"二字。

2. 正文。声明的正文，一般由缘由、事项和结语"三要素"组成。首先，写明声明所针对的问题和事项，或介绍事情的原委与事实真相，以之作为发表声明的缘由并为下文做好铺垫。其次，针对上文所述事实，写明声明事项，表明自己的立场、态度、观点、主张。文末，常用"特此声明""特此郑重声明"等惯用结尾语加以强调，也可意尽言止，不专门结尾。

3. 署名和日期。在正文右下方写明发表声明的单位全称和日期。联合声明应列出各方名称。

例文：

声　　明

原公司职工赵××，因个人原因，不再担任本公司业务员职务，并于××年×月×日交接完毕，自声明之日起，赵××同志一切行为与本公司无关。如有发现赵××同志以本公司名义洽谈业务，请立即报警！特此声明。

××公司
××年×月×日

第四节　海　　报

一、海报的含义

海报，是一种常见的宣传方式。旧时，用于戏剧、电影演出或球赛活动的招贴。当今，是向公众报道和介绍文化、体育、娱乐、商务及学术报告会、展览会等活动的信息时所使用的具有广告性质的文书。其行文主体多为基层单位、社会团体。

二、海报的格式及内容

海报虽然形式多样，版面灵活，但是一般由标题、正文、署名与日期三部分构成。

1. 标题。通常有三种写法：一是以文种为标题，只写"海报"二字；二是以活动内容为标题，如"报告会""联欢晚会"等；三是新闻式多行标题。

2. 正文。写明活动举办目的、活动名称、活动内容、时间、地点、举办单位、如何参与，以及其他有关具体事项，还可配以诗词、联句、警语及鼓动性话语，渲染气氛，营造意境。

3. 署名与日期。结尾的内容有主办单位，海报制作时间等。正文已把有关内容写清楚了，可以不设结尾。

例文：

海　报

为了进一步推动大学生科技活动的开展，校团委特邀著名力学家××教授来校作"大学生如何从事科技活动的报告"，希望全体学生踊跃参加。

时间：20××年6月20日

地点：学院报告厅

××学院学生会

20××年6月10日

第五节　讣　告

一、讣告的含义

讣告是死者所属单位组织的治丧委员会或者家属向其亲友、同事、社会公众报告某人去世的消息。讣告要在向遗体告别仪式之前发出，以便让死者的亲友及时做好必要的安排和准备，如准备花圈、挽联等。讣告可以张贴于死者的工作单位或住宅门口，较有影响的人物去世，还可登报或通过电台向社会发出，以便使讣告的内容迅速而广泛地告知社会。

二、讣告的格式及内容

写讣告时应注意以下两点：一是按照传统习惯，写讣告只能用黄、白两种纸，一般情况，长辈之丧用白色纸，幼辈之丧用黄色纸。二是讣告的语言要求简明、严肃、郑重，以体现对死者的哀悼。

民间常用一般式讣告，内容主要有以下几个方面：

标题写"讣告"二字，或冠以逝者名字"××讣告"，字体应大于正文。宜用楷、隶书体。

正文写明逝者姓名、身份、民族、因何逝世、逝世的日期、地点、终年岁数，接着写逝者生平简介，包括其生前重要事迹、具有代表性的经历，最后写吊唁、开追悼会的时间、地点。

署名写发讣告的个人、团体名称及发讣告的时间。

例文：

讣　告

××市原政协委员××同志因病医治无效不幸于××年×月×日×时×分在××市逝世，终年90岁。拟定于××年×月×日×时在××火葬场火化，并遵××先生遗愿，一切从简。特此讣告。

××市政协

××年×月×日

思考题：

1. 公示的特点有哪些？
2. 启事由哪几部分组成？
3. 声明的分类有哪些？

第四编

媒体文稿写作

第二十二章　新闻基础知识

新闻作为一门学科，最早在德国学者普尔兹1845年所著的《德国新闻事业史》中出现，距今有100多年。以美国新闻教育和研究事业的兴起为标志，有一个世纪左右。我国的新闻学研究始于20世纪20年代，起步较晚，新闻的定义、特征或者分类不尽统一，但基本要求和基本原理都是相通的。

第一节　新闻的分类及要素

一、新闻的含义

新闻定义很多，在不同的国家，不同的研究者对它有不同的定义。比如，在西方，对新闻的定义有：英国《泰晤士报》"新闻就是变迁的记录"；英国《牛津字典》"新闻就是新鲜报道"；等等。

我国学者对新闻也有一些定义，范长江认为"新闻就是广大群众欲知、应知而未知的很重要的事实"。陆定一的定义，"新闻就是新近发生的事实的报道"。

大家比较公认新闻的定义为：新闻是对新近已经发生和正在发生，或者早已发生却是新近发现的有价值的事实的及时报道。

这一定义体现了三个要点：新闻必须是新近发生和新近发现的事实；新闻所报道的事实必须是有价值的；新闻必须是对事件的"报道"。

凡是新闻文体，无论消息报道，还是通讯、特写，在写作上都应当做到新、快、短、活。

二、新闻的分类

新闻有狭义和广义之分。

狭义的新闻即消息，又称电讯（通过电报、电传、电子计算机传输的消息）。它是报纸上最经常、最大量运用的一种新闻报道体裁，也是最直接、最简练、最迅速地向读者传播新闻信息的报道方式。

广义的新闻包括新闻报道和新闻评论。新闻报道主要有消息、通讯、评论等几种基本形式；新闻评论主要有社论、评论员文章、短评、编者按等四种基本形式，是报纸、广播、电视等媒体中常见的报道体裁。

新闻按体裁分类，大致可以分为：消息、通讯、新闻特写以及新闻边缘体裁。新闻边缘体裁主要包括：报告文学、调查报告、采访札记、工作研究、群众来信等。

三、新闻的要素及特点作用

新闻要素：是指构成新闻的主要因素。是把事实报道清楚的起码条件。在传统的新闻学概念中新闻作为一种以叙事为主的文体，特别强调真实性。新闻六要素包括时间、地点、人物、起因、经过、结果。即五个"W"和一个"H"，即 Who（何人）、What（何事）、When（何时）、Where（何地）、Why（何因）、How（怎样）。一篇新闻报道，无论是消息，还是通讯、特写，一般都包含这些要素。

新闻特点：真实性、及时性、广泛性、舆论性。新闻都是以事实为依据，真实性是新闻的生命，也是第一要素。

新闻作用：宣传政策，指导工作；传播信息，沟通情况；舆论监督，督促规范。

第二节　新闻的结构和语言

一、新闻结构

新闻结构是新闻作品谋篇布局的整体设计。

一般包括标题、导语、主体、背景和结语五部分。

导语是新闻开头的第一段和第一句话，它扼要地解释新闻的核心内容。主体是新闻的躯干，它用充足的事实表现主题，是对导语内容的进一步扩展和阐释。背景指的是新闻发生的社会环境和自然环境。结语是新闻最后一句或最后一段，交代事件的结果。背景和结语有时可以暗含在主体中。

二、新闻语言

新闻语言作为一种独立的书面语体，它服务于事实的报道，具有质朴、实用的语言形态，明快而富有表现力的语言风格，讲求信息的运载量，使之适宜于社会的广泛传播。

新闻语言的特色可以概括为：客观、确切、简练、朴实和通俗。

1. 客观。

新闻语言的主要功能用于表达客观事实，而主观认识和感情的外露，势必会干扰受众者对事情原貌的了解和把握。新闻语言的客观性，通常表现为：

（1）中性词多于褒贬词。即客观的描述，而不随便下结论，或者评论；

新闻中一般不使用评议性的语言，即使是评述性消息，作者的评述语言也极少，多讲究分析对比，然后将极其精练的评述语言从容落笔。

（2）修饰语的限制性多于形容性。例如，"昨日气温已开始回暖，最高温度已达15℃"，这是用数字进行限制；如果写成"昨日气温已开始回暖，大家感到比前些天暖和很多"，这就成了形容词性，不宜用作新闻写作。

（3）句子的陈述语气多于感叹口气。把一些事件或者现象以第三者身份客观描述出来，而不是以第一人称或第二人称去下结论或发表感叹。

2. 确切。

就是准确贴切。在新闻语言的使用上，要求精确性高，力图消除语言的含混性，但并不完全排斥语言的模糊性。新闻的模糊语言不是语言含混不清，而是相对于精确语言来说，其精确度较低，但又不失之确切。比如，"近200吨"比"几百吨"，"30多厘米"比"几十厘米"要精确。

3. 简练。

新闻语言应简洁、洗练，干净利落，切忌拖泥带水。正如鲁迅说过，"简洁的文字，有着穿透读者心胸的力量"。写新闻提倡写短句，说短话，强调简捷直叙，少曲折迂回，不要让复杂的结构和修辞、表情语言淹没事实。比如，"在……的大好形势下，在……鼓舞下，在……的基础上"等烦冗的句子都应避免。

4. 朴实。

质朴无华，具体实在。新闻语言讲究朴实，就要"有真意，去粉饰，勿卖弄"。

5. 通俗。

新闻语言的通俗，要求从受众者的认识水平出发，运用群众熟悉的语言形式，即接近口语的书面语。在写新闻时，用语不以作者的认识为准，也不以行业内的认识为标准，而应以最广大读者的认识为标准，对一些特殊用词，或专有名词，应加以必要的注释。

例文：

从受触动到行动　知识改变命运
629户人的藏乡走出359名大学生
（《四川日报》2015年3月26日）

本报讯　"这两年，别人想在我们村寨娶走个媳妇都难。"3月25日，记者在阿坝州若尔盖县求吉乡采访时，噶哇村村委会主任仁卓的一句感慨引起了记者的注意。为何难？原来，村里年轻人不少都出门上大学去了。全乡共629户人家，近7年间已有235人从大学毕业，还有124名大学生在

读。（导语）

求吉乡地处若尔盖县和甘肃省迭部县交界处，只有 7 个村、21 个自然寨，却是全县走出大学生最多的乡镇。乡党委书记张建荣说，乡里不少学生考进了中央民族大学、四川大学等知名大学，还出了全县第一个留学生。

一个偏远的藏区乡，为啥能培养出这么多大学生？

…………

求吉乡并不富裕，村民们千方百计筹措教育费用，有的不惜卖掉家中全部牦牛。

去年夏天，上黄寨村召开了一次村民会议，议题是：把重视教育列入村规民约。原来，比起邻近的苟哇村、下黄寨村，上黄寨村的大学生较少。村民们商定，凡是有人考上大学，村上给予 1000 元奖励，每户村民还要各凑一两百元给他们当学费。

社会各界也伸出援手。由退休干部牵头成立的求吉乡教育助学协会，募集爱心资金 70 余万元，已对全乡所有在校大学生进行了资助。（主体）

据初步统计，求吉乡的大学生毕业后，少数去了成都等大城市，约 90% 的人回到了阿坝州工作，成为教师、医生、公务员、技术员，其中科级干部已近百人，求吉乡成为阿坝州双语干部的一个摇篮。（结语）

思考题：

1. 新闻构成要素有哪些？
2. 新闻语言的特征有哪些？

第二十三章　消息的写作

第一节　消息的定义和特点

一、消息的含义

消息是用简洁明快的语言及时报道新近发生发现的有价值事实的新闻文体。是报纸、广播、电视中最广泛、最经常使用的新闻体裁，它是报纸的主角，是新闻报道数量最大、最常见的新闻形式。其基本特征是用事实说话，以叙述表达，篇幅短小，简明扼要。

二、消息的分类

消息的分类有常见分类和其他分类。

1. 常见分类。

按照消息的常见分类有四种，分别是：

（1）动态消息：也称动态新闻，这种消息迅速、及时地报道国内国际的重大事件，报道新时代、新征程、新形象、新成就、新经验。动态消息中有不少是简讯，内容更加单一，文字更加精简，常常一事一讯，几行文字。

（2）综合消息：也称综合新闻，是综合反映带有全局性情况、动向、成就和问题的消息报道。

（3）典型消息：也称典型新闻，是对某一部门或某一单位的典型经验或成功做法的集中报道，用以带动全局，指导全面。

（4）述评消息：也称新闻述评，它除具有动态消息的特征外，还往往在叙述新闻事实的同时，由作者直接发出一些必要的议论，简明地表达作者的观点，记者述评、时事述评就是其中的两种。

2. 其他分类。

按照消息的其他分类可以分为九种，分别是：

（1）简讯。即用三言两语，简要的报道最新发生、发现的具有新闻价值的事实。比如，一些报纸上辟有"简明新闻""一句话新闻""标题新闻""各地零讯"等栏目，刊登的消息都属于这一类。对这些栏目报道的内容要求单一，一般不分段落。既没有导语，又不必交代背景，只要求简单明了地告诉读者某地某时发生了某件事。

（2）短消息。即用简洁的文字，把最新最重要而又有意义的事实报道出来。一般此类消息，由导语和主体两部分组成。有的短消息也不用导语，一气呵成。但是，它比简讯、快讯都要写得具体、完整。

（3）长消息。即用较多的笔墨，详细的报道新闻价值较高的重大事实。这类消息的写作有导语，还要交代必要的背景，有的写出事件的全过程或工作经验的主要内容。一般来说，长消息主要报道重要的会议、重大的事件或成就等。

（4）特写消息。即对事情的发生或人物活动的现场，给予准确、清晰、生动的描写，力求再现活生生的事实。这类消息用电影艺术的特写手法进行写作，可以单独报道某一重大事件或作为重要人物报道的一种补充。这类消息要写好的关键是，新闻写作人员既要深入事件发生或人物活动的现场，又要善于观察。用眼睛摄取富有新闻价值的情景或事物，才能把特写消息写得有声有色。

（5）人物消息。以人物的活动或遭遇为内容的报道。如各行各业先进人物的示范工作或在各自工作岗位上取得的新成就等，都可以写成这类消息。有些人物消息，又突出反映人物的思想或精神风貌。人物消息的写作，要求文字要简短，选材切忌贪大求全，最好是抓住人物的特点或典型事迹来写。写好人物消息既要抓动作，写出人物的精神；又要抓表情，写出人物的内心；还要抓语言，写出人物的特性。

（6）述评消息。不仅报道事实，而且对事实进行评价。也称为"新闻述评"或"记者述评"。这种消息不但告诉读者发生了什么事，还帮助读者分析、解释、评价事件的来龙去脉及其意义。其写作以报道的事实为主，以评议事实为目的。从表达来说，往往是述多于评。从这一点来说，它又区别于评论。此类消息在叙述事实中进行评论，有的放矢，切中要害，才能起到画龙点睛之妙。

（7）图片消息。即用新闻照片配上文字说明的一种消息报道形式。这种报道形式，主要是抓典型的事件，或表扬、或批评，做到图文并茂，使读者一看便知新发生或新发现了什么事实，又能产生如身临其境之感。图片消息受到报纸的重视，也受到读者的欢迎。

（8）背景消息。即以过去的事实作为新闻背景而编发的报道，一般是为了配合重大事件或新闻人物的活动才发表的。

（9）其他消息。成就消息：即以生产、经营、工作、学习等方面取得的成就、经验和做法为内容的报道；事件消息：即迅速及时报道国内外发生的具有新闻价值的事件，故又称它为动态消息；会议消息：即以会议情况为内容的报道。

三、消息的特点

1. 反应迅速，简短明快。

消息，应该在事件发生后最短的时间内见诸报刊等传播媒体。行文简洁明了是消息写作的风格。首先，写一个扼要的，但却引人注意的导语；其次，顺着这条导语，在主体部分使用现实的或者历史的材料让事实更加清晰起来；最后，来一个戛然而止，画龙点睛或余音绕梁的结尾。整篇作品要干净利落、清清爽爽。

2. 准确无误，完全真实。

真实是消息的生命。真实性的具体要求是：人物、地点、时间、事件、原由、因果、经过等细节必须有案可查；消息中引用的资料、数据、引语、史实等现实的和历史的材料一定要确凿无疑。

3. 寓理于事，叙述为主。

消息是事实的综合，事实胜于雄辩，用事实说话，寓理于事实之中，是消息的最大特点。一篇理想的新闻报道应该把读者带到现场，使他能耳闻目睹到当时所发生的一切。

例文1：

华为 5G 获全球首张"欧盟通行证"

（《人民日报》2018 年 4 月 17 日 01 版）

本报深圳 4 月 16 日电 （记者赵永新）记者从华为获悉：华为将于今年全球商用的 5G NR（第五代移动通信新无线接入技术，以下简称 5G）产品，获得全球第一张 5G 产品欧盟无线设备指令型式认证（CE—TEC）证书，这标志着华为 5G 产品正式获得市场商用许可，向规模商用又迈出了关键一步。

据悉，此次通过 CE—TEC 测试验证的华为 5G C 波段大规模天线有源天线单元基站，面向增强移动宽带大容量场景，可以实现室外连续 xGbps（Gbps 指交换宽带，1Gbps 的传输速度为每秒 1000 兆位）用户体验。CE 是外地产品进入欧洲市场的强制性认证标识，被视为打开欧洲市场的"通行证"。华为 5G 产品获得的 CE 证书，已经完全满足欧盟严格的准入要求。

例文2：

《习近平关于总体国家安全观论述摘编》出版发行

（《人民日报》2018年4月16日01版）

新华社北京4月15日电　中共中央党史和文献研究院编辑的《习近平关于总体国家安全观论述摘编》一书，近日由中央文献出版社出版，在全国发行。

坚持总体国家安全观，是习近平新时代中国特色社会主义思想的重要内容。党的十九大报告强调，统筹发展和安全，增强忧患意识，做到居安思危，是我们党治国理政的一个重大原则。习近平同志围绕总体国家安全观发表的一系列重要论述，立意高远，内涵丰富，思想深邃，把我们党对国家安全的认识提升到了新的高度和境界，是指导新时代国家安全工作的强大思想武器。认真学习习近平同志关于总体国家安全观的重要论述，对于全党紧密团结在以习近平同志为核心的党中央周围，以习近平新时代中国特色社会主义思想为指导，贯彻落实党的十九大精神，坚持总体国家安全观，坚定不移走中国特色国家安全道路，完善国家安全体制机制，加强国家安全能力建设，有效维护国家安全，实现"两个一百年"奋斗目标、实现中华民族伟大复兴的中国梦，具有十分重要的意义。《论述摘编》共分4个专题：坚持总体国家安全观；维护重点领域国家安全；实现共同、综合、合作、可持续安全；走和平发展道路。书中收入450段论述，摘自习近平同志2012年11月15日至2018年3月20日期间公开发表的讲话、报告、谈话、指示、批示、贺信等180多篇重要文献。

第二节　消息的结构

一、消息的基本结构

消息的结构包括：标题、导语、主体、结尾四部分，有时在文中穿插背景。但是在具体写作中，为了吸引读者，增强吸引性，其结构可以灵活创新。目前主要有倒金字塔结构和非倒金字塔结构两种。

1. "倒金字塔"结构。

以新闻价值的大小来排列新闻事实的文本结构，是19世纪电报时代的产物。就是把最重要的内容写在最前面，把较重要的内容写在中间，把相对不重要的内容写在最后面（如图4-1）。有的时候把最后面的内容去掉，也并不影响稿件主题思想的表达。

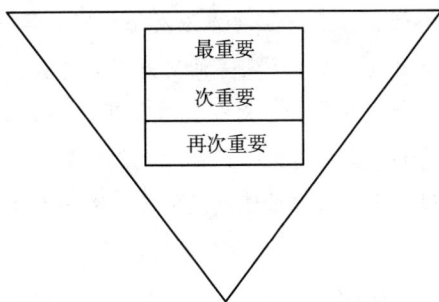

图 4 – 1　"倒金字塔"结构

例文：

调研不打招呼不要陪同　走访直奔基层直插现场
湖南：锻造干部硬作风　啃下脱贫硬骨头

（《人民日报》2018 年 5 月 14 日 01 版）

本报长沙 5 月 13 日电（记者杜若原、王云娜）　4 月上旬，湖南省委、省人大、省政府、省政协 20 位同志认领了一项特殊任务——开展"深入贫困地区解决群众问题"专题调研，每位省级领导负责两个贫困县，走访 4 个以上贫困村和 10 户以上贫困家庭。任务有明确要求：不发通知、不打招呼、不听汇报、不用陪同接待，直奔基层、直插现场。（最重要）

省领导们带着贫困村地图，使用手机导航；进到村里再随机选线路，随机入农户。调研组白天入农家、看现场，晚上碰情况、谈问题。在农户家里，问收入情况、困难诉求。在村里，抽查村级扶贫工作台账，了解政策落实、结对帮扶等情况。一位省领导深有感触："直接与贫困群众见面，看到的是真情实况，听到的是原汁原味的意见，与群众的心贴得更近了。"（次重要）

古丈县古阳村贫困户张依忠清晰记得与省领导拉家常的场景。那天上午，一位干部模样的陌生人敲门进屋，和他足足聊了个把小时。村干部不在场，县乡干部也没跟，张依忠亮了"家底"：有 8 亩茶园，但销售没门路，年收入才 5000 元；当护林员，年收入 1 万元。而妻子患病的药费，一年就要 2 万多元，还有老母和女儿要照顾。

当天下午，"问题清单"就到了古丈县委。几天后，古丈县确定详细帮扶方案，并列出时间表。"县农业局技术员过来指导，建议改种紧俏的黄金茶；村里合作社还保底收购鲜茶，不愁没销路了！"张依忠笑容满面。（再次重要）

10 多天的时间里，省领导共深入 83 个乡镇、95 个贫困村和 15 个非贫困村，走访 390 户农家，发现扶贫领域存在的一些突出问题，集中反映在基础工作不够扎实、政策落实不够到位、工作作风不实、帮扶举措不够精准、产业扶贫可持续性不强、群众内生动力激发不够充分等方面。针对脱贫攻坚中作风漂浮、纪律涣散、工作不实等问题，湖南将坚持"一案双查"，既追究直接责任，也追究领导责任；对脱贫攻坚工作不力的市县党政领导干部，将约谈一批、调整一批、通报一批。4月底，湖南全省正式开展扶贫领域作风问题专项治理工作，以作风建设促脱贫攻坚任务落实。（结语）

2."非倒金字塔"结构。

（1）时序结构——通常使用在时间因素显得极为重要的报道中，能够使事件的叙述流畅通达，便于理解。

例文：

深夜挨户敲门寻找　救下昏迷夫妇

（《长沙晚报》2016年11月17日01版）

"医生，我妻子晕倒了，快来！"前晚10时54分，长沙市第四医院急救站医生李良义，接到长沙市120急救中心转来的呼救信息：岳麓区王家湾桃花锦绣安置小区有患者出现意识障碍。可急救车赶到现场时，对方电话却无人接听。医生挨户敲门寻找，终于救下煤气中毒夫妇。

前晚，接到呼救信息后，李良义一边拨打呼救市民的电话，一边登车出发。对方手机信号不好，隐约听到一名男子说了两句话后，就挂断了。很快，急救车驶到小区楼下，李良义再次拨打对方电话时却无人接听。司机任艺拉响急救车警笛，也不见居民接应。

是有人故意骚扰120，还是患者病情好转，暂时不需要急救车了？有10多年院前急救经验的李良义分析：患者和家属可能遇上突发情况，导致无法接听电话。

"我们挨家挨户找！"凡是窗口亮灯的房间，李良义和任艺一家一户敲门询问。深夜，隔着防盗门，李良义和任艺一一说明来意后，居民纷纷开门并互相打听，但都说没打过120。

初冬的夜晚，下着雨，寒意逼人。李良义和任艺把整栋楼亮灯的房间问遍，仍没有消息。不愿放弃的两个人在小区里商量对策，此时，他们突然发现西南角还有一个小房间亮着灯，走近后，隐约听到有电视传出的声响，敲门无人应答。"莫非就是这一家？"李良义赶紧拨通那个呼救电话，屋里手机响了，却无人接听。

"没错，就是这一家！"李良义马上拨打110报警，民警迅速赶到现场。

门打开后，只见一男一女晕倒在床上，男子手里握着手机。急救车载上两人后，拉响警笛，直奔医院。昨日零时10分，急救车赶到医院急诊科。

经医生检查，确诊杨军（化名）夫妻俩为一氧化碳中毒。

"幸亏医生没有放弃，挨家挨户寻找，否则后果难料！"杨军说。由于抢救及时，昨日下午，杨军和妻子均已脱离生命危险，转往该院中医科进行后续治疗。据了解，当晚杨军洗澡时没有开窗户，可能是煤气泄漏导致中毒。

（2）并列结构——是将文本的几部分内容并行的一种结构，可以使消息显得更加新颖。

例文：

市场准入大幅放宽　投资环境更有磁性　扩大进口迈开步伐
开放　中国跑出加速度（打开对外开放新局面）
（《人民日报》2018 年 5 月 13 日 01 版）

中国扩大进口跑出了加速度！据海关最新统计，今年 1—4 月，我国进口达 4.3 万亿元，同比增长 11.7%；贸易顺差同比收窄近 1/4，达到 5062.4 亿元。

从稳步扩大"一带一路"国际合作朋友圈到打造公平透明的营商环境，从巩固外贸稳中向好势头到促进贸易和投资自由化便利化，中国在更大范围、更广领域、更高水平上推进自主开放，开放之门越开越大，赢得国内外广泛关注和普遍点赞。

市场准入大幅放宽——

5 月 8 日，野村控股株式会社等向中国证监会提交了设立外商投资证券公司的申请材料，野村控股株式会社拟持股 51%。此前，中国银保监会正式批复工银安盛人寿发起筹建工银安盛资产管理有限公司。这是我国提出加快保险业开放进程以来获批的首家合资保险资管公司。

…………

投资环境更有磁性——

4 月底，全球最大的互联系统制造商之一美国安费诺集团在浙江海盐的投资项目正式奠基。占地 60 亩、总投资 2.3 亿元的工厂，将主要从事电子元器件、电子连接器件等产品的研发和制造。"这是我们在海盐的第一个项目。当地政府尽心尽力为企业办事，给我们吃下定心丸。"安费诺的项目负责人说。

…………

扩大进口迈开步伐——

今年 11 月，中国将在上海举办首届中国国际进口博览会。中国主动开放市场的态度，得到世界各国和企业的积极响应。截至 4 月底，来自 101 个国家和地区的近 1100 家企业已正式签约，展览面积达 18 万平方米以上。加上准备签约的企业，总数已超过 1800 家。4 月份新增签约企业数约 400 家，新增展览面积约 5 万平方米。

商务部相关负责人表示，今年我国将相当幅度降低汽车进口关税，同时降低部分其他产品进口关税，努力增加人民群众需求比较集中的特色优势产品进口，加快加入世贸组织《政府采购协定》进程。

坚持开放的中国，向世界展示中国担当、注入中国红利。未来 15 年，中国预计将进口 24 万亿美元商品，吸收 2 万亿美元境外直接投资，对外投资总额将达 2 万亿美元。"中国的对外开放，不仅惠及中国经济和中国人民，更能带动所有贸易伙伴的共同繁荣，惠及全球经济和世界各国人民，使人类命运共同体更加紧密。"高峰说。

（3）悬念式结构——是一些喜爱挑战传统的记者所偏爱的样式，往往不愿在报道的开头直接展示事件的真相，而是先给一个悬念，然后引导受众者在报道所披露的调查材料中寻找答案。

例文：

小微企业 快来领取减税礼包
（《人民日报》2018 年 5 月 8 日 10 版）

日前，国务院常务会议决定再推出 7 项减税措施，预计全年将再为企业减轻税负 600 多亿元。这"七连发"的减税措施的具体内容是什么，瞄准的是小微企业的哪个"部位"？记者对此进行了采访。

减税一：将享受减半征收企业所得税优惠政策的小型微利企业年应纳税所得额上限，从 50 万元提高到 100 万元。

上限从 50 万元直接提高至 100 万元，等于是拓宽了政策覆盖范围。也就是说，小微企业中"个头"大一点的企业，也可享受减半征收的优惠，其所得减按 50% 计入应纳税所得额，即实际税负由原来 20% 减为 10%。小微企业是就业的"蓄水池"，通过直接降低小微企业成本，鼓励创业积极性，让处于起步阶段的小微企业，有更多的资金用于投资和发展。

…………

减税七：对营业账簿减免印花税。

营业账簿，是指单位或者个人记载生产经营活动的财务会计核算账簿。本次政策调整，就是为了减轻企业负担，鼓励投资创业，推动大众创业、万众创新。

"与以往相比，此次减税有几个较为明显的特点：一方面通过直接降低小微企业成本，鼓励创业积极性；另一方面通过鼓励企业更新设备、加强职工培训，提高创新潜力。既鼓励企业自主研发，也支持开展境外研发、吸收国外的先进技术成果。"财政部副部长程丽华表示，此次减税受益面更广，可以让更多的小微企业享受到政策红利。

二、消息结构特点

1. 重要消息提前"亮相"构成重心的前置。

2. 允许不完整的消息结构的存在。

3. 标题和导语的重要性超过主体。

第三节　消息的写作

一、消息标题的撰写

标题是消息的眼睛，可以吸引读者；拟写得好差，直接关乎一篇消息的质量。消息的标题必须简明、准确地概括消息内容，帮助读者理解报道的事实。消息标题有主题、引题、副题三种。主题：概括说明主要事实和思想内容。引题：揭示消息的思想意义或交代背景，说明原因，烘托气氛。副题：提示报道的事实结果，或作内容提要。消息标题的写作有不同形态：

1. 单一结构标题。

结构比较简单，仅有一个标题。在简短的文字中触及新闻的主要事实，而且多数是由一个完整的句子构成。如《强军网上线开通仪式在京举行》（2018 年 3 月 26 日《人民日报》）《"亲清八条"构建新型政商关系》。

2. 复合结构标题。

（1）由引题、正题、副题构成：引题为引出主要新闻事实进行铺垫；正题将新闻事实交代明白；副题对正题所叙述的事实做进一步的补充。如：

严守红线惜土如金　科学利用寸土寸金（引题）

全南节约集约用地保障发展（正题）

单位 GDP 建设用地消耗却下降 4.3%（副题）

（2）由引题和正题构成。如：

企业减负增添活力　百姓办事省心省力　政府效能提升发力（引题）

浙江"最多跑一次"越跑越顺（正题）

（3）由正题和副题构成。如：

海南"放管服"改革激活民企（正题）

一季度民间投资占固定资产投资总量六成（副题）

3. 消息标题撰写的规律。

（1）消息的一组标题可以有分工的不同，但都必须有相应的标题担当起展示、点明新闻事实的任务。

（2）消息标题的各个分标题必须简洁明快，有利于受众在很短时间内抓住和理解新闻事实。

（3）复合结构标题的各个标题应当各司其职，各尽其能，并且应该形成一个有机整体。

（4）消息标题向精短的方向发展。

（5）消息标题受到媒体特点的制约。

4. 消息标题撰写的技巧方法。

（1）借用修辞格，增强标题的表现力。如《海上丝路唱响中国文化好声音》《中德企业在巴合奏"一带一路"交响乐》。

（2）运用新鲜活泼的群众口头语言，增强消息标题的鲜活性。如《习近平履职"满月"观察：落子开局新时代》《旅游保险网销选择多　选择产品需"量体裁衣"》。

（3）借助于标点、符号或数字，增强消息标题的情趣。如《封存公章六十枚　办照仅需一小时》《36 年"捡"出一座图书馆》《纳税失信 306 人被取消参选资格》。

（4）利用悬念。如《数码产品年年换　废旧电池谁人管?》《医改"手术刀"该动向哪里?》。

二、消息导语的写作

1. 消息导语的含义。

导语是消息的开首部分，不用来介绍事由、缘起，也并不只是起一种引导作用：①从形式上看，是文本的第一个自然段（或第一句话）；②从内容上看，必须对新闻事实用言简意赅的语言加以概括；③从功能上看，必须对所报道的事实进行浓缩、提炼，展示其最新鲜、最精彩、最重要的部分，对受众者产生看一眼就被吸引住的力量。

2. 消息导语的特点。

（1）用生动的语言展示事实最具有新闻价值的部分。

（2）用简洁的语言道出新闻事实中受众最感兴趣的部分。

（3）用明晰的语言讲述新闻事实所体现的鲜明特点。

3. 消息导语的类型。

（1）叙述式导语：就是直截了当地用客观事实说话，通过摘要或概括的方法，简明扼要地反映出新闻中最重要、最新鲜的事实，给人一个总的印象，以促其阅读全文。如 2018 年 3 月 28 日《人民日报》头版刊发的《前两个月工业企业效益开局向好》的导语：

国家统计局 27 日发布的工业企业财务数据显示，2018 年 1—2 月份，全国规模以上工业企业利润同比增长 16.1%，增速比 2017 年 12 月份加快

5.3 个百分点，保持了快速增长势头，工业企业效益开局向好。

（2）描写式导语：对消息所报道的主要事实，或者事实的某个有意义的侧面，做简练而有特色的描写，向读者提供一个形象，给人以生动具体的印象，这就是描写式导语的一般特点。一般用在开头部分，以吸引读者，增强新闻的感染力。如 2018 年 3 月 25 日《人民日报》刊发的《重庆：便民一张网　群众好办事》的导语：

"村里就能办，太方便了！"重庆市江津区白沙镇恒和村村民何增清办理宅基地规划许可证，材料交到村便民服务中心，工作人员登录重庆网上办事大厅提交信息，当天下午查勘人员便上门了。

（3）议论式导语：往往采用夹叙夹议的方式，通过极有节制、极有分寸的评论，引出新闻事实。如 2016 年 8 月 1 日《解放军报》刊发的《折翼海天，用生命为航母事业铺路》（第二十七届中国新闻奖消息类一等奖）中的导语：

14.4 秒，生死一瞬，他毅然选择"推杆"挽救飞机，放弃了第一时间跳伞。2016 年 4 月 27 日，海军歼 – 15 舰载机飞行员张超因飞机机械故障，在陆基模拟着舰训练中壮烈牺牲。没有留下豪言壮语，只有拼尽全力的执着，他最终倒在离梦想咫尺之遥的地方——只剩下最后 7 个飞行架次，他就能飞"上"航母辽宁舰。

（4）提问式导语：把新闻报道中已经解决的问题先用疑问句式鲜明的提出来，而后用事实加以回答。如"本报讯　面对日益增多的外国企业的专利侵权行为，中国企业怎么办？日前，在北京先行新机电技术有限公司专利保护研讨会上，有关专家说，主动出击，自觉提高知识产权保护意识是从容应对的关键。"

4. 消息导语的写作要求。

概括内容，提供有效信息；展示亮点，吸引受众眼球；设置悬念，激起阅读兴趣；交换套路，借鉴散文优长。

三、消息主体的写作

1. 消息主体。

主体是消息的主干部分，也是具体展示和叙述新闻事实的部分，是提供相对完整的新闻信息的部分。

2. 消息主体的功用。

（1）完成对标题和导语所涉及的新闻事实的具体展示，将"浓得化不开"的标题和导语的内容加以展示，使受众了解新闻事实的具体过程，相关背景以及他们想了解的方方面面，即阐释型主体。

（2）对标题和导语所涉及的新闻事实加以必要的补充和延伸，即补充型主体。

（3）主体对于标题和导语的内容，既有所阐释又有所补充，即阐释、补充合一性主体。

3. 消息主体写作的关键。

（1）处理主体与标题、导语的关系。

主体与标题、导语之间的关系，是一种相互配合的关系。

避免两种情况：一种是主体与标题、导语重复的内容太多，甚至好多字词都重复出现；另一种是主体与标题、导语的内容相脱节、相游离。

（2）处理好主体与主题的关系。

（3）注意报道中的转折和连接。

四、消息背景的写作

与新闻人物及事件形成有机联系的一定环境和历史条件就是新闻背景。与新闻事实有关的环境与历史材料，就是新闻背景材料。消息背景写作有助于加强新闻的了解和认识的升华。

1. 消息背景写作的意义。

（1）从不同侧面对新闻事实进行烘托，使新闻事实获得可供比较的参照系。

（2）用于对新闻事实加以必要的解释和说明，使受众得以排除阅读和接受的障碍。

（3）可使受众者加深对新闻事实的意义和价值的认识。

（4）在一部分消息中，背景是面对受众说话的交代，运用背景是消息写作中一个不可忽视的重要环节。

2. 消息背景写作的类型。

（1）烘托性背景：主要用来构成与新闻事实的对比关系，从某一方面烘托新闻事实。

（2）说明性背景：说明新闻事实的由来，或交代有关人物以往的经历，或对新闻事实本身从历史、地理、科技等方面进行解说，或对于新闻事实相关联的、重要的、难解的概念术语加以解释。

（3）揭示性背景：用于披露新闻事实背后的有关情况，包括鲜为人知的情况（所谓新闻背后的新闻），为受众进行理性判断提供依据。

例文：

第十五届（2018）中国慈善榜发布
172位慈善家721家慈善企业　捐赠近200亿

（《人民日报》2018年4月26日06版）

本报北京4月25日电　（记者潘跃）第十五届（2018）中国慈善榜在

北京正式发布。本届上榜慈善家共 172 位，2017 年度合计捐赠 76.0817 亿元。上榜慈善企业 721 家，2017 年度合计捐赠 120.7864 亿元。与 2016 年度相比，呈现明显增长态势。同时揭晓的还有中国基金会榜单、中国慈善明星榜单。通过对收入支出数据、透明度和媒体热度等指标的考量，50 家公募基金会和 50 家非公募基金会入选中国基金会榜单。《2017 中国慈善捐赠蓝皮书》同时发布，对 2017 年度公益慈善行业的发展进行了全景式描述。

据了解，中国慈善榜由公益时报社自 2004 年开始每年编制发布。榜单以寻找榜样的力量、弘扬现代公益精神为宗旨，以年度实际捐赠 100 万元以上的企业或个人为数据采集样本，被誉为中国财富人士的爱心清单。（背景）

3. 消息背景运用的原则。

（1）必要性原则：是否使用背景，要视具体情况而定。

（2）简明性原则：在消息中交代背景，必须体现简明扼要的要求。

（3）灵活性原则：要让背景材料出现在每个应该出现的地方，而不应当过于集中地、呆板地使用背景材料。在消息主体中穿插运用背景材料，也可以在标题和导语中进行。

（4）通俗性原则：在消息文本中使用背景，目的是帮助受众排除障碍，理解新闻事实，认识新闻事实的意义和价值。因此，必须在化难懂为易记方面做出努力。

五、消息结尾的写作

消息的结尾方法有其特殊性。它的特点以事实结尾，事实讲到哪里，消息就在哪里结尾，戛然而止。消息的结尾有小结式、启发式、号召式、分析式、展望式等。

1. 作用。

（1）对新闻事实加以概括。

（2）对全篇报道进行升华。

（3）对事实的新闻价值和蕴含的意义进行点化。

（4）就报道的事实加以引申，以此启发受众思考。

（5）对前文所报道的新闻事实予以补充。

2. 写作的方法。

（1）背景性结尾：在报道的末尾引入富有意味的背景资料，为读者提供一个耐人寻味的思考空间。如：目前，拉萨海关正在组建区域通关一体化应急协调分中心，各项业务环节正在进行前期筹备。（《我区将加入丝绸之路海关通关一体化改革》——《西藏日报》2015 年 4 月 3 日 01 版）。

（2）描写性结尾：使用极富影响效果的场面描写来结束自己的报道。

（3）引语式结尾：精彩的直接引语式结尾，记者最为珍视的材料——

即使在匆忙写就的消息中，一些记者也总是设法把最有力的直接引语安置在报道的末尾，给读者最后留下一个鲜明深刻的印象。

（4）评论式结尾。如：商务部有关负责人表示，商务部正在会同有关部门研究优化营商环境的"一揽子"政策措施。中国希望与世界各国并肩协力，构建更高水平、全面开放的国际经济体系，进一步实现互利共赢、共同发展。（《优化营商环境，中国按下"快进键"》——《人民日报》2015年5月15日01版）

六、消息写作的注意事项

1. 尊重事实与精选角度的关系。

要注意在尊重事实的前提下精选角度：选择有利于突出焦点的角度；选择有利于突出特点的角度；选择有利于突出亮点的角度。

精选角度的重要性：从事实方面说，存在着从不同角度认识的可能性；从受众方面说，报道者注重选择报道的角度，才能给受众以新鲜感和新颖感；从记者方面说，精选角度能使他们打破思维方式，拓宽思维空间，从而不断孕育创新之果。

2. 语言精准和语言生动的关系。

消息语言的要求：精准表达与生动形象的统一；简洁与明晰的统一；严谨与活泼的统一；具体和概括的统一。消息语言与其他文体语言的比较：

消息语言与通讯语言相比较，前者较简洁直白，后者可以相对舒展，可以采用比较形象的语言。总之，前者较之后者更为概括，后者较之前者更有张力。

消息语言与公文语言相比较，后者要恪守规范，前者要形象生动，后者强调程序性，在消息写作中，应力避语言的公文化和程式化。

消息语言与文学语言相比较，差别很大，前者相当于概括，言简意明，不事渲染，后者叙事时常常进行渲染，甚至达到铺张扬厉的地步。

3. 用事实说话与发表议论的关系。

记者对于所报道的新闻事实所蕴含的道理、本身的见解和倾向，不应当用议论的方式过于直白的说出来，而应当用事实本身说话。

（1）对于动态消息。

在动态消息中，比较常见的是会议消息，会议报道是新闻的一个重点和难点。改进会议报道，从新闻工作方面来说：一是由对通稿进行研究向对会议本身进行研究转变；二是由一般的报道会议向报道会议的具有新闻价值的内容转变；三是由模式化的会议报道向形式别致的会议报道转变。

（2）对于述评消息。

述评消息有别于一般的消息，不仅报道有新闻价值的事实，而且还对事实作出评价、评论。"述"的部分，应叙述清楚，做到眉清目秀；"评"

的部分，应紧扣对象，分析其意义、价值、经验或者教训，做到切中肯綮、言简意赅。

（3）对于综合性消息。

大致分为两种情况：一种是由记者围绕某一个中心，在一个比较大的范围内进行采访，在此基础上加以综合，这一类消息涉及面相当广阔，信息密集，对采访的要求颇高。一种是由媒体编辑对各媒体就某一新闻事实所做的报道加以综合。

思考题：

选择一个新近发生的新闻事件，要求将人员分成几个小组，分别用"倒金字塔"式结构、"非倒金字塔"式结构对消息进行报道，并分组讨论二种结构的不同特点，每组选取一篇优秀作品。

第二十四章　通讯的写作

第一节　通讯的定义和特点

一、通讯写作概述

1. 通讯的含义。

通讯是一种以叙述、描写为主要表达方式，具体、生动、形象地报道现实生活中涌现的具有一定典型意义的新闻事实的文体。

2. 通讯的特点。

内容的延展性：通讯更能报道新闻事实的全貌、全过程，更能具体地展示新闻的各要素，更能展示新闻事实和新闻人物。

手法的多样性：通讯作品的作者所动用的表达方式和表现手法是多种多样的。

效果的多层性：使人获得丰富的新闻信息；受感动，受感染，得到理性启迪。

3. 通讯的种类。

（1）人物通讯，记述人为主，着重报道现实生活中涌现出来的开拓者、改革家、英雄模范、爱国人士、知名学者等先进事迹。通过人物言行、事迹的详尽描述，揭示其崇高的思想境界和非凡的精神追求，给人以教育和启发。

（2）事件通讯，记述事件为主，专门报道国内外近期发生的具有重大影响的事件。通过叙述、描写事件发生、发展的经过，揭示其思想意义，引出一定的经验教训。包括：重大会议报道、重要成就报道、突发事件报道、社会风尚报道、批评揭露性报道。

（3）经验通讯，记述经验为主，又叫工作通讯。通过对某地区、某部门、某单位在贯彻党的某项方针政策、完成某项工作任务的过程中出现的成败得失的记叙和分析，总结出带有规律性的东西，以指导和推动全局工作。

（4）概貌通讯，记述某一地区、部门、单位今昔变化，或报道某一地方风情特色、风俗习惯的通讯。着眼全局、选取典型事例。平时报刊上的"巡礼、纪行、散记、见闻、侧记、剪影"等均属概貌通讯。

（5）小通讯，记述新闻小故事，篇幅短小，情节生动，反映人情世态。

二、通讯与消息的关系

通讯与消息都是宣传媒体中经常使用的新闻文体，均占有重要地位。其共同之处：事实真实、新鲜的、有传播价值即真实性，时效性，受众性。

通讯是消息的扩充，必然有消息的内核。如果没有消息的内核，不能还原为一条消息，就不能称之为通讯，就混同于小说、散文或一般的记叙文。

1. 内容上，通讯更丰富、更细致。

2. 结构上，通讯不存在固定格式、固定模式。

3. 表达方式和语言上，消息主要是叙述，语言平实、朴素、简洁；通讯除叙述、描写外，抒情、议论也经常使用，语言丰富多彩。消息一般用第三人称，通讯一般多用第一、第三人称。

4. 写作技巧上，消息较少使用衬托、对比、抑扬、虚实、呼应等表现技巧，以及比喻、排比、夸张、比拟、象征等修辞手法，通讯则大量使用。消息显得凝重朴实，通讯则生动活泼而富有文采。

5. 时效性上，消息一般先于通讯，更快。

同一个事实，材料丰富，故事情节完整，需要告诉读者详细过程，呈现某种场景的，适宜写成通讯。

第二节　通讯的分类和结构

通讯可分为叙事记述型通讯、调查分析型通讯和谈话实录型通讯三种，其结构下文一一列示。

一、叙事记述型通讯的结构

叙事记述型通讯的结构可分为时间顺序结构（纵式结构）、时间顺序结构（横式结构）、纵横式交叉结构、蒙太奇式结构和特殊结构五种。

1. 时间顺序结构（纵式结构）：最大的好处就是线索单一，顺序推进，因而条理清楚；缺点是给人的感觉单调，缺少起伏，受众难以保持长时间的阅读兴趣。

2. 时间顺序结构（横式结构）：这类通讯通常所记述的是同一时间点上或同一时间段发生在不同空间中的事情，有时作者选取某一时间点，然后向不同的空间延伸，记述诸多的人或事；有时选取的是跨度不大的某一时间段，记述不同空间的人和事，在这里，时间的推移非常缓慢，给人以被故意拉长的感觉。

3. 纵横式交叉结构：体现出记者的笔触在事件过程中某些时间点上向

不同空间的延伸。

4. 蒙太奇式结构：蒙太奇是一种电影语言，其基本特点是镜头之间讲究必要的跳跃和组接。

5. 特殊结构方式："文无定法"在通讯写作中经常运用多种写作方式。

二、调查分析型通讯的结构

调查分析型通讯的结构分为，注重由果溯因的结构和注重综合分析的结构两种。

三、谈话实录型通讯的结构

谈话实录型通讯在忠于谈话内容的基础上，将相同或相近的内容加以归并分成若干部分，并加上文中标题。谈话实录，记者所问，谈者所答，一应记录刊发，结构无须多加考虑。

第三节　通讯的写作

一、叙事记述型通讯的写作

叙事记述型通讯包括：新闻小故事、新闻特写、人物通讯、事件通讯。

1. 新闻小故事。

（1）含义：新闻小故事——又叫"小通讯"，是一种记述情节曲折完整的新鲜事实的短通讯。以故事性强，篇幅较少，而区别于其他通讯。

（2）特点：报道具有故事性的事实；讲述具有新闻性的故事；演绎具有趣味性的情节。

（3）写作要求：

①精心选择题材：一是要选择能以小见大的题材。应当选择那些事儿不大但内涵却很丰富和深刻的故事。二是要选择有曲折情节的题材。

②运用叙述手法，将小故事写精。

例文：

马氏"兄弟"跨越二十年的诚信

（《河南日报》2015年2月15日要闻1版）

2月11日，农历小年，下午6点，河南开封。

马保东与马奋勇挤坐在一张沙发上，兴奋地规划着今后的合作。

二人都姓马，兄弟相称，但不是亲兄弟。哥哥马奋勇是汉族，新疆哈密人；弟弟马保东是回族，河南开封人。

过去的半年里，马保东一再约马奋勇来河南做事，马奋勇也打算在河南建立新疆名优产品展销中心，投资物流和生态农业。马年结束之前，马奋勇如约而至。这"兄弟"二人是如何走到一起，又经历了些什么？故事还得从 20 年前说起。

1995 年，马保东 21 岁，因做肠衣生意与长他一岁的同行马奋勇在河北省有一面之交。两人相互欣赏对方的实诚，一见如故。河北分手不久，马保东只身赴新疆，去找当时在哈密地区牧工商联合总公司肠衣厂工作的马奋勇。马奋勇在生意和生活上给了马保东无微不至的关怀和帮助。马保东到新疆进货，货款足时就在当地付；不够时，货到河南出手后再付，有时连个欠条都不用打。

1997 年，马保东在新疆进了 50 多万元的货，资金缺口不小。马奋勇便拿出积蓄，又东拼西凑，借给马保东 16 万元。没料想，货到河南，行情大变，肠衣价格狂跌不止，马保东顿时倾家荡产。此后的一年，马保东东挪西借，还了马奋勇近 11 万元，剩下的 5.3 万元再也无力偿还了。在新疆，马奋勇的肠衣生意也陷入了瘫痪，父亲又重病卧床，家中债台高筑。

1998 年，马奋勇曾到马保东在开封县杜良乡扫东村的家，"想看看保东弟能不能再还一点儿"。当看到马保东的窘境，他一个"钱"字未提，便转身踏上西行的列车，随后便到蒙古国寻求生意，一去就是 13 年。

两"兄弟"自此失联。

2003 年，马保东东山再起。"生意是越做越大，但找不到马哥，还不了欠款，这事儿真成了我的心病！"马保东说。他几乎托遍国内所认识的做肠衣生意的朋友，最后总算知道马哥去了蒙古国，但就是联系不上。"马奋勇""5 万元"，成了马保东父子、兄弟那些年时常念叨的词儿。2008 年，马保东的哥哥刚学会上网，便试着在网上寻人。当时他用"哈密马奋勇"搜到了 3 个"马奋勇"，虽然都不是他们要找的"马奋勇"，但也使他们看到希望。马保东的哥哥说，俺弟兄俩没事就在网上"敲""马奋勇"，一"敲"就是近 4 年。

2011 年底，已是蒙古国中国农牧畜产商会会长的马奋勇，受家乡邀请返乡创业。半年后，他注册成立了喀尔里克畜牧开发有限公司。没多久，作为公司总经理的马奋勇便被保东的哥哥在网上给"敲"了出来。

"哥，你还记得我吗？我是保东，欠你 5 万多元的保东啊……你让我找得好苦啊！"电话里的马保东激动得语无伦次。

"哥，我终于能还你钱了。我要还本钱！还利息！还要加感情！我要还你 100 万！"马保东一口气说了好几个"还"。

电话那头的马奋勇也十分激动，连说："使不得，兄弟，使不得。说真的，失而复得的朋友比失而复得的金钱更珍贵。"

马保东告诉马奋勇，是他激励着自己奋斗了这些年，自己现在已是河南东信建设集团公司的董事长，"'东'是我的名字，'信'就是诚信。"

"兄弟"通话的当天，马保东就往哈密汇了 10 万元。他告诉马奋勇，剩余的 90 万元一分不动放在那里，等马哥来河南做事时用。

小年的开封已有了浓浓的年味。

2. 新闻特写。

（1）含义：特写——抓住最能反映人物、事物特征的精彩片段，生动形象的再现典型事件、人物和场景的新闻体裁。

（2）分类：人物特写、事件特写、场景特写。

（3）写作要诀：对片段加以突出和放大；着力写富有特色的片段；着力写饶有情趣的片段；以叙述、描写为主要表达方式。

例文：

等着我　来找你

（《人民网——贵州频道》2015 年 10 月 9 日）

在近日举行的"让爱回家"大型寻亲活动中，来自全国各地的 500 余名父母聚集在一起，焦急地寻找着自己的骨肉，期待着团圆。

活动现场，15 位寻亲宝贝成了大家关注的焦点。经过近 6 个小时，15 位宝贝中共有 3 位宝贝找到了高度疑似的亲人。寻找父母的王光亮，在 6 岁那年被人贩子拐卖到河南，尽管有了养父母，但他始终记得亲生父母、兄长的名字和家门口的泉水。12 岁时他离开养父母，开始寻亲旅程，在寻找父母的道路上，他饿了就到垃圾堆找吃的，困了就蜷缩在路边过夜。随着年龄的增长，他就一边打工一边寻找自己的亲人。

通过志愿者的联系，王光亮高度疑似的老父亲从 100 多千米的六枝特区牂牁镇匆匆赶来，王光亮脚上的特征、记忆里的名字、家门前的那片竹林一一得到了老父亲的确定，王光亮再也按捺不住，跪在父亲的面前撕心裂肺地喊出了多年来不曾喊的两个字"爸爸"！

和王光亮一样幸运的阿峰，是个乐观积极的男孩。在活动现场，他的讲述让台下与他有着相似面孔的寻子家庭十分激动，经过确认被认定为高度疑似，等待 DNA 配对认定，在后台，阿峰和这个寻子家庭早已彼此认定为自己失散多年的亲人。

带着 60 岁的老母亲来寻亲的辛洪亮，在 1995—1996 年和母亲被人贩子以 3000 元的价格卖到河北，当时辛洪亮还是一个没有记忆的孩子，母亲则长期被丈夫家暴，此次前来寻亲，辛洪亮不是为了自己，而是为了母亲。

通过辨认，辛洪亮和母亲成功找到了高度疑似的亲人，母亲激动得掉下眼泪，40多年来她夜夜期盼的团聚终于得以实现。

3. 人物通讯。

（1）含义：人物通讯——通常是指以先进人物为叙写对象的、篇幅较长的典型报道。

（2）写作要求：

一般要求：根据事实写人物，写活生生的人物，写出人物的特点。

更高要求：写出说服力，写出感染力。

（3）写作方法：在矛盾冲突中展现人物的思想之光；通过多侧面描写，突出先进人物的思想之光。

①肖像描写。如：

鲁迅，带着他的妻子和幼小的儿子，很早就到了，于是我便第一次的见到了他——一位在以后所有年月中成为我在中国生活中最有影响力的人物。他是短小而纤弱的，穿着一件乳白色的长衫，软底的中国式的鞋子。他没有戴帽，剪得短短的头发，像一把刷子似的直立着，在结构上，他的脸和普通中国人的脸并不两样，可是他在我的记忆中，却是我以前从未见过的能语语动人心弦的脸。一种富有生命的智慧和先知正从这上面流露出来。（《记鲁迅》）

②行动描写。如：

2007年，廖俊波走马上任荣华山产业组团管委会主任，赤手空拳赴浦城县负责筹建工作，一起赴任的只有副主任刘晖明和司机。面对一片待开发的山包，没有规划，他找规划单位来做规划设计；没有土地，他与浦城县委县政府沟通协调征地拆迁；没有基础设施，他带领大家建路、挖沟、排水；为了招商引资，他四年间驱车36万公里，常年奔波在浙江、广东等地。四年间，完成征地7000多亩，招商引资签约项目51个，开工项目23个，总投资28.03亿元。浦城人惊呆了，直呼廖俊波创造了奇迹！（《"樵夫"的魔力——追记廖俊波》）

③语言描写。如：

那时候，焦裕禄正患着慢性的肝病，许多同志担心他在大风大雨中奔波，会加剧病情的发展，劝他不要参加，但他毫不犹豫地拒绝了同志们的劝告，他说："吃别人嚼过的馍没味道。"（《县委书记的榜样——焦裕禄》）

多少年来，郭明义对自己的爱心故事只做不说，直到最近聚焦闪光灯下，问的人多了，他才讲出一番朴素道理："有怎样的人生追求，就会选择怎样的人生道路。人活着总是要有一种精神、一种境界的。我选择为企业、为社会多做一些力所能及的事，觉得自己被党信任、被群众信赖、被社会需要，就会感到很充实、很快乐、很幸福。"（《郭明义，你并不孤单》）

④心理描写。如：

"没有文化就没有方向，光靠蛮干，注定修不成功。"只有小学文化的黄大发，在第一次修渠失败后痛心疾首，他暗自下决心：学技术。（《一个人一辈子一道渠》——贵州遵义老支书黄大发的无悔人生）

焦裕禄想："群众在灾难中两眼望着县委，县委挺不起腰杆，群众就不能充分发动起来。'干部不领，水牛掉井'，要想改变兰考的面貌，必须首先改变县委的精神状态。"（《县委书记的榜样——焦裕禄》）

⑤细节描写。如：

"4月1日，邢台—南和；4月2日，邢台—前南峪；4月3日，邢台—南和；4月4日，邢台—保定……4月8日，顺平—保定……"学生手中的日程表默默无言，却详细记录着他心系农民、情洒太行的赤子之心。（《李保国的最后48小时》）

4.事件通讯。

（1）含义：事件通讯——通常是指以新闻事件发生、发展、结果为叙写对象，反映社会现实，表现时代精神。

（2）写作要求：以事件为中心，写活事情发生的来龙去脉，真实体现精神内核。

（3）写作方法：

①选择有价值、有意义的事件。

②选取反映事件本质、有典型意义和吸引力的材料。

③通过多层面描写，清晰表达情节线索，反映出时代特征和时代精神。

例文：

铭记恩情　把爱延续
——援鄂国家医疗队全部奏凯而归
（学习强国　湖北学习平台）

4月15日，北京协和医院援鄂国家医疗队186个人在武汉奋战80天后，完成使命返回北京。这是最后一批撤离湖北省的援鄂国家医疗队。

新冠肺炎疫情暴发后，全国30个省区市、新疆生产建设兵团和人民解放军共4.26万名医务人员闻令而动，逆行荆楚，与湖北各地医务工作者一道，同疫魔较量，屡创生命奇迹。

随着疫情防控形势逐步转好，完成救助任务的各地驰援医疗队于3月17日开始，分批离开。他们的大爱令湖北人民终身难忘。

新冠肺炎患者刘静（化名）说，北京援鄂医疗队的医护人员给了她第二次生命。今年41岁的刘静是一名孩子还不满三个月的妈妈。两个多月前，她生下宝宝后，因肠胃不适到武汉市妇幼保健院就医。经过检查，她患有十二指肠球部穿孔等疾病，必须马上手术。不幸的是，她同时被确诊感染新冠肺炎。"当时，我都不知道我能不能活着见到我的孩子。"她说，家人被隔离，刚出生三天的孩子也无法见面，她几乎失去了活下去的信心。

刘静被转院至武汉协和医院西院区继续接受治疗。"她来的时候身体非常瘦弱，精神也很差，身上插了5根引流管，加上新冠肺炎，恶化的概率是非常大的。"支援武汉的北京朝阳医院急诊科副主任唐子人回忆。为了让这位高龄产妇重新振作起来，北京医疗队医护人员想了许多办法，不断调整治疗方案，平日里不上班的时候也在讨论着刘静的病情。

了解到刘静没有手机，医护人员辗转联系上她的家人，使她的精神状态慢慢好了起来。为给她增加营养，提升抵抗力，医护人员掏钱为她买来营养品。经过20多天的治疗，刘静于3月14日康复出院。经过14天的隔离观察后，刘静再次见到自己的孩子，与家人团圆。

刘静得知医疗队离汉返京，一大早就赶到医疗队的驻地。送别仪式上，刘静眼中满含泪水，紧紧地握着医护人员的手，不愿松开。面对临行的车队，她一次又一次深深鞠躬，泪水湿润着眼眶，"我一定会让我的孩子记住这份恩情，把爱延续下去。"

二、调查分析型通讯的写作

调查分析型通讯是一种在文本中较多的展示对新闻事实的调查分析过程及其成果的通讯。

与叙事记述型通讯的比较。相同之处：都以具有新闻价值的事实为基础，都对具有新闻价值的事实进行较为详细的报道。不同之处：采访中的关注点不同，写作上的侧重点不同，所产生的效果不同。

写作要诀。围绕问题展开深入的调查研究；在作品中突出分析议论；在报道事实和分析事实的过程中追求理性深度。

例文：

拿什么拯救你 一"号"难求

（《经济参考报》2016年11月14日05版）

进入"深水区"的医改，"挂号难"宛如一块岿然不动的"礁石"横亘中央，亟待破除。

今年以来，北京卫生部门推出"非急诊全面预约"挂号改革"新政"，拉开"PK'黄牛党'"的序幕。"打击号贩子、缓解'挂号难'，最直接的办法是丰富挂号渠道、分流号源，极力压缩号贩子倒号空间，使其无利可图。"北京市医院管理局局长于鲁明介绍，今年以来，北京22家市属三甲医院推出"非急诊全面预约"挂号改革措施。患者可通过"京医通"微信、自助挂号机、电话等多渠道实名预约 7 天内号源。

然而，"魔高一丈的号贩子有啥新招数？""眼花缭乱的挂号方式缘何让患者'蒙圈'？""患者对'全面预约'与'取消加号'存在哪些误区""一张'京医通'卡背后到底有几个'婆婆'？"……挂号新政后的这一连串问题，仍然让一"号"难求的患者和累得要命的医者都被压得喘不过气来。

…………

三、谈话实录型通讯的写作

谈话实录型通讯是一种由谈话充当主要角色的通讯。

对谈话所作的分类：谈话者对记者所作的谈话；谈话者在自然状态中的谈话。

1. 写作前的访谈程序。

记者要有备前往：谈话的内容和质量如何，在相当程度上决定了此类通讯的成败；对于谈什么、找谁谈、怎么谈、在何处谈等问题，事先都应有精心的考虑。包括：①确定谈话的题目、人选和场合；②熟悉谈话所涉及的内容；③准备好质量较高的问题。

让"访"和"谈"碰撞出火花：要处理好二者的矛盾，始终掌握谈话的主动权，"访者"应防止出现显得可有可无或处处喧宾夺主的情况。

2. 访谈后的写作阶段。

恰当地进行剪裁取舍：要取有价值的谈话，取能体现谈者鲜明个性特点的谈话，取谈者具有独到的、深邃的见解的谈话，舍无价值的、大路货的谈话，舍空话、套话和废话。

巧妙地插入现场描写：增强作品的可读性。

机智地进行记者点评：往往是寥寥数语，却起到画龙点睛的作用。

例文：

做大做好"一带一路"经贸合作蛋糕（摘要）
——访商务部部长钟山
（《人民日报》2017 年 5 月 15 日 12 版）

5 月 14 日，中国商务部与参加"一带一路"国际合作高峰论坛的 60 多个国家有关部门及国际组织，共同发出《推进"一带一路"贸易畅通合作倡议》（简称《贸易畅通合作倡议》），向国际社会表明支持经济全球化的共同立场。《贸易畅通合作倡议》的发出有什么背景？主要有哪些内容？本报记者专访了商务部部长钟山。

记者：在"推进贸易畅通"平行主题会议上，相关方发出《贸易畅通合作倡议》。请问发出《贸易畅通合作倡议》主要基于什么考虑？

钟山：习近平主席在高峰论坛主旨演讲中，重申维护和发展开放型世界经济的主张，共同创造有利于开放发展的环境，推动构建公正、合理、透明的国际经贸规则体系，构建广泛的利益共同体，受到与会代表和国际社会广泛赞誉。发出《贸易畅通合作倡议》，就是贯彻落实习近平主席关于构建开放型世界经济的中国立场、中国主张，广泛凝聚共识，深化经贸合作，携手推进"一带一路"建设。

记者：贸易投资合作是"一带一路"建设的重点内容。"一带一路"倡议提出以来，参与国秉持互利共赢的原则开展经贸合作，取得明显成效。请问，《贸易畅通合作倡议》有哪些值得关注的内容？

钟山：《贸易畅通合作倡议》源自各方对携手推进"一带一路"建设的共同意愿，反映出各方寻求畅通、高效、共赢、发展的共同愿望，展现了各方在促进贸易增长、振兴相互投资、促进包容可持续发展方面的共同行动，是一份凝心聚力、求真务实、继往开来的重要成果文件。

思考题：

　1. 新闻通讯和消息的异同？

　2. 选取同一件新闻事件，写一篇消息，写一篇通讯。

第二十五章　新闻评论的写作

第一节　新闻评论的定义和特点

一、新闻评论的含义

新闻评论，是媒体编辑部或作者对新近发生的重要新闻事件和有普遍意义的社会问题，运用分析和综合的方法，就事论理，就实论虚，有鲜明针对性和指导性的一种新闻文体，是现代新闻传播工具经常采用的社论、评论员文章、短评、编者按和评述等的总称，属于论说文的范畴。简而言之，新闻评论就是对有价值的新闻事实和社会现象发表意见以指导实践的一种文体。

二、新闻评论的特点

新闻评论具有显著的新闻性，具有强烈的政论性，具有广泛的公众性，具有极强的逻辑性。

三、新闻评论的分类

新闻评论分为社论、评论员文章、短评、编者按和述评五种。

1. 社论。

社论是报刊评论中最重要的一部分，是报纸的旗帜，体现了报纸的舆论导向，具有很强的政治性、政策性、权威性和指导性，代表编辑部对重大新闻时事、政策、问题的发言，阐明了报纸的观点、立场和主张，文风庄重、严谨、朴实、鲜明。

例文：

人民日报社论：为民族复兴提供有力宪法保障

（《人民日报》2018 年 3 月 12 日 01 版）

九鼎重器，百炼乃成。第十三届全国人民代表大会第一次会议，表决通过了宪法修正案草案。这是时代大势所趋、事业发展所需、党心民心所向，是推进全面依法治国、推进国家治理体系和治理能力现代化的重大举措，对更好发挥宪法在新时代坚持和发展中国特色社会主义中的重大作用，为实现"两个一百年"奋斗目标和中华民族伟大复兴的中国梦提供有力宪法保障，具有重大现实意义和深远历史意义。

…………

翻开宪法序言，从站起来、富起来到强起来，中华民族伟大复兴的历程清晰可见。中国特色社会主义的伟大实践，在国家根本法上留下辉煌篇章。踏上新征程、奋进新时代，维护宪法作为国家根本法的权威地位，更好发挥宪法治国安邦总章程的作用，中国特色社会主义道路就一定能越走越宽广，我们就一定能实现中华民族伟大复兴的中国梦。

2. 评论员文章。

评论员文章是媒体内部仅次于社论的高规格评论，多论述国内外重要问题和行业、部门、地区的重要问题。作为"次重量级"评论，它在选题上更加广泛，论述上更加集中、深入，表达上更加自由，风格上也更加轻松活泼。

例文：

人民日报评论员文章：奋斗是幸福的

（《人民日报》2018 年 2 月 15 日 01 版）

在波澜壮阔的时代画卷中，唯有奋斗能留下深深的印记，唯有奋斗者能永葆青春的朝气。

"新时代是奋斗者的时代""奋斗本身就是一种幸福。只有奋斗的人生才称得上幸福的人生"。习近平总书记在 2018 年春节团拜会上的讲话中，重申了"奋斗"这一时代主题词，饱满的激情、昂扬的话语，激励着那些以不懈奋斗投身伟大事业、以无私奉献照亮伟大征程的人们。

时间是最客观的见证者。过去的一年，中国特色社会主义各项事业取得的巨大进步，见证了奋斗者的足印，也标注着未来连续奋斗的征程。从科技创新到脱贫攻坚，从军队建设到依法治国，千千万万的奋斗者用自己的智慧和汗水，浇灌着一个民族的成就感和获得感。那些面对困难和危险，冲锋在前不计利害的人们；那些在酷暑寒天疾风骤雨中，守护万家灯火的人们；那些在奔驰的列车上，迎送无数归家游子的人们……正是他们的奋斗和奉献，点滴创造着我们的幸福生活，也定义着自身的价值和成就。

…………

在新时代的伟大征程上，奋斗是奋斗者永远的座右铭。只有奋斗才能成就更美好的明天，只有奋斗才能实现更好的自己。已经启程的 2018 年，让我们一起奋斗、感受幸福、成就梦想。

3. 短评。

短小而精悍的评论。它开门见山、简洁明了，抓住一点进行扼要分析。短评有两种形式，一是配合新闻报道而刊出，对文章中的思想、观点表达编辑部的态度；二是独立发表，针对社会上某种思潮、现象和问题发言。

例文：

人民日报短评：有机制更要有作为

（《人民日报》2016 年 11 月 16 日 17 版）

开展一项工作时，有些领导干部自然而然地就会想到机制：要搭建一个机制，把几个单位统筹起来，或者把工作一竿子抓到底。反映到基层实践中，最终局面往往是单位门口的"牌子"特别多，工作人员"一肩多职"，有时连自己都搞不清该叫什么了。

对于群众而言，他们对牌子称谓等不太在乎，他们最关心的是当自己有困难有诉求时，能不能找到人，问题能不能得到解决。

机制，是相对于机构而言的，强调的是工作联动性。天津的经验告诉我们，要"有所作为"，首先需要厘清各单位的权力清单，并做到各司其职、各尽其责，这是机制得以运转的前提。其次需要各单位心往一处想、劲往一处使，这是机制发挥作用的关键。

有机制更要有作为。如今，在很多场合，我们经常能听见机制不畅、权责不清等，然而，"不畅"并不能成为"没发挥作用"的掩饰，如何进一步使机制不断"有作为"，仍然值得商榷和研究。

4. 编者按。

编者按是编者对自己编发的新闻稿件所加的评论性按语，可以出现在报纸所刊登的报道和文章之前、之中和之后，使用上比较灵活，既可以是三言两语，也可以是洋洋洒洒，关键取决于评论的需要。编者按分为三种：文前按语，一般在新闻稿件的标题之下，正文之前，没有标题，篇幅短小。文中按语，像毛宗岗评点《三国演义》那样，十分简短，一般用括号与正文区别开来。编后按语，是编者在编完稿件后有感而发写成的评论性文字，针对性强，言简意赅，引人入胜，画龙点睛。如：

编者按：现代社会是历史辙痕的延伸。当浓浓的乡愁挥之不去，当人们通过对方块字的读写来描摹先贤的心意，传统文化带着它的温度，融入每位国人的生命。传统文明与现代中国有哪些关联，历史的根脉如何植根现代土壤，又怎样找寻活的传统？今天起，我们陆续推出同济大学"复兴古典书院"的师生们对传统文化的思考，或许有助于激发大家对这些问题的解答。（在经典中追寻生命质感《人民日报》2015 年 3 月 24 日 05 版）

5. 述评。

新闻述评是新闻评论的一种边缘体裁，既报道新闻事实，又对新闻事实进行评论，达到述评融合的境界。如：

从"中国梦"到"四个全面"的战略布局，从"三期叠加"到"经济发展新常态"的重大判断，从"实现我国社会生产力水平总体跃升"到"牢固树立五大发展理念"的深入思考，从"使市场在资源配置中起决定性作用、更好发挥政府作用"到"适度扩大总需求的同时着力加强供给侧结构性改革"的认识深化……党的十八大以来，以习近平同志为核心的党中央立足深刻变化的世情、国情，集中全党和全国人民智慧，从理论到实践不懈探索，续写了中国特色社会主义的新篇章。

习近平总书记关于经济工作的重要论述，有针对性的回答了新常态下经济治理"怎么看""怎么干"的问题，形成的一系列新理念、新主张，为通往经济治理现代化的道路打下一块块理论基石，也为实现马克思主义同中国实际相结合的历史性飞跃、开辟治国理政新境界奠定了坚实基础。（走向经济治理现代化的中国探索——深入学习习近平总书记经济思想述评《经济日报》2016 年 2 月 15 日）

第二节　新闻评论的结构

新闻评论的结构是指通过谋篇布局揭示主题、展开论证的内容组合，主要包括评论的开头、主体和结尾等。

刘勰在《文心雕龙——附会》中说："凡大体文章，类多枝派，整派者依源，理枝者循干，是以附辞会义，务总纲领，驱万涂于同归，负百虑于一致，使众理虽繁，而无倒置之乖，群言虽多，而无棼丝之乱。"尽管材料丰富，内容繁多，分论点不少，线索有几多，但"整派者依源，理枝者循干"，务必抓住中心思想并且紧密围绕中心线索确定文章内容的主次评略、先后次序及其相互联系，从而做到纲举目张，条理井然。从新闻评论的特点考虑，为了更好地表达和突出文章的中心论点，结构安排时除了要反映出所要论述的问题内在的逻辑联系外，还要从读者的情况出发，适应读者的认识规律和认识水平。因此，要从文章的具体内容出发，根据不同的读者（听众、观众）群的实际情况去安排评论的结构。

一、开头：开门见山，引出论点

新闻评论的开头分为两类：一类是概括论题，即作为评论对象的新闻事实或问题，交代评论的背景；另一类是点名论点，摆明作者的观点和态度。在开门见山过程中，作者为了吸引读者，为了使传播更有效，可以采用各种方法来展开论题或者论点。

1. 概括论题，引出论证。

这种评论文章的开头，就是一开始就摆出论题，然后针对论题进行全面的论证，最后得出论点。论题的范围很广，可以包括刚出炉的新闻事件，也可以指在现实生活中看到的某种问题，还可以针对某种特定的场合。如：

中共十八届五中全会提出："在适度扩大总需求的同时，着力加强供给侧结构性改革，着力提高供给体系质量和效率，增强经济持续增长动力，推动我国社会生产力水平实现整体跃升"，2015 年底召开的中央经济工作会议对供给侧结构性改革作出重点部署。供给侧改革将是 2016 年极为重要的改革内容。（供给侧改革需加减法并举《甘肃日报》2016 年 1 月 27日 06 版）

2. 点名论点，引出论证。

如果说，新闻评论把新闻事实摆在开头往往是不可以避免的话，那么把论点摆在前头，是除此之外更为普遍、更能及时传播信息的一种开头。点名论点也有两种方式，一种是直接摆出正确的论点；另一种是先摆出错误的论点，再通过反驳得出自己的观点，这一方法虽然采取了迂回的手法，但作者的观点是边驳边立，在驳论的同时也确定了自己的观点，也可以说是"开门见理"。如：

今年是"十三五"开局之年，更是全面建成小康社会决胜阶段的开局之年，任务艰巨，时不我待。无论是抓发展，还是促改革，都要有敢于啃硬骨头的气魄、勇于涉激流险滩的胆略。当此之时，只有健全激励机制和容错机制，才能使各级干部积极发挥主观能动性，主动作为、奋发有为，进一步营造愿干事、想干事、干成事的浓厚氛围。集中到一点，就是要为敢于担当的干部担当，旗帜鲜明地为他们撑腰鼓劲。（为敢担当的干部担当《宝鸡日报》2016 年 3 月 14 日 02 版）

二、正文：论证严密，结构有序

评论开头提出论点或者引出选题之后，评论主体就要在正文部分运用逻辑思维来组织材料对其进行分析和论证。怎样组织材料？有一个简单的标准，那就是要符合人们认识事物的规律。论点之间的关系也都关系到正文部分的结构，影响到整篇评论的外在表现形式。正文部分结构主要表现为单一结构和复式结构。单一结构包括并列式结构、递进结构、对照式结构、故事结构。复式结构指的是在行文过程中，两种或两种以上单一结构的杂糅。

1. 一事一议结构。

叙述一件事情，并对此进行分析评述，阐明事实中包含的道理或可以从中引申出的道理，篇幅短小。

2. 并列结构。

在论证说理过程中，各个层次呈现出平行的关系，它们都是围绕着总论点，从不同的角度进行多方位的论证。在采用并列结构的时候，必须考虑到评论结构要整体严谨，不要因为是并列结构就各行其道，要"形散神不散"，很好地为总论点服务。

3. 递进结构。

新闻评论在论述的时候往往要由此及彼、由表及里、由浅至深。在此结构中，各个层次在逻辑关系上是递进的，前一个层次是最后一个层次的基础，后一个层次是对前一个层次的深化，不同的层次之间环环相扣，以求对事物从更深层次上进行认识。

4. 对照式结构。

对照式结构指的是在中心论点提出之后，从正反两个方面对中心论点进行论证。运用对照式，目的是通过两个方面的对照，突出说明其中一个方面的正确性，另一个方面只起到烘托、陪衬作用。

5. 故事性结构。

以大量篇幅讲述一个故事或多个故事，具有明显的故事性特征。讲完故事后，以少量的文字说明故事所蕴涵的道理，增强它的可读性。

新闻评论正文的结构技巧。

（1）以关键词贯穿：关键词应当是经过精心选择的，不仅应当在形式上发挥连缀的作用，而且应当含有一定深意，有耐人寻味之处。

（2）以创新点支撑：所谓创新点就是人无我有的、别出心裁的地方，或者表现为一个新的理念，或者表现出一种新的形式。

（3）以形象性取胜：如果一篇新闻评论能用贴切恰当的、形象化的语言来阐明抽象化的道理，那么，文章的可读性将为之大增。

（4）以评悖论立言：在新闻评论中，评析评论对象言论中的逻辑矛盾，或者评析某种现象所包含的悖论，在此过程中提出并且进一步阐明自己的论点，也是新闻评论常用的一种技巧。

三、结尾：深化论点，引发思考

结尾是新闻评论结构中的最后一个部分，是文章内容阐述的必然结果，是论点得到充分证实后的归纳和延伸。它对评论形式而言，是一种结构上的结束；而对评论的意义而言，则是影响人们思想和行动的开始。结尾主要是帮助读者明确题旨，加深认识，或者使人读了饶有余味，增强感受。

结尾方式归纳为以下几种：

1. 总结全文，卒章显志。

为了帮助读者把握和理解评论的论证思路和进一步增强论证的力量，可以在论证完中心论点之后，做一个简洁、明了的总结归纳，这样既突出了中心论点，又给人以深刻和鲜明的印象。如：

对领导干部而言，在政绩考核中不再简单地以 GDP 论英雄，不是没有发展的压力了，而是压力更大了、要求更高了、任务更重了。既然摒弃了以往单纯比经济总量、比发展速度的模式，就要在更加优质的模式下比经济总量增长，比发展效益、发展品质、发展方式、发展后劲；不再为 GDP 纠结了，就需要把主要精力放到通过转方式、调结构、促改革、惠民生来加快发展上，多做打基础利长远的工作，切切实实把民生改善、社会进步、生态效益等指标和实绩作为重要考核内容，从根本上提高经济发展的质量。（不"唯 GDP"并非"去 GDP"《经济日报》2015 年 2 月 11 日 01 转 10 版）

2. 提出希望，激励人心。

这种结尾多用于党报的社论中，当社论正面宣传党和政府的政策或活动时，需要动员人们参与和支持，这类结尾高屋建瓴，或展望未来，或揭示真理，鼓舞和激励人们团结一心，奋发作为，在新时代谱写宏伟壮丽新篇章。如：

恩格斯说过，人们创造历史的活动，如同无数力的平行四边形形成的一种总的合力。团结奋进，山海可蹈；勠力同心，未来可期。13 亿多人心往一处想、劲往一处使，就能汇涓成海、聚沙成塔，书写属于新时代的辉煌篇章。（人民日报评论员：每一个人都是新时代的奋斗者《人民日报》2018 年 3 月 27 日 01 版）

3. 留下"余音"，发人深省。

这类结尾与第二类结尾高昂的激情外露恰恰相反，它善于含蓄美，用最精美的语言，或用艺术手法，委婉含蓄地表示一种道理，耐人寻味，发人深思。如：

1986 年 1 月 28 日，美国的"挑战者"号在升空 73 秒后爆炸，7 名宇航员全部遇难。根据事故调查结果，爆炸是由一个 O 型密封环失效所致。一个小小的 O 型密封环的疏漏，竟然引发一起巨大的灾难，令人扼腕叹息，更让我们深刻地理解了"小细节关乎大成败"的道理。我们的党员干部应当牢记："差不多"，其实是差得很多；干工作、抓落实、创事业，必须"锱铢必较""办就办好"。（不做"差不多先生"《河北日报》2015 年 2 月 26 日 01 版）

第三节 新闻评论的写作技巧

一、新闻评论的写作要求

1. 注重针对性。针对人们普遍关心、迫切需要回答的思想问题，和人们在社会实践中迫切需要回答和解决的实际问题，运用马克思主义的立场、观点和方法，通过具体的科学分析，实事求是地给予说明、回答和指导。

2. 论点要新鲜。评论的论点是观点、是灵魂。论点不新鲜，或者和报纸上发表过的相雷同，读者看了开头就兴味索然，不想看下去了。

3. 论据要典型。评论的论据，就是用来阐明论点的新闻事实和有关材料。论据，既是论点的依据，又是评论判断和推理的基础，因此，精心挑选作为论据的新闻事实，至关重要。

4. 说理要深透。写评论，要在深度说理上下功夫。一篇评论，说理有无深度，关系到它的成败得失。

此外，评论写作还要注意写得平易近人，力避老话套话，力求有点文采，使读者爱看。

二、新闻评论的标题艺术

新闻评论的标题与新闻报道的标题，都很重要，但两者标题有区别。新闻报道标题侧重于对内容的提要，而新闻评论标题侧重于对主题的升华。新闻报道事实，标题要简要地突出内容，而评论是发表意见，阐明道理，标题要概括地表明立场、观点、态度和主张。

评论标题的基本要求是：具体、鲜明、精当、引人。

评论标题的类型：

1. 论断型，如《有才无德最可怕》《科学不相信等级》。

2. 论战型，如《非名校不上之议》《为什么不能提党员优先?》《对杰出科学家能"法外开恩"吗?》。

3. 号召型，如《把新时代雷锋精神坚持到底》《到西部去》。

4. 赞颂型，如《为广州的民企投诉中心叫好》《"伙计闯祸，老板遭殃"好!》。

5. 批评型，如《博士离校即可任职"副县"，不妥》。

6. 研判型，文章内容体现为对一种比较复杂的社会问题或新情况的研究、判断，如《看两岸民商法律统一的可能性》《竞选"造势"不可缺少制度保障》。

7. 商榷型，对某一做法，提出异议，该异议是商榷性的，如《通缉犯走上商业广告，值得商榷》《以户籍确定选举权可能是一种误解》《能否适当公开对外援助的缘由》。

8. 建言型，提出建议性的言论，如《高校对毕业生应加强就业指导》。

9. 告诫型，对一些不良倾向、可能出现或扩大化的不好现象提出告诫，如《媒体不要误导高考考生》《愚人节：恶作剧当心违法》。

10. 设问型，既可表达倾向，又可引导思考，如《媒体必须与法院保持一致?》《请娱乐业老板监督警察?》《快速增加文化底蕴?》。

三、新闻评论的要素

1. 论点。

论点作为一种主观形态信息，不是现成的，而是要通过评论主体在调查研究的基础上，通过立意、判断之后才能提炼出来的。

论点有总论点和分论点之分。总论点也称为中心论点或基本论点，对评论作品起统率作用，左右着论证以及论据的选用。分论点在自身所处的段落中是"中心"论点，在整个篇章中却是分论点，对总论点起论证作用。

2. 论据。

论据分为事实性论据和理论性论据两种。

（1）事实性论据。事实性论据主要指客观存在的具有代表性的人物、典型事例、历史资料、统计数字等。事实性论据具有直接现实性的特征，是证明论点的最具说服力的材料，这类论据放在评论中，不需要评论主体的解释，就对论点形成强有力的支撑，使抽象的道理具体化，让人信服。

（2）理论性论据。在新闻评论中经常运用的理论性论据，主要包括古今中外名人名言，新时代政治思想方面的权威性言论、生活中富有哲理性的谚语等。

3. 分析与论证。

新闻评论的说理是在分析和论证的基础上进行并完成的。分析指的是评论主体按照一定的思维方式把整体的事物分解成多个要素，以做到对事物形成有针对性的具体的认识。而论证是一个逻辑推理过程，是联系论点和论据的桥梁。这座桥能否走得通，就看论点和论据之间的推理是否合乎逻辑，是否能反映事物之间的客观规律。

论证方法有以下四种：

（1）例证法。用具体的事例来佐证论点的方法，在评论写作中比较常用，具体的事例就是事实性依据。

（2）引证法。指的是用经过实践检验的理论、观点、名人权威言论等材料来佐证论点的方法，运用的事例属于理论性论据。

（3）反证法。通过对反面论点的否定来证明自己论点的正确，可以从正面着手，也可以从反面着手。

（4）归谬法。让对方的观点不攻自破，指的是先假设对方的观点是正确的，然后以该观点作为前提进行推导，推导出的结果是一个荒谬结论的方法。

思考题：

    1. 新闻评论标题与新闻报道标题有何区别？

    2. 新闻评论的结构由哪几部分构成？

第二十六章　智库文稿的写作

第一节　智库文稿的含义及类别

一、智库文稿的含义

智库是指汇聚高端人才，为党政机关、企事业单位提供最佳咨询服务的组织或团体。智库具有顺风耳（信息情报）、千里眼（前瞻预测）、思想库（咨询国是）、研究员（学术研究）、科普师（市民教育）五大功能，智库文稿是发挥这些功能的重要载体。进入新时代，破解改革发展稳定难题和应对全球性问题的复杂性、艰巨性前所未有，迫切需要健全中国特色决策支持支撑体系，智库文稿可以有所可为，形成真正的决策智慧，发挥智库在治国理政中的重要作用。

二、智库文稿的内容

智库文稿内容由标题、导言、正文三部分组成。

1. 标题。贴切中肯、明确清晰、开拓创新的亮明意向和观点。

2. 导言。前瞻性的提出解决这一命题的重大现实意义和深远历史意义，导出正文。

3. 正文。主要包含四个要素：现状、问题、原因、对策。注重运用哲学和辩证的思维方法，首先，介绍目前国际国内在这一领域已经取得的重大成果，在肯定成果的同时，突出存在的问题和不足，明确下一步研究的方向和目标。其次，还要善于从目前的困难和问题中找出原因，分析苗头和趋势、风险和挑战。最后，概括出鲜明的观点和应对措施。

三、智库文稿的分类

智库文稿不同于学术研究论文，对国家高端智库而言，文稿一般通过特殊的渠道分送不同对象，如党和国家领导人、省部级领导、各系统行业领导等；按照文稿的内容，一般可以分为信息分析类、调研报告类、建言献策类、预测预警类、理论梳理类、国外经验类等。

第二节　智库文稿的写作要素和特点

一、智库文稿写作要素

智库文稿的写作包括选题、破题和解题三个要素。

1. 选题。就是坚持问题导向、现实导向、需求导向和特色导向。

2. 破题。就是要把脉关键之事，了解关键信息，抓住关键要点，得出关键结论。

3. 解题。就是智库文稿要做到见智见新；注重点上突破、以小见大；要呈现真实的数据和事实；提出有效的对策和建议。

二、智库文稿写作特点

智库文稿写作要注重做到选题、破题和解题的八个平衡：

1. 中国特色与国际经验的平衡，在中国特色的研究分析中注重导入国际经验的借鉴。

2. 问题意识与学科意识的平衡，在结合实际论述的过程中注重阐述问题的学理性。

3. 硬实力做软与软实力做硬的平衡，如法律硬实力建设中的软法建设，软实力建设中的硬措施与硬指标等。

4. 大题做小与小题做大的平衡，要善于将宏观的选题聚焦到某一个点上，同时将具有全局影响的某一具体问题上升到战略的层面来分析。

5. 近梦与远梦的平衡，文稿选题既要注重把眼光放在近五年的规划目标上，也要注重将近期目标与远景视野有机结合起来。

6. 百米冲刺与万米长跑的平衡，选题要有短跑与长跑的两种能力，既能出短平快的快跑性的文稿，也能出长跑性连续性的年度研究报告。

7. 人脑与网机的平衡，即在发挥人脑智慧的同时，发挥大数据的信息分析挖掘技术和网络调查咨询功能。

8. 创新性、超前性与艰韧性和可操作性的平衡，即选题应体现创新性和超前性，但这种创新与超前要与实践推进可能面临的各种困难因素和可操作性结合起来。

例文：

以五大空间战略为全面小康谋篇布局

在国家制定"十三五"规划的过程中，全球的空间竞争合作格局正在发生变化，世界各国正在以"陆海空天网"五大空间战略为未来发展抢占先机。中国应积极面对这一新挑战和新机遇，以综合性五大空间战略的发展新理念，为"十三五"时期实现全面建成小康的发展目标谋篇布局，与"两个一百年"奋斗目标同步推进，抢占新一轮创新发展的战略制高点。如果说陆海空三大空间是人类活动相对传统的三大疆域的话，那么太空和网络空间成为继之而起的人类活动的第四疆域和第五疆域。2015年以来，五大空间竞争合作新格局正在形成并不断得到强化。（选题）

列举美国在五大空间新格局中不断推出新举措并抢先布局的诸多信息和事实，同时也列举了日本、俄罗斯、欧盟、印度、英国等在五大空间博弈日趋激烈的发展态势。（破题）

提出三个方面建议：一是要加强综合性五大空间战略的顶层设计，二是要加快推进综合性五大空间战略的前沿性、整合性研究，三是要发挥综合性五大空间战略之间的牵引、辐射和溢出作用，并在结语进一步解题：我国正在形成并实现"四个全面"的战略布局，这并非单域空间的改革和发展能够实现的，需要树立综合性五大空间的发展战略，以全空间的视野为各个领域和各个行业的发展，带去无限的想象力和发展潜力，为实现中华民族伟大复兴的中国梦提供大视野，创造大空间，推动大发展。（解题）

第三节　智库文稿的写作方法

一、选题为本

智库文稿要以选题为本，即要通过问题、实践、需求并结合时代需要来选题，同时通过关注媒体、内参、调研报告、上级文件、简报等来选题，要建立起课题库和知识库，形成决策研究主题的知识树和知识地图。文稿的选题除宏观的战略建言外，切入口要小，聚焦一个点，以预见性、前瞻性的理念为领导科学决策，提供深度参考和依据。在选题中要注意以下三个方面：

1. 科学预测，就是着眼长远和宏观分析，对未来一系列的可能性和潜在的非连续性进行预测分析。

2. 精准预判，就是对事物发展的趋势、对相对确定和不确定的关键因素进行研究判断，提出具有前瞻性的战略建议。

3. 提前预警，就是对渐显的危机端倪提前警示，对潜在的隐患和挑战提早准备。

如全国维度的文稿选题有《我国的对口支援应纳入依法治国的轨道》《从"衡阳贿选案"看人大代表选举制度改革》《Facebook入华的现实影响、风险评估及管理对策》《2016年G20中国峰会主题研判及与我战略对接建议》等。

如地方维度的文稿选题有《在洛阳市创办一所高水平医科大学的思考与建议》《破解上海磁浮线困局：打通上海虹桥交通枢纽至龙阳路磁浮站的高铁线路》《借鉴"纽约创新指数"和"硅谷创新指标"建立广州科技创新评价指标体系》《把"一带一路"建设作为西安国际金融中心发展的突破口》《外国投资法对海南自贸区提出新要求新挑战》《大连、深圳等大都市建立防范暴恐长效机制的建议》等。

二、导言为引

文稿的导言应言简意赅，需要在有限的文字中开门见山的将选题意义、主要观点和建议讲清楚。文稿的导言具有提纲挈领、画龙点睛、全文导读的重要功效。如《封闭或开放：破解网络空间治理中的难题》的导言：

当前，我国网络空间治理的理念与实践中，一个最大的难题就是关于网络封闭与开放之争：网络安全与网络发展到底哪个为先？是采取开放政策还是"防火墙"等封闭政策？是网络的全面开放还是部分开放等？要回答上述问题，需要从人类命运共同体、当代马克思主义发展、我国开放的历史大背景等视角来思考。我们认为，秉持网络开放战略和政策是支持当代马克思主义、践行新发展理念、实现建设世界科技强国目标、保障我国网络安全的题中之意，关键是要通过立法做好网络管理，为网络空间安全发展提供保障。

三、信息为重

1. 获取运用不同层次的信息。

智库文稿在选题、导言之后就是正文，正文的文字当以信息为重。如《上海应发展人体信息化智能养老》，这一文稿中提供了不同层次的信息：

未来预测的信息：据预测，2010—2025 年将是上海老龄人口的快速增长期，平均每年将新增 60 岁以上老年人口 21.5 万人，年增速 5.7%；预计"十二五"末上海 60 岁以上老年人将达到 430 万，占总人口比重将超过30%；2020 年将达到 540 万，2025 年将超过 600 万。

现实养老资源的信息：上海养老资源极为匮乏。目前，全市有养老床位数 108364 张，独立老年护理院和老年医院 25 所，独立老年护理院床位4471 张，家庭病床 4.97 万张。不仅不能满足当下的需求，更无法应对未来10 年内持续增加的老年人口。

国外比较的相关信息：全球健康产业在 21 世纪第一个 10 年中增加了10 倍。据统计，2000—2010 年间，全球健康产业的消费已由 2000 亿美元增长至 1 万亿美元。特别是发达国家，健康产业已成为带动国民经济增长的动力之一。美国健康产业的增加值占 GDP 比重已超过 15%，加拿大、日本等国健康产业增加值占 GDP 比重也已超过 10%。

具体可操作的路线图信息：及时发现独居老人在家中发生意外的情况。由于家庭中已安装的定点呼叫设施不能携带在身上，老年人发生跌倒、忘关煤气等意外时无法使用，但通过人体互联网则可以及时呼救，也可以通过微屏显示发出紧急信息，使老人在第一时间得到救助；找寻走失的失忆老人。通过人体信息化的随身载体，可以在老人走失时及时报警，并帮助家人和民警获知走失老人的具体地理位置；增强老年人讲话、听力以及判断能力。通过人体信息化的随身载体可以形成智能语音，为老人装上人工嘴巴、人工耳朵、人工大脑，实现电视语音控制、冰箱云图像识别、空调人体状态感知等智能控制。

2. 注重文稿中的信息与调研。

文稿信息需要以翔实、新颖、全面、准确的调研信息为基础。坚持有规划、系统和持续的大型实地调查；开展深入性、精细性、持续性和权威性的调研；组织跨行业、跨学科、跨国界的深入调研；推进跟踪积累的数据库支撑，注重大数据分析挖掘方法。

四、对策为要

对策建议可以分为宏观、中观和微观三个层次。

1. 宏观层面的政策建议。

就是要有世界眼光、全国的高度和层面，从全局、整体的维度来发现问题，提出政策建议，使其在长时间内对整个国家的政治、经济、社会、文化、生态等发展具有指导价值，关乎国家战略决策的制定。如《大数据环境下信息安全交织特征及其政策路径选择》：

文章认为：在万物互联、智能移动的环境下，各类数据正在呈现爆发性的海量增长，随之带来的信息安全也形成了诸多"交织"的形态特征：如显性安全与隐性安全相交织、线上安全与线下安全相交织、信息硬实力威胁与信息软实力威胁相交织、传统安全威胁与非传统安全威胁相交织、可以预测的安全风险与不可预测的安全风险相交织。这些交织的特征反映了大数据环境下信息安全的复杂性、关联性、动态性、跨域性、综合性的特点，需要我们从综合安全观和抢占信息化战略制高点的战略高度来积极应对，精准施策，关口前移，统筹兼顾，综合把控。文章提出了几点政策建议：组织专门队伍对国家隐性信息安全问题进行定期跟踪的专题分析研判；建立智慧城市信息安全预评估和大数据信息安全管理演习机制；对已建立起的巨量"块数据"进行信息安全的管理演练和实战培训；在"互联网"行动计划的"快推进"中嵌入信息安全的"慢开关"；加大网络安全和网络空间安全在信息安全中的权重；建立并完善城市安全中的信息安全智慧管理机制。

2. 中观层面的政策建议。

中观是指介乎宏观和微观之间的意见和建议，是指所提出的政策措施，在一段时间内对某些区域或者大中型城市的发展具有指导价值和意义。如《京津冀协同发展生态环境影响分析及对策建议》：

京津冀协同发展涉及人口、空间、产业、生态环保等多个方面。当前，在协同发展机制建设、产业协同发展、空间协同发展、生态环境协同保护等方面取得了一定成效。进一步推进还需要加大统一规划和统筹管理力度。

一、京津冀协同发展生态环境影响分析

京津冀协同发展政策中，人口、产业及空间是重点。

一是未来京津冀将面临较大的人口增长压力。大城市吸纳多数农村转移人口，而中小城市则面临增长乏力局面。人口增长及迁移将带来生活用水、生活垃圾、机动车尾气排放等方面的环境压力。……二是从京津冀地区环境污染物的排放总量上看，制造业的转移使大气、水和固废污染物排放量均增高，主要由于天津、河北的污染物排放系数高。产业转移会降低北京水耗及能耗，增加天津河北水耗及能耗。……三是京津冀地区内部的产业转移有利于实现区域工业集聚及工业链重构，对于京津冀整体生态环境具有改善作用，但仍存在负面影响，部分产业园区与生态功能保护区重叠，会影响生态功能区的完整性。京津冀地区交通一体化发展，有利于改善区域尤其是北京地区的交通条件，但交通基础设施的建设会占用区域生态空间，造成生态环境破碎化，降低生态廊道连通性，影响区域生态环境。

二、促进京津冀协同发展的对策建议

1. 人口协同对策建议。一是改革财政转移支付制度，吸引人口就近城镇化。……二是科学规划城市，合理利用资源。对于北京、天津、石家庄等人口吸引力强的城市，特别注意"大城市郊区化"现象，加强城乡结合部地区的环境配套设施建设。三是健全垃圾处理体系，化解垃圾围城危机。将"垃圾分类"纳入《中华人民共和国治安管理处罚法》。……

2. 产业协同对策建议。一是统一环境准入门槛，严格防止污染在区域内转移。……二是产业转移与产业转型并重，从源头削减污染。……三是削减过剩产能，并实现提标降耗。……

3. 空间协同对策建议。一是落实生态红线制度，严格生态空间保护制度。在红线区范围内实行"准入清单"管理，配套出台严格的生态环境保护措施，严格保护各类生态用地，恢复保留生态空间。二是以资源环境承载力为刚性约束，优化产业空间布局。把水、土地、生态等资源环境承载力作为刚性约束，以资源要素空间统筹规划利用为主线，着力调整优化经济结构和空间结构，扩大环境容量、生态空间，推进产业升级转移，优化区域分工和产业布局。

4. 协同发展政策制度保障建议。一是突出京津冀协调发展领导小组的作用。把人口、产业、空间等方面的协同事项均纳入京津冀协同发展领导小组的框架内，认真贯彻落实《京津冀协同发展规划》。二是建立统一的京津冀环境保护协同管理机构。如水污染、大气污染等，是京津冀协同发展需要优先考虑的事项，必须通过三地通力合作来进行防治。三是建立区域环境保护共同基金。京津冀在建立专门环境保护协同管理机构的基础上，共同出资建立区域环境保护基金。通过统一支配的方式来开展生态补偿和环境保护工作。四是健全京津冀产业转移对接机制。……

3. 微观层面的政策建议。

微观，就是从比较小的角度去看待一个问题，把一个问题细分之后，进行分析研究，就提出的政策措施在短期内对某一领域、某一行业、某一单位的发展具有指导价值。如《亟须加强土壤生态健康管理》：

近年来，我国大力发展现代农业，成效显著。但农业生产中高投入、高产出的特征没有改变，化肥的不合理使用，引起了土壤中氮磷的大量积累，使得土壤的环境功能退化，引发农作物对其他微量元素吸收利用上的障碍，不利于农作物的健康生长。……

因此，我国必须加强土壤生态健康管理，努力维持农业环境的友好，走集"高产、优质、高效、生态"于一体的农业发展道路。为此建议：

首先，土壤是农业生产的基础，土壤健康的管理是提高肥料、农药利用率的基础，也是发挥品种优良性能的基础。建议有关部门高度重视土壤健康问题，将土壤生态健康管理纳入与品种、农田水利建设相等的地位，在加强农田基本建设、土壤污染防治的同时，进一步关注隐性的土壤健康问题。

其次，加大投入，积极推进土壤健康管理技术创新与试验示范。……

再次，出台税收优惠政策，进一步改革农村金融体系，积极吸纳社会资金，充分发挥社会力量投入土壤健康管理技术的研发，并通过各种经济手段，鼓励公众参与土壤健康保护活动。

最后，加快农村耕地产权制度改革，明确耕地保护责任主体，按照取之于土、用之于土的原则，建立耕地质量保护的补偿机制。

五、适时为上

在合适的时间向合适的对象提供合适的建议，提高智库文稿在治国理政、优化决策的能动作用，智库文稿的这一原则和精神十分重要。如《如何进一步推动公共数据资源开放》：

随着大数据的迅速发展和社会信息化的持续推进，2014 年成为政府数据开放的重要时间节点，开放公共数据的文稿从七个方面论述介绍了公共数据开放的新政策环境和发展趋势：一是支持数据驱动型创新成为欧美创新战略政策新定位；二是联合国电子政务调研报告呼唤中国进一步加强公共数据开放；三是科学 2.0 呼唤更多的数据与更多的人和更多的共享；四是"万众创新"政策呼唤公共数据公开的创新环境；五是中国新一轮智慧城市整合协同建设要求呼唤公共数据公开；六是一体两翼的双轮驱动观要求公共数据开放与网络安全保障并重；七是中国特色社会主义法治体系呼唤依法推进公共数据公开。

思考题：

1. 智库文稿与学术研究论文有什么区别？
2. 智库文稿应如何选题？
3. 如何拟写一篇智库文稿的导言？

第二十七章　微信、微博、短信的写作

当前，已进入信息时代、网络社会，随着互联网与移动通信技术的迅速发展与普遍运用，在人们日常工作生活中使用网络与手机的信息交流越来越多，从而产生了一批新的文体形式，称之为网络新媒体，有微信、微博、短信等。它们由其独特的传播、发布方式而得名，其功能丰富多样，体式千变万化，有的还处在发展与形成之中。

第一节　微　　信

一、微信的含义

微信（WeChat）是腾讯公司于 2011 年 1 月 21 日推出的一个为智能终端提供即时通信服务的免费应用程序，微信支持跨通信运营商、跨操作系统平台通过网络快速发送免费语音短信、视频、图片和文字。微信提供公众平台、朋友圈、消息推送等功能，用户可以通过"摇一摇""扫二维码方式""搜索号码""附近的人"添加好友和关注公众平台，同时将精彩内容分享给好友或分享到朋友圈。

二、微信的特点

微信是一种快速的即时通信工具，具有极低资费、跨平台沟通、显示实时输入状态等功能，与传统的短信沟通方式相比，更灵活、智能，且节约资费。由于微信阅读的便捷性，已经成为现代人们生活方式的一部分，每天有大量的作品在微信的"朋友圈"中流传，不限体裁，不拘长短，"奇文共赏"，或发布个人生活动态，或抒发内心感悟，或转载佳作段子，这些作品也在第一时间被朋友们阅读，其影响在传播中不断扩大。微信有以下非常鲜明的特点：

1. 吸附性。

所有微信都有一个共性的特征，即在微信的朋友圈、订阅号、公众号上发布的内容都是为了引起社会大众的关注，吸引民众眼球。具有实用、趣味、爆料的特点。

（1）实用。即发布的信息有用能用，让读者从信息中获取有价值的东西，如最新的新闻、一手的消息、实用的知识等。

（2）趣味。即内容有足够的趣味，让人眼前一亮，耳目一新，非常吸引人，想读可读。不空洞、有创意、重创新，让阅读者有新鲜感和好奇心，进而"如饥似渴"的阅读、分享。

（3）爆料。即信息有读者期待或好奇的内容，爆料的语言和内容能给用户带来阅读的快感，让大家在消遣娱乐的同时，为之一振，拍手称快，获得新知。

2. 社会性。

微信作为信息传播手段，具有社会性。大量文章、照片通过朋友圈转载，引发公众关注，加速了信息传播。在微信空间内，一定规模的社会人群围绕着各种社会议题，公开分享信息，开展交流互动，形成了一些情绪和认知上的共识，也有力地推动了网络舆论的新发展。

3. 简短性。

现代人生活节奏快，时间很宝贵，虽然很多人都喜欢玩微信，但随着信息量的剧增，通常情况下读者很难有耐心看完一则上千字的微信内容。所以，微信内容要尽量精简，最好在300字以内，回复时字数也控制在一定范围。

4. 反馈性。

微信写作的另一大特点就是具有反馈机制。微信阅读者都可以在微信下面回复评论或给予点赞，评论对文章观点的看法，回复阅读之后的感受，点赞其观点和创新之美，这些评论和点赞也会被作者看到，了解读者的阅读感受，形成了一个完整闭环的反馈机制。

三、微信的写作

微信文章写作主要包括三大要素：标题、正文和结尾。

1. 推敲好标题。

一则优秀的微信文章能不能吸引大量读者，主要取决于标题。标题最好控制在10～18个字之间。注意，要尽量把标题写短一点，短小精悍更能吸引读者的注意。标题写作的绝招，就是要跟上时代的潮流，最简单的做法就是在标题中加上网络热词，这样能快速吸引读者的关注，获得更多的曝光度。例如，新冠肺炎、特朗普、锦鲤、正能量、柠檬精、太难了、富二代、OMG！买它！等，从搜索引擎角度讲，也能给微信更多的曝光机会。

2. 谋划好正文。

微信文章正文写作要条理清晰，段落按重要性一、二、三向下排列，每一段的开头第一句话，通常是对该段内容的总结提炼。要注意消除每一个废字、每一句废话，微信文章写好之后，自己一定要通读一遍，这个阶段的主要工作就是删除废话，确保微信文章里没有一个废字，使之言简意赅，内容紧凑。当然一则微信文章的重点还是对主要观点的分析，正文的内容要用事实说话，有诉求重点，有打动读者的内核，让读者看完以后，能引发人们的思考或者提供有价值的信息。

3. 升华好结尾。

结尾主要是对整篇微信做一个简单的总结，通过总结使读者更重视提出的观点，或者是引发读者更深的思考。就像很多的访谈类节目，最后都会请访谈人用一句话来总结当天谈话的主要内容一样，很多人都喜欢用名人名言作为总结，这也是很好的方法。

例文：

人生风华，那些深一脚、浅一脚的印记里，记载着太多或暗或明的心路旅程，一路走来，一路奔波，有艰辛，有困难，有收获，更有幸福。漫步在阡陌的丛林里，能感觉到时光的温暖，更能感觉到等待的值得。

来自微信朋友圈

日子终归是日子，没什么特殊，不过是从早到晚，从昼到夜，每天24小时的周而复始而已。日子虽然是日子，却因为特定的人和事，而具有了诸多意义。被赋予了意义的日子，往往就不再普通而具有了特定的内涵进而丰富起来了……于是乎，某个看似平凡的日子，也会成为所谓的纪念日。

来自微信朋友圈

最美"逆行者"，战"疫"勇向前。面对危险和使命，你们毫不犹豫冲在前线，背后是十几亿人的支持和期盼，致敬白衣天使，不要让逆行者孤单前行，我们与你们同在，为中国加油，为武汉加油。

来自微信朋友圈

如今，人文精神的固有准则、特别是传统的价值观正遭遇到颠覆性的冲击，诸多迷惘和困惑摆在社会和个人面前。面对物欲横行与享乐盛行，我们却手无寸铁，无能为力——重建我们的人文精神迫在眉睫。

重建不是推倒重来，而是面对当代社会现实的重新构建，做到有所坚持，有所担当。

要重建，根底在教育。或者说，人文精神就是教育的灵魂。教育，不只是知识教育，更重要的是精神教育。

来自微信朋友圈

第二节 微 博

一、微博的定义

微博是微博客（MicroBlog）的简称。它是一个建立在用户间关注与被关注关系基础上的信息分享、传播及获取的平台。用户可以通过手机、计算机、Web、WAP 等终端组建自己的信息交流人际网络，将自己认为的最新动态和思想观点以 140 个字左右的短信息形式发送给手机和个人网站。世界上最早也是最著名的微博是 2006 年面世的美国 Twitter（非官方中文译名为推特）网站。"微博"中文名源于 2009 年 8 月新浪推出的"新浪微博"，自此微博正式进入中国网民的网络生活。此后，先后出现腾讯微博、网易微博、搜狐微博等，2014 年后腾讯微博、网易微博逐步退出。目前，国内有影响的微博主要是新浪微博、搜狐微博及凤凰微博等，人气最旺、影响最大的还属新浪微博，并与 2014 年 3 月 27 日推出了 LOGO 标识，若没有特别说明，"微博"在国内一般就是指新浪微博。截至 2019 年 9 月 30 日，新浪微博的活跃用户已达到 4.97 亿，较上年同期净增约 5100 万。净营收同比增长 2% 达到 4.678 亿美元，依据上年同期汇率计算同比增长 6%。

二、微博的特点

目前，微博已经成为中国网民最为喜爱、最为主流的应用之一。其具有简短性、便捷性、传播性和原创性四个特点。

1. 简短性。

微博，是为微博平台生产信息的，人们一般将专为这一类平台写作供人们实时传播、分享的以 140 个字为限的文字信息的文体形式称为微博。实际上微博就像短信一样长度的博客，就是"一句话博客"。在规定的字数内，表达任何感兴趣的、想传递分享的信息，哪怕只有一个叹词，一个表情符号都可以。当年博客技术先驱、Blogger 网站的创始人埃文·威廉姆斯（Evan Williams）之所以选择 Twitter 命名这一新的互联网信息服务形式，就是因为 Twitter 在英文中表示一种鸟叫声，鸟叫的声音短、频率快、叽叽喳喳，琐碎随意，但自由真实的特征，符合其内涵。

2. 便捷性。

微博最大的特点就是：发布信息快，传播速度快。微博信息一旦形成，共享传播便捷迅速。可以通过各种连接网络的平台，在任何时间、任何地点即时发布信息，其信息发布速度超过传统纸媒及网络媒体。既可以发布图片，又可以分享视频；既可以作为观众，又可以作为发布者。作为观众，可以在微博上浏览你感兴趣的信息，"围观"各类名人大 V，随时了解他们的动态。作为发布者，可以在微博上发布每天生活中各种有趣的事情、突发的感想，记录自己的生活点滴，表达、分享自己的心情与思考，用"@"或者私信联络朋友，用"#"制造或参与热点话题讨论，当然还可以通过任何你感兴趣的一句话或者图片及各种表情符号随时随地通过网络、手机发布到互联网中与大家分享。微博之所以能够成为当今热门的网络应用，其关键在于它使用方便、表达自由，具有信息个性化、交往社会化等特性，使其具备了很强的网络黏性和吸附性。

3. 传播性。

微博"草根性"强，且广泛分布在桌面、浏览器和移动终端等多个平台上。传统媒体拥有较大的经济规模和庞大的组织机构。而微博这种"草根媒体"则没有任何"门槛"，任何享有公民权的人都可以加入。微博有多种商业模式并存，形成多个垂直细分领域。服从公共性逻辑的微博属于免费浏览，更加偏重微博的内容与影响，因此在信源的选取、关注的话题和个人叙事框架的构建方面，都可以保持一定的独立性，从而改变了媒体发展的动力模式。在微博上，信息获取有很强的自主性、选择性，用户可以根据自己的兴趣偏好，依据对方发布内容的类别与质量，来选择"关注"用户，并可以对所有"关注"的用户群进行分类；微博传播的影响力与内容质量高度相关。其影响力基于用户现有的被"关注"的数量。用户发布信息的吸引力、新闻性越强，对该用户感兴趣、关注该用户的人数也越多，影响力越大。如果某微博有 500 万粉丝，其发布的信息会在瞬间传播给 500 万人。

4. 原创性。

微博的出现标志着个人互联网时代的到来，将互联网上的社会化媒体推进了一大步，公众人物纷纷开始建立自己的网络形象。在微博上，博文的创作有自主自由性，也给"沉默的大多数"在微博上找到了展示自己的舞台，在表达方式、信息来源和交往路径上增加了原始的份额。

三、微博的写作技巧

微博是一种微笔记、微日记、微旅行记。作为一种生活化、社会化的网络社交工具，应该是生活是什么样，微博就是什么样。生活是日常琐屑的、丰富多彩的、无一定形式的，微博也就不需要有特别的形式；生活中有什么样的法律与伦理的规范，微博写作与使用自然也需要相应的遵循。但随着使用微博的人数增加，社会作用增强，人们日益重视它、利用它，纷纷通过微博来树立良好的社会形象，使自己在现实社会生活中具备更高的知名度和更大的影响力；各类社会机构也希望通过微博凝聚人气，扩大影响，实现组织目标。研究微博的写作规律和技巧就显得很有必要，很有方向。

1. 精心巧妙地策划主题。

首先，注册一个真名实姓的微博。一方面，这可以让网民对传播的内容更有信心；另一方面，也是约束自我。如果搜索一下有社会影响力的知名微博，基本上都是用真名实姓注册的。

其次，选定一个专业类别。在开通自己微博的时候，最好限定一个专属的类别，先确定核心领域是什么。许多在微博上流连的网民总是有着自己感兴趣的领域，如果选定了微博所属的领域，那么就很容易被搜索到。相对应的，在写微博的时候，应该围绕主题来写，尽量不发布一些不相关的内容。

再次，突出一个清晰的主题。如果你的微博昨天是一条新闻性文字，今天却是写你在哪家商店买时装，这样的大杂烩很难让读者产生正确的预期，更难让不认识的人对你产生兴趣。除非是耳熟能详的名人、明星，网民们很难对一个普通人的生活琐事产生太大兴趣，除非它有什么独特的新闻价值。只有当你的影响力渐渐扩大，有一定声誉后，适当加入个人生活琐事才有可能让人们对你更感兴趣或更了解。在网络上，你只有先让人关心你要说的话，才能让他人关心你这个人。

最后，发表内容尽可能多的是自己的原创。这些原创作品是区分你和其他人的指纹，是你微博个性的源泉。如果大多是转载内容，那么网民不一定非要来你的微博看。应该给你的粉丝一个充分的理由来浏览你的微博，跟踪你的微博。

不仅个人微博需要突出主题特色，政府、媒体、企业等机构的官方微博同样也需要在这方面形成个性与特色。最好能够围绕机构自身的主要社会职能，紧扣自身的本职工作，传递权威信息，提供及时服务，树立亲民形象。目前，新浪微博颇具人气的机构官方微博"中国警方在线"。截至2020年4月15日，它的粉丝高达3063万。浏览这一微博，感受到它所倡导的"平安法治2020"宗旨得到了具体体现。从微博发布的内容来看其中有如"警惕零接触租房诈骗！假中介房东骗完定金就消失""'我要当警察！'迷路萌娃告白警察蜀黍""网络交友需谨慎，切记谈钱伤感情"等，主题与内容基本围绕它在微博标签中提示的"爱心接力、权威发布、举报核查警方提示、法治视点、话题讨论、感动你我、安全贴士、警政速递、警情播报"等方面，极具公安机关专业微博的特色，权威性、服务性、接近性皆备，再加上其隶属公安部治安管理局，宏观性、全局性也是得天独厚的。

2. 精警智慧地提炼观点。

每一则优秀的微博，除了信息的准确性、实用性以及事实的生动性、趣味性之外，还要在观点、认识上有深度、有智慧，紧贴现实，表达精警，合情合理，直入人心。微博因其微，特别适合表达格言式的观点，所以微博平台中到处可见各种充满生活智慧的段子、格言，且往往一语中的、一针见血。但如果自己来原创，则作者既要有阅历与智慧，又要有爱心和关怀。

例文：

【夜读：心累了，就放下这三样东西】有时候，我们之所以感觉很累，是因为心里装着的事情太多了，学着给自己的生活做做减法。放下挽回不了的过去，回忆再美终究是回忆，眼前的生活总是要继续；放下虚情假意的朋友，真正的朋友，不必费尽心思刻意讨好；放下不爱你的人，真心换真心，换不来不如就此放下。（2020 年 4 月 16 日 22：16）

人民日报 V

人生不易，且行且努力。"人民日报 V"上了微博之后也不仅仅满足于报新闻，玩幽默，也开始变得青春励志，展现温馨与关怀。短短一段文字，道尽众多中年粉丝的人生之悔，也警醒所有青年粉丝：为梦想奋斗，就在今朝。

3. 精确生动地讲述故事。

一条具有吸引力与传播力，能够得到广泛关注与转发的微博，首先要讲好故事。任何一条微博都是一个故事，任何一段生活经历也都是故事，人们通过故事，而不是抽象思维，来直观认识了解和理解世界。因此，只要可能，微博中应插入一则小故事，为读者提供准确、精彩、生动、鲜活的事例。

公安部儿童失踪信息紧急发布平台，现在有了阶段性成果。上线两年时间，发布 3053 名儿童失踪信息，找回儿童 2980 名，找回率 97.6%……失踪儿童信息会触达到几乎每一个有手机的用户，这对拐卖儿童的犯罪分子更是巨大的震慑！

为找回孩子的家长欣慰，为这个"互联网＋打拐"平台的创建而感动，也为阿里巴巴同事们的情怀和责任感到骄傲。【good】【good】我想这样的项目才是互联网公司应该去拼、去抢、去争的项目！这类项目的回报率才是最高的！改变世界的不是技术，而是技术背后的梦想……（2018 年 5 月 24 日 21：18）

乡村教师代言人——马云 V

4. 精灵剔透的媒体元素。

微博写作一般来说，内容的主体部分是文字。但由于互联网传播本身具有的多媒体优势，在写作微博时，应当适度运用所属微博平台，可用声音、音乐、视频等多媒体元素，以增强传播效果，丰富传播内容。音频、视频、图片以及表情符号是微博中使用频率最高、范围最广的元素。有人说，当今世界已进入"读图时代"，在微博写作中，有意识地采用"文字＋图片"，或者"文字＋表情符号"等多种形式，适当、准确地插入合适的图片、图示、视频信息，有利于更广泛、更有效地传递、分享信息。也可以先制作好上传到优酷等网站，然后再将分享链接插入微博文字中，还可以选择将动态视频转变为 gif 动态图像文件，然后像正常插入一般图片那样应用它。

现在的智能手机都带有照相、录像功能，很方便拍摄好相关对象的照片、音视频后，再经过简单处理发布到微博上，大大增加微博的信息量和传播效果。

5. 精诚坚定的道德操守。

在微博的写作和使用过程中，必须遵守法律和道德规范，它既包括社会生活中需要遵守的法律法规、职业道德，也包括在互联网应用中应该遵守的法律法规和伦理规范。具体到微博写作中，特别需要注意：①要尊重所有粉丝和表达对象的合法权益；②遵守新媒体传播的相关纪律和法规；③尊重他人的隐私；④尊重他人的版权，如有转载，应注明出处；⑤不搞人身攻击、不与他人对骂；⑥不写个人生活琐事。严格遵守这些职业操守，这是树立微博长期威信的基本前提。

尊重所有粉丝和表达对象的合法权益，要求微博作者始终保持理智的态度。特别是在与粉丝或者事件当事人发生争执的时候，作者容易失去理智和风度，造成言语伤人、自毁形象。在具体的微博写作实践中，有少数作者，在评价某些社会现象和事件时，对社会公众和事件所关注的对象缺乏起码的尊重，高高在上，不可一世，甚至故意口无遮拦，出言不逊，哗众取宠，博取注意。这种做法可能获取一时的关注，但最后往往得不偿失，轻则自我贬低，重则惹来官司，受到惩处。

遵守新闻传播的相关纪律和法规，主要是要确保自己所传播、分享信息的真实性、准确性和合法性。作为自媒体的微博，其作者往往不是专业的新闻工作者，对新闻传播的各种纪律和法规了解得不多不透，对网络中各种信息的辨别能力不强，对某些敏感信息可能造成的社会影响估计不足，最后可能造成无法估量的损失，产生比较严重的后果。有时即使是新闻从业人员，只要稍有疏忽大意也可能出现这类问题。如 2013 年 7 月 21 日，北京一名女歌手在自己的微博上发布"我想炸的地方有北京人才交流中心的居委会，还有××的建委"的言论，该女歌手很快就被北京警方拘留 10 天并罚款 500 元。因为她的这类有关实施爆炸的言论，违反了《中华人民共和国治安管理处罚法》第二十五条第三款"扬言实施放火、爆炸、投放危险物质扰乱公共秩序"的规定，涉嫌扰乱公共秩序，因而受到了法律的制裁。

例文：

#为抗疫工作者加油#你们是冬日里最美的逆行者，面对疫情你们义无反顾勇往直前，尽管你们逆行的背影很美很美，可我们只想看见你们平安归来的笑脸。再黑的夜都会迎来黎明，再寒冷的冬天都会过去！待到樱花烂漫开满枝头，我们相约武汉吃热干面，再次向所有奋斗在一线的逆行天使们致敬。（2020 年 2 月 22 日）

谢娜 V

#勇敢说不#孩子们，如果有人对你做不好的事情，勇敢说"不"永远不会太迟！即使有人对你们做过不好的事，或者正在做不好的事，你们也可以现在就开始说"不"！你们必须要勇敢拒绝！并告诉你的家人、老师和朋友！记住，害怕心虚的是那些坏人！（2020 年 4 月 14 日）

谢娜 V

【"携父上大学"的小伙毕业了，继续带父亲工作】河南小伙赵德龙，3 岁时患了小儿麻痹症，父亲赵汉坤带其四处求医，儿子的病治好了，父亲的脑血栓却被耽误了。2015 年，父亲病情突然恶化，正上大学的赵德龙就在学校附近租房，带着父亲一起上学。毕业后，他向就职的公司申请了一小间双人宿舍，方便照顾父亲。他说："我的生活其实没那么坎坷，看到的、遇到的都是好人好事，现在照顾父亲是我的责任。"（2018 年 9 月 29 日 11：06）

人民日报 V

【感谢中国！#罗马上空响起义勇军进行曲#】意大利米兰，中午 12 时，伴随着正午 12 点的钟声，#米兰民众掌声致敬抗疫一线医务工作者#；意大利罗马，晚上 18 时许，A 线地铁站 Re di Roma 附近的小区响起中国国歌《义勇军进行曲》，并有人大声高喊"Grazie Cina！"（感谢中国），周围居民纷纷鼓掌致意，感人肺腑。（2020 年 3 月 15 日）

人民日报 V

谢娜，中国内地主持人、歌手、影视女演员。很早就在新浪开了微博，是亚洲首位媒体粉丝超亿的明星，她的一举一动都能左右网络舆情，引发公众关注。她的微博，2018 年 5 月 5 日，以"第一个累计粉丝数量达到 1 亿的微博账户"和"粉丝数最多的微博账户"两项称号，获得了两项吉尼斯世界纪录。到 2020 年 4 月 15 日粉丝数已经高达 1.25 亿。人们在总结谢娜的个人微博成功的经验时，经常提及的关键词是：真实、亲民、客观，以及开得起玩笑。她愿意轻松大方地与公众分享她的私生活，为大家带去欢乐，自封是"太阳女神""公众的开心果"。上面示例的第一条微博，就是她为抗击新冠肺炎的工作者加油鼓劲，坚定必胜信心，创造美好未来的一则公益性微博。

《人民日报》作为中国第一大报，曾被联合国教科文组织评为世界上最具权威性、最有影响力的十大报纸之一。但即使是《人民日报》这样一份以政治性、权威性、严肃性为主要特色的媒体，在当今互联网大潮的冲击下，在微博已经产生强大社会影响的环境里，也在迅速寻找自己的网络生存位置。如今，《人民日报》报业集团自己旗下创办有人民网，不仅向网民开放微博平台，自己也在其中注册了官方法人微博。同时还在新浪微博、腾讯微博等主要微博平台开通了以"参与、沟通、记录时代"为口号的

"人民日报V"法人微博。这些账号在各自平台都有数目庞大的粉丝群。截至 2020 年 4 月 15 日，其新浪账号粉丝数已经高达 1.15 亿，位居所有传统媒体微博之首。与其纸质《人民日报》日均 280 万份的发行量相比，其在新浪微博一家的粉丝量就已接近于它的 25 倍。"人民日报V"微博可以说是集专业微博、新闻微博、机构、官方微博等多种类型微博于一体的代表，具有广泛的代表性。从示例引述的微博内容看，用"【 】"将类似传统新闻标题的提示核心内容包括起来，既醒目，又突出重点，方便读者快速捕捉信息。树立了更加亲民、平易的组织形象；这种强有力的提示语，展示了正能量，突出了它的服务性以及与粉丝的互动与关联，展现了与纸质报纸不同的、既权威可信又亲切可爱的传播形象与策略。

事例中，两个民间微博，两个官方微博，展示的是信息社会、全媒体时代人人都有话语权、机构也有权威发布的新时代特征。

第三节　短　信

一、短信的含义

短信（Short Message Service，SMS）指的是人们通过手机或其他移动终端设备直接发送或接收的文字或数字信息。手机的短信功能于 1988 年产生构想，世界上第一条短信是 1992 年英国通信公司沃达丰（Vodafone）在它们的全球移动通信系统 GSM（Global System for Mobile Communications）上通过个人电脑向移动电话发送成功的。当初通信公司之所以提供这项服务，是想帮助用户解决手机话费过高的问题。相对于实时语音通信来说，它是一种费用更为低廉的文本信息服务。出人意料的是，它在若干年后，对人们的日常生活、交流方式乃至对整个社会的政治、经济、文化都产生了重大影响。

1995 年的时候，世界上的手机用户平均每月发的短信只有 0.4 条，而 2000 年后，各大移动通信公司的短信业务迅速流行，我国移动通信网络于 1994 年开通了短信功能。从 1998 年开始，移动、联通两大移动通信公司大力拓展短信业务。2020 年 9 月，中国手机用户月发送的短信量稳定在 1357 亿条以上。

值得注意的是，受到移动互联网的冲击，在我国微信、微博、QQ 等新型的便捷廉价的即时通信方式对短信造成明显的挤压。但是在营销短信、验证码短信的带动下，全球的短信市场得到了新的增长点。2018 年，全球企业短信市场规模达到了 2358 亿。随着移动互联网逐渐侵蚀传统互联网在人们生活、娱乐等方面的占比，企业短信应用不断地完善和深入，预计到 2020 年企业短信行业市场规模将达到 282.4 亿美元。从总体来看，人们使用短信服务的热情和习惯仍在，不管是以文字短信的形式出现，还是以彩信、移动 IM（即时通信）、微博、微信等形式出现，其变化的只是短信的具体形式，而由短信发展出来的短信和段子文化，仍然深受人们的欢迎。

短信曾一度成为人们交流感情、学习知识、开展工作、营销服务、管理社会的重要工具和手段，成为社会生活中新民俗、新民间文化的生产基地，成为一种新的生活方式。但是随着微信、QQ 等即时通信工具和网络社交平台的出现，确实影响到了人们对短信的使用，不管以后短信以何种工具和形态呈现，它那些具有文笔优美、对仗工整、幽默煽情的形式，富有励志劝勉、祝福问候、沉吟感喟、吐槽搞笑的原始创意仍将为人们所喜爱。

二、短信的分类

短信从功用和内容分，可以分为表达情感、沟通情报和抒发感想三大类。

1. 表达情感类短信。

表达情感类短信主要是在人际交往中，人们用以表达亲情、友情、爱情，传递各种节日、纪念日祝福与关爱的短信。此类短信因适应人们的表达习惯，而深受人们的欢迎，已经成为现代民俗的重要构成部分。在中国特别集中地表现在春节发送的祝福短信中。根据国家工信部的统计，2020 年春节假期（1 月 24 日—31 日）全国移动短信发送量 219.6 亿条，同比增长 21.3％。在表达情感类短信中，还可以细分多种类型。如表达友情的轻松型、亲情的温馨型、爱情的浓烈型和节日纪念日的祝福型等。

2. 沟通情报类短信。

沟通情报类短信主要服务于人们在工作、生活中的情报联系，它们以告知、交流情况为主要内容。既可以是私人的日常生活琐碎事务，也可以是工作中的具体事务，还可以传递新闻信息，通过订阅短信新闻服务，即时获取最新信息。

3. 抒发感想类短信。

抒发感想类短信以抒写人生感受，表达社会认知为主要内容的短信，经常被人们称为"段子"，而且出现了一种文学化的现象，已经成为一种新的文学形式。这类短信此前往往在朋友圈群发、转发的方式传播，具有公共性，但由于受到微信、微博等更具有公共性的、新的人际信息共享方式的影响，这类信息的发送量正在日渐减少。从内容上来分，它们有以抒写人生感受为主的，有以表达对社会认知、评价为主的，还有一种讲短故事、类似微型小说的形式，短故事中同样蕴含着意蕴深长的人生感受和社会认知。

三、短信的写作技巧

短信要"短"，短小精悍，其写作与阅读方便快捷；短信要"信"，准确可信，能真实可靠的服务于人们日常工作、学习和生活；短信要"快"，随时随地，无时无刻，找准时机，适时运用。

1. 短小精悍，尽量压缩篇幅。

最早时一条短信只能容纳 70 个字，所以每一次短信写作，人们都会想方设法做到叙事真实准确，抒情曲尽人心，说理昭示世情，文字上删展腾挪、个性上风致独标。除了沟通信息类短信相对质朴，直接叙事之外，其他类短信往往可以比兴，可以比喻，要么对仗，要么对比……充分施展联想与想象，为的是给自己的心意、祝福插上语言艺术的翅膀，更好地叩开亲人、朋友、恋人的心扉。可以说，是短信重新激活了全民族对语言文字表达中音韵、节奏、形象、趣味的集体热情，是短信给更多人提供了展示生命活力、生活热情和表达才华的新舞台。

2. 适时得体，达到联络目的。

短信主要运用手机进行交流。这种交流往往是点对点的，也就是特殊的个人对另一个或者一群同类特殊个人的交流。所以每一次写作和发送短信，都必须考虑对方的身份、地位，明确双方的关系，以及自己的目的。做到适时得体，切合目的。比如，"我这一辈子只有两件事不会：这也不会，那也不会！"这样的短信，如果一个年轻人将它发给自己朋友，会显得很幽默，而且因自嘲而让人觉得可爱，但是如果发给自己领导或者父母，就可能会显得贫嘴而且不求上进！需要特别提醒的是，为了更加明确发送短信的目的，准确针对独特的接收对象，特别建议对于所有发给不常联系的领导、同事、朋友、客户的短信，都在前面加上称谓，后面加上署名。在现实生活中并不是所有的人都存有你的手机号码，一不小心，你的无头无尾的短信就可能被当作垃圾信息。

3. 分类施策，做到情真意丰。

（1）在写作表达情感类短信时。首先，要情真意切。表达情感的短信不管其文字是优美还是朴实，最为珍贵动人、让人印象深刻的还是其中的情意。切忌词不达意，或只有浮词丽句，缺乏真情实感。其次，要原创为上。为了确保短信传递的感情真挚，最好的方式是即时原创。一条质朴的原创短信，往往秒杀网上泛滥的热门短信。即使发现了一条特别钟爱的短信，也最好进行适当的、有针对性的修改，以便放进切合双方关系的语境之中。再次，要个性表达。也就是要根据授受双方的关系性质、深浅来选择恰当词句进行个性化的情感表达，准确恰当地把握表达分寸。时令不对、长幼不分、交浅言深、官话私用等均是失体之举。最后是单发为上。短信可点对点单发，可一对多群发。现代人交际面广，亲人、朋友、同事、客户众多，特别是像春节这样的普天同庆的重要节日，即使不能原创，最好也在短信前面加上称谓，表明信息是单发的，对方是特殊的、重要的，感情显得更真一点，留下的印象也会更深刻一点。

（2）在撰写情报信息类短信时，主要目的在于传递信息、情况，多使用叙述方式，重在准确可靠、没有歧义、不产生误会的动态信息。所谓"叙述"，就是写实说事，不抒情、不议论。所谓"准确可靠"就是各种基本要素（时间、地点、人物、事件）齐备、措辞准确、有权威可信的来源。所谓"动态"，就是最新的、有价值的情况；如发送一条内容为"请来开会！"的短信，会让收信者非常困扰：哪些人、什么时候、到哪里、开什么会等都不清楚，属于垃圾短信，尽量不发。

（3）在抒写感想类短信时。在风格上有的以庄重质朴取胜，有的以风趣幽默见长，但不管是何种风格，关键在于"真"和"切"。"真"即真实，有真情、真意；"切"即切合、准确，即意与物逮，言与意合。有人强调这类短信之所以能够广泛流传，到处被转发，是因为它们有趣味，不仅语言表达的幽默、风趣，而且感受和认知真情、实在。

例文：

没有比脚更长的路，没有比人更高的山；没有做不到的事，只有想不到的人。阻挡你前进的，不是高山大海，而往往是自己，鞋底一粒小小的沙粒。

——分享人生哲理的短信

春节即将来到，我用祝福捻制成的绒线，烛光下为您织起一件红色的毛衣：前身是平安，后身是幸福，吉祥是厚厚的肩，如意戴在袖子里，领子蕴藏着体贴，口袋把快乐盛满，穿在身上让温暖包裹着您，让我的心陪伴您度过新年。

——春节祝福短信

【三亚市旅游委】"美丽三亚　浪漫天涯"欢迎您！文明旅游，你我同行！请注意汛期的旅游安全！

——旅游局的提示短信

上述第一条短信，转发使用的频率非常之高，常见于亲人、朋友之间表达激励、鼓劲的情境，质朴、真诚，充满着人生的哲理与智慧，强调个人只要坚持，持之以恒，就会久久为功，达到人生目标，入情入理，具有很强的说服力和感染力，足以成为人生的座右铭。第二条短信是北京市"2007年新春祝福短信推荐评选"活动中评选出的10条最精彩、最受欢迎的短信之一。这条短信当时获得168万多票的支持，位居第三。它以缝织毛衣为喻，将祝福家人、朋友平安、幸福、吉祥、如意、快乐打包在一起，温暖、体贴的发祝福，贴切自然，温馨感人。第三条是政府部门普发的提醒提示人们遵守公共秩序，注意文明旅游、安全旅游的执照类短信。

思考题：

1. 什么是微信？微信的特点有哪些？

2. 什么是微博？微博写作有哪些要求？

3. 何谓短信？短信分哪些种类？

第二十八章　申论的写作

申论是应用文体中极其重要的一种，它是大学生步入社会参加国家事务管理的重要通道，因中央组织部和国家人事部将"申论"列为国家公务员招录、遴选考试科目后，衍生而来的。在每年发布的国家公务员考试大纲中，对于申论的考试方式、考察目标和答题要求都有说明。申论主要测查报考者的阅读理解能力、综合分析能力、提出和解决问题能力、文字表达能力的应用文。同时，从考试大纲中还可以看出申论的内涵、性质、目标、要求和基本的作答及写作要义。

第一节　申论的基本概念

一、申论的内涵

所谓"申"即申述、申辩、说清楚；"论"就是论据、论证；申论就是把事情说清楚，并加以论证。申论起源于公务员的选拔考试，所以其内涵和性质包括三个方面：考试题型、考试科目、应试文体。

作为考试题型，通常都是在国家公务员招录中给出 5~6 篇总阅读量为 8000~10000 字的材料，要求回答 5 个问题。应试者在对相关材料进行阅读、理解、概括、综合和分析的基础上，以概括、判断、说明或议论的方式，对相关问题作出回答。其性质则无外乎是对应试者的知识、能力和素质的综合考察。

作为考试科目，就其内涵而言，它是为检测应试者从事机关工作应当具备的基本能力和基础素养服务的，其考察对象是未来的公务员，其性质自然就是一种职业和职位的选拔考试。

作为应试文体，是对公务员日常工作的一种模拟，包括阅读、理解、处置公文或事务性文书，或者按一定要求，或根据特定材料，以某种身份撰拟某种公文或事务性文书，或者搜集整理某方面的材料，通过分类、归纳、分析来发现问题，辨明是非，提出解决问题的办法并进行论证，为领导者了解情况或进行决策提供参考，属于公务性文书的范畴。

二、申论写作的基本目标

申论作为大学生走向社会的重要途径，其写作目标包括三个方面：

1. 要顺利通过测试。

申论写作是反映应试者胜任公务员工作的能力或潜质，同时在一定程度上考察应试者的道德素养和价值取向。通过对选取某类或某种现实问题或社会现象的材料，来了解应试者对相关材料的把握、判断和分析能力。因而，在写作时，要在政治、思想、经济、文化、教育、管理等各方面展示才华，同时通过一些有争议的观点或有倾向性的抉择，体现出自身的机灵和智慧，从而通过国家的挑选。

2. 要赢得高分。

申论通过语言表述，展示考生敏锐的洞察力、鲜明的语言组织力、创新的思维能力与高度的概括能力，赢得阅卷人的褒奖，从而取得高分值。

3. 要体现作者的素质能力。

应试者通过驾驭材料和文字表达，体现对公文或事务性文书的理解和撰拟能力。通过代拟形式，体现出应试者的理论水平和分析问题、解决问题的思辨力，衡量其是否能够满足公务员理解和撰写公文或事务性文书的真实技能和本领。

三、申论写作的基本要求

申论写作的基本要求，主要有以下六个方面：

1. 主题要鲜明。

能准确地从给定的材料中概括出中心主题，善于从给定材料的内容、问题或观点中进行分析、整理、归纳、概括。虽然每篇材料的内容所属范畴可能完全不同，但是能放在一起，必定是说明或反映某一个共同问题或现象的，这也就是阅读的核心和写作的目标。中心主题的准确把握，是申论写作成败的关键，尤其在要求自拟标题进行写作时，切中主题而又有新意，是文章出彩的前提和基础。值得注意的是，虽然给定的材料会有一个共同的核心主题，但是各篇材料所反映的往往是不同角度或不同方面的问题，侧重点各有不同，在概括问题与分析性质、原因、影响及提出对策时，都必须认真归纳、综合，从而使主题的把握更加全面、准确、突出。

2. 要点要齐全。

无论是在概括性、说明性还是在论述性的写作中，要点必须全面、具体、客观。尤其是在要作出判断和选择的时候，要点必须全面，不可顾此失彼，挂一漏万。同时不能含糊其辞，不能过于绝对、武断，尽量少用可能、也许、似乎、好像、势必、必定之类的词语。

3. 条理要清晰。

条理是否清晰，逻辑是否严谨，是反映思维能力和组织能力强弱的基本途径，其最简单的把握就是对内容或观点进行归纳、分类，然后分清主次，一事一段集中表述，在条理化中做到重点突出，层次清楚，详略得当，切忌交叉重复。

4. 内容要翔实。

内容翔实与否，是材料概括能力、分析和解决问题能力以及语言表达能力的直接体现，概括、判断说明性的小文章要做到全面、客观、明确；论述性的大文章要做到充实、完整、合理。值得注意的是，每一篇给定材料中每一段的内容都是有用的，即使不要求应试者能够总结、归纳，也是会起到迷惑、混淆作用，所以无论是在阅读中还是在写作中，都要能认真甄别，全面把握，避免单一化、片面化；虽然强调写作中的内容翔实，但也不能面面俱到，主次不分。

5. 语言要流畅。

申论的考试目标固然是对应试者综合素质和多方面能力的全面考察和衡量，概括和归纳能力，发现、分析和解决问题的能力固然是考察和测评的重点，但是逻辑思维能力和语言表达能力也是一个很重要的方面。尤其是论述性的大文章，必须做到逻辑严谨而文笔流畅，文风端庄而语言生动，结构对称而不呆板，用词准确而不含糊，语句规范而不僵化等。

6. 卷面要整洁。

书写工整，卷面美观，布局合理，不仅可以让阅卷者耳目一新、心情愉悦，而且可以使评卷人高看一眼，从而赢得较高的印象分。

第二节　申论的考前准备

一、申论的评分标准

正如很多人所想，申论写作无非就是围绕一个话题来写几篇文章，只要言之有理，论证充分，那就可以了。但事实并非如此，有不少文笔好的文章，却从没拿到理想的高分。既然申论写作是为获得认同，赢得高分，那么首先要了解评分标准，从历届国家公务员招录、遴选考试中，阅卷标准一般可以归纳如下：

一类文（31～40分）：立意鲜明，内容具体，中心明确；语言简明、连贯、得体，表达方式运用恰当，无病句；结构合理，条理清晰，详略得当；书写规范、工整，格式正确，无错别字，标点正确，卷面整洁、美观。

二类文（21～30分）：内容具体，中心明确；语言通顺，表达方式运用恰当，基本无病句；结构合理，条理清晰；书写规范、工整，格式正确，基本无错别字和标点错误，卷面整洁。

三类文（11～20分）：立意基本鲜明，内容比较具体，中心比较明确；语言基本通顺，表达方式基本恰当，有个别病句；结构合理，条理基本清晰；书写比较规范，格式基本正确，错别字和标点错误较少，卷面比较整洁。

四类文（6～10分）：立意不够鲜明，内容不够具体，中心不够明确；语句欠通顺，表达方式不够恰当，有少量病句；结构基本完整，条理不够清晰；字迹潦草，错别字、标点错误多，格式不正确，卷面不整洁。

五类文（0～5分）：立意不鲜明，认识有错误，内容偏离题意，中心不明确；语句不通顺，表达方式不恰当，有多处病句；结构不完整，条理不清晰；字迹特别潦草，难以辨认，卷面涂抹较严重。

这一评分标准，为申论写作指明了方向和目标，为考前备战和考试实战提供了遵循。

二、申论写作要把握的方面

1. 主题的确定性。

虽然为了考察应试者发现问题的能力，申论考试中给定的材料往往内容较多而头绪纷繁复杂，主题和方向一般不会在题目中直接体现出来，尤其是要求自拟题目展开论述的，更不会直接标明主题；但是，无论各篇材料的类型和内容在表面上有多大的不同，其相互之间必定有某种内在的相关性，并会同时指向某一个特定的主题。所以在阅读中要善于从概括和比较中抓住主题，申论写作则要围绕中心进行论述。

2. 身份的虚拟性。

虽然给定材料中反映的问题可以各抒己见、见仁见智，但是因为是针对未来公务员的考察和选拔的，所以也就很自然地对应试者的身份和立足点具有一定的虚拟性，既要以材料中要求的公务员的身份和立场进行思考和表达，又要结合公文的主导性和代言性，把握好角色和定位，在内容和措辞甚至语气上，都要符合特定的虚拟身份。

3. 体裁的灵活性。

申论考试虽然通常是第一题以概述为主，第二题以判断为主，第三题以代言为主，第四题以说明为主，第五题以议论为主，但在实际考试中对写作体裁往往并没有具体的限定，只要是公务员在工作过程中可能接触到的和撰写的正式公文与日常事务文书的形式都有机会用到，具有较强的灵活性，所以应试者对各种公文和事务性文书的体裁和特点都要有所了解。只有事先有所了解，才能在临场的写作中准确把握，恰当地运用相应的体裁。

4. 语言的规范性。

虽然语言表达的风格和技巧往往因人而异，但因为申论写作在一定程度上是对公文和事务性文书写作的一种模拟，所以其语言表达的要求是比较规范的，既不能有文学性的想象和抒情，也不能因为个人的主观好恶而表现出态度上和表述上的偏颇，必须做到全面、客观、公正，准确、简明、清晰。

三、申论的考前训练

申论写作每年都难住了不少应试者，但是根据其测查要求和评分标准，认真地加以分析和研究，还是能找到一些规律、方法和技巧的。

首先是知识储备。申论考试是为选拔党和国家机关公务员服务的，其目标很明确，形式也相对固定，而所选用的材料不是关乎某种社会现实问题，就是反映某类社会现象；不是时政热点，就是社会难点，甚至是二者兼具。所以应考者应进行的知识储备，也是有章可循的，概括起来就是三个方面的内容：一是政治基础理论和对党和国家的路线、方针、政策以及法律法规的熟悉；二是公务员工作程序和对各类公文或事务性文书体裁与写法的把握；三是对各种时政要闻和社会热点问题的关注。看起来涉及面很宽泛，实际上，前两个方面可以通过购买相关思政书籍、公文写作等途径中学到，也可以通过专门的针对性学习或培训来解决，而后一个方面只要在平时的日常生活中稍微留意即可。这些问题和现象要么关乎国计民生；要么影响社会的稳定与发展；要么反映大多数人的愿望；要么引起了广泛的争议，往往直接或间接地与大多数人紧密相关，因而成为了公共事件、公共话题，并且多半还是党和国家要解决或者要引起全社会重视的问题，在新闻媒体上有报道，在街头巷尾有议论，网络上有传播，而且还伴随着一些使用频率较高的固定词语或代称，其出现或引起普遍关注的时间就在近一两年内或近两三个月前。

其次是参加考前培训。当前，针对公务员考试的培训非常多，要注意甄选好培训学校，进行申论和面试的系统化、全方位的学习，高强度、高标准的实战演练。历年的经验告诉人们，参加培训通过笔试的概率大，不参加培训也有通过笔试，但是概率小。

最后是强化模拟训练。在考前准备和模拟训练中，可以根据当年考试大纲的要求，根据近期的时政和社会热点问题，多看一些权威机构发布的真题解析与文章点评，结合前一年或前几年的考试要求，尝试进行答题和写作，对照检查应该突出的重点、注意的问题和自身的不足，进行有针对性的训练和提高。对需要用到而不了解的理论、政策、法律、规章、文体等，及时了解掌握，在考试中把握主题、厘清思路，综合运用阅读过的优秀申论进行撰写。

第三节　申论的写作技巧

申论固然是为考试而作，但它又不同于一般考试的作文。从性质和要求上来说，它主要是对公文或事务性文书的一种模拟，在申论的写作中，除必须把握好的考试答题和作文的基本要求与方法外，还必须根据其性质、特点、目标和要求具备一些相应的写作技巧。

一、精准把握主题

这是写好各种文章的基础和关键。命题作文要审题，材料作文要提炼主题，自主拟题也要明确主题。所以在申论写作中，通过认真阅读，准确理解材料的内核，是写好文章的关键。申论主题就其涉及的范畴而言，大致有以下几个方面，分别可以用若干关键词来概括。

1. 小康类。

小康类关键词有：温饱问题、总体上达到小康水平、经济更加发展、民主更加健全、科教更加进步、文化更加繁荣、社会更加和谐、人民生活更加殷实、基本实现现代化、建成社会主义现代化国家等。

2. 经济类。

经济类关键词有：新发展理念：供给侧结构性改革、中高端消费、创新引领、绿色低碳、共享经济、现代供应链、先进制造业集群、基础设施网络建设、去产能、去库存、去杠杆、降成本、补短板。创新型国家：科技强国、质量强国、航天强国、网络强国、交通强国、数字中国、智慧社会。区域协调发展：革命老区、民族地区、边疆地区、贫困地区、西部大开发、东北振兴，中部崛起，东部优化，京津冀协同发展、雄安新区、长江经济带、边疆发展、海洋强国。市场经济体制：产权制度、要素市场化配置、国有资产、结构调整、战略性重组、商事制度、现代财政制度，税收制度改革，金融体制改革。全面开放新格局："一带一路"、贸易和投资自由化便利化、市场准入、自由贸易试验区等。

3. 政治类。

政治类关键词有：党的领导、人民当家作主、协商民主，依法治国、科学立法、严格执法、公正司法、全民守法；机构和行政体制改革、爱国统一战线等。

4. 文化类。

文化类关键词有：意识形态：培育和践行社会主义核心价值观，人民有信仰、国家有力量、民族有希望，社会公德、职业道德、家庭美德、个人品德，向上向善、孝老爱亲，忠于祖国、忠于人民、移风易俗、弘扬时代新风。繁荣社会主义文艺：思想精深、艺术精湛、制作精良，讴歌党、讴歌祖国、讴歌人民、讴歌英雄，讲品位、讲格调、讲责任，抵制低俗、庸俗、媚俗。文化事业和文化产业发展等。

5. 社会类。

社会类关键词有：教育：优先发展教育事业、城乡义务教育一体化、农村义务教育，普及高中阶段教育，一流大学、一流学科、高等教育内涵式发展、国民素质。就业民生：就业质量、就业是最大的民生、按劳分配原则，按要素分配、拓宽居民劳动收入和财产性收入渠道。社会民生：社会保障体系、兜底线、织密网、建机制，养老保险全国统筹、城乡居民基本医保、大病保险、社会救助、社会福利、慈善事业、优抚安置，租购并举住房制度、住有所居。精准脱贫：打赢脱贫攻坚战、精准扶贫、精准脱贫，两不愁三保障。健康中国：坚定信心、同舟共济、科学防治、精准施策，突发公共卫生事件，新冠肺炎，疫情防控，基本医疗卫生、医疗保障、预防为主，爱国卫生运动，实施食品安全战略、让人民吃得放心，支持社会办医，发展健康产业。社会治理：党委领导、政府负责、社会协同、公众参与、法治保障，社会治理社会化、法治化、智能化、专业化。安全发展：生命至上、安全第一，公共安全体系，安全生产责任制，遏制重特大安全事故，防灾减灾救灾，国家安全、安邦定国基石等。

6. 生态类。

生态类关键词有：功在当代、利在千秋、建设美丽中国，人与自然生命共同体，保护野生动物，尊重自然、顺应自然、保护自然，节约优先、保护优先、自然恢复，绿色发展、绿色金融，清洁低碳、安全高效、国家节水行动，降低能耗、物耗，倡导简约适度，节约型机关、绿色家庭、绿色学校、绿色社区和绿色出行。全民共治、源头防治，打赢蓝天保卫战。水污染防治、国土绿化、生态环境监管、国土空间开发保护，制止惩处破坏生态环境。

以上各方面只是大致分类，各主题之下还包含其他不同的具体内容，可以概括出不同的关键词，有的还可以交叉归入不同类别，但无论材料包含什么内容，涉及哪些方面，总能以少量关键词进行概括，因而只要再对概括出的各关键词的内涵进行分类，就总能提炼出能涵盖全部内容的抽象概念，即主题词，能同时归入不同类别或涉及两个不同类别问题的，恰恰就是要从不同的角度着眼进行分析和把握的。如政府决策与公共资源利用、经济问题的听证制度，就是政治和经济类的交叉，水资源和水价问题，就是经济和社会生活问题的交叉。

二、精心拟定标题

需要根据材料自拟标题的，必须紧扣材料的主题，在标题中包含能概括主题的核心词，最好还能表明论断，力求中心突出而用语新颖，必要时可以采用灵活的主标题和具体的副标题相结合。值得注意的是，所拟标题不要简单直接地以要求的内容或对象为题，而只是题中要包含它。同时，要把握好要求拟题的重心，不能转换题意，比如题目要求"就材料中所反映的环境污染问题自拟标题进行论述"，那么材料中所反映的，必定是环境污染带来的触目惊心的危害，而要求解决的，则是环境保护和治理问题，而不是要你再去分析环境污染带来的后果，所以，自拟标题可以是"多管齐下，还一片碧水蓝天""环境治理，刻不容缓""从严治理是根治环境污染的根本出路"之类。

三、精当安排结构

申论的结构虽然也像其他论述性文章一样，可以有多种形式，但在实际写作中，逐渐形成了一种相对固定的模式，即通常由总论、分析与判断、对策与可行性研究、结论四个部分构成。其中总论部分既是文章的开始，也是文章的核心，其内容包括扼要地概括问题，说明实质，提出主张；分析和判断部分包括分析问题或现象的由来、成因、实质，判断问题的对错、影响或现象的是非、得失，有的还要涉及重视和解决问题的必要性和可能性的论析；对策和可行性研究则要包括明确的方案和可行性的论证，也就是提出具体的做法，说明理由，阐释可行的条件；结论则是对全文的总括，需要在概括核心主张的基础上，说明能达到或期望实现的目标。

四、精晰论述论点

论点是文章的中心，申论写作的时候最大的难题无非就是难以确定文章的总论点和分论点。只要把这"哼哈二将"给搞定了，文章写作的一大半问题就解决了。

那么，如何确定文章的总论点和分论点？不仅立论要准确，做到观点鲜明，而且一开始就要正面切入主题，在文章开头的总论中就提出明确的主张或者看法。然后根据材料中提出的问题或者现象进行概括、分析和评判，展开深度论述。可以分两个层面：一是原因、实质、影响的分析或者是非、得失的评判。只要简明扼要地分条说明包括哪些方面或者判定是什么、会怎么样就行了。虽然可能会要涉及多个角度或多个方面，而且往往会影响到对策分析的全面性、完整性，但是多数情况下不必进一步说明为什么，只要注意好对全面性和准确性的把握就行，最好以提纲厘清层次关系，分条阐述。二是对策的提出和论证。这是整个申论的重点甚至核心所在，也是考核反映分析问题和解决问题能力，体现综合素养和文采的重要方面，可以尽情发挥，只要是能够想到而又能够述之有据或言之成理，并且切实可行的，都可以不拘一格地写。随着申论作为一种应试文体的格式化，申论的对策研究被归结到八个方面，被人们称为"申论万能八律"。

1. 领导重视，统一认识。

领导重视是解决问题的前提和基础，甚至直接影响问题解决的质量和速度，倡导什么样的理念、增加哪一方面的意识、提高什么样的认识、高度重视或密切关注哪方面的问题、加强对哪方面的调查研究、从源头上理清什么问题的来龙去脉、从本质上认清什么现象的实质、把什么问题纳入议事日程甚至提高到战略高度、实行主要领导负责制、确立和健全问责制、完善引咎辞职制，是解决问题的组织保证。

2. 组织协调，形成机制。

建立良好的组织协调机制，是实行有效管理，促进相关职能部门相互配合、相互协调的有效手段，同时也是凝聚人心、增强活力，调动各种积极因素的制度化、系统化的方法，所以加强组织协调，建立包括激励、监督、反馈和科学决策等相关机制，是解决问题的组织保证。

3. 健全法制，完善制度。

好的制度和规则能够界定责、权、利的边界和行为的空间，能够使人有规可依，能够使事有章可循，能够促进组织、团体、群体乃至整个社会的协调有序，能够合理有效地安排、分配和运用资源，能够提高办事效率，规避或者减少不确定性的风险，形成稳定的预期和特定的认知模式，因而完善相关制度，制定相关政策，建立、健全相关规则，是解决问题的制度保证。

4. 舆论引导，营造氛围。

各种宣传机构和媒体是实行正确的舆论导向，传播正能量的重要阵地，舆论的引导、媒体的宣传，往往是统一思想、提高认识、营造氛围最有效的手段，是促进问题解决的强大推动力。通过各种传媒以各种形式广泛的引导、宣传，提高广大人民群众对相关问题的认识和关注，在全社会营造出良好的舆论氛围，树立相关的榜样，做好相应的示范，是解决问题的思想保证。

5. 增加投入，依靠科技。

物质是基础，投入是支撑，科技是动力，所以在相关方面大力增加财政投入和贷款支持，是提供解决问题的资金保证；依靠信息技术，运用大数据，互联网，大大提升解决问题的质量和效率。

6. 扩大教育，提高素质。

教育是生产力的基本要素，素质是决定事业成败的关键因素。通过全面的、高层的教育增强领导干部的公仆意识、勤政意识和理论素质，提升一线工作人员的业务素能，提高人民群众的主人翁意识和素养，是解决问题的知识保证。

7. 加强监督，全面落实。

在很多情况下，许多社会问题的出现不是因为无法可依，而是因为有法不依、执法不严、违法不究。由于监管不到位，法律、法规往往在执行过程中出现走形式的情况。因此，加强领导、组织、舆论和群众的多渠道监管、监督，认真制定并严格执行有关的法律、法规和程序，确定并严格执行科学合理的评价和考核体系，是解决相关问题的程序保证。

8. 总结反思，积累经验。

经验的总结、教训的吸取，有助于作出更科学的决策，找到更准确有效的方法减少各种失误，正所谓他山之石，可以攻玉，国内外的各种先进经验也是很好的借鉴依据，能认真总结成绩，发现问题，不断学习，是抓住内因、利用外因、解决诱因、促进发展的根本保证。

这八条措施对多数问题具有普适意义，但写作时要针对具体问题有所取舍、有所合并和细化，进一步与具体的措施和方法结合起来，并适当说明贯彻落实的可行性。绝不能简单呆板地列举，要根据具体的材料和问题灵活把握和运用，突出专门或特别的方法和措施。做到言之有理、言之有据、言之有物。

五、精确使用论据

论据的运用主要包括三个方面：一是材料的驾驭，也就是概括性地运用材料中提供的一些数据、典型事例作为论证依据，但不能是原材料的简单照抄、罗列，而且在能选用别的论据的时候，尽量不要用这一类的材料作为论据。对于材料的驾驭主要表现在对于材料的分析、理解、提炼上，而不是直接运用上。二是身边事例的选取，最好选取一些大家都熟知的人、事、物、数据，既能使大家都能明白，又能体现知识积累。三是尽量运用一些经典，包括习近平新时代中国特色社会主义思想、党和政府的正式文件、统计数据，以及一些古圣先贤或名流大家的著名论断，譬如古今中外历史名人、哲学家的名言警句，中华传统古诗文，近现代名人名家，党的十九大报告、政府工作报告、国家统计局或其他一些权威机构发布的有关数据，各种媒体报道的典型人物、事例等，都是很好的论据材料，平时要多记多背多积累。

六、精美概括结论

所谓结论，就是以简明扼要的文字对全文内容进行总结，文字虽短，但非常重要。好的结论在形式上既能足以概括全文，又能与开头呼应，在内容上则既能概括出核心主张，又能上升到理论高度，最好同时还能突出实践可行性和目标的可观性。譬如关于城市建设的问题，无论材料中涉及什么具体内容，如科学规划、以人为本、与城镇化战略协调、有利于可持续发展等，无疑会是文章中要涉及的主要问题，所以在结论中要尽量把这些内容涵盖进去。

思考题：

1. 申论写作的基本要求有哪些？

2. 申论写作有哪些技巧？

3. "申论万能八律"都有哪些？

4. 使用论据有哪些技巧？

5. 请尝试结合时政和社会热点问题进行写作。

第二十九章　学术论文写作

在高校和科研机构，写作、发表学术论文是每位从业人员毕生都要练好的基本功。学术论文是反映科学研究成果的一种重要载体，学术性是学术论文与其他论说文体的根本区别。写好学术论文，准确理解和科学把握学术论文的内涵、学术性及基本特点是前提；同时还要养成敢于否定、善于批评、勇于创新和争鸣，努力学习掌握写作学术论文的方法和技巧。

第一节　学术论文概述

一、学术论文的含义

学术论文是公布科学研究成果和表达学术观点的论说性文章。是某一学术课题在实验性、理论性和观测性上具有新的学科研究成果或创新见解的科学记录；或是某种已知原理应用于实际中取得新进展的科学总结；或是用以提供学术会议上宣读、交流、讨论；或在学术刊物上发表；或作为高端智库文稿；或表明作者从事科学研究取得创造性的结果，并以此为内容撰写而成、作为提出申请科研项目结项、授予相应的学位职称时评审用的书面文件。

学术论文的内容要有新发现、新创造、新突破，而不是重复、模仿、抄袭前人的成果。

二、学术论文的特点

学术论文是反映科学研究成果的一种重要载体，是具有学术性的文章。只有科学、准确地理解、把握学术、学术性的内涵，才能科学、准确地理解和掌握学术论文的基本特点和写作要求。

什么是学术和学术性呢？学术是指对某一学科问题进行的科学研究所获取认识的结晶，其含义包括两个方面，一是研究的对象范围属于某一学科领域里的问题，二是这种研究对某一学科建设具有积极意义；而学术性则是指对某一学科问题研究有创造、有新见、有价值的特性，其基本特征是在前人已有知识的基础上提供新知识。学术论文的基本特点可概括为学科性、创新性、科学性三个方面。

1. 学科性。

学科是指按学问性质划分的知识门类。按教育部的统计，中国高校设置的人文社会科学学科专业多达 169 个。

（1）所谓学科性，是指学术论文所研究的问题，都应从大大小小的学科中选定，或者研究的问题虽为社会实践中的问题，但能够纳入某一相关学科并运用该学科的理论、方法进行研究。

（2）学科性还指学术论文的语言一般使用的是学科专业术语，说行话。如哲学中的物质与精神、存在与意识、经济基础与上层建筑等；文学中的题材、人物、情节、细节、叙事、抒情、描写等。讲学科性，不仅指论文研究的问题是学科问题，而且其观点、论述及方法亦要对某一学科的建设有积极意义。

2. 创新性。

创新性是学术论文最重要的特质，是学术论文价值最集中的体现。没有创新点，就不能算作学术论文。学术论文的创新性突出体现在两个方面。

（1）发现、提出前人尚未研究过的新问题。问题新是科学研究工作创新的基础和前提。提出、研究一个有价值的新学术问题，是学术研究能够做出创造性成果的根本保证。新时代，学界关于生态文学、生态美学、思想政治理论课，"一带一路"以及习近平新时代中国特色社会主义思想等研究，都是全新问题，对这些问题的研究都具有突出的创新价值，产生了一大批重要的学术成果。

（2）在前人基础上，深化、推进已有研究。此类研究也叫发展性研究，其创新性主要表现为：提出新观点，提供新材料，采用新方法，作出新论证。

3. 科学性。

学术论文的科学性包括研究和写作中的科学态度、科学方法、科学精神以及论文内容的科学性。就论文内容的科学性而言，主要是指论述问题的实事求是，征引资料的全面准确，提出观点的自圆其说，得出的结论能够揭示客观事物的本质规律，经得起实践检验。

（1）分析问题实事求是。主要体现在分析问题有理论根据和实践印证。所谓有理论根据即是说分析问题时要坚持以马列主义、毛泽东思想、邓小平理论、"三个代表"重要思想、科学发展观、习近平新时代中国特色社会主义思想为基本理论武器；这些理论武器还包括各学科、专业的具体理论，以及宪法、法律、党和国家文件及国际法、国际公约等。所谓实践印证，是指分析问题要坚持以客观事实（包括现实的、历史的）说话，坚持实践是检验真理的唯一标准。

（2）征引资料全面、准确、可靠。全面，即是要从事实的全部总和及其联系中把握事实，引证典型的资料。准确，即是在引用时要准确把握资料的主要的、基本的方面，忠实原文原意，不掐头去尾，不歪曲原意。可靠，即是在引用资料时要善于辨别资料的真伪，选用最真实的资料，选用第一手资料。

（3）无知识性差错。凡论文涉及的社会、经济、历史、地理、文化、科技、教育、人物、年代、统计数据等均要准确无误，不可不懂装懂，挂一漏万。

三、学术论文的分类

学术论文按用途差异可以分成不同的类别。按研究工作性质分：学术论文可分一般性学术论文和规定性学术论文，一般性学术论文是指专业研究者在学术期刊、论文合集上发表的学术论文（包括在学术会议上宣读的论文）；规定性学术论文指大学生、研究生按规定完成的学术论文，又可分为学年论文和学位论文，其中学位论文（又称毕业论文）按学位级别又可分为学士学位论文、硕士学位论文、博士学位论文三级。按学科分：可将学术论文分为自然科学论文和社会科学论文。按内容分：可分为基础理论研究论文与应用性研究论文，还可再细分为理论专题型、系统综述型、描述说明型、实验观测型四种。

第二节　学术论文的写作

一、学术论文写作准备

学术论文的准备主要包括论文选题和材料搜集。

1. 论文选题。

一般来说，所谓选题就是选择和确立论文所研究的对象和目标。学术论文的选题宜小，题目小才写得透，写得深，写得好，才有学术价值，要学会小题大做。"选题"不等于"题目"，论文题目是为论文拟制的标题，而选题主要指的是论文的研究对象。选题一旦确立一般不能变动，而题目则可以反复修改。论文写作是从选题开始的，只有先确定"写什么"，然后才能研究怎么写。如果没有研究的对象和目标，论文写作就无从谈起。

（1）选题的原则。选题就是要选择一个前人尚未解决且有研究价值的学术问题，我国著名科学家钱学森教授认为"研究课题要紧密结合国家的需要，在研究方法上要防止钻牛角尖、搞烦琐哲学。"因此，必须站到学术研究的前沿，坚持两个基本原则，一是价值性原则，二是可行性原则。

①价值性原则。所谓价值性，包括两方面的含义：一是选择的课题要具有社会价值、实践意义；二是选择的课题要具有科学价值、创新意义。

首先，选择的课题应有社会价值、实践意义。即选取的课题与国家建设和社会发展的需求总目标相一致。科学研究服务于社会目标的实现可分为两种情况：一种是直接的服务，可产生即时的、明显的社会效益；一种是间接的服务，其社会价值实现是潜在的、长远的。前者需要直接面向经济社会主战场，探索研究并解决新时代面临的现实问题，其观点、结论被党和政府采纳，作为制定政策与决策的依据和参考，直接对经济社会的发展产生影响。后者则直接面向学科建设，主要研究基础理论、学科史的问题，通过对学科问题的研究解决，起到为社会生活服务的作用。

其次，选择的课题应有学科价值、创新意义。所谓科学价值，主要是指选择研究的问题能对学科的建设、发展产生积极的促进作用。科学的发展有自己的逻辑，有自身的传统，有自身的特点和规律。选择研究课题和论文题目，认真考量其在学科体系中的地位，考虑它对学科发展的作用，尽量找到具有更大学术价值和意义的重要问题，最根本的是选择具有学术创新意义的课题。

所谓创新意义，主要表现在以下四个方面：发现、提出新论断；完善、拓展前人的观点、理论；否定纠正前人某一结论、学说；发掘、提供新的资料；采用新的角度方法，作出新的论证；运用已有理论研究解决社会和学科发展中的迫切问题。

②可行性原则。选择课题一方面要考虑课题的客观价值，另一方面又必须考量完成课题的条件，从实际出发，量力而行，有条件完成。

首先，选择的课题要难易、大小适中。确定论文的具体题目和论证角度，应该实事求是，既不能贪图轻便，选择一个太容易的题目；也不能好高骛远，贪大贪深，勉强去做一个自己无力胜任、毫无基础、没有什么体会和兴趣的题目。

其次，选择有条件完成的课题：一是选择的课题要与个人的能力特点相适应。选题时必须从自身出发，确定一个能最大限度发挥个人优势和特长的研究课题或论文题目。二是选择的课题要与个人兴趣相一致。兴趣可以直接转化为人们对某一问题始终如一、坚持不懈的探索精神，推动产生克服一切困难、不达目的誓不罢休的强大动力。三是考虑其他必要的条件。如获取必要文献资料的条件、完成课题的时间条件、导师的指导条件等。

（2）选题的来源。选题从何而来？一般有三种途径，一是自拟，二是课题，三是指定。"自拟"就是由自己提出选题。论文写作，最理想的选题应该是自己提出来的。"课题"主要包括参与别人的尤其是老师主持的研究课题和自己申请到的课题。"指定"是由老师或相关科研部门指定，同时要与自身专业相关，是自己力所能及的。

（3）选题的方法。选题的方法概括起来有以下四种：

①从新时代发展需要选题。新时代社会发展中存在诸多问题都需要得到新的解释、研究和回答这些实际问题，常常成为论文选题的重要来源。

②从理论热点选题。每个学科在一定的时期内都会出现某些理论热点。

这些"热点"，或是具有很强的现实意义，或是涉及学科的基础理论，关心这些热点，也比较容易找到选题。

③从边缘、交叉学科选题。边缘、交叉学科的特点是运用一门或几门学科的概念方法研究另一门学科的对象或交叉领域的对象，使不同学科的方法和对象有机结合起来，会产生许多新的选题。

④从自己熟悉的领域选题。选题时，注意从自己熟悉的、占有材料多的方面和领域选题，发挥自己的特长和优势，常常能收到好的效果。

（4）选题的论证与确立。找到选题之后，接下来就要对选题进行论证。考察和分析选题的学术价值和可行性，通过论证适时确立选题，尽快进入下一步研究。

①学术价值的论证。即判断选题是否具有学术性，值不值得研究。主要从三个方面来判断：一看选题对于新时代社会生活的意义；二看选题在本学科体系中的地位。了解本学科研究的历史与现状，需要做相关的文献梳理，了解与选题相关的"学术史"；三看自己对选题能够提出多少创新性的见解。

②可行性论证。能否完成选题的研究，常常取决于选题的难易和大小。选题的难易，因人而异，因事而定，难易要适中。选题大小很难有个量化的标准，主要看是否适合自己，一般可采用缩小或扩大的方法确定，如中国智库研究 > 中国现代智库研究 > 中国现代高端智库研究 > 中国现代高端智库语言风格研究。

2. 材料搜集。

材料是论文写作的基本元素，是提炼论文观点的基础，是论点成立的依据，是支撑论点的基石与支柱。材料的甄别、搜集、整理、分析和利用是极其重要的。

（1）材料的甄别。学术论文写作要用到的材料非常之多，根据标准的不同，可以分为以下三类：

①从材料的性质看，可分为事实性材料和观念性材料。"事实性材料"即客观存在的具体事物或书籍、文章提供的具体事实，包括人物、事件、数字等。这类材料一般都具有真实、可信和零散的特征。"观念性材料"就是指来源于实践，经作者观察、实践、抽象后逐步形成的观点或已经被实践验证的真理，包括科学的原理、定义、定律、结论、看法，以及日常生活中流传的名言、警句、格言、谚语、俗语等。观念性材料具有理性、权威、科学等特征。

②从搜集的方式看，可分为直接材料和间接材料。"直接材料"又称"原始材料"或"第一手材料"，指的是研究者直接参加社会实践和科学实验等所获取的材料。如研究《红楼梦》的人物特点，《红楼梦》这本书就是直接材料。"间接材料"又称"第二手材料"，指的是研究者通过阅读、检

索等方法获得的与选题相关的研究性材料，或由他人提供的材料。就《红楼梦》研究而言，前人或他人研究《红楼梦》的成果就是间接材料。

③从材料的用途看，可分为：个别性材料和综合性材料、中心材料和背景材料、历史材料和现实材料、正面材料和反面材料等。

（2）材料的搜集。材料搜集的方法主要是：

①网络检索。是指通过互联网获取材料的研究方法，这种方法获取的大多为前人研究的成果，属于间接材料。

②实地调查。实地调查是指在一个确定的范围内对所研究的对象进行实地考察、搜集材料，用以统计分析、探讨和推断研究对象的状况的方法。

③观察。观察是积极运用各种感官去摄取和积储各种表象的活动，是作者采集第一手资料最常用的方法。通过观察，不仅可以获得真实生动的材料，还可以提高对客观事物的理解、认知乃至激发创作灵感。

④实验。实验就是根据一定的研究目的，运用相应的物质手段（实验仪器设备等），主动干预或控制对象，模拟自然现象或自然过程，以便在典型环境中或特定条件下获得科学事实的方法。与观察法相比，实验法是一种更为安全、深入和更为重要的搜集感性材料的方法。在验证科学假说和检验科学认识方面，它更主动、及时和有效，更容易发现新现象、新事实和新规律。

（3）材料的整理。材料的整理就是对材料的"再加工"，使之成为可用的材料。这个"再加工"的过程，就是"去粗取精、去伪存真、由此及彼、由表及里"的提炼过程，也是研究者发挥主动性和创造性的认识过程。通过对材料的验证，判断其真与伪、主与次、优与劣、重与轻等，选择对论文撰写有价值的材料。材料的整理分为三个步骤：

①归纳与分类。主要根据论文写作的需求，一般采用观点分类法或项目分类法。观点分类法就是以一个个观点为统领，把与观点相关的材料汇集一起，形成一个个材料系列；项目分类法就是将选题研究按进程分成几个项目，然后将材料按项目属性归类。

②甄别与取用。根据真实性、适用性、充分性、新颖性和典型性原则对获取的材料进行核实、分析、比较，从中选择可用的材料。

③论点与论据。论点不是凭空臆造、主观想象出来的，所谓"论点从材料中来"，即论点来自丰富的材料，产生于对材料细致的分析与研究。而且，对论点的论证也需要通过摆事实、讲道理来阐明。只有确定了选题、准备了充分可用的材料并提炼了观点之后，方才可进入学术论文的写作阶段。

二、学术论文撰写

学术论文撰写的具体过程要经过精心构思、科学论证和反复修改。

1. 精心构思。

构思就是针对论文的论点，谋划布局整篇文章结构的过程，将从所占有的材料中，提炼出自身的观点，并层层深入论证。

（1）构思要紧扣论题。论题作为学术论文的研究对象与目标，它是贯穿全文的主线。构思的重要任务就是考虑如何取舍材料、安排结构。只有紧扣论题取舍材料、安排结构，论文才能条理清晰、脉络分明，突出创造性，实现自身的写作目的；才能具有较高的学术价值，产生较大的社会效应。

（2）结构要严谨完整。论文的结构要按照论文的逻辑关系，符合客观事物的内在联系和规律，符合科学研究逻辑。有时它以提出问题、分析问题、解决问题等渐次展开，有时它以渊源、现状、影响以及对策等层次展开，有时它从平行的几个方面展开，不管以何种结构方式，都要逻辑严谨、结构完整。为达到这一要求，学术论文写作一般都要求先拟写提纲，这是构思的具体落实。拟写提纲可以进一步理清思路、突出重点、深化研究，也有利于保证文章的整体性和方便多人合作研究。

（3）密切关注受众群体。学术论文无论在材料的取用，还是表达的深度与广度的选择上，以及全文论证的重点，都要考虑受众群体的知识水准和学术需求。一般来说，新材料、新数据可多写，老材料、老论据少写或者不写；新观点要突出强调、重点论证，而一般性的观点要略写或不写。

2. 科学论证。

论证的方法：一个是归纳，一个是演绎。论证是先归纳，再演绎。归纳就是充分占有资料，完全归纳确实困难的，要多找旁证。材料越丰富，结论越正确。论证还要注意层次分明，先说什么，后说什么，要有逻辑。同时注意详略得当，一般的地方要略，有创见的地方要详，说透讲深，以理服人。

学术论文的论证还要严格遵守教育部颁发的《学位论文作假行为处理办法》中的相关规定。论证过程中的学术伦理主要体现在要确保论文的真实性、原创性，不得伪造事实与数据，不得剽窃他人作品和学术成果。文中用来论证观点的所有论据（包括引语、图表、数据、事实等）必须真实、准确、可靠，经得起调查验证；所有引用、借用的文字都严谨、规范地标明出处。同时，在论证过程中，尤其是在表达主要结论、观点时要求在文中要尽量使用严密、准确的专业术语，要对重要的术语进行严格定义，确保其内涵与外延在文中始终稳定如一。

3. 反复修改。

学术论文初稿写出后，要多方征询意见，查阅最近的学术观点，在通盘思考、反复思索论证的基础上，进行修改，一是对布局的修订；二是对论点的完善；三是对文字的修正。

第三节　学术论文的格式

学术论文的格式是学术论文撰写规范的具体体现。根据其用途不同，在学术期刊发表的论文与规定性的学位论文格式上有较大差别。一般来说，学术论文的格式，主要包括前置、主体、结尾、附录四个部分，各部分又有不同的细项。

一、前置部分

1. 封面。

封面是学位论文的外表面，提供论文基本的信息，封面不是必需的。学术论文如作为期刊、书籍或其他出版物的一部分，无须封面；学位论文，可包括分类号、本单位编号、题名和副题名或分册题名、责任者姓名、申请学位级别、专业名称、导师姓名等。

2. 标题。

标题是以最恰当、最简明的词语反映学术内容中最核心内容的逻辑组合。标题用词要简明扼要，新颖醒目，一般不超过 20 字。学术论文用作国际交流，应有外文（多用英文）标题，外文标题一般不宜超过 10 个实词。标题语意未尽，可以用副标题补充、引申说明论文中的特定内容。

3. 摘要。

摘要是学术论文内容的简短陈述。学术论文一般都有摘要，为了国际交流，还应有外文（多用英文）摘要。摘要应具有独立性和概述性，即不用阅读全文，就能获得核心要义。中文摘要一般不超过 300 个字，外文摘要不超过 250 个实词。学术论文的摘要一般置于题名和作者之后、正文之前。

4. 关键词。

关键词是为了文献标引工作，从论文中选取出来用以表示全文主题内容信息款目的单词或术语。每篇论文选取 3～8 个词作为关键词，以显著的字符另起一行，排在摘要的左下方。如有可能，尽量用《汉语主题词》等词表提供的规范词。为了国际交流，应标注与中文对应的英文关键词。

二、主体部分

主体部分的格式一般从引言（或绪论）开始，以结论或讨论结束。论文的每一章、条的格式和版面安排，整齐美观，层次清晰。

1. 引言。

引言简要说明选题研究的目的、范围，相关领域的前人成果和知识空白、理论基础，目前分析、研究的设想、研究方法和实验设计、预期结果和意义等。要言简意赅，不能与摘要雷同，也不能成为摘要的注释。比较短的论文可以只用一小段文字作为引言，主要是"引"出本文的研究对象、研究问题。

学位论文为了反映作者已掌握了坚实的基础理论和系统化知识，具有开阔的科学视野，需要对与本选题的既往研究和研究成果做历史回顾与综合评述。这种引言可以单独成章，用足够的文字叙述。

2. 正文。

论文的正文是核心部分，占主要篇幅，可以包括调查对象、实验和观测方法、仪器设备、材料原料、实验和观测结果、计算方法和编程原理、数据资料、经过加工整理的图表、形成的论点和导出的结论等。由于研究工作涉及的学科、选题、研究方法、工作进程、结果表达等有很大差异，对正文内容不能做统一规定。但是，必须实事求是，客观真切；准确完备，合乎逻辑；层次分明，简练可读。

3. 结论。

论文的结论是最终的、总体的结论，不是正文中各段小结的简单重复或累加。结论要准确、完整、明确、精练。如果不能导出应有的结论，也可以没有结论而进行必要的讨论。可以在结论和讨论中提出建议、研究设想、改进意见、尚待解决的问题等。

4. 参考文献。

按照 GB/T7714—2005《文后参考文献著录规则》的规定执行。

三、结尾部分

为了将论文迅速存储计算机，可以提供有关输入数据，编排分类索引、著者索引、关键词索引等。结尾部分还包括封二和封底（包括版权页）的设计等。

例文：

××大学本科毕业论文格式要求

一、××大学毕业论文（设计说明书）文本要求

（一）字数要求：8000 字以上

（二）打印要求

1. 基本要求

用 A4 纸打印；左边距 3 厘米、右边距 2 厘米、上边距 3 厘米、下边距 2.5 厘米；行距 20 磅；页码居中。

2. 字体、字号要求

（1）封面

①××大学、毕业论文（毕业设计说明书）（隶书、小初号字、加粗）

②题目、学院、专业、学号、姓名、指导教师、完成日期（宋体、3号字、加粗）

（2）论文（设计说明书）内文格式

①目录，各章节标题（宋体、4号），其余（宋体、小4号）。

②中文题目（宋体、3号字、加粗）、中文摘要、关键词（宋体、5号字，"摘要""关键词"五个字用宋体、小4号字、加粗）；英文题目（Times New Roman，3号字）英文摘要、关键词（Times New Roman，小4号字）；正文（宋体、小4号字）、英语专业正文（Times New Roman，4号字）。

③一级标题（宋体、3号字、加粗）；二级标题（宋体、4号字、加粗）。

④注释、参考文献、附录（宋体、5号字）。

（三）论文（设计说明书）编排顺序

1. 封面

2. 毕业论文（设计）任务书

3. 毕业论文（设计）评阅表

4. 毕业论文（设计）鉴定意见

5. 目录

6. 中文题目、摘要、关键词；英文题目、摘要、关键词

7. 正文（含引言）

8. 注释、参考文献

9. 附录（计算机程序、译文及原件等）

二、引言包括的基本内容

（一）叙述该选题的目的和现实意义

（二）叙述该选题的国内外研究现状、代表性研究成果或研究进展情况等

（三）叙述该选题的研究方法、主要观点、创新之处等

三、关于注释和参考文献的说明

（一）注释

在学术论文写作中，有些问题需要在正文之外加以阐释和说明，这就是注释。其功能可分为两类：一是补充内容的注释，如在行文中，对读者不易理解的概念、不太熟悉的事件及其他不便在正文展开论述，而又不能不告诉读者的，可在注释中说明；另一类是说明资料来源的注释。

毕业论文的注释一律用尾注的形式，即先在正文中将被注释的文字用上标形式列出注释的序号，然后在正文后的注释部分按序号顺序把注释逐个列出。

注释的格式举例

1. 图书 著者 书名［M］ 出版地 出版者 出版年 页码

2. 期刊 作者 篇名［J］ 刊名 出版年份 卷号（期号） 页码

3. 报纸 作者 篇名［N］ 报纸名称 日期 版次

（二）参考文献

在论文写作中参考了前人的研究成果，需在毕业论文中体现出来，即为参考文献。主要有以下几种类型，请按 GB/T 7714—2005 的规定执行。

1. 专著：以单行本形式或多卷册形式，在限定的期限内出版的非连续性出版物。包括以各种载体形式出版的普通图书、古籍、学位论文、技术报告、会议文集、汇编、多卷书、丛书等。

2. 连续出版物：一种载有卷期号或年月顺序号、计划无限期地连续出版发行的出版物。它包括以各种载体形式出版的期刊、报纸等。

3. 析出文献：从整本文献中析出的具有独立篇名的文献。

4. 电子文献：以数字方式将图、文、声、像等信息存储在磁、光、电介质上，通过计算机、网络或相关设备使用的记录有知识内容或艺术内容的文献信息资源，包括网站名称、电子书刊、数据库、电子公告等。

第四节　学术论文的投稿与发表

当今时代，无论是本硕博研究生，还是科研高校评职称，无论是教职工的业绩考核，还是重大课题的结项，学术论文都成为硬性指标。当一篇学术论文撰写完成之后，往哪投、怎么投，才能得以顺利发表，确实值得认真商榷和研究。

一、选择核心的期刊投稿

目前，国内公开发行的学术期刊有 5000 多种，其中仅人文社科类就有3000 余种。由于学科专业、出版地域和主办单位的不同，各种学术期刊大都有自己的办刊宗旨和内容特色。作为作者撰稿、投稿，必须根据单位对论文的要求瞄准 SCI、CSSI 核心刊物的内容特色与风格，对每种期刊的优势、特色、栏目、研究重点、组稿计划等了解清楚。在学术刊物中，各家的办刊理念和方针往往存在较大差异。有的重视基础研究，有的则重视应用、现实问题研究；有的侧重这几个学科或专业方向，有的侧重另外几个学科或专业方向；有的特别强调观点创新，而对论证是否扎实包括资料的充实性等不甚注重，而有的则在重视观点创新的同时，特别强调论证的扎实、严密，资料的可靠、翔实；有的喜欢长篇大论，注重资料的全面充分，内容的深入系统，而有的看重文章观点的新颖，强调内容的简洁，文字的朴实清新。总之，作者投稿时应充分考虑核心期刊的特点，选择最合适的期刊。

二、注重与采编人员沟通与交流

作者与采编人员打交道，既是一门学问，也是一门艺术。尤其对于学术期刊采编人员来说，作者与采编人员都同为学者，甚至连专业、学科及研究方向、研究领域都可能相同，可谓真正的同道、同行。由此，与采编人员打交道，一定要平等相待，互相尊重，以诚相见，绝不能以自己是某一专业方向研究的专家、学者而过于自信甚至居高临下。对编辑部及同行专家的审稿意见要虚心听取，认真对待，对正确意见要采纳接受，对不完全正确意见则作为继续研究和修改文章的参考。投稿后要经常保持与采编人员的联系，但是不要着急向编辑催问审稿结果。各学术期刊大都有一个基本相同的规定，即收到稿件后 3 个月内由编辑部负责向作者通知是否刊用的意见。作者在特殊情况下也可以直接联系主编或编辑部负责人，详细推介作品的主要观点、创新点，以取得支持。

三、重点在精心打造论作

学术论文是科学研究的成果。投向核心期刊的文稿，必须经过反复推敲修改，保证论文在理论、观点上不出错误、偏颇，资料全面、翔实、可靠，论证不出现前后混乱或矛盾，以及文字、内容的重复，文字表达上的不准确、不顺畅。一篇论文如出现上述任意问题，都会给编辑留下非常不好的印象，以致编辑对作者的学风文风产生怀疑，从而对论文做出较低评价以至否定。因此，在投稿前要特别注意花工夫仔细检查论文，如认真核对引文，校核注释、参考文献等，尽量避免错讹。投稿应在形式上做到项目要素齐全、完整，按核心刊物的要求凡中英文篇名、作者署名、工作单位、摘要、关键词以及基金项目及其批号、作者简介及联系方式等必须齐备。切忌将初稿、草稿，讲演稿，硕士、博士论文原稿或书稿的章节原封不动送交编辑部。尤其要注意克服依赖编辑帮助自己整理、删改和加工论文的思想。学术期刊论文的篇幅一般以 5000～10000 字为宜，也有一些刊物欢迎长稿，但尽量不要超过 1 万字。作为编辑，最喜欢的是选题新颖、观点鲜明、论证深入、逻辑严密、文字流畅、具有较高创新价值，且一字不改就能发表的文稿。

思考题：

1. 学术论文的特点有哪些？
2. 如何写好学术论文？

附录

附录一

党政机关公文处理工作条例

（中共中央办公厅　国务院办公厅 2012 年 4 月 16 日发布
2012 年 7 月 1 日起施行）

第一章　总　则

第一条　为了适应中国共产党机关和国家行政机关（以下简称党政机关）工作需要，推进党政机关公文处理工作科学化、制度化、规范化，制定本条例。

第二条　本条例适用于各级党政机关公文处理工作。

第三条　党政机关公文是党政机关实施领导、履行职能、处理公务的具有特定效力和规范体式的文书，是传达贯彻党和国家方针政策，公布法规和规章，指导、布置和商洽工作，请示和答复问题，报告、通报和交流情况等的重要工具。

第四条　公文处理工作是指公文拟制、办理、管理等一系列相互关联、衔接有序的工作。

第五条　公文处理工作应当坚持实事求是、准确规范、精简高效、安全保密的原则。

第六条　各级党政机关应当高度重视公文处理工作，加强组织领导，强化队伍建设，设立文秘部门或者由专人负责公文处理工作。

第七条　各级党政机关办公厅（室）主管本机关的公文处理工作，并对下级机关的公文处理工作进行业务指导和督促检查。

第二章　公文种类

第八条　公文种类主要有：

（一）决议。适用于会议讨论通过的重大决策事项。

（二）决定。适用于对重要事项作出决策和部署、奖惩有关单位和人员、变更或者撤销下级机关不适当的决定事项。

（三）命令（令）。适用于公布行政法规和规章、宣布施行重大强制性措施、批准授予和晋升衔级、嘉奖有关单位和人员。

（四）公报。适用于公布重要决定或者重大事项。

（五）公告。适用于向国内外宣布重要事项或者法定事项。

（六）通告。适用于在一定范围内公布应当遵守或者周知的事项。

（七）意见。适用于对重要问题提出见解和处理办法。

（八）通知。适用于发布、传达要求下级机关执行和有关单位周知或者执行的事项，批转、转发公文。

（九）通报。适用于表彰先进、批评错误、传达重要精神和告知重要情况。

（十）报告。适用于向上级机关汇报工作、反映情况，回复上级机关的询问。

（十一）请示。适用于向上级机关请求指示、批准。

（十二）批复。适用于答复下级机关请示事项。

（十三）议案。适用于各级人民政府按照法律程序向同级人民代表大会或者人民代表大会常务委员会提请审议事项。

（十四）函。适用于不相隶属机关之间商洽工作、询问和答复问题、请求批准和答复审批事项。

（十五）纪要。适用于记载会议主要情况和议定事项。

第三章　公文格式

第九条　公文一般由份号、密级和保密期限、紧急程度、发文机关标志、发文字号、签发人、标题、主送机关、正文、附件说明、发文机关署名、成文日期、印章、附注、附件、抄送机关、印发机关和印发日期、页码等组成。

（一）份号。公文印制份数的顺序号。涉密公文应当标注份号。

（二）密级和保密期限。公文的秘密等级和保密的期限。

涉密公文应当根据涉密程度分别标注"绝密""机密""秘密"和保密期限。

（三）紧急程度。公文送达和办理的时限要求。根据紧急程度，紧急公文应当分别标注"特急""加急"，电报应当分别标注"特提""特急""加急""平急"。

（四）发文机关标志。由发文机关全称或者规范化简称加"文件"二字组成，也可以使用发文机关全称或者规范化简称。联合行文时，发文机关标志可以并用联合发文机关名称，也可以单独用主办机关名称。

（五）发文字号。由发文机关代字、年份、发文顺序号组成。联合行文时，使用主办机关的发文字号。

（六）签发人。上行文应当标注签发人姓名。

（七）标题。由发文机关名称、事由和文种组成。

（八）主送机关。公文的主要受理机关，应当使用机关全称、规范化简称或者同类型机关统称。

（九）正文。公文的主体，用来表述公文的内容。

（十）附件说明。公文附件的顺序号和名称。

（十一）发文机关署名。署发文机关全称或者规范化简称。

（十二）成文日期。署会议通过或者发文机关负责人签发的日期。联合行文时，署最后签发机关负责人签发的日期。

（十三）印章。公文中有发文机关署名的，应当加盖发文机关印章，并与署名机关相符。有特定发文机关标志的普发性公文和电报可以不加盖印章。

（十四）附注。公文印发传达范围等需要说明的事项。

（十五）附件。公文正文的说明、补充或者参考资料。

（十六）抄送机关。除主送机关外需要执行或者知晓公文内容的其他机关，应当使用机关全称、规范化简称或者同类型机关统称。

（十七）印发机关和印发日期。公文的送印机关和送印日期。

（十八）页码。公文页数顺序号。

第十条 公文的版式按照《党政机关公文格式》国家标准执行。

第十一条 公文使用的汉字、数字、外文字符、计量单位和标点符号等，按照有关国家标准和规定执行。民族自治地方的公文，可以并用汉字和当地通用的少数民族文字。

第十二条 公文用纸幅面采用国际标准 A4 型。特殊形式的公文用纸幅面，根据实际需要确定。

第四章　行文规则

第十三条 行文应当确有必要，讲求实效，注重针对性和可操作性。

第十四条 行文关系根据隶属关系和职权范围确定。一般不得越级行文，特殊情况需要越级行文的，应当同时抄送被越过的机关。

第十五条 向上级机关行文，应当遵循以下规则：

（一）原则上主送一个上级机关，根据需要同时抄送相关上级机关和同级机关，不抄送下级机关。

（二）党委、政府的部门向上级主管部门请示、报告重大事项，应当经本级党委、政府同意或者授权；属于部门职权范围内的事项应当直接报送上级主管部门。

（三）下级机关的请示事项，如需以本机关名义向上级机关请示，应当提出倾向性意见后上报，不得原文转报上级机关。

（四）请示应当一文一事。不得在报告等非请示性公文中夹带请示事项。

（五）除上级机关负责人直接交办事项外，不得以本机关名义向上级机关负责人报送公文，不得以本机关负责人名义向上级机关报送公文。

（六）受双重领导的机关向一个上级机关行文，必要时抄送另一个上级机关。

第十六条 向下级机关行文，应当遵循以下规则：

（一）主送受理机关，根据需要抄送相关机关。重要行文应当同时抄送发文机关的直接上级机关。

（二）党委、政府的办公厅（室）根据本级党委、政府授权，可以向下级党委、政府行文，其他部门和单位不得向下级党委、政府发布指令性公文或者在公文中向下级党委、政府提出指令性要求。需经政府审批的具体事项，经政府同意后可以由政府职能部门行文，文中须注明已经政府同意。

（三）党委、政府的部门在各自职权范围内可以向下级党委、政府的相关部门行文。

（四）涉及多个部门职权范围内的事务，部门之间未协商一致的，不得向下行文；擅自行文的，上级机关应当责令其纠正或者撤销。

（五）上级机关向受双重领导的下级机关行文，必要时抄送该下级机关的另一个上级机关。

第十七条 同级党政机关、党政机关与其他同级机关必要时可以联合行文。属于党委、政府各自职权范围内的工作，不得联合行文。

党委、政府的部门依据职权可以相互行文。

部门内设机构除办公厅（室）外不得对外正式行文。

第五章　公文拟制

第十八条 公文拟制包括公文的起草、审核、签发等程序。

第十九条 公文起草应当做到：

（一）符合党的理论路线方针政策和国家法律法规，完整准确体现发文机关意图，并同现行有关公文相衔接。

（二）一切从实际出发，分析问题实事求是，所提政策措施和办法切实可行。

（三）内容简洁，主题突出，观点鲜明，结构严谨，表述准确，文字精炼。

（四）文种正确，格式规范。

（五）深入调查研究，充分进行论证，广泛听取意见。

（六）公文涉及其他地区或者部门职权范围内的事项，起草单位必须征求相关地区或者部门意见，力求达成一致。

（七）机关负责人应当主持、指导重要公文起草工作。

第二十条 公文文稿签发前，应当由发文机关办公厅（室）进行审核。审核的重点是：

（一）行文理由是否充分，行文依据是否准确。

（二）内容是否符合党的理论路线方针政策和国家法律法规；是否完整准确体现发文机关意图；是否同现行有关公文相衔接；所提政策措施和办法是否切实可行。

（三）涉及有关地区或者部门职权范围内的事项是否经过充分协商并达成一致意见。

（四）文种是否正确，格式是否规范；人名、地名、时间、数字、段落顺序、引文等是否准确；文字、数字、计量单位和标点符号等用法是否规范。

（五）其他内容是否符合公文起草的有关要求。

需要发文机关审议的重要公文文稿，审议前由发文机关办公厅（室）进行初核。

第二十一条　经审核不宜发文的公文文稿，应当退回起草单位并说明理由；符合发文条件但内容需作进一步研究和修改的，由起草单位修改后重新报送。

第二十二条　公文应当经本机关负责人审批签发。重要公文和上行文由机关主要负责人签发。党委、政府的办公厅（室）根据党委、政府授权制发的公文，由授权机关主要负责人签发或者按照有关规定签发。签发人签发公文，应当签署意见、姓名和完整日期；圈阅或者签名的，视为同意。联合发文由所有联署机关的负责人会签。

第六章　公文办理

第二十三条　公文办理包括收文办理、发文办理和整理归档。

第二十四条　收文办理主要程序是：

（一）签收。对收到的公文应当逐件清点，核对无误后签字或者盖章，并注明签收时间。

（二）登记。对公文的主要信息和办理情况应当详细记载。

（三）初审。对收到的公文应当进行初审。初审的重点是：是否应当由本机关办理，是否符合行文规则，文种、格式是否符合要求，涉及其他地区或者部门职权范围内的事项是否已经协商、会签，是否符合公文起草的其他要求。经初审不符合规定的公文，应当及时退回来文单位并说明理由。

（四）承办。阅知性公文应当根据公文内容、要求和工作需要确定范围后分送。批办性公文应当提出拟办意见报本机关负责人批示或者转有关部门办理；需要两个以上部门办理的，应当明确主办部门。紧急公文应当明确办理时限。承办部门对交办的公文应当及时办理，有明确办理时限要求的应当在规定时限内办理完毕。

（五）传阅。根据领导批示和工作需要将公文及时送传阅对象阅知或者批示。办理公文传阅应当随时掌握公文去向，不得漏传、误传、延误。

（六）催办。及时了解掌握公文的办理进展情况，督促承办部门按期办结。紧急公文或者重要公文应当由专人负责催办。

（七）答复。公文的办理结果应当及时答复来文单位，并根据需要告知相关单位。

第二十五条 发文办理主要程序是：

（一）复核。已经发文机关负责人签批的公文，印发前应当对公文的审批手续、内容、文种、格式等进行复核；需作实质性修改的，应当报原签批人复审。

（二）登记。对复核后的公文，应当确定发文字号、分送范围和印制份数并详细记载。

（三）印制。公文印制必须确保质量和时效。涉密公文应当在符合保密要求的场所印制。

（四）核发。公文印制完毕，应当对公文的文字、格式和印刷质量进行检查后分发。

第二十六条 涉密公文应当通过机要交通、邮政机要通信、城市机要文件交换站或者收发件机关机要收发人员进行传递，通过密码电报或者符合国家保密规定的计算机信息系统进行传输。

第二十七条 需要归档的公文及有关材料，应当根据有关档案法律法规以及机关档案管理规定，及时收集齐全、整理归档。两个以上机关联合办理的公文，原件由主办机关归档，相关机关保存复制件。机关负责人兼任其他机关职务的，在履行所兼职务过程中形成的公文，由其兼职机关归档。

第七章　公文管理

第二十八条 各级党政机关应当建立健全本机关公文管理制度，确保管理严格规范，充分发挥公文效用。

第二十九条 党政机关公文由文秘部门或者专人统一管理。设立党委（党组）的县级以上单位应当建立机要保密室和机要阅文室，并按照有关保密规定配备工作人员和必要的安全保密设施设备。

第三十条 公文确定密级前，应当按照拟定的密级先行采取保密措施。确定密级后，应当按照所定密级严格管理。绝密级公文应当由专人管理。

公文的密级需要变更或者解除的，由原确定密级的机关或者其上级机关决定。

第三十一条 公文的印发传达范围应当按照发文机关的要求执行；需要变更的，应当经发文机关批准。

涉密公文公开发布前应当履行解密程序。公开发布的时间、形式和渠道，由发文机关确定。

经批准公开发布的公文，同发文机关正式印发的公文具有同等效力。

第三十二条 复制、汇编机密级、秘密级公文，应当符合有关规定并经本机关负责人批准。绝密级公文一般不得复制、汇编，确有工作需要的，应当经发文机关或者其上级机关批准。

复制、汇编的公文视同原件管理。

复制件应当加盖复制机关戳记。翻印件应当注明翻印的机关名称、日期。汇编本的密级按照编入公文的最高密级标注。

第三十三条 公文的撤销和废止，由发文机关、上级机关或者权力机关根据职权范围和有关法律法规决定。公文被撤销的，视为自始无效；公文被废止的，视为自废止之日起失效。

第三十四条 涉密公文应当按照发文机关的要求和有关规定进行清退或者销毁。

第三十五条 不具备归档和保存价值的公文，经批准后可以销毁。销毁涉密公文必须严格按照有关规定履行审批登记手续，确保不丢失、不漏销。个人不得私自销毁、留存涉密公文。

第三十六条 机关合并时，全部公文应当随之合并管理；机关撤销时，需要归档的公文经整理后按照有关规定移交档案管理部门。

工作人员离岗离职时，所在机关应当督促其将暂存、借用的公文按照有关规定移交、清退。

第三十七条 新设立的机关应当向本级党委、政府的办公厅（室）提出发文立户申请。经审查符合条件的，列为发文单位，机关合并或者撤销时，相应进行调整。

第八章 附 则

第三十八条 党政机关公文含电子公文。电子公文处理工作的具体办法另行制定。

第三十九条 法规、规章方面的公文，依照有关规定处理。外事方面的公文，依照外事主管部门的有关规定处理。

第四十条 其他机关和单位的公文处理工作，可以参照本条例执行。

第四十一条 本条例由中共中央办公厅、国务院办公厅负责解释。

第四十二条 本条例自 2012 年 7 月 1 日起施行。1996 年 5 月 3 日中共中央办公厅发布的《中国共产党机关公文处理条例》和 2000 年 8 月 24 日国务院发布的《国家行政机关公文处理办法》停止执行。

附录二

中国共产党党内法规制定条例

（2012 年 5 月 26 日中共中央批准并发布
2019 年 8 月 30 日中共中央政治局会议修订）

第一章 总 则

第一条 为了规范党内法规制定工作，提高党内法规质量，形成完善的党内法规体系，推进依规治党，根据《中国共产党章程》，制定本条例。

第二条 党内法规制定工作以马克思列宁主义、毛泽东思想、邓小平理论、"三个代表"重要思想、科学发展观、习近平新时代中国特色社会主义思想为指导，坚持和加强党的全面领导，坚持党要管党、全面从严治党，坚决维护习近平总书记党中央的核心、全党的核心地位，坚决维护党中央权威和集中统一领导。

第三条 党内法规是党的中央组织，中央纪律检查委员会以及党中央工作机关和省、自治区、直辖市党委制定的体现党的统一意志、规范党的领导和党的建设活动、依靠党的纪律保证实施的专门规章制度。

党章是最根本的党内法规，是制定其他党内法规的基础和依据。

第四条 制定党内法规，主要就以下事项作出规定：

（一）党的各级各类组织的产生、组成、职权职责；

（二）党的领导和党的建设的体制机制、标准要求、方式方法；

（三）党组织工作、活动和党员行为的监督、考核、奖惩、保障；

（四）党的干部的选拔、教育、管理、监督。

凡是涉及创设党组织职权职责、党员义务权利、党的纪律处分和组织处理的，只能由党内法规作出规定。

第五条 党内法规的名称为党章、准则、条例、规定、办法、规则、细则。

党章对党的性质和宗旨、路线和纲领、指导思想和奋斗目标、组织原则和组织机构、党员义务权利以及党的纪律等作出根本规定。

准则对全党政治生活、组织生活和全体党员行为等作出基本规定。

条例对党的某一领域重要关系或者某一方面重要工作作出全面规定。

规定、办法、规则、细则对党的某一方面重要工作的要求和程序等作出具体规定。

中央纪律检查委员会以及党中央工作机关和省、自治区、直辖市党委制定的党内法规，可以使用规定、办法、规则、细则的名称。

第六条 党内法规一般使用条款形式表述，根据内容需要可以分为编、章、节、条、款、项、目。

第七条　党内法规制定工作应当遵循下列原则：

（一）坚持正确政治方向，增强"四个意识"、坚定"四个自信"、做到"两个维护"；

（二）坚持从党的事业发展需要和全面从严治党实际出发；

（三）坚持以党章为根本，贯彻党的基本理论、基本路线、基本方略；

（四）坚持民主集中制，充分发扬党内民主，维护党的集中统一；

（五）坚持党必须在宪法和法律的范围内活动，注重党内法规同国家法律衔接和协调；

（六）坚持便利管用，防止繁琐重复。

第八条　党内法规制定工作由党中央集中统一领导，日常工作由中央书记处负责。

中央办公厅承担党内法规制定的统筹协调和督促指导工作。

第二章　权　限

第九条　党的中央组织就下列事项制定中央党内法规：

（一）党的性质和宗旨、路线和纲领、指导思想和奋斗目标；

（二）党的各级各类组织的产生、组成和职权职责的基本制度；

（三）党员义务权利方面的基本制度；

（四）党的领导和党的建设各方面的基本制度；

（五）涉及党的重大问题的事项；

（六）党的纪律处分和组织处理方面的基本制度；

（七）其他应当由中央党内法规规定的事项。

凡是涉及党中央集中统一领导的事项，只能由中央党内法规作出规定。

第十条　中央纪律检查委员会以及党中央工作机关就其职权范围内有关事项制定党内法规：

（一）为贯彻执行中央党内法规作出配套规定；

（二）履行党章和中央党内法规规定的党的工作相关职责。

确有必要的，经党中央批准，有关中央国家机关部门党委可以就特定事项制定党内法规。

第十一条　省、自治区、直辖市党委就其职权范围内有关事项制定党内法规：

（一）为贯彻执行中央党内法规作出配套规定；

（二）履行党章和中央党内法规规定的领导本地区经济社会发展和负责本地区党的建设相关职责。

第十二条　根据党中央授权，就应当制定中央党内法规的有关事项，中央纪律检查委员会以及党中央工作机关和省、自治区、直辖市党委可以先行制定党内法规，待条件成熟时再制定中央党内法规。

根据党中央授权制定党内法规的，制定机关应当严格遵循授权要求，及时向党中央请示报告有关重大事项，经报党中央批准后方可发布。

第十三条　涉及两个以上部委职权范围的事项，有关部委应当联合制定党内法规或者提请党中央制定中央党内法规。

制定党内法规涉及政府职权范围事项的，可以由党政机关联合制定。

第十四条　上位党内法规明确要求制定配套党内法规的，应当及时制定；没有要求的，一般不再制定。

制定配套党内法规，不得超出上位党内法规规定的范围，作出的规定应当明确、具体，具有针对性、可操作性。除非必要情况，对上位党内法规已经明确规定的内容不作重复性规定。

第三章　规划与计划

第十五条　制定党内法规应当统筹进行，科学编制党内法规制定工作五年规划和年度计划，突出重点、整体推进，构建内容科学、程序严密、配套完备、运行有效的党内法规体系。

第十六条　中央党内法规制定工作五年规划，由中央办公厅对中央纪律检查委员会以及中央各部门和省、自治区、直辖市党委提出的制定建议进行汇总，并广泛征求意见后拟订，经中央书记处办公会议讨论，报党中央审定。

中央党内法规制定工作年度计划，由中央办公厅对中央纪律检查委员会以及中央各部门每年年底前提出的下一年度制定建议进行汇总后拟订，报党中央审批。

第十七条　中央纪律检查委员会以及中央各部门和省、自治区、直辖市党委提出的中央党内法规制定建议，应当包括党内法规名称、制定必要性、报送时间、起草单位等。

第十八条　中央纪律检查委员会以及党中央工作机关和省、自治区、直辖市党委可以根据职权和实际需要，编制本系统、本地区党内法规制定工作规划和计划。

第十九条　党内法规制定工作规划和计划在执行过程中，可以根据实际情况进行调整。

第四章　起　草

第二十条　中央党内法规按其内容一般由中央纪律检查委员会以及中央有关部门等起草，综合性党内法规由中央办公厅协调中央纪律检查委员会以及中央有关部门等起草或者成立专门起草小组起草。特别重要的中央党内法规由党中央组织起草。

中央纪律检查委员会以及党中央工作机关和省、自治区、直辖市党委制定的党内法规，由其自行组织起草。

第二十一条　党内法规草案一般应当包括下列内容：

（一）名称；

（二）制定目的和依据；

（三）适用范围；

（四）具体规范；

（五）解释机关；

（六）施行日期。

第二十二条　起草党内法规，应当深入调查研究，全面掌握实际情况，认真总结历史经验和新的实践经验，充分了解各级党组织和广大党员的意见和建议。必要时，调查研究可以吸收党委及其工作机关法律顾问和有关专家学者参加，或者委托专门机构开展。

第二十三条　起草党内法规的部门和单位，应当就涉及其他部门和单位工作范围的事项，同有关部门和单位协商一致。经协商未能取得一致意见的，应当在报送党内法规草案时对有关情况作出说明。

第二十四条　起草党内法规，应当与现行党内法规相衔接。对同一事项，如果需要作出与现行党内法规不一致的规定，应当在草案中作出废止或者如何适用现行党内法规的规定，并在报送草案时说明情况和理由。

第二十五条　党内法规草案形成后，应当广泛征求意见。征求意见范围根据党内法规草案的具体内容确定，必要时在全党范围内征求意见。征求意见时应当注意听取党代表大会代表和基层党员、干部以及有关专家学者的意见。与群众切身利益密切相关的党内法规草案，应当充分听取群众意见。

征求意见可以采取书面形式，也可以采取座谈会、论证会、网上征询等形式。

第二十六条　起草部门和单位向审议批准机关报送党内法规草案，应当同时报送草案制定说明。制定说明应当包括制定党内法规的必要性、主要内容、征求意见情况、同有关部门和单位协商情况等。

第五章　审批与发布

第二十七条　审议批准机关收到党内法规草案后，交由所属法规工作机构进行前置审核。前置审核主要审核下列内容：

（一）是否符合增强"四个意识"、坚定"四个自信"、做到"两个维护"等政治要求；

（二）是否同党章、党的理论和路线方针政策相抵触；

（三）是否同宪法和法律不一致；

（四）是否同上位党内法规和规范性文件相抵触；

（五）是否与其他同位党内法规和规范性文件对同一事项的规定相冲突；

（六）是否就涉及的重大问题与有关部门和单位协商；

（七）是否存在谋求部门利益和地方保护问题；

（八）是否符合制定权限、程序以及规范表述要求。

对存在问题的党内法规草案，法规工作机构经批准可以向起草部门和单位提出修改意见。如起草部门和单位不采纳修改意见，法规工作机构可以向审议批准机关提出修改、缓办或者退回的建议。

第二十八条 中央党内法规草案的审批，按照下列方式进行：

（一）准则草案一般由中央委员会全体会议审议批准；

（二）条例草案一般由中央政治局会议审议批准；

（三）规定、办法、规则、细则草案一般由中央政治局常委会会议审议批准；

（四）对调整范围单一或者配套性规定、办法、规则、细则草案，可以采取传批方式，由中央办公厅报党中央审批。

中央纪律检查委员会以及党中央工作机关制定的党内法规草案，由其领导机构会议审议批准。

省、自治区、直辖市党委制定的党内法规草案，由党委全体会议或者常委会会议审议批准。

第二十九条 经审议批准的党内法规草案，由法规工作机构审核并按照程序报批后发布。

中央党内法规采用中央文件形式发布。中央纪律检查委员会制定的党内法规采用中央纪律检查委员会文件形式发布。党中央工作机关制定的党内法规采用党中央工作机关文件形式发布。省、自治区、直辖市党委制定的党内法规采用党委文件或者党委办公厅文件形式发布。发布时，党内法规标题应当添加题注，载明制定机关、通过日期、发布日期。

党内法规除涉及党和国家秘密不得公开或者按照有关规定不宜公开外，应当在党报党刊、重点新闻网站、门户网站等党的媒体上公开发布。

第三十条 实际工作迫切需要但还不够成熟的党内法规，可以先试行。试行期限一般不超过 5 年。

第六章 保　障

第三十一条 制定党内法规，应当严格遵循效力位阶要求：

（一）党章在党内法规中具有最高效力，其他任何党内法规都不得同党章相抵触；

（二）中央党内法规的效力高于中央纪律检查委员会以及党中央工作机

关和省、自治区、直辖市党委制定的党内法规，中央纪律检查委员会以及党中央工作机关和省、自治区、直辖市党委制定党内法规不得同中央党内法规和规范性文件相抵触；

（三）中央纪律检查委员会以及党中央工作机关制定的党内法规的效力高于省、自治区、直辖市党委制定的党内法规，省、自治区、直辖市党委制定党内法规不得同中央纪律检查委员会以及党中央工作机关制定的党内法规相抵触。

第三十二条 中央纪律检查委员会以及党中央工作机关和省、自治区、直辖市党委制定的党内法规有下列情形之一的，党中央予以责令改正或者撤销：

（一）同党章、党的理论和路线方针政策相抵触；

（二）同宪法、法律和行政法规相抵触；

（三）同上位党内法规和规范性文件相抵触；

（四）其他应当责令改正或者撤销的情形。

不同部委制定的党内法规对同一事项作出的规定相冲突的，提请党中央处理。

第三十三条 同一制定机关制定的党内法规，一般规定与特别规定不一致的，适用特别规定；旧的规定与新的规定不一致的，适用新的规定。

第三十四条 党内法规需要进一步明确条款具体含义或者适用问题的，应当进行解释。中央党内法规由党中央或者授权有关部委解释，中央纪律检查委员会以及党中央工作机关和省、自治区、直辖市党委制定的党内法规由制定机关解释。

党内法规的解释同党内法规具有同等效力。

第三十五条 中央纪律检查委员会以及党中央工作机关和省、自治区、直辖市党委制定的党内法规应当自发布之日起30日内报党中央备案。中央办公厅按照有关规定负责具体审查工作。

第三十六条 坚持制定和实施一体推进，健全党内法规执行责任制，加大党内法规宣传、教育、培训力度，对党内法规执行情况、实施效果开展评估，加强监督执纪问责，确保党内法规得到有效实施。

第三十七条 制定机关应当组织开展党内法规清理工作，及时开展集中清理，根据需要开展特定内容或者特定范围的专项清理，在制定工作中同步开展即时清理。根据清理情况，作出修改、废止、宣布失效等决定。

第三十八条 制定机关应当及时修改滞后于实践发展的党内法规。视情可以采取修订、修正案或者修改决定等方式修改，对相关联的党内法规可以开展集中修改。修改后，应当发布新的党内法规文本。

第三十九条 党内法规的编纂、汇编、出版等事宜，由制定机关所属法规工作机构按照有关规定办理。

第七章 附 则

第四十条 党内法规的修改,适用本条例。

党章的修改适用党章的规定。

第四十一条 军队党内法规制定规定,由中央军事委员会根据本条例制定。

第四十二条 本条例由中央办公厅负责解释。

第四十三条 本条例自发布之日起施行。

附录三

中国共产党党内法规和规范性文件备案审查规定

(2012 年 6 月 4 日中共中央批准 2012 年 6 月 4 日
中共中央办公厅发布 2019 年 8 月 30 日中共中央政治局会议修订)

第一章 总 则

第一条 为了规范党内法规和规范性文件备案审查工作,维护党内法规和党的政策的统一性、权威性,根据《中国共产党党内法规制定条例》,制定本规定。

第二条 本规定适用于党组织制定的党内法规和规范性文件的备案审查工作。

本规定所称规范性文件,指党组织在履行职责过程中形成的具有普遍约束力、在一定时期内可以反复适用的文件。

下列文件不列入备案审查范围:

(一)印发领导讲话、年度工作要点、工作总结等内容的文件;

(二)关于人事调整、表彰奖励、处分处理以及机关内部日常管理等事项的文件;

(三)请示、报告、会议活动通知、会议纪要、情况通报等文件;

(四)其他按照规定不需要备案审查的文件。

第三条 备案审查工作应当遵循下列原则:

(一)有件必备,凡属备案审查范围的都应当及时报备,不得瞒报、漏报、迟报;

(二)有备必审,对报备的党内法规和规范性文件应当及时、严格审查,不得备而不审;

(三)有错必纠,对审查中发现的问题应当按照规定作出处理,不得打折扣、搞变通。

第四条 各级党委,党的纪律检查委员会、党委(决策)议事协调机构以及党的工作机关、党委直属事业单位,党组(党委)承担备案审查工作主体责任。

各级党委办公厅(室)负责牵头办理本级党委备案审查工作,统筹协调、督促指导本地区备案审查工作。有关部门和单位应当在职责范围内积极协助开展备案审查工作,共同发挥审查把关作用。

各级党委应当与同级人大常委会、政府等有关方面建立健全备案审查衔接联动机制。

第二章　主　体

第五条　党组织制定的党内法规和规范性文件应当向上级党组织报备。

多个党组织联合制定的党内法规和规范性文件，由牵头党组织向共同的上级党组织报备。

党组织对下级党组织报备的党内法规和规范性文件进行审查，具体工作由其所属法规工作机构或者承担相关职能的工作机构办理。

第六条　中央纪律检查委员会、党中央（决策）议事协调机构以及党中央工作机关、党中央直属事业单位，党中央批准设立的党组（党委），各省、自治区、直辖市党委应当向党中央报备党内法规和规范性文件。

向地方党委报备规范性文件的党组织范围，参照前款规定。

第七条　中央纪律检查委员会以及党中央工作机关、有关中央国家机关部门党组（党委）可以根据工作需要，依照本规定精神建立系统内备案制度。

党中央明确规定党组织将其制定的党内法规和规范性文件报送特定主体备查、审核的，从其规定，同时有关党组织还应当按照本规定要求进行报备。

逐步实行党的基层组织向批准其设立的党组织报备规范性文件。

第三章　报　备

第八条　应当报备的党内法规和规范性文件，自发布之日起 30 日内由制定机关报备。

未按照规定时限报备的，审查机关应当责令其限期补报，必要时可以通报。

第九条　报备党内法规和规范性文件，应当提交 1 份备案报告、正式文本和备案说明，装订成册，并报送电子文本。

备案说明应当写明制定背景、政策创新及其依据、重要数据指标来源、征求意见、审议签批等情况。

第十条　报备机关应当在每年 2 月 1 日前，将上一年度文件目录报送审查机关备查。

第四章　审　查

第十一条　审查机关对符合审查要求的报备党内法规和规范性文件，应当予以登记，从下列方面进行审查：

（一）政治性审查。包括是否认真贯彻落实习近平新时代中国特色社会主义思想，是否同党的基本理论、基本路线、基本方略相一致，是否与党中央重大决策部署相符合，是否严守党的政治纪律和政治规矩等。

（二）合法合规性审查。包括是否同宪法和法律相一致，是否同党章、上位党内法规和规范性文件相抵触，是否与同位党内法规和规范性文件对同一事项的规定相冲突，是否符合制定权限和程序，是否落实精简文件、改进文风要求等。

（三）合理性审查。包括是否适应形势发展需要，是否可能在社会上造成重大负面影响，是否违反公平公正原则等。

（四）规范性审查。包括名称使用是否适当，体例格式是否正确，表述是否规范等。

审查机关在审查中，应当注重保护有关地区和部门结合实际改革创新的积极性。

第十二条 对内容复杂敏感、专业性强、涉及面广的党内法规和规范性文件，审查机关可以征求有关方面意见建议或者进行会商调研。

人大常委会、政府、军队备案审查工作机构发现党内法规和规范性文件可能存在违法违规问题的，可以向同级党委备案审查工作机构提出审查建议。同级党委备案审查工作机构应当研究处理，并以适当方式反馈结果。

第十三条 针对审查中发现的问题或者有关方面的意见建议，审查机关可以要求报备机关作出说明。

报备机关应当在规定时限内就有关事项说明理由和依据，同时可以提出处理措施。

第五章 处 理

第十四条 审查机关应当根据不同情形，对报备的党内法规和规范性文件作出相应处理决定，并督促报备机关及时办理。报备机关应当认真落实审查机关的处理决定。

第十五条 对审查中没有发现问题的党内法规和规范性文件，审查机关应当直接予以备案通过，并及时反馈报备机关。

审查机关发现已经备案通过的党内法规和规范性文件存在问题的，可以重新启动审查程序。

第十六条 党内法规和规范性文件没有原则性问题，但存在下列情形之一，审查机关可以予以备案通过，并向报备机关提出建议：

（一）有关规定基本合法合规，但需要在执行中把握好尺度的；

（二）有关规定实施后上级精神发生变化或者新的改革措施即将出台，需要报备机关了解掌握的；

（三）有关方面提出的意见建议具有较高参考价值的；

（四）其他需要提出建议的情形。

第十七条 党内法规和规范性文件没有原则性问题，但存在名称使用、体例格式、文字表述等不规范情形的，审查机关可以予以备案通过，并将相关情况告知报备机关。

报备机关多次出现不规范情形的，审查机关可以视情予以通报。

第十八条　党内法规和规范性文件没有原则性问题，但存在下列情形之一，审查机关可以予以备案通过，并对报备机关进行书面提醒：

（一）有关政治表述不够规范的；

（二）有关规定在执行中可能产生偏差或者引起误解的；

（三）有关规定不够合理的；

（四）制定程序不规范的；

（五）不符合精简文件、改进文风要求的；

（六）其他需要提醒的情形。

报备机关在收到书面提醒后应当主动整改，并将相关情况及时通知有关方面，防范有关问题产生不利影响。审查机关要求报告处理情况的，报备机关应当在收到书面提醒后 30 日内报告。

第十九条　党内法规和规范性文件存在下列情形之一，审查机关应当不予备案通过，并要求报备机关进行纠正：

（一）违背党章、党的理论和路线方针政策的；

（二）违反宪法和法律的；

（三）同上位党内法规和规范性文件相抵触的；

（四）明显不合理的；

（五）不符合制定权限的；

（六）其他需要纠正的情形。

对审查发现的问题，审查机关可以发函要求报备机关纠正，也可以由报备机关主动纠正。纠正可以采用修改原文件、印发补充文件等方式。

报备机关应当在收到纠正要求后 30 日内报告相关处理情况，对复杂敏感、容易产生不利影响的事项，应当及时会同有关方面采取有效措施妥善处理。

纠正后的党内法规和规范性文件符合要求的，审查机关按程序予以备案通过。报备机关未在规定时限内纠正问题或者报告有关纠正措施，且无正当理由的，审查机关可以作出撤销相关党内法规和规范性文件的决定。

第二十条　审查机关对报备的党内法规和规范性文件作出审查处理决定，应当按照规定权限和程序审批。

第二十一条　对未发现问题的党内法规和规范性文件，审查机关一般在 30 日内完成审查处理工作。发现可能存在问题的，可以适当延长审查处理时间，但一般不超过 3 个月。

备案审查工作有关资料应当及时存档备查。

第二十二条　审查机关应当及时梳理总结审查中发现的问题，加强综合分析利用，推动完善制度、改进工作。

第六章　保障与监督

第二十三条　加强备案审查工作信息化建设，建立健全覆盖全面、互联互通、功能完备、操作便捷的备案专网，提高备案审查工作信息化水平。

第二十四条　党组织应当加强对备案审查工作情况的监督检查、考核评价、表彰奖励，相关结果在一定范围内通报。

第二十五条　实行党内法规和规范性文件备案审查责任追究制度。有下列情形之一，应当依规依纪追究有关党组织、党员领导干部以及工作人员的责任：

（一）履行政治责任不到位，对备案审查工作不重视不部署，组织领导不力，造成严重后果的；

（二）违反报备工作程序和时限要求，报备不规范、不及时甚至不报备，或者对审查机关指出的问题拒不整改或者整改不及时、不到位，造成严重后果的；

（三）违反审查工作程序和时限要求，审查不规范、不及时或者出现明显错误，造成严重后果的；

（四）其他应当追究责任的情形。

第七章　附　则

第二十六条　中央军事委员会可以根据本规定，制定军队党内法规和规范性文件备案审查办法。

第二十七条　本规定由中央办公厅负责解释。

第二十八条　本规定自 2012 年 7 月 1 日起施行。

附录四

行政法规制定程序条例

（2001 年 11 月 16 日中华人民共和国国务院令

第 321 号公布　根据 2017 年 12 月 22 日《国务院关于修改

〈行政法规制定程序条例〉的决定》修订　自 2018 年 5 月 1 日起施行）

第一章　总　则

第一条　为了规范行政法规制定程序，保证行政法规质量，根据宪法、立法法和国务院组织法的有关规定，制定本条例。

第二条　行政法规的立项、起草、审查、决定、公布、解释，适用本条例。

第三条　制定行政法规，应当贯彻落实党的路线方针政策和决策部署，符合宪法和法律的规定，遵循立法法确定的立法原则。

第四条　制定政治方面法律的配套行政法规，应当按照有关规定及时报告党中央。

制定经济、文化、社会、生态文明等方面重大体制和重大政策调整的重要行政法规，应当将行政法规草案或者行政法规草案涉及的重大问题按照有关规定及时报告党中央。

第五条　行政法规的名称一般称"条例"，也可以称"规定""办法"等。国务院根据全国人民代表大会及其常务委员会的授权决定制定的行政法规，称"暂行条例"或者"暂行规定"。

国务院各部门和地方人民政府制定的规章不得称"条例"。

第六条　行政法规应当备而不繁，逻辑严密，条文明确、具体，用语准确、简洁，具有可操作性。

行政法规根据内容需要，可以分章、节、条、款、项、目。章、节、条的序号用中文数字依次表述，款不编序号，项的序号用中文数字加括号依次表述，目的序号用阿拉伯数字依次表述。

第二章　立　项

第七条　国务院于每年年初编制本年度的立法工作计划。

第八条　国务院有关部门认为需要制定行政法规的，应当于国务院编制年度立法工作计划前，向国务院报请立项。

国务院有关部门报送的行政法规立项申请，应当说明立法项目所要解决的主要问题、依据的党的路线方针政策和决策部署，以及拟确立的主要制度。

国务院法制机构应当向社会公开征集行政法规制定项目建议。

第九条 国务院法制机构应当根据国家总体工作部署,对行政法规立项申请和公开征集的行政法规制定项目建议进行评估论证,突出重点,统筹兼顾,拟订国务院年度立法工作计划,报党中央、国务院批准后向社会公布。

列入国务院年度立法工作计划的行政法规项目应当符合下列要求:

(一)贯彻落实党的路线方针政策和决策部署,适应改革、发展、稳定的需要;

(二)有关的改革实践经验基本成熟;

(三)所要解决的问题属于国务院职权范围并需要国务院制定行政法规的事项。

第十条 对列入国务院年度立法工作计划的行政法规项目,承担起草任务的部门应当抓紧工作,按照要求上报国务院;上报国务院前,应当与国务院法制机构沟通。

国务院法制机构应当及时跟踪了解国务院各部门落实国务院年度立法工作计划的情况,加强组织协调和督促指导。

国务院年度立法工作计划在执行中可以根据实际情况予以调整。

第三章 起 草

第十一条 行政法规由国务院组织起草。国务院年度立法工作计划确定行政法规由国务院的一个部门或者几个部门具体负责起草工作,也可以确定由国务院法制机构起草或者组织起草。

第十二条 起草行政法规,应当符合本条例第三条、第四条的规定,并符合下列要求:

(一)弘扬社会主义核心价值观;

(二)体现全面深化改革精神,科学规范行政行为,促进政府职能向宏观调控、市场监管、社会管理、公共服务、环境保护等方面转变;

(三)符合精简、统一、效能的原则,相同或者相近的职能规定由一个行政机关承担,简化行政管理手续;

(四)切实保障公民、法人和其他组织的合法权益,在规定其应当履行的义务的同时,应当规定其相应的权利和保障权利实现的途径;

(五)体现行政机关的职权与责任相统一的原则,在赋予有关行政机关必要的职权的同时,应当规定其行使职权的条件、程序和应承担的责任。

第十三条 起草行政法规,起草部门应当深入调查研究,总结实践经验,广泛听取有关机关、组织和公民的意见。涉及社会公众普遍关注的热点难点问题和经济社会发展遇到的突出矛盾,减损公民、法人和其他组织权利或者增加其义务，对社会公众有重要影响等重大利益调整事项的，应当进行论证咨询。听取意见可以采取召开座谈会、论证会、听证会等多种形式。

起草行政法规，起草部门应当将行政法规草案及其说明等向社会公布，征求意见，但是经国务院决定不公布的除外。向社会公布征求意见的期限一般不少于 30 日。

起草专业性较强的行政法规，起草部门可以吸收相关领域的专家参与起草工作，或者委托有关专家、教学科研单位、社会组织起草。

第十四条 起草行政法规，起草部门应当就涉及其他部门的职责或者与其他部门关系紧密的规定，与有关部门充分协商，涉及部门职责分工、行政许可、财政支持、税收优惠政策的，应当征得机构编制、财政、税务等相关部门同意。

第十五条 起草行政法规，起草部门应当对涉及有关管理体制、方针政策等需要国务院决策的重大问题提出解决方案，报国务院决定。

第十六条 起草部门向国务院报送的行政法规草案送审稿（以下简称行政法规送审稿），应当由起草部门主要负责人签署。

起草行政法规，涉及几个部门共同职责需要共同起草的，应当共同起草，达成一致意见后联合报送行政法规送审稿。几个部门共同起草的行政法规送审稿，应当由该几个部门主要负责人共同签署。

第十七条 起草部门将行政法规送审稿报送国务院审查时，应当一并报送行政法规送审稿的说明和有关材料。

行政法规送审稿的说明应当对立法的必要性，主要思路，确立的主要制度，征求有关机关、组织和公民意见的情况，各方面对送审稿主要问题的不同意见及其协调处理情况，拟设定、取消或者调整行政许可、行政强制的情况等作出说明。有关材料主要包括所规范领域的实际情况和相关数据、实践中存在的主要问题、国内外的有关立法资料、调研报告、考察报告等。

第四章 审 查

第十八条 报送国务院的行政法规送审稿，由国务院法制机构负责审查。

国务院法制机构主要从以下方面对行政法规送审稿进行审查：

（一）是否严格贯彻落实党的路线方针政策和决策部署，是否符合宪法和法律的规定，是否遵循立法法确定的立法原则；

（二）是否符合本条例第十二条的要求；

（三）是否与有关行政法规协调、衔接；

（四）是否正确处理有关机关、组织和公民对送审稿主要问题的意见；

（五）其他需要审查的内容。

第十九条 行政法规送审稿有下列情形之一的，国务院法制机构可以缓办或者退回起草部门：

（一）制定行政法规的基本条件尚不成熟或者发生重大变化的；

（二）有关部门对送审稿规定的主要制度存在较大争议，起草部门未征得机构编制、财政、税务等相关部门同意的；

（三）未按照本条例有关规定公开征求意见的；

（四）上报送审稿不符合本条例第十五条、第十六条、第十七条规定的。

第二十条 国务院法制机构应当将行政法规送审稿或者行政法规送审稿涉及的主要问题发送国务院有关部门、地方人民政府、有关组织和专家等各方面征求意见。国务院有关部门、地方人民政府应当在规定期限内反馈书面意见，并加盖本单位或者本单位办公厅（室）印章。

国务院法制机构可以将行政法规送审稿或者修改稿及其说明等向社会公布，征求意见。向社会公布征求意见的期限一般不少于30日。

第二十一条 国务院法制机构应当就行政法规送审稿涉及的主要问题，深入基层进行实地调查研究，听取基层有关机关、组织和公民的意见。

第二十二条 行政法规送审稿涉及重大利益调整的，国务院法制机构应当进行论证咨询，广泛听取有关方面的意见。论证咨询可以采取座谈会、论证会、听证会、委托研究等多种形式。

行政法规送审稿涉及重大利益调整或者存在重大意见分歧，对公民、法人或者其他组织的权利义务有较大影响，人民群众普遍关注的，国务院法制机构可以举行听证会，听取有关机关、组织和公民的意见。

第二十三条 国务院有关部门对行政法规送审稿涉及的主要制度、方针政策、管理体制、权限分工等有不同意见的，国务院法制机构应当进行协调，力求达成一致意见。对有较大争议的重要立法事项，国务院法制机构可以委托有关专家、教学科研单位、社会组织进行评估。

经过充分协调不能达成一致意见的，国务院法制机构、起草部门应当将争议的主要问题、有关部门的意见以及国务院法制机构的意见及时报国务院领导协调，或者报国务院决定。

第二十四条 国务院法制机构应当认真研究各方面的意见，与起草部门协商后，对行政法规送审稿进行修改，形成行政法规草案和对草案的说明。

第二十五条 行政法规草案由国务院法制机构主要负责人提出提请国务院常务会议审议的建议；对调整范围单一、各方面意见一致或者依据法律制定的配套行政法规草案，可以采取传批方式，由国务院法制机构直接提请国务院审批。

第五章 决定与公布

第二十六条 行政法规草案由国务院常务会议审议，或者由国务院审批。

国务院常务会议审议行政法规草案时，由国务院法制机构或者起草部门作说明。

第二十七条 国务院法制机构应当根据国务院对行政法规草案的审议意见，对行政法规草案进行修改，形成草案修改稿，报请总理签署国务院令公布施行。

签署公布行政法规的国务院令载明该行政法规的施行日期。

第二十八条 行政法规签署公布后，及时在国务院公报和中国政府法制信息网以及在全国范围内发行的报纸上刊载。国务院法制机构应当及时汇编出版行政法规的国家正式版本。

在国务院公报上刊登的行政法规文本为标准文本。

第二十九条 行政法规应当自公布之日起 30 日后施行；但是，涉及国家安全、外汇汇率、货币政策的确定以及公布后不立即施行将有碍行政法规施行的，可以自公布之日起施行。

第三十条 行政法规在公布后的 30 日内由国务院办公厅报全国人民代表大会常务委员会备案。

第六章 行政法规解释

第三十一条 行政法规有下列情形之一的，由国务院解释：

（一）行政法规的规定需要进一步明确具体含义的；

（二）行政法规制定后出现新的情况，需要明确适用行政法规依据的。

国务院法制机构研究拟订行政法规解释草案，报国务院同意后，由国务院公布或者由国务院授权国务院有关部门公布。

行政法规的解释与行政法规具有同等效力。

第三十二条 国务院各部门和省、自治区、直辖市人民政府可以向国务院提出行政法规解释要求。

第三十三条 对属于行政工作中具体应用行政法规的问题，省、自治区、直辖市人民政府法制机构以及国务院有关部门法制机构请求国务院法制机构解释的，国务院法制机构可以研究答复；其中涉及重大问题的，由国务院法制机构提出意见，报国务院同意后答复。

第七章 附 则

第三十四条 拟订国务院提请全国人民代表大会或者全国人民代表大会常务委员会审议的法律草案，参照本条例的有关规定办理。

第三十五条　国务院可以根据全面深化改革、经济社会发展需要，就行政管理等领域的特定事项，决定在一定期限内在部分地方暂时调整或者暂时停止适用行政法规的部分规定。

第三十六条　国务院法制机构或者国务院有关部门应当根据全面深化改革、经济社会发展需要以及上位法规定，及时组织开展行政法规清理工作。对不适应全面深化改革和经济社会发展要求、不符合上位法规定的行政法规，应当及时修改或者废止。

第三十七条　国务院法制机构或者国务院有关部门可以组织对有关行政法规或者行政法规中的有关规定进行立法后评估，并把评估结果作为修改、废止有关行政法规的重要参考。

第三十八条　行政法规的修改、废止程序适用本条例的有关规定。

行政法规修改、废止后，应当及时公布。

第三十九条　行政法规的外文正式译本和民族语言文本，由国务院法制机构审定。

第四十条　本条例自 2002 年 1 月 1 日起施行。1987 年 4 月 21 日国务院批准、国务院办公厅发布的《行政法规制定程序暂行条例》同时废止。

附录五

规章制定程序条例

（2001 年 11 月 16 日中华人民共和国国务院令第 322 号公布
根据 2017 年 12 月 22 日《国务院关于修改〈规章制定
程序条例〉的决定》修订　自 2018 年 5 月 1 日施行）

第一章　总　则

第一条　为了规范规章制定程序，保证规章质量，根据立法法的有关规定，制定本条例。

第二条　规章的立项、起草、审查、决定、公布、解释，适用本条例。违反本条例规定制定的规章无效。

第三条　制定规章，应当贯彻落实党的路线方针政策和决策部署，遵循立法法确定的立法原则，符合宪法、法律、行政法规和其他上位法的规定。

没有法律或者国务院的行政法规、决定、命令的依据，部门规章不得设定减损公民、法人和其他组织权利或者增加其义务的规范，不得增加本部门的权力或者减少本部门的法定职责。没有法律、行政法规、地方性法规的依据，地方政府规章不得设定减损公民、法人和其他组织权利或者增加其义务的规范。

第四条　制定政治方面法律的配套规章，应当按照有关规定及时报告党中央或者同级党委（党组）。

制定重大经济社会方面的规章，应当按照有关规定及时报告同级党委（党组）。

第五条　制定规章，应当切实保障公民、法人和其他组织的合法权益，在规定其应当履行的义务的同时，应当规定其相应的权利和保障权利实现的途径。

制定规章，应当体现行政机关的职权与责任相统一的原则，在赋予有关行政机关必要的职权的同时，应当规定其行使职权的条件、程序和应承担的责任。

第六条　制定规章，应当体现全面深化改革精神，科学规范行政行为，促进政府职能向宏观调控、市场监管、社会管理、公共服务、环境保护等方面转变。

制定规章，应当符合精简、统一、效能的原则，相同或者相近的职能应当规定由一个行政机关承担，简化行政管理手续。

第七条 规章的名称一般称"规定""办法"，但不得称"条例"。

第八条 规章用语应当准确、简洁，条文内容应当明确、具体，具有可操作性。

法律、法规已经明确规定的内容，规章原则上不作重复规定。

除内容复杂的外，规章一般不分章、节。

第九条 涉及国务院两个以上部门职权范围的事项，制定行政法规条件尚不成熟，需要制定规章的，国务院有关部门应当联合制定规章。

有前款规定情形的，国务院有关部门单独制定的规章无效。

第二章 立 项

第十条 国务院部门内设机构或者其他机构认为需要制定部门规章的，应当向该部门报请立项。

省、自治区、直辖市和设区的市、自治州的人民政府所属工作部门或者下级人民政府认为需要制定地方政府规章的，应当向该省、自治区、直辖市或者设区的市、自治州的人民政府报请立项。

国务院部门，省、自治区、直辖市和设区的市、自治州的人民政府，可以向社会公开征集规章制定项目建议。

第十一条 报送制定规章的立项申请，应当对制定规章的必要性、所要解决的主要问题、拟确立的主要制度等作出说明。

第十二条 国务院部门法制机构，省、自治区、直辖市和设区的市、自治州的人民政府法制机构（以下简称法制机构），应当对制定规章的立项申请和公开征集的规章制定项目建议进行评估论证，拟订本部门、本级人民政府年度规章制定工作计划，报本部门、本级人民政府批准后向社会公布。

年度规章制定工作计划应当明确规章的名称、起草单位、完成时间等。

第十三条 国务院部门，省、自治区、直辖市和设区的市、自治州的人民政府，应当加强对执行年度规章制定工作计划的领导。对列入年度规章制定工作计划的项目，承担起草工作的单位应当抓紧工作，按照要求上报本部门或者本级人民政府决定。

法制机构应当及时跟踪了解本部门、本级人民政府年度规章制定工作计划执行情况，加强组织协调和督促指导。

年度规章制定工作计划在执行中，可以根据实际情况予以调整，对拟增加的规章项目应当进行补充论证。

第三章 起 草

第十四条 部门规章由国务院部门组织起草，地方政府规章由省、自治区、直辖市和设区的市、自治州的人民政府组织起草。

国务院部门可以确定规章由其一个或者几个内设机构或者其他机构具

体负责起草工作，也可以确定由其法制机构起草或者组织起草。

省、自治区、直辖市和设区的市、自治州的人民政府可以确定规章由其一个部门或者几个部门具体负责起草工作，也可以确定由其法制机构起草或者组织起草。

第十五条 起草规章，应当深入调查研究，总结实践经验，广泛听取有关机关、组织和公民的意见。听取意见可以采取书面征求意见、座谈会、论证会、听证会等多种形式。

起草规章，除依法需要保密的外，应当将规章草案及其说明等向社会公布，征求意见。向社会公布征求意见的期限一般不少于30日。

起草专业性较强的规章，可以吸收相关领域的专家参与起草工作，或者委托有关专家、教学科研单位、社会组织起草。

第十六条 起草规章，涉及社会公众普遍关注的热点难点问题和经济社会发展遇到的突出矛盾，减损公民、法人和其他组织权利或者增加其义务，对社会公众有重要影响等重大利益调整事项的，起草单位应当进行论证咨询，广泛听取有关方面的意见。

起草的规章涉及重大利益调整或者存在重大意见分歧，对公民、法人或者其他组织的权利义务有较大影响，人民群众普遍关注，需要进行听证的，起草单位应当举行听证会听取意见。听证会依照下列程序组织：

（一）听证会公开举行，起草单位应当在举行听证会的30日前公布听证会的时间、地点和内容；

（二）参加听证会的有关机关、组织和公民对起草的规章，有权提问和发表意见；

（三）听证会应当制作笔录，如实记录发言人的主要观点和理由；

（四）起草单位应当认真研究听证会反映的各种意见，起草的规章在报送审查时，应当说明对听证会意见的处理情况及其理由。

第十七条 起草部门规章，涉及国务院其他部门的职责或者与国务院其他部门关系紧密的，起草单位应当充分征求国务院其他部门的意见。

起草地方政府规章，涉及本级人民政府其他部门的职责或者与其他部门关系紧密的，起草单位应当充分征求其他部门的意见。起草单位与其他部门有不同意见的，应当充分协商；经过充分协商不能取得一致意见的，起草单位应当在上报规章草案送审稿（以下简称规章送审稿）时说明情况和理由。

第十八条 起草单位应当将规章送审稿及其说明、对规章送审稿主要问题的不同意见和其他有关材料按规定报送审查。

报送审查的规章送审稿，应当由起草单位主要负责人签署；几个起草单位共同起草的规章送审稿，应当由该几个起草单位主要负责人共同签署。

规章送审稿的说明应当对制定规章的必要性、规定的主要措施、有关方面的意见及其协调处理情况等作出说明。

有关材料主要包括所规范领域的实际情况和相关数据、实践中存在的主要问题、汇总的意见、听证会笔录、调研报告、国内外有关立法资料等。

第四章 审 查

第十九条 规章送审稿由法制机构负责统一审查。法制机构主要从以下方面对送审稿进行审查：

（一）是否符合本条例第三条、第四条、第五条、第六条的规定；

（二）是否符合社会主义核心价值观的要求；

（三）是否与有关规章协调、衔接；

（四）是否正确处理有关机关、组织和公民对规章送审稿主要问题的意见；

（五）是否符合立法技术要求；

（六）需要审查的其他内容。

第二十条 规章送审稿有下列情形之一的，法制机构可以缓办或者退回起草单位：

（一）制定规章的基本条件尚不成熟或者发生重大变化的；

（二）有关机构或者部门对规章送审稿规定的主要制度存在较大争议，起草单位未与有关机构或者部门充分协商的；

（三）未按照本条例有关规定公开征求意见的；

（四）上报送审稿不符合本条例第十八条规定的。

第二十一条 法制机构应当将规章送审稿或者规章送审稿涉及的主要问题发送有关机关、组织和专家征求意见。

法制机构可以将规章送审稿或者修改稿及其说明等向社会公布，征求意见。向社会公布征求意见的期限一般不少于30日。

第二十二条 法制机构应当就规章送审稿涉及的主要问题，深入基层进行实地调查研究，听取基层有关机关、组织和公民的意见。

第二十三条 规章送审稿涉及重大利益调整的，法制机构应当进行论证咨询，广泛听取有关方面的意见。论证咨询可以采取座谈会、论证会、听证会、委托研究等多种形式。

规章送审稿涉及重大利益调整或者存在重大意见分歧，对公民、法人或者其他组织的权利义务有较大影响，人民群众普遍关注，起草单位在起草过程中未举行听证会的，法制机构经本部门或者本级人民政府批准，可以举行听证会。举行听证会的，应当依照本条例第十六条规定的程序组织。

第二十四条 有关机构或者部门对规章送审稿涉及的主要措施、管理体制、权限分工等问题有不同意见的，法制机构应当进行协调，力求达成一致意见。对有较大争议的重要立法事项，法制机构可以委托有关专家、教学科研单位、社会组织进行评估。

经过充分协调不能达成一致意见的，法制机构应当将主要问题、有关机构或者部门的意见和法制机构的意见及时报本部门或者本级人民政府领导协调，或者报本部门或者本级人民政府决定。

第二十五条　法制机构应当认真研究各方面的意见，与起草单位协商后，对规章送审稿进行修改，形成规章草案和对草案的说明。说明应当包括制定规章拟解决的主要问题、确立的主要措施以及与有关部门的协调情况等。

规章草案和说明由法制机构主要负责人签署，提出提请本部门或者本级人民政府有关会议审议的建议。

第二十六条　法制机构起草或者组织起草的规章草案，由法制机构主要负责人签署，提出提请本部门或者本级人民政府有关会议审议的建议。

第五章　决定和公布

第二十七条　部门规章应当经部务会议或者委员会会议决定。

地方政府规章应当经政府常务会议或者全体会议决定。

第二十八条　审议规章草案时，由法制机构作说明，也可以由起草单位作说明。

第二十九条　法制机构应当根据有关会议审议意见对规章草案进行修改，形成草案修改稿，报请本部门首长或者省长、自治区主席、市长、自治州州长签署命令予以公布。

第三十条　公布规章的命令应当载明该规章的制定机关、序号、规章名称、通过日期、施行日期、部门首长或者省长、自治区主席、市长、自治州州长署名以及公布日期。

部门联合规章由联合制定的部门首长共同署名公布，使用主办机关的命令序号。

第三十一条　部门规章签署公布后，及时在国务院公报或者部门公报和中国政府法制信息网以及在全国范围内发行的报纸上刊载。

地方政府规章签署公布后，及时在本级人民政府公报和中国政府法制信息网以及在本行政区域范围内发行的报纸上刊载。

在国务院公报或者部门公报和地方人民政府公报上刊登的规章文本为标准文本。

第三十二条　规章应当自公布之日起 30 日后施行；但是，涉及国家安全、外汇汇率、货币政策的确定以及公布后不立即施行将有碍规章施行的，可以自公布之日起施行。

第六章　解释与备案

第三十三条　规章解释权属于规章制定机关。

规章有下列情形之一的，由制定机关解释：

（一）规章的规定需要进一步明确具体含义的；

（二）规章制定后出现新的情况，需要明确适用规章依据的。

规章解释由规章制定机关的法制机构参照规章送审稿审查程序提出意见，报请制定机关批准后公布。

规章的解释同规章具有同等效力。

第三十四条　规章应当自公布之日起 30 日内，由法制机构依照立法法和《规范备案条例》的规定向有关机关备案。

第三十五条　国家机关、社会团体、企业事业组织、公民认为规章同法律、行政法规相抵触的，可以向国务院书面提出审查的建议，由国务院法制机构研究并提出处理意见，按照规定程序处理。

国家机关、社会团体、企业事业组织、公民认为设区的市、自治州的人民政府规章同法律、行政法规相抵触或者违反其他上位法的规定的，也可以向本省、自治区人民政府书面提出审查的建议，由省、自治区人民政府法制机构研究并提出处理意见，按照规定程序处理。

第七章　附　则

第三十六条　依法不具有规章制定权的县级以上地方人民政府制定、发布具有普遍约束力的决定、命令，参照本条例规定的程序执行。

第三十七条　国务院部门，省、自治区、直辖市和设区的市、自治州的人民政府，应当根据全面深化改革、经济社会发展需要以及上位法规定，及时组织开展规章清理工作。对不适应全面深化改革和经济社会发展要求、不符合上位法规定的规章，应当及时修改或者废止。

第三十八条　国务院部门，省、自治区、直辖市和设区的市、自治州的人民政府，可以组织对有关规章或者规章中的有关规定进行立法后评估，并把评估结果作为修改、废止有关规章的重要参考。

第三十九条　规章的修改、废止程序适用本条例的有关规定。

规章修改、废止后，应当及时公布。

第四十条　编辑出版正式版本、民族文版、外文版本的规章汇编，由法制机构依照《法规汇编编辑出版管理规定》的有关规定执行。

第四十一条　本条例自 2002 年 1 月 1 日起施行。

附录六

中华人民共和国保守国家秘密法

（1988 年 9 月 5 日第七届全国人民代表大会常务委员会第三次会议通过

2010 年 4 月 29 日第十一届全国人民代表大会常务委员会

第十四次会议修订　自 2010 年 10 月 1 日起施行）

第一章　总　则

第一条　为了保守国家秘密，维护国家安全和利益，保障改革开放和社会主义建设事业的顺利进行，制定本法。

第二条　国家秘密是关系国家安全和利益，依照法定程序确定，在一定时间内只限一定范围的人员知悉的事项。

第三条　国家秘密受法律保护。

一切国家机关、武装力量、政党、社会团体、企业事业单位和公民都有保守国家秘密的义务。

任何危害国家秘密安全的行为，都必须受到法律追究。

第四条　保守国家秘密的工作（以下简称保密工作），实行积极防范、突出重点、依法管理的方针，既确保国家秘密安全，又便利信息资源合理利用。

法律、行政法规规定公开的事项，应当依法公开。

第五条　国家保密行政管理部门主管全国的保密工作。县级以上地方各级保密行政管理部门主管本行政区域的保密工作。

第六条　国家机关和涉及国家秘密的单位（以下简称机关、单位）管理本机关和本单位的保密工作。

中央国家机关在其职权范围内，管理或者指导本系统的保密工作。

第七条　机关、单位应当实行保密工作责任制，健全保密管理制度，完善保密防护措施，开展保密宣传教育，加强保密检查。

第八条　国家对在保守、保护国家秘密以及改进保密技术、措施等方面成绩显著的单位或者个人给予奖励。

第二章　国家秘密的范围和密级

第九条　下列涉及国家安全和利益的事项，泄露后可能损害国家在政治、经济、国防、外交等领域的安全和利益的，应当确定为国家秘密：

（一）国家事务重大决策中的秘密事项；

（二）国防建设和武装力量活动中的秘密事项；

（三）外交和外事活动中的秘密事项以及对外承担保密义务的秘密事项；

（四）国民经济和社会发展中的秘密事项；

（五）科学技术中的秘密事项；

（六）维护国家安全活动和追查刑事犯罪中的秘密事项；

（七）经国家保密行政管理部门确定的其他秘密事项。

政党的秘密事项中符合前款规定的，属于国家秘密。

第十条 国家秘密的密级分为绝密、机密、秘密三级。

绝密级国家秘密是最重要的国家秘密，泄露会使国家安全和利益遭受特别严重的损害；机密级国家秘密是重要的国家秘密，泄露会使国家安全和利益遭受严重的损害；秘密级国家秘密是一般的国家秘密，泄露会使国家安全和利益遭受损害。

第十一条 国家秘密及其密级的具体范围，由国家保密行政管理部门分别会同外交、公安、国家安全和其他中央有关机关规定。

军事方面的国家秘密及其密级的具体范围，由中央军事委员会规定。

国家秘密及其密级的具体范围的规定，应当在有关范围内公布，并根据情况变化及时调整。

第十二条 机关、单位负责人及其指定的人员为定密责任人，负责本机关、本单位的国家秘密确定、变更和解除工作。

机关、单位确定、变更和解除本机关、本单位的国家秘密，应当由承办人提出具体意见，经定密责任人审核批准。

第十三条 确定国家秘密的密级，应当遵守定密权限。

中央国家机关、省级机关及其授权的机关、单位可以确定绝密级、机密级和秘密级国家秘密；设区的市、自治州一级的机关及其授权的机关、单位可以确定机密级和秘密级国家秘密。具体的定密权限、授权范围由国家保密行政管理部门规定。

机关、单位执行上级确定的国家秘密事项，需要定密的，根据所执行的国家秘密事项的密级确定。下级机关、单位认为本机关、本单位产生的有关定密事项属于上级机关、单位的定密权限，应当先行采取保密措施，并立即报请上级机关、单位确定；没有上级机关、单位的，应当立即提请有相应定密权限的业务主管部门或者保密行政管理部门确定。

公安、国家安全机关在其工作范围内按照规定的权限确定国家秘密的密级。

第十四条 机关、单位对所产生的国家秘密事项，应当按照国家秘密及其密级的具体范围的规定确定密级，同时确定保密期限和知悉范围。

第十五条 国家秘密的保密期限，应当根据事项的性质和特点，按照维护国家安全和利益的需要，限定在必要的期限内；不能确定期限的，应当确定解密的条件。

国家秘密的保密期限，除另有规定外，绝密级不超过三十年，机密级不超过二十年，秘密级不超过十年。

机关、单位应当根据工作需要，确定具体的保密期限、解密时间或者解密条件。

机关、单位对在决定和处理有关事项工作过程中确定需要保密的事项，根据工作需要决定公开的，正式公布时即视为解密。

第十六条 国家秘密的知悉范围，应当根据工作需要限定在最小范围。

国家秘密的知悉范围能够限定到具体人员的，限定到具体人员；不能限定到具体人员的，限定到机关、单位，由机关、单位限定到具体人员。

国家秘密的知悉范围以外的人员，因工作需要知悉国家秘密的，应当经过机关、单位负责人批准。

第十七条 机关、单位对承载国家秘密的纸介质、光介质、电磁介质等载体（以下简称国家秘密载体）以及属于国家秘密的设备、产品，应当做出国家秘密标志。

不属于国家秘密的，不应当做出国家秘密标志。

第十八条 国家秘密的密级、保密期限和知悉范围，应当根据情况变化及时变更。国家秘密的密级、保密期限和知悉范围的变更，由原定密机关、单位决定，也可以由其上级机关决定。

国家秘密的密级、保密期限和知悉范围变更的，应当及时书面通知知悉范围内的机关、单位或者人员。

第十九条 国家秘密的保密期限已满的，自行解密。

机关、单位应当定期审核所确定的国家秘密。对在保密期限内因保密事项范围调整不再作为国家秘密事项，或者公开后不会损害国家安全和利益，不需要继续保密的，应当及时解密；对需要延长保密期限的，应当在原保密期限届满前重新确定保密期限。提前解密或者延长保密期限的，由原定密机关、单位决定，也可以由其上级机关决定。

第二十条 机关、单位对是否属于国家秘密或者属于何种密级不明确或者有争议的，由国家保密行政管理部门或者省、自治区、直辖市保密行政管理部门确定。

第三章　保密制度

第二十一条 国家秘密载体的制作、收发、传递、使用、复制、保存、维修和销毁，应当符合国家保密规定。

绝密级国家秘密载体应当在符合国家保密标准的设施、设备中保存，并指定专人管理；未经原定密机关、单位或者其上级机关批准，不得复制和摘抄；收发、传递和外出携带，应当指定人员负责，并采取必要的安全措施。

第二十二条 属于国家秘密的设备、产品的研制、生产、运输、使用、保存、维修和销毁，应当符合国家保密规定。

第二十三条 存储、处理国家秘密的计算机信息系统（以下简称涉密信息系统）按照涉密程度实行分级保护。

涉密信息系统应当按照国家保密标准配备保密设施、设备。保密设施、设备应当与涉密信息系统同步规划，同步建设，同步运行。

涉密信息系统应当按照规定，经检查合格后，方可投入使用。

第二十四条 机关、单位应当加强对涉密信息系统的管理，任何组织和个人不得有下列行为：

（一）将涉密计算机、涉密存储设备接入互联网及其他公共信息网络；

（二）在未采取防护措施的情况下，在涉密信息系统与互联网及其他公共信息网络之间进行信息交换；

（三）使用非涉密计算机、非涉密存储设备存储、处理国家秘密信息；

（四）擅自卸载、修改涉密信息系统的安全技术程序、管理程序；

（五）将未经安全技术处理的退出使用的涉密计算机、涉密存储设备赠送、出售、丢弃或者改作其他用途。

第二十五条 机关、单位应当加强对国家秘密载体的管理，任何组织和个人不得有下列行为：

（一）非法获取、持有国家秘密载体；

（二）买卖、转送或者私自销毁国家秘密载体；

（三）通过普通邮政、快递等无保密措施的渠道传递国家秘密载体；

（四）邮寄、托运国家秘密载体出境；

（五）未经有关主管部门批准，携带、传递国家秘密载体出境。

第二十六条 禁止非法复制、记录、存储国家秘密。

禁止在互联网及其他公共信息网络或者未采取保密措施的有线和无线通信中传递国家秘密。

禁止在私人交往和通信中涉及国家秘密。

第二十七条 报刊、图书、音像制品、电子出版物的编辑、出版、印制、发行，广播节目、电视节目、电影的制作和播放，互联网、移动通信网等公共信息网络及其他传媒的信息编辑、发布，应当遵守有关保密规定。

第二十八条 互联网及其他公共信息网络运营商、服务商应当配合公安机关、国家安全机关、检察机关对泄密案件进行调查；发现利用互联网及其他公共信息网络发布的信息涉及泄露国家秘密的，应当立即停止传输，保存有关记录，向公安机关、国家安全机关或者保密行政管理部门报告；应当根据公安机关、国家安全机关或者保密行政管理部门的要求，删除涉及泄露国家秘密的信息。

第二十九条　机关、单位公开发布信息以及对涉及国家秘密的工程、货物、服务进行采购时，应当遵守保密规定。

第三十条　机关、单位对外交往与合作中需要提供国家秘密事项，或者任用、聘用的境外人员因工作需要知悉国家秘密的，应当报国务院有关主管部门或者省、自治区、直辖市人民政府有关主管部门批准，并与对方签订保密协议。

第三十一条　举办会议或者其他活动涉及国家秘密的，主办单位应当采取保密措施，并对参加人员进行保密教育，提出具体保密要求。

第三十二条　机关、单位应当将涉及绝密级或者较多机密级、秘密级国家秘密的机构确定为保密要害部门，将集中制作、存放、保管国家秘密载体的专门场所确定为保密要害部位，按照国家保密规定和标准配备、使用必要的技术防护设施、设备。

第三十三条　军事禁区和属于国家秘密不对外开放的其他场所、部位，应当采取保密措施，未经有关部门批准，不得擅自决定对外开放或者扩大开放范围。

第三十四条　从事国家秘密载体制作、复制、维修、销毁，涉密信息系统集成，或者武器装备科研生产等涉及国家秘密业务的企业事业单位，应当经过保密审查，具体办法由国务院规定。

机关、单位委托企业事业单位从事前款规定的业务，应当与其签订保密协议，提出保密要求，采取保密措施。

第三十五条　在涉密岗位工作的人员（以下简称涉密人员），按照涉密程度分为核心涉密人员、重要涉密人员和一般涉密人员，实行分类管理。

任用、聘用涉密人员应当按照有关规定进行审查。

涉密人员应当具有良好的政治素质和品行，具有胜任涉密岗位所要求的工作能力。

涉密人员的合法权益受法律保护。

第三十六条　涉密人员上岗应当经过保密教育培训，掌握保密知识技能，签订保密承诺书，严格遵守保密规章制度，不得以任何方式泄露国家秘密。

第三十七条　涉密人员出境应当经有关部门批准，有关机关认为涉密人员出境将对国家安全造成危害或者对国家利益造成重大损失的，不得批准出境。

第三十八条　涉密人员离岗离职实行脱密期管理。涉密人员在脱密期内，应当按照规定履行保密义务，不得违反规定就业，不得以任何方式泄露国家秘密。

第三十九条　机关、单位应当建立健全涉密人员管理制度，明确涉密人员的权利、岗位责任和要求，对涉密人员履行职责情况开展经常性的监督检查。

第四十条 国家工作人员或者其他公民发现国家秘密已经泄露或者可能泄露时，应当立即采取补救措施并及时报告有关机关、单位。机关、单位接到报告后，应当立即作出处理，并及时向保密行政管理部门报告。

第四章 监督管理

第四十一条 国家保密行政管理部门依照法律、行政法规的规定，制定保密规章和国家保密标准。

第四十二条 保密行政管理部门依法组织开展保密宣传教育、保密检查、保密技术防护和泄密案件查处工作，对机关、单位的保密工作进行指导和监督。

第四十三条 保密行政管理部门发现国家秘密确定、变更或者解除不当的，应当及时通知有关机关、单位予以纠正。

第四十四条 保密行政管理部门对机关、单位遵守保密制度的情况进行检查，有关机关、单位应当配合。保密行政管理部门发现机关、单位存在泄密隐患的，应当要求其采取措施，限期整改；对存在泄密隐患的设施、设备、场所，应当责令停止使用；对严重违反保密规定的涉密人员，应当建议有关机关、单位给予处分并调离涉密岗位；发现涉嫌泄露国家秘密的，应当督促、指导有关机关、单位进行调查处理。涉嫌犯罪的，移送司法机关处理。

第四十五条 保密行政管理部门对保密检查中发现的非法获取、持有的国家秘密载体，应当予以收缴。

第四十六条 办理涉嫌泄露国家秘密案件的机关，需要对有关事项是否属于国家秘密以及属于何种密级进行鉴定的，由国家保密行政管理部门或者省、自治区、直辖市保密行政管理部门鉴定。

第四十七条 机关、单位对违反保密规定的人员不依法给予处分的，保密行政管理部门应当建议纠正，对拒不纠正的，提请其上一级机关或者监察机关对该机关、单位负有责任的领导人员和直接责任人员依法予以处理。

第五章 法律责任

第四十八条 违反本法规定，有下列行为之一的，依法给予处分；构成犯罪的，依法追究刑事责任：

（一）非法获取、持有国家秘密载体的；

（二）买卖、转送或者私自销毁国家秘密载体的；

（三）通过普通邮政、快递等无保密措施的渠道传递国家秘密载体的；

（四）邮寄、托运国家秘密载体出境，或者未经有关主管部门批准，携带、传递国家秘密载体出境的；

（五）非法复制、记录、存储国家秘密的；

（六）在私人交往和通信中涉及国家秘密的；

（七）在互联网及其他公共信息网络或者未采取保密措施的有线和无线通信中传递国家秘密的；

（八）将涉密计算机、涉密存储设备接入互联网及其他公共信息网络的；

（九）在未采取防护措施的情况下，在涉密信息系统与互联网及其他公共信息网络之间进行信息交换的；

（十）使用非涉密计算机、非涉密存储设备存储、处理国家秘密信息的；

（十一）擅自卸载、修改涉密信息系统的安全技术程序、管理程序的；

（十二）将未经安全技术处理的退出使用的涉密计算机、涉密存储设备赠送、出售、丢弃或者改作其他用途的。

有前款行为尚不构成犯罪，且不适用处分的人员，由保密行政管理部门督促其所在机关、单位予以处理。

第四十九条 机关、单位违反本法规定，发生重大泄密案件的，由有关机关、单位依法对直接负责的主管人员和其他直接责任人员给予处分；不适用处分的人员，由保密行政管理部门督促其主管部门予以处理。

机关、单位违反本法规定，对应当定密的事项不定密，或者对不应当定密的事项定密，造成严重后果的，由有关机关、单位依法对直接负责的主管人员和其他直接责任人员给予处分。

第五十条 互联网及其他公共信息网络运营商、服务商违反本法第二十八条规定的，由公安机关或者国家安全机关、信息产业主管部门按照各自职责分工依法予以处罚。

第五十一条 保密行政管理部门的工作人员在履行保密管理职责中滥用职权、玩忽职守、徇私舞弊的，依法给予处分；构成犯罪的，依法追究刑事责任。

第六章 附 则

第五十二条 中央军事委员会根据本法制定中国人民解放军保密条例。

第五十三条 本法自 2010 年 10 月 1 日起施行。

附录七

中华人民共和国保守国家秘密法实施条例

（国务院2014年1月17日发布 2014年3月1日起施行）

第一章 总 则

第一条 根据《中华人民共和国保守国家秘密法》（以下简称保密法）的规定，制定本条例。

第二条 国家保密行政管理部门主管全国的保密工作。县级以上地方各级保密行政管理部门在上级保密行政管理部门指导下，主管本行政区域的保密工作。

第三条 中央国家机关在其职权范围内管理或者指导本系统的保密工作，监督执行保密法律法规，可以根据实际情况制定或者会同有关部门制定主管业务方面的保密规定。

第四条 县级以上人民政府应当加强保密基础设施建设和关键保密科技产品的配备。

省级以上保密行政管理部门应当加强关键保密科技产品的研发工作。

保密行政管理部门履行职责所需的经费，应当列入本级人民政府财政预算。机关、单位开展保密工作所需经费应当列入本机关、本单位的年度财政预算或者年度收支计划。

第五条 机关、单位不得将依法应当公开的事项确定为国家秘密，不得将涉及国家秘密的信息公开。

第六条 机关、单位实行保密工作责任制。机关、单位负责人对本机关、本单位的保密工作负责，工作人员对本岗位的保密工作负责。

机关、单位应当根据保密工作需要设立保密工作机构或者指定人员专门负责保密工作。

机关、单位及其工作人员履行保密工作责任制情况应当纳入年度考评和考核内容。

第七条 各级保密行政管理部门应当组织开展经常性的保密宣传教育。机关、单位应当定期对本机关、本单位工作人员进行保密形势、保密法律法规、保密技术防范等方面的教育培训。

第二章 国家秘密的范围和密级

第八条 国家秘密及其密级的具体范围（以下称保密事项范围）应当明确规定国家秘密具体事项的名称、密级、保密期限、知悉范围。

保密事项范围应当根据情况变化及时调整。制定、修订保密事项范围应当充分论证，听取有关机关、单位和相关领域专家的意见。

第九条 机关、单位负责人为本机关、本单位的定密责任人，根据工作需要，可以指定其他人员为定密责任人。

专门负责定密的工作人员应当接受定密培训，熟悉定密职责和保密事项范围，掌握定密程序和方法。

第十条 定密责任人在职责范围内承担有关国家秘密确定、变更和解除工作。具体职责是：

（一）审核批准本机关、本单位产生的国家秘密的密级、保密期限和知悉范围；

（二）对本机关、本单位产生的尚在保密期限内的国家秘密进行审核，作出是否变更或者解除的决定；

（三）对是否属于国家秘密和属于何种密级不明确的事项先行拟定密级，并按照规定的程序报保密行政管理部门确定。

第十一条 中央国家机关、省级机关以及设区的市、自治州级机关可以根据保密工作需要或者有关机关、单位的申请，在国家保密行政管理部门规定的定密权限、授权范围内作出定密授权。

定密授权应当以书面形式作出。授权机关应当对被授权机关、单位履行定密授权的情况进行监督。

中央国家机关、省级机关作出的授权，报国家保密行政管理部门备案；设区的市、自治州级机关作出的授权，报省、自治区、直辖市保密行政管理部门备案。

第十二条 机关、单位应当在国家秘密产生的同时，由承办人依据有关保密事项范围拟定密级、保密期限和知悉范围，报定密责任人审核批准，并采取相应保密措施。

第十三条 机关、单位对所产生的国家秘密，应当按照保密事项范围的规定确定具体的保密期限；保密事项范围没有规定具体保密期限的，可以根据工作需要，在保密法规定的保密期限内确定；不能确定保密期限的，应当确定解密条件。

国家秘密的保密期限，自标明的制发日起计算；不能标明制发日的，确定该国家秘密的机关、单位应当书面通知知悉范围内的机关、单位和人员，保密期限自通知之日起计算。

第十四条 机关、单位应当按照保密法的规定，严格限定国家秘密的知悉范围，对知悉机密级以上国家秘密的人员，应当作出书面记录。

第十五条 国家秘密载体以及属于国家秘密的设备、产品的明显部位应当标注国家秘密标志。国家秘密标志应当标注密级和保密期限。国家秘密的密级和保密期限发生变更的，应当及时对原国家秘密标志作出变更。

无法标注国家秘密标志的，确定该国家秘密的机关、单位应当书面通知知悉范围内的机关、单位和人员。

第十六条 机关、单位对所产生的国家秘密，认为符合保密法有关解密或者延长保密期限规定的，应当及时解密或者延长保密期限。

机关、单位对不属于本机关、本单位产生的国家秘密，认为符合保密法有关解密或者延长保密期限规定的，可以向原定密机关、单位或者其上级机关、单位提出建议。

已经依法移交各级国家档案馆的属于国家秘密的档案，由原定密机关、单位按照国家有关规定进行解密审核。

第十七条 机关、单位被撤销或者合并的，该机关、单位所确定国家秘密的变更和解除，由承担其职能的机关、单位负责，也可以由其上级机关、单位或者保密行政管理部门指定的机关、单位负责。

第十八条 机关、单位发现本机关、本单位国家秘密的确定、变更和解除不当的，应当及时纠正；上级机关、单位发现下级机关、单位国家秘密的确定、变更和解除不当的，应当及时通知其纠正，也可以直接纠正。

第十九条 机关、单位对符合保密法的规定，但保密事项范围没有规定的不明确事项，应当先行拟定密级、保密期限和知悉范围，采取相应的保密措施，并自拟定之日起 10 日内报有关部门确定。拟定为绝密级的事项和中央国家机关拟定的机密级、秘密级的事项，报国家保密行政管理部门确定；其他机关、单位拟定的机密级、秘密级的事项，报省、自治区、直辖市保密行政管理部门确定。

保密行政管理部门接到报告后，应当在 10 日内作出决定。省、自治区、直辖市保密行政管理部门还应当将所作决定及时报国家保密行政管理部门备案。

第二十条 机关、单位对已定密事项是否属于国家秘密或者属于何种密级有不同意见的，可以向原定密机关、单位提出异议，由原定密机关、单位作出决定。

机关、单位对原定密机关、单位未予处理或者对作出的决定仍有异议的，按照下列规定办理：

（一）确定为绝密级的事项和中央国家机关确定的机密级、秘密级的事项，报国家保密行政管理部门确定。

（二）其他机关、单位确定的机密级、秘密级的事项，报省、自治区、直辖市保密行政管理部门确定；对省、自治区、直辖市保密行政管理部门作出的决定有异议的，可以报国家保密行政管理部门确定。

在原定密机关、单位或者保密行政管理部门作出决定前，对有关事项应当按照主张密级中的最高密级采取相应的保密措施。

第三章　保密制度

第二十一条　国家秘密载体管理应当遵守下列规定：

（一）制作国家秘密载体，应当由机关、单位或者经保密行政管理部门保密审查合格的单位承担，制作场所应当符合保密要求。

（二）收发国家秘密载体，应当履行清点、编号、登记、签收手续。

（三）传递国家秘密载体，应当通过机要交通、机要通信或者其他符合保密要求的方式进行。

（四）复制国家秘密载体或者摘录、引用、汇编属于国家秘密的内容，应当按照规定报批，不得擅自改变原件的密级、保密期限和知悉范围，复制件应当加盖复制机关、单位戳记，并视同原件进行管理。

（五）保存国家秘密载体的场所、设施、设备，应当符合国家保密要求。

（六）维修国家秘密载体，应当由本机关、本单位专门技术人员负责。确需外单位人员维修的，应当由本机关、本单位的人员现场监督；确需在本机关、本单位以外维修的，应当符合国家保密规定。

（七）携带国家秘密载体外出，应当符合国家保密规定，并采取可靠的保密措施；携带国家秘密载体出境的，应当按照国家保密规定办理批准和携带手续。

第二十二条　销毁国家秘密载体应当符合国家保密规定和标准，确保销毁的国家秘密信息无法还原。

销毁国家秘密载体应当履行清点、登记、审批手续，并送交保密行政管理部门设立的销毁工作机构或者保密行政管理部门指定的单位销毁。机关、单位确因工作需要，自行销毁少量国家秘密载体的，应当使用符合国家保密标准的销毁设备和方法。

第二十三条　涉密信息系统按照涉密程度分为绝密级、机密级、秘密级。机关、单位应当根据涉密信息系统存储、处理信息的最高密级确定系统的密级，按照分级保护要求采取相应的安全保密防护措施。

第二十四条　涉密信息系统应当由国家保密行政管理部门设立或者授权的保密测评机构进行检测评估，并经设区的市、自治州级以上保密行政管理部门审查合格，方可投入使用。

公安、国家安全机关的涉密信息系统投入使用的管理办法，由国家保密行政管理部门会同国务院公安、国家安全部门另行规定。

第二十五条　机关、单位应当加强涉密信息系统的运行使用管理，指定专门机构或者人员负责运行维护、安全保密管理和安全审计，定期开展安全保密检查和风险评估。

涉密信息系统的密级、主要业务应用、使用范围和使用环境等发生变化或者涉密信息系统不再使用的，应当按照国家保密规定及时向保密行政管理部门报告，并采取相应措施。

第二十六条 机关、单位采购涉及国家秘密的工程、货物和服务的，应当根据国家保密规定确定密级，并符合国家保密规定和标准。机关、单位应当对提供工程、货物和服务的单位提出保密管理要求，并与其签订保密协议。

政府采购监督管理部门、保密行政管理部门应当依法加强对涉及国家秘密的工程、货物和服务采购的监督管理。

第二十七条 举办会议或者其他活动涉及国家秘密的，主办单位应当采取下列保密措施：

（一）根据会议、活动的内容确定密级，制定保密方案，限定参加人员范围；

（二）使用符合国家保密规定和标准的场所、设施、设备；

（三）按照国家保密规定管理国家秘密载体；

（四）对参加人员提出具体保密要求。

第二十八条 企业事业单位从事国家秘密载体制作、复制、维修、销毁，涉密信息系统集成或者武器装备科研生产等涉及国家秘密的业务（以下简称涉密业务），应当由保密行政管理部门或者保密行政管理部门会同有关部门进行保密审查。保密审查不合格的，不得从事涉密业务。

第二十九条 从事涉密业务的企业事业单位应当具备下列条件：

（一）在中华人民共和国境内依法成立 3 年以上的法人，无违法犯罪记录；

（二）从事涉密业务的人员具有中华人民共和国国籍；

（三）保密制度完善，有专门的机构或者人员负责保密工作；

（四）用于涉密业务的场所、设施、设备符合国家保密规定和标准；

（五）具有从事涉密业务的专业能力；

（六）法律、行政法规和国家保密行政管理部门规定的其他条件。

第三十条 涉密人员的分类管理、任（聘）用审查、脱密期管理、权益保障等具体办法，由国家保密行政管理部门会同国务院有关主管部门制定。

第四章　监督管理

第三十一条 机关、单位应当向同级保密行政管理部门报送本机关、本单位年度保密工作情况。下级保密行政管理部门应当向上级保密行政管理部门报送本行政区域年度保密工作情况。

第三十二条 保密行政管理部门依法对机关、单位执行保密法律法规的下列情况进行检查：

（一）保密工作责任制落实情况；

（二）保密制度建设情况；

（三）保密宣传教育培训情况；

（四）涉密人员管理情况；

（五）国家秘密确定、变更和解除情况；

（六）国家秘密载体管理情况；

（七）信息系统和信息设备保密管理情况；

（八）互联网使用保密管理情况；

（九）保密技术防护设施、设备配备使用情况；

（十）涉密场所及保密要害部门、部位管理情况；

（十一）涉密会议、活动管理情况；

（十二）信息公开保密审查情况。

第三十三条 保密行政管理部门在保密检查过程中，发现有泄密隐患的，可以查阅有关材料、询问人员、记录情况；对有关设施、设备、文件资料等可以依法先行登记保存，必要时进行保密技术检测。有关机关、单位及其工作人员对保密检查应当予以配合。

保密行政管理部门实施检查后，应当出具检查意见，对需要整改的，应当明确整改内容和期限。

第三十四条 机关、单位发现国家秘密已经泄露或者可能泄露的，应当立即采取补救措施，并在 24 小时内向同级保密行政管理部门和上级主管部门报告。

地方各级保密行政管理部门接到泄密报告的，应当在 24 小时内逐级报至国家保密行政管理部门。

第三十五条 保密行政管理部门对公民举报、机关和单位报告、保密检查发现、有关部门移送的涉嫌泄露国家秘密的线索和案件，应当依法及时调查或者组织、督促有关机关、单位调查处理。调查工作结束后，认为有违反保密法律法规的事实，需要追究责任的，保密行政管理部门可以向有关机关、单位提出处理建议。有关机关、单位应当及时将处理结果书面告知同级保密行政管理部门。

第三十六条 保密行政管理部门收缴非法获取、持有的国家秘密载体，应当进行登记并出具清单，查清密级、数量、来源、扩散范围等，并采取相应的保密措施。

保密行政管理部门可以提请公安、工商行政管理等有关部门协助收缴非法获取、持有的国家秘密载体，有关部门应当予以配合。

第三十七条 国家保密行政管理部门或者省、自治区、直辖市保密行政管理部门应当依据保密法律法规和保密事项范围，对办理涉嫌泄露国家秘密案件的机关提出鉴定的事项是否属于国家秘密、属于何种密级作出鉴定。

保密行政管理部门受理鉴定申请后，应当自受理之日起 30 日内出具鉴定结论；不能按期出具鉴定结论的，经保密行政管理部门负责人批准，可以延长 30 日。

第三十八条 保密行政管理部门及其工作人员应当按照法定的职权和程序开展保密审查、保密检查和泄露国家秘密案件查处工作，做到科学、公正、严格、高效，不得利用职权谋取利益。

第五章　法律责任

第三十九条 机关、单位发生泄露国家秘密案件不按照规定报告或者未采取补救措施的，对直接负责的主管人员和其他直接责任人员依法给予处分。

第四十条 在保密检查或者泄露国家秘密案件查处中，有关机关、单位及其工作人员拒不配合，弄虚作假，隐匿、销毁证据，或者以其他方式逃避、妨碍保密检查或者泄露国家秘密案件查处的，对直接负责的主管人员和其他直接责任人员依法给予处分。

企业事业单位及其工作人员协助机关、单位逃避、妨碍保密检查或者泄露国家秘密案件查处的，由有关主管部门依法予以处罚。

第四十一条 经保密审查合格的企业事业单位违反保密管理规定的，由保密行政管理部门责令限期整改，逾期不改或者整改后仍不符合要求的，暂停涉密业务；情节严重的，停止涉密业务。

第四十二条 涉密信息系统未按照规定进行检测评估和审查而投入使用的，由保密行政管理部门责令改正，并建议有关机关、单位对直接负责的主管人员和其他直接责任人员依法给予处分。

第四十三条 机关、单位委托未经保密审查的单位从事涉密业务的，由有关机关、单位对直接负责的主管人员和其他直接责任人员依法给予处分。

未经保密审查的单位从事涉密业务的，由保密行政管理部门责令停止违法行为；有违法所得的，由工商行政管理部门没收违法所得。

第四十四条 保密行政管理部门未依法履行职责，或者滥用职权、玩忽职守、徇私舞弊的，对直接负责的主管人员和其他直接责任人员依法给予处分；构成犯罪的，依法追究刑事责任。

第六章　附　则

第四十五条 本条例自 2014 年 3 月 1 日起施行。1990 年 4 月 25 日国务院批准、1990 年 5 月 25 日国家保密局发布的《中华人民共和国保守国家秘密法实施办法》同时废止。

附录八

中华人民共和国档案法

（1987 年 9 月 5 日第六届全国人民代表大会常务委员会第二十二次会议通过，根据 1996 年 7 月 5 日第八届全国人民代表大会常务委员会第二十次会议《关于修改〈中华人民共和国档案法〉的决定》第一次修正，根据 2016 年 11 月 7 日第十二届全国人民代表大会常务委员会第二十四次会议《关于修改〈中华人民共和国对外贸易法〉等十二部法律的决定》第二次修正，2020 年 6 月 20 日第十三届全国人民代表大会常务委员会第十九次会议修订。）

第一章 总 则

第一条 为了加强档案管理，规范档案收集、整理工作，有效保护和利用档案，提高档案信息化建设水平，推进国家治理体系和治理能力现代化，为中国特色社会主义事业服务，制定本法。

第二条 从事档案收集、整理、保护、利用及其监督管理活动，适用本法。

本法所称档案，是指过去和现在的机关、团体、企业事业单位和其他组织以及个人从事经济、政治、文化、社会、生态文明、军事、外事、科技等方面活动直接形成的对国家和社会具有保存价值的各种文字、图表、声像等不同形式的历史记录。

第三条 坚持中国共产党对档案工作的领导。各级人民政府应当加强档案工作，把档案事业纳入国民经济和社会发展规划，将档案事业发展经费列入政府预算，确保档案事业发展与国民经济和社会发展水平相适应。

第四条 档案工作实行统一领导、分级管理的原则，维护档案完整与安全，便于社会各方面的利用。

第五条 一切国家机关、武装力量、政党、团体、企业事业单位和公民都有保护档案的义务，享有依法利用档案的权利。

第六条 国家鼓励和支持档案科学研究和技术创新，促进科技成果在档案收集、整理、保护、利用等方面的转化和应用，推动档案科技进步。

国家采取措施，加强档案宣传教育，增强全社会档案意识。

国家鼓励和支持在档案领域开展国际交流与合作。

第七条 国家鼓励社会力量参与和支持档案事业的发展。

对在档案收集、整理、保护、利用等方面做出突出贡献的单位和个人，按照国家有关规定给予表彰、奖励。

第二章　档案机构及其职责

第八条　国家档案主管部门主管全国的档案工作，负责全国档案事业的统筹规划和组织协调，建立统一制度，实行监督和指导。

县级以上地方档案主管部门主管本行政区域内的档案工作，对本行政区域内机关、团体、企业事业单位和其他组织的档案工作实行监督和指导。

乡镇人民政府应当指定人员负责管理本机关的档案，并对所属单位、基层群众性自治组织等的档案工作实行监督和指导。

第九条　机关、团体、企业事业单位和其他组织应当确定档案机构或者档案工作人员负责管理本单位的档案，并对所属单位的档案工作实行监督和指导。

中央国家机关根据档案管理需要，在职责范围内指导本系统的档案业务工作。

第十条　中央和县级以上地方各级各类档案馆，是集中管理档案的文化事业机构，负责收集、整理、保管和提供利用各自分管范围内的档案。

第十一条　国家加强档案工作人才培养和队伍建设，提高档案工作人员业务素质。

档案工作人员应当忠于职守，遵纪守法，具备相应的专业知识与技能，其中档案专业人员可以按照国家有关规定评定专业技术职称。

第三章　档案的管理

第十二条　按照国家规定应当形成档案的机关、团体、企业事业单位和其他组织，应当建立档案工作责任制，依法健全档案管理制度。

第十三条　直接形成的对国家和社会具有保存价值的下列材料，应当纳入归档范围：

（一）反映机关、团体组织沿革和主要职能活动的；

（二）反映国有企业事业单位主要研发、建设、生产、经营和服务活动，以及维护国有企业事业单位权益和职工权益的；

（三）反映基层群众性自治组织城乡社区治理、服务活动的；

（四）反映历史上各时期国家治理活动、经济科技发展、社会历史面貌、文化习俗、生态环境的；

（五）法律、行政法规规定应当归档的。

非国有企业、社会服务机构等单位依照前款第二项所列范围保存本单位相关材料。

第十四条　应当归档的材料，按照国家有关规定定期向本单位档案机构或者档案工作人员移交，集中管理，任何个人不得拒绝归档或者据为己有。

国家规定不得归档的材料，禁止擅自归档。

第十五条 机关、团体、企业事业单位和其他组织应当按照国家有关规定，定期向档案馆移交档案，档案馆不得拒绝接收。

经档案馆同意，提前将档案交档案馆保管的，在国家规定的移交期限届满前，该档案所涉及政府信息公开事项仍由原制作或者保存政府信息的单位办理。移交期限届满的，涉及政府信息公开事项的档案按照档案利用规定办理。

第十六条 机关、团体、企业事业单位和其他组织发生机构变动或者撤销、合并等情形时，应当按照规定向有关单位或者档案馆移交档案。

第十七条 档案馆除按照国家有关规定接收移交的档案外，还可以通过接受捐献、购买、代存等方式收集档案。

第十八条 博物馆、图书馆、纪念馆等单位保存的文物、文献信息同时是档案的，依照有关法律、行政法规的规定，可以由上述单位自行管理。

档案馆与前款所列单位应当在档案的利用方面互相协作，可以相互交换重复件、复制件或者目录，联合举办展览，共同研究、编辑出版有关史料。

第十九条 档案馆以及机关、团体、企业事业单位和其他组织的档案机构应当建立科学的管理制度，便于对档案的利用；按照国家有关规定配置适宜档案保存的库房和必要的设施、设备，确保档案的安全；采用先进技术，实现档案管理的现代化。

档案馆和机关、团体、企业事业单位以及其他组织应当建立健全档案安全工作机制，加强档案安全风险管理，提高档案安全应急处置能力。

第二十条 涉及国家秘密的档案的管理和利用，密级的变更和解密，应当依照有关保守国家秘密的法律、行政法规规定办理。

第二十一条 鉴定档案保存价值的原则、保管期限的标准以及销毁档案的程序和办法，由国家档案主管部门制定。

禁止篡改、损毁、伪造档案。禁止擅自销毁档案。

第二十二条 非国有企业、社会服务机构等单位和个人形成的档案，对国家和社会具有重要保存价值或者应当保密的，档案所有者应当妥善保管。对保管条件不符合要求或者存在其他原因可能导致档案严重损毁和不安全的，省级以上档案主管部门可以给予帮助，或者经协商采取指定档案馆代为保管等确保档案完整和安全的措施；必要时，可以依法收购或者征购。

前款所列档案，档案所有者可以向国家档案馆寄存或者转让。严禁出卖、赠送给外国人或者外国组织。

向国家捐献重要、珍贵档案的，国家档案馆应当按照国家有关规定给予奖励。

第二十三条 禁止买卖属于国家所有的档案。

国有企业事业单位资产转让时，转让有关档案的具体办法，由国家档案主管部门制定。

档案复制件的交换、转让,按照国家有关规定办理。

第二十四条 档案馆和机关、团体、企业事业单位以及其他组织委托档案整理、寄存、开发利用和数字化等服务的,应当与符合条件的档案服务企业签订委托协议,约定服务的范围、质量和技术标准等内容,并对受托方进行监督。

受托方应当建立档案服务管理制度,遵守有关安全保密规定,确保档案的安全。

第二十五条 属于国家所有的档案和本法第二十二条规定的档案及其复制件,禁止擅自运送、邮寄、携带出境或者通过互联网传输出境。确需出境的,按照国家有关规定办理审批手续。

第二十六条 国家档案主管部门应当建立健全突发事件应对活动相关档案收集、整理、保护、利用工作机制。

档案馆应当加强对突发事件应对活动相关档案的研究整理和开发利用,为突发事件应对活动提供文献参考和决策支持。

第四章 档案的利用和公布

第二十七条 县级以上各级档案馆的档案,应当自形成之日起满二十五年向社会开放。经济、教育、科技、文化等类档案,可以少于二十五年向社会开放;涉及国家安全或者重大利益以及其他到期不宜开放的档案,可以多于二十五年向社会开放。国家鼓励和支持其他档案馆向社会开放档案。档案开放的具体办法由国家档案主管部门制定,报国务院批准。

第二十八条 档案馆应当通过其网站或者其他方式定期公布开放档案的目录,不断完善利用规则,创新服务形式,强化服务功能,提高服务水平,积极为档案的利用创造条件,简化手续,提供便利。

单位和个人持有合法证明,可以利用已经开放的档案。档案馆不按规定开放利用的,单位和个人可以向档案主管部门投诉,接到投诉的档案主管部门应当及时调查处理并将处理结果告知投诉人。

利用档案涉及知识产权、个人信息的,应当遵守有关法律、行政法规的规定。

第二十九条 机关、团体、企业事业单位和其他组织以及公民根据经济建设、国防建设、教学科研和其他工作的需要,可以按照国家有关规定,利用档案馆未开放的档案以及有关机关、团体、企业事业单位和其他组织保存的档案。

第三十条 馆藏档案的开放审核,由档案馆会同档案形成单位或者移交单位共同负责。尚未移交进馆档案的开放审核,由档案形成单位或者保管单位负责,并在移交时附具意见。

第三十一条 向档案馆移交、捐献、寄存档案的单位和个人，可以优先利用该档案，并可以对档案中不宜向社会开放的部分提出限制利用的意见，档案馆应当予以支持，提供便利。

第三十二条 属于国家所有的档案，由国家授权的档案馆或者有关机关公布；未经档案馆或者有关机关同意，任何单位和个人无权公布。非国有企业、社会服务机构等单位和个人形成的档案，档案所有者有权公布。

公布档案应当遵守有关法律、行政法规的规定，不得损害国家安全和利益，不得侵犯他人的合法权益。

第三十三条 档案馆应当根据自身条件，为国家机关制定法律、法规、政策和开展有关问题研究，提供支持和便利。

档案馆应当配备研究人员，加强对档案的研究整理，有计划地组织编辑出版档案材料，在不同范围内发行。

档案研究人员研究整理档案，应当遵守档案管理的规定。

第三十四条 国家鼓励档案馆开发利用馆藏档案，通过开展专题展览、公益讲座、媒体宣传等活动，进行爱国主义、集体主义、中国特色社会主义教育，传承发展中华优秀传统文化，继承革命文化，发展社会主义先进文化，增强文化自信，弘扬社会主义核心价值观。

第五章 档案信息化建设

第三十五条 各级人民政府应当将档案信息化纳入信息化发展规划，保障电子档案、传统载体档案数字化成果等档案数字资源的安全保存和有效利用。

档案馆和机关、团体、企业事业单位以及其他组织应当加强档案信息化建设，并采取措施保障档案信息安全。

第三十六条 机关、团体、企业事业单位和其他组织应当积极推进电子档案管理信息系统建设，与办公自动化系统、业务系统等相互衔接。

第三十七条 电子档案应当来源可靠、程序规范、要素合规。

电子档案与传统载体档案具有同等效力，可以以电子形式作为凭证使用。

电子档案管理办法由国家档案主管部门会同有关部门制定。

第三十八条 国家鼓励和支持档案馆和机关、团体、企业事业单位以及其他组织推进传统载体档案数字化。已经实现数字化的，应当对档案原件妥善保管。

第三十九条 电子档案应当通过符合安全管理要求的网络或者存储介质向档案馆移交。

档案馆应当对接收的电子档案进行检测，确保电子档案的真实性、完整性、可用性和安全性。

档案馆可以对重要电子档案进行异地备份保管。

第四十条　档案馆负责档案数字资源的收集、保存和提供利用。有条件的档案馆应当建设数字档案馆。

第四十一条　国家推进档案信息资源共享服务平台建设，推动档案数字资源跨区域、跨部门共享利用。

第六章　监督检查

第四十二条　档案主管部门依照法律、行政法规有关档案管理的规定，可以对档案馆和机关、团体、企业事业单位以及其他组织的下列情况进行检查：

（一）档案工作责任制和管理制度落实情况；

（二）档案库房、设施、设备配置使用情况；

（三）档案工作人员管理情况；

（四）档案收集、整理、保管、提供利用等情况；

（五）档案信息化建设和信息安全保障情况；

（六）对所属单位等的档案工作监督和指导情况。

第四十三条　档案主管部门根据违法线索进行检查时，在符合安全保密要求的前提下，可以检查有关库房、设施、设备，查阅有关材料，询问有关人员，记录有关情况，有关单位和个人应当配合。

第四十四条　档案馆和机关、团体、企业事业单位以及其他组织发现本单位存在档案安全隐患的，应当及时采取补救措施，消除档案安全隐患。发生档案损毁、信息泄露等情形的，应当及时向档案主管部门报告。

第四十五条　档案主管部门发现档案馆和机关、团体、企业事业单位以及其他组织存在档案安全隐患的，应当责令限期整改，消除档案安全隐患。

第四十六条　任何单位和个人对档案违法行为，有权向档案主管部门和有关机关举报。

接到举报的档案主管部门或者有关机关应当及时依法处理。

第四十七条　档案主管部门及其工作人员应当按照法定的职权和程序开展监督检查工作，做到科学、公正、严格、高效，不得利用职权牟取利益，不得泄露履职过程中知悉的国家秘密、商业秘密或者个人隐私。

第七章　法律责任

第四十八条　单位或者个人有下列行为之一，由县级以上档案主管部门、有关机关对直接负责的主管人员和其他直接责任人员依法给予处分：

（一）丢失属于国家所有的档案的；

（二）擅自提供、抄录、复制、公布属于国家所有的档案的；

（三）买卖或者非法转让属于国家所有的档案的；

（四）篡改、损毁、伪造档案或者擅自销毁档案的；

（五）将档案出卖、赠送给外国人或者外国组织的；

（六）不按规定归档或者不按期移交档案，被责令改正而拒不改正的；

（七）不按规定向社会开放、提供利用档案的；

（八）明知存在档案安全隐患而不采取补救措施，造成档案损毁、灭失，或者存在档案安全隐患被责令限期整改而逾期未整改的；

（九）发生档案安全事故后，不采取抢救措施或者隐瞒不报、拒绝调查的；

（十）档案工作人员玩忽职守，造成档案损毁、灭失的。

第四十九条 利用档案馆的档案，有本法第四十八条第一项、第二项、第四项违法行为之一的，由县级以上档案主管部门给予警告，并对单位处一万元以上十万元以下的罚款，对个人处五百元以上五千元以下的罚款。

档案服务企业在服务过程中有本法第四十八条第一项、第二项、第四项违法行为之一的，由县级以上档案主管部门给予警告，并处二万元以上二十万元以下的罚款。

单位或者个人有本法第四十八条第三项、第五项违法行为之一的，由县级以上档案主管部门给予警告，没收违法所得，并对单位处一万元以上十万元以下的罚款，对个人处五百元以上五千元以下的罚款；并可以依照本法第二十二条的规定征购所出卖或者赠送的档案。

第五十条 违反本法规定，擅自运送、邮寄、携带或者通过互联网传输禁止出境的档案或者其复制件出境的，由海关或者有关部门予以没收、阻断传输，并对单位处一万元以上十万元以下的罚款，对个人处五百元以上五千元以下的罚款；并将没收、阻断传输的档案或者其复制件移交档案主管部门。

第五十一条 违反本法规定，构成犯罪的，依法追究刑事责任；造成财产损失或者其他损害的，依法承担民事责任。

第八章 附 则

第五十二条 中国人民解放军和中国人民武装警察部队的档案工作，由中央军事委员会依照本法制定管理办法。

第五十三条 本法自 2021 年 1 月 1 日起施行。

参 考 文 献

［1］张宝忠．党政公文写作一本通［M］.北京：人民出版社，2013.

［2］高永贵．公文写作与处理［M］.北京：北京大学出版社，2013.

［3］岳海翔．最新公文写作实用大全［M］.北京：中国文史出版社，
2013.

［4］舒雪冬．公文写作范例大全［M］.北京：清华大学出版社，2016.

［5］国家税务总局办公厅．税务公文处理实用手册［M］.北京：中国
税务出版社，2017.